王蒙执论

人民出版社

出版前言

　　王蒙不仅是享誉世界的作家，也始终是中国文化建设的思考者、参与者与推动者。无论是单纯的作家、社团组织负责人物，还是担任政府文化机构的最高领导、国家政协机构的成员，他都一如既往地倾心于此、执着于此，为推动中国文化的变革、发展与繁荣作出了独特贡献。

　　本书是王蒙的第一部政论文集，收录了他 1984 年至 2014 年三十年间有关文化建设问题的讲话、谈话、演讲、报告、建言、随笔等各类文稿共 86 篇（其中多篇为首次发表）。对于一个"一辈子参政议政"的作家而言，本书可说体现了王蒙关于文化建设的建树与思想历程。

　　2014 年也是王蒙八十华诞，此文集的出版就又多了一层意义。

人民出版社

2014 年 10 月

作者的话

　　我从小喜欢"国语""语文"，也喜欢算术、代数、几何。后来喜欢诗、小说，也喜欢哲学与社会科学理论。

　　我既着迷于冰心、巴金、鲁迅，也着迷于屈原、李白、曹雪芹，更着迷于天下归仁、无为而治、物自体、绝对理念、辩证法、五种生产方式、社会主义从空想到科学的发展、资本论、马克思主义的三个来源与三个组成部分、马克思主义与中国革命的具体实践相结合、三大法宝、一百年不要变。

　　我是写作人，真的，多愁善感，先锋浪漫，细节栩栩，泪眼迷离，梦里想的也是创新与突破。

　　我是干部，调查研究，总结分析，概括归纳，统筹兼顾，选择拒斥，进退应对，暗箭明枪，游刃有余，"天"气地气，恰到好处，顺境逆境，起伏沧桑，端的是一番男子汉的风风雨雨，终于还是阳光坦荡，扫除鬼蜮。

　　我爱码字儿，我爱发言，我爱讲课，我常常接受采访录音录像。除去1957年到1978年以外，我一辈子参政议政。我出版小说、诗歌、散文……我出版评论集、讲演集、对话集等等。

　　所以有了这本《王蒙执论》。我很喜欢我自己起的"执论"这两

个字，似乎有点个性与担当，一时说不清楚，但是确实喜欢。请大家
分析。

王　蒙

2014 年 12 月 24 日

目　　录

涵养时代的"文化定力"*

（2014 年 3 月 10 日）

我们应该因势利导，倡导对精神高峰的攀登、服膺真理的至诚。

近 200 年来，中华民族经历了空前危局、剧变、重生和发展，中华文化经受了空前挑战、冲击、丰富与更新。温故而知新，在深化改革的今天，我们应该有更多的从容自信，更加重视对中华文化优良传统的珍视弘扬，使我们在精神文明建设的发展上更加主动、更加胸有成竹。

经济的快速发展大大改善了中华儿女的生活质量，但急剧的新旧交替、中西杂糅、鱼龙混杂，也使我们的文化生活、精神走向、价值观念时而出现困扰与失范、歧义与冲撞，乃至忧虑与紧张，这很正常也属必然。精神层面的文化建设，是个润物细无声的慢活，不可急躁。我们需要有足够的定力和稳健。

要做到登高望远、气度恢宏。传统文化中的确有不少封建糟粕，对此我们必须保持清醒；但也要看到，这种文化几千年来涵养着、凝聚着亿万中华儿女，历久不衰，饱经忧患，深入人心。自强不息、与时俱进、仁者爱人、推己及人……这些精神都与现代性相通，也考验、培育了中

* 本文原载《人民日报》2014 年 3 月 10 日第 5 版。王蒙时任国务院中央文史研究馆馆员、中国作家协会名誉副主席。

华文化的开放性、吸纳性与消化能力，应变性与抗逆能力，自省性与自我调整能力。我们完全可以"择其善者而从之，其不善者而改之"。珍视民族传统，同时勇于面向世界、面向未来、面向现代化，进行新的选择、整合与创造。

要有一种从容的心态与通透的历史观，成熟、科学地对待各种社会文化现象。钱锺书先生说："东学西学，道术未裂；南海北海，心理攸同。"不同的角度、观点与渊源，不一定成为零和关系、对决关系，马克思主义本身就与人类已有的多方面文化智慧息息相通。今天，我们处在改革开放的深水区，需要广泛开掘汲取消化民族的与世界的智慧成果，使我们的文化精神与文化土壤更加宽阔丰饶，精神能量与文化根基更加深厚浩大，面对现实挑战更加应对有方、进退有据。

面对"盘子"越来越大、越来越多样的思想文化格局，我们在传统与现代、大众与高端、民族与世界、教化与娱乐、主导与多样、经典与时尚、争鸣与共鸣、市场与理念的一系列关系上，要有更加全面与均衡的思路和工作。由现象而本质，由历史而现状，才会认识得更加长远与深刻。

我们关心文化事业、文化产业、文化建设、文化形象与文化外交这些看得见的东西，同时也要更多关心文化精神、价值观念与思维方式，这些才是文化的主导与内核。更加成熟地引领与服务文化生活，是实现国家治理现代化的一个重要标志。文化精神的特点在于它的长期积淀、深入民心，不能急于求成。这方面，口号与宣示的作用有限，非理性情绪化也于事无补，生活化与实践性强的启迪与感召会更起作用。我们应该因势利导，提倡更深入通透的学习，倡导对精神高峰的攀登、服膺真理的至诚，提高整个民族的认识能力、学习能力和自我完善能力，避免浮躁、肤浅、极端。

我们正在创造中国历史、影响世界格局。回首中华民族几千年的浮沉史、我们党 90 多年的奋斗史、新中国 60 余年的探索史、改革开放 30 余年的发展史，所有兴衰成败的经验，物质与精神的积累，已然成为我们宝贵的"家底"与"功夫"，再加上日新月异的世界文明借鉴，我们完全可以比历史上任何时期更能沉下心态，走准步点，自信从容地推进全面深化改革的历史任务。

说给青年同行 *

（2013 年 9 月 24 日）

回想 1956 年，我出席了全国第一次青年文学创作者会议，至今已经过去五十七年半了。

昔日的青年作者已经进入耄耋之年，如果还没有作古的话。一切都发生了巨大的变化。我当然羡慕今天的青年人。你们的物质生活与精神生活拥有更多的选择，更宽阔的可能，更好的条件。

但也有些东西并没有改变。文学经典的特点之一是它的耐久性。《诗经》离现在两三千年，李白离现在一千三百多年，莎士比亚离现在五百多年，托尔斯泰离现在一百八十多年……他们的作品仍然鲜活。而有些个畅销书，不过几个月，然后被读者也被历史遗忘。

我想说说文学上一些不会变的东西。

---

　　* 本文是王蒙 2013 年 9 月 24 日在由中国作家协会和共青团中央共同举办的全国青年作家创作会议上的讲话。王蒙时任国务院中央文史研究馆馆员、中国作家协会名誉副主席。

文学本身碰到危机了吗？

不止一个人在那里大言忽悠地宣告纸质书籍的式微、文学的终结、小说的衰亡。语言符号在更加直观的多媒体与信息量极大的网络面前陷入窘境了吗？

获取信息的便捷化与舒适化，究竟是在发展我们的精神能力还是相反呢？听听"好声音"、看看肥皂剧，果真能代替反复默诵与咀嚼、温习消化那些花朵般、金子般、火焰般、匕首与针刺般的言语、章节与名篇巨著吗？我们所说的信息，究竟只是一个数量的概念呢，还是具有深度与品质的追求？视听信息能取代学问、智慧、理念、心胸、情操与文学的全部内涵吗？

不，那是不可能的。心理学家、教育学家、语言学家与生理学家都已经判定，没有发达的语言系统，是不可能有深刻缜密的思想的。恰恰是语言符号，激活思维与想象能力，取得融会贯通，最大限度地调动精神资源，能够发展、延伸、突破已有的知识见解。

只要语言文字没有消失，只要语言与思维的密切关联没有改变，只要语言文字与生活的密切关联还存在，文学的重要性就不会发生变化。

英谚云：宁可失去英伦三岛，不能失去莎士比亚。因为莎士比亚代表的是文化，文化是存在的根基与理由，有这种文化，就有这种凝聚力，就有追求与生活方式，就有这个民族的自尊心与自爱心。

黄鹤楼现在已不在原址，建筑材料也不理想，但是黄鹤楼仍然吸引了那么多游客，原因在于崔灏与李白的诗。

以为3D、4D视听节目与网络音频视频能代替文学，那就是以白痴的聪明来取代文化与智慧。

还 得 读 书

在人们日益以触屏浏览取代苦读攻读的今天，我们还有没有深度的与认真的阅读呢？仅仅浏览，是视觉与听觉的瞬间刺激，容易停留在相对浅薄破碎的层面上。在急于求成的社会氛围中，已经出现了一批万事通、万事晓、不查核、不分辨、不概括、不回溯、无推敲斟酌、绝无任何解析能力更无创意的平面信息性能人了。这样的能人有的还一身戾气，出口成脏。他们的出现，对于中华民族"腹有诗书气自华"、"读书深处意气平"的传统，是一个灾难。

更多的人以为你只要有手机，就能知道哪个官员出了丑，哪个名人的家庭成员犯了事，还有哪样食品吃死了人。当然也知道了哪个鸟叔成了世界第一的舞蹈明星，还有哪个五岁的孩子出版了他或她的第一本诗集。

甚至越来越多的人没有认真读过、只不过是看了一眼视听节目，觉得一般乃至乏味，便大大败坏了对于经典作品的观感与胃口。

而我自己呢，不能忘记九岁时候到"民众教育馆"借阅雨果《悲惨世界》的情景：我沉浸在以德报怨的主教对冉·阿让的灵魂冲击里，我相信着，人们本来应该有多么好，而我们硬是把自己做坏了。

不能忘记十来岁时我对于《大学》、《孝经》、《唐诗三百首》、《苏辛词》等的狂热阅读与高声朗读背诵，那也是一种体验：人可以变得更雅训，道理可以变成人格，规范可以变成尊严与骄傲。

不能忘记十一二岁时从地下党员那里借来的华岗著《社会发展史纲》、艾思奇著《大众哲学》、新知书店的社会科学丛书如杜民著《论社会主义革命》、黄炎培的《延安归来》与赵树理的《李有才板话》，那是盗来的火种，那是真理之树上的禁果，那是吹开雾霾的强风，读了这些书，像是吃饱添了力气，像是冲浪登上了波峰。

不能忘记十八九岁时对于中外文学经典的沉潜：鲁迅使我严峻，巴金使我燃烧，托尔斯泰使我赞美，巴尔扎克使我警悚，歌德使我敬佩，契诃夫使我温柔忧郁，法捷耶夫使我敬仰感叹……

而在艰难的时刻，是狄更斯陪伴了我，使我知道人必须经受风雨雷电、惊涛骇浪。

读书使我充实，阅读使我开阔，阅读使我成长，阅读使我聪明而且坚强，阅读使我绝处逢生，阅读使我在困惑中保持快乐地前进。

干脆说，离开了阅读，只有浏览与便捷舒适的扫瞄，以微博代替书籍，以段子代替文章，以传播技巧代替真才实学，以吹嘘表演代替讲解探讨，将会逐渐造成精神懒惰，使人们惯于平面地、肤浅地接受数量巨大、品质低下、包含了大量垃圾赝品毒素的所谓信息，丧失研读能力、切磋能力、求真求深的使命与勇气，以至连掂量追究的习惯也不见了，苦思冥想的能力与乐趣也没有了，连智力游戏的空间也龟缩到屏幕前的一角了。

所以我想借这个机会强调：坚持阅读，受益无穷。在触屏时代，不要作网络的奴隶。

文学的成败标准是什么，不是什么？

文学是什么，不必细说，我能理解各个不同的写作人有不同的追求：诗仙诗圣诗鬼、韩潮苏海、妇孺能解、一把酸辛泪、高屋建瓴还是自我拷问，我都按下不表。我这里要说的是，不能把发行量、版税收入看作唯一标准。

对于一个国家一个时代的文学成就的评价，文学史的特点是看高不看低。当然我们个人常常需要经历一个由低向高的过程。文学史盯住的是每个时期的大家名家经典作品，却不会对各个时代都有的二流三流作家多加注意。不要过于重视印数，不要过于相信炒作。传播是手段不是目的更不是价值。当然会有许多人以当下市场效益为最看得见的成就，我们不可能排除这样的写作人，他们对于发展文化产业与文化消费有其贡献。但是从长远看，从更重要的意义上看，文学是一个民族的精神花朵，是一个民族的品位与素质，是一个族群的精神史，是一个民族的乃至影响世界的智慧与胸襟。我们写作人要敢于看不起那些空心化、浅薄化、恶俗化、碎片化、单纯搞笑、单纯恶搞、咋咋乎乎迎合起哄的所谓作品。取法乎上，仅得其中。我们写诗的人心目中应该有屈原、李白、杜甫、普希金，我们写小说的人心目中应该有曹雪芹、蒲松龄、巴尔扎克与托尔斯泰，我们写戏剧的人心目中应该有关汉卿与莎士比亚。

不 要 跟 风

不要跟着那些似是而非的观点跑。要尽量维护文学这一行当的纯正风气。

过去有人动辄嘲骂当代文学，认为当代文学中没有活的鲁迅，也没有人获得诺贝尔文学奖，这成了中国作家的原罪。现在好了，莫言贤弟也获了诺奖，我要祝贺他。其实所有的伟大作家都是独一无二、不可克隆的，鲁迅也是这样。一切都要与时俱进。经典作家经典作品不是当世注定的，不是被任命的，也不是销售排行榜哪怕是获奖名单所能全部反映出来的。要沉得住气，静得下心，什么事都有一个过程。鲁迅说，幼稚并不可怕，不腐败就好。

写得不好，不要怨天尤人。我很欣赏网上的一句话：凡是把自己没有写出好作品的原因归咎于环境的人，即使把他迁移到日内瓦湖边的别墅里，他照样、我说的是他更加、嘛东西也写不出来。

我们的生活中有许多人云亦云的胡说八道，我希望我们的青年同行珍重自己的头脑，不跟着起哄。

一句话，除了潜心写作，干咱们这一行的人没有别的法门。

写吧，各位青年同行，王蒙老矣，我还要与你们在文学的劳作上，在作品的质与量上，展开友好比赛！

中国梦与文化梦 *

（2013 年 8 月 19 日）

我们的"中国梦"里包含着文化梦，那就是我们中华民族应该在文化上有更多更高更出彩的文化人才与文化成果。在中国特色社会主义建设迅猛发展的过程中，我们应该有与时俱进的哲学、社会学、历史学、政治学、经济学新论点新贡献，我们应该有更多的科学家、工程家、企业家、文学家、艺术家，我们应该有更高端、更富有文化含量和学术含量的出版物，而不是一大堆鄙陋的八卦与破碎的段子。

文化的凝聚力与影响力：中国梦是个人的，
也是民族和国家的

最近有不少朋友问我：你怎样理解"中国梦"？

我告诉他们：中国人要有自己的追求与理念，要有自己的前瞻与预见——这是我最初听到"中国梦"这个提法时的第一反应。

改革开放以来，中国取得了举世瞩目的成就与变化，我们的政治化、理想化、战斗化的思想方法与生活方式，渐渐走向务实，走向富有

---

　　* 本文原载《光明日报》2013 年 8 月 19 日第 5 版。王蒙时任国务院中央文史研究馆馆员、中国作家协会名誉副主席。

建设性的脚踏实地的思路。建设小康社会的提法，与过去的许多浪漫激越的说法相比较，已经实际得多了。小平同志强调马克思主义中国化理论成果的精髓是实事求是。与此同时，我们仍然要"欲穷千里目，更上一层楼"。"中国梦"的提出当然不是偶然的。

"中国梦"可以是个人的，也可以是民族的、国家的，可以是近期的，也可以是较长期的。"中国梦"应该是更加公平的，而不是"拼爹"的。人人都可以有自己的"中国梦"，人人都可以实现自己的"中国梦"。

那为什么会在今天提出"中国梦"的目标呢？我想，经过30多年的改革开放，集聚精力的和平建设，我们在物质上已经大为丰富、大为强劲了，同时，思想活跃，利益与见解的多元性日益明显，而我们在精神上，包括理论建设、精神文明建设、文化建设上，有滞后的困扰。与延安时期、井冈山时期、新中国早些时期的革命理想主义相比，有人说中国人没有理想信念了，只相信金钱了。此时提出"中国梦"，会起到一个令全社会重视理想教育、前瞻教育的作用。就是说在经济迅速发展、务实精神占据优势的同时，人们看到了精神层面的涣散、鄙俗、恶化的危险。在这个时候提出要树立一种追求与梦想，是有它的针对性的。

琢磨"中国梦"三个字，你会发现，这个说法非常朴实明快、易于普及。向全社会提出一个口号，既要鲜明，又要易于接受、推广与记忆。我们曾有许多好的说法，因表达得过于繁复，记起来费劲，从接受学的原理来说，有一些令人惋惜。"中国梦"的提法，具有开放性、世界性、前瞻性，可以说，这是一个更加积极、更加现代的说法。"中国梦"的提法让人们看到前景，有助于激发动员正能量。这个梦，不能空想，需要我们既要有改革开放发展的胆略，还要脚踏实地、求真务实地工作。

实际上，今天的"中国梦"和中国人过去的梦想是紧密相连的。任何民族的文化中，都包含着人们的追求、理念、向往、愿景、直到信仰。而正是这些东西，构成了这个民族的精神支柱、精神能量和精神生活的范式。拿我们中华民族来说，早在先秦时期就形成了对于大同世界的向往，《礼记·礼运·大同》篇中所讲的"大道之行也，天下为公，选贤与能，讲信修睦，故人不独亲其亲，不独子其子……"这奠定了我们的"中国梦"的渊源与基础。20世纪的中国有识之士选择了社会主义理想，是与我们的大同梦有密切关系的。孔子对于仁政的鼓吹，孟子对于"老吾老以及人之老，幼吾幼以及人之幼"的推崇，老子的"无为而治"……这些都对于中华民族成员的文化心理与价值观念产生了巨大的影响。至今，我们中国（包括港、澳、台），仍然延伸着过往的传统，对于以德治国，对于古道热肠的行事方式与价值追求，有相当的认同，而对于纵欲贪腐、强梁霸权与绝对化的恶性竞争，普遍会深恶痛绝。当我们谈论"中国梦"的时候，当然不能忽略我们的已经深入人心的文化传统，同时也不可将这些理念停留在旧时原始命题的阶段。

现在，很多人都在思考，在网络时代，如何让更多的人聚集在"中国梦"的旗帜下？我认为，这是一门艺术，也是当务之急。

早在党的十七大上，中央已经提出了加强社会主义意识形态的吸引力的问题，这个问题提得非常重要、非常及时，一些年过去了，我们这方面的工作应该说还有大大改善的空间。一是要敢于善于解疑释惑。面对各种挑战，面对各种不同的说法，面对情况复杂的现实纷争歧义，面对曲折丰富的历史经验教训，要回应挑战，正视难点，探讨争论，而不是忌讳捂严，避之唯恐不及。回避的办法，绕开的办法，只能奏效于一时，却会贻害长久。二是要集思广益，开诚布公，百家争鸣，鼓励创见，营造人文科学、社会科学的繁荣昌盛局面。要提高人文社科方面的自信与理论创新的自觉，反对照抄照转、空泛号召、呆板僵化、空头理论、畏首畏尾。三是要生动活泼，联系实际，提倡想象力与立体思维，即从多方面多角度探讨我们面临的所谓敏感理论课题。要知道，理论问题的特点是越回避越敏感，越敏感就越复杂难办。四是要充分认识文化的人民性与长期性。文化如水，润物无声，让一种文化为广大人民群众所接受，或者要消除一种年头久远的文化陋习，都不是轻而易举之事，更不是靠行政力量能够办到之事。我们过去文化上提出的一些口号，有时偏高偏急偏大，工作得不到所期盼的效果。我们在这方面要更加重视人民群众的创造与心意，汲取人民的智慧与表达方式，让各种声音都在"中国梦"的领唱下聚集起来。五是要把中国梦所代表的主流意识形态，与中国的传统文化及世界的一切先进文化资源结合起来，要扩展与深化我们的文化精神的传播力。

在某种意义上，文化决定生活的质量与族群的命运。一个有实事求是的科学之心、无哗众取宠虚矫之意的民族，一个面对现实、诚信刚正而不自欺欺人藏头露尾的民族，一个善意理性、重在建设，而不是动辄搞文化爆破、夸张吹牛、谩骂诅咒的族群，是有希望的，是前途光明的，是远不会被开除球籍的。

文化工作，是一件人心工程，人心的向背决定社会是否稳定和谐，人心的稳定才是一切和谐稳定的基础。这方面毛泽东同志早就说过，只有代表群众才能教育群众，只有做群众的学生才能做群众的先生。如果在我们的文化生活当中看不到群众利益、群众需要也包括群众的艰难困苦的一切真实反映，就难以取得群众的认同与我们希望得到的效果。无关群众痛痒的文化活动与文化产品，只想着搞笑搞乐，只想着恶搞解构，只想着利润的最大化，这样的文化，弄不好是文化的萎靡甚至堕落。虽然某些搞笑的、平庸的文化艺术作品也可以有它存在的位置，但是不能听任它们爆炸膨胀，充斥我们的生活。任何民族都更需要有承载教化深意、富有文化含量的较高层次的艺术作品。请比较一下我国的电影与伊朗的影片《小鞋子》、《一次别离》吧，观众自会得出结论。

文化环境与国民心态：我们的国民不仅要能买得起高级奢侈品，更要有足以与中国文化相匹配的气质。

说文化的"中国梦"，就绕不开文化"软实力"。软实力不软，它蕴含着巨大力量。

文化道德是一种品质，它是无形的、轻柔的，然而是有效的，这就是一种力量。它的品质与有效性是指：一种文化，必须能够为接受这种文化的族群与个人带来更高的生活质量，它应该是通向真理，通向科学、艺术、道德、智慧、健康、和谐与幸福的桥梁而不是相反，即不能是通向迷信、愚蠢、偏执、仇恨、霸权、排他、剥削与压迫的。它是以人为本的，给人以希望与幸福的。毛泽东同志说，我们中华民族有自立于世界民族之林的能力。确实，我们现在国力强了，经济科技发达了，我们还会更加强大。但是我还希望，我们的国民不仅仅能买得起 LV 箱包等高级奢侈品，更要有诚信的品质、良好的举止、文明的修养，有足以与中国文化相匹配的气质，我们的青年应该热爱、珍重至少是知道中国的与世界的文化珍品，而不是说什么"经典让他们死活读不下去"。如果能有这样的文明程度，中国人就更受人尊敬了。

因此，在追求"中国梦"的过程中，中国人在文化修养、道德品位等诸方面也应该同时有更大的提高。

文化环境与人的精神状态有极其重要的关系。在一个愚昧陋习充斥的国家是实现不了"中国梦"的。中华民族的传统文化中，对于读书学习的提倡不遗余力。我们提倡的读书学习带有一种对于知识与知识的拥有者——圣贤的崇敬，所谓焚香沐浴，明窗净几，腹有诗书气自华，读书深处意气平。这样虔敬与刻苦的读书学习，自然会消除许多令当代国人深为忧虑的浮躁、乖戾、鄙俗、凶恶之气。当然，我们所期待的这种阅读与学习，与触屏时代的网上浏览也就拉开距离了。

说到这里，我还想谈谈文化的认同与对民族国家的认同的关系。文化的认同是基础。中华文化的基本理念是对于道德的追求，对于礼（行为举止规范）义（义理，人际道理原则）的追求，对于道或仁的追求，这些是一通百通的根本概念，这种追求就是我们说的理想，也可以说是整体的文化走向。它所主张的自强不息与厚德载物，它所敬重的古道热肠、敬天积善、崇文尚礼、忠厚仁义、中庸和谐、勤俭重农、乐生进取等等，正是古代的"中国梦"。它更看重美善，而不是分辨真伪，它更看重和谐，而不是竞争。（顺便说一下，现在有人将"礼义之邦"，写成"礼仪之邦"，这是完全错误的。礼义指的是规范与道理，而礼仪偏于形式。）这样的文化环境有利于族群的凝聚、社会的秩序、生活的合理、文化的传承，但也有不利于生产力与科技发展的问题。对于人际关系的偏于理想的说法，也常常因说与做的脱节而显出颓势。不必多说，只读读《红楼梦》，就知道中华旧文化已经面临的危机，而五四运动的发生绝非偶然，绝对有其历史的必然性。

问题在于发展、创新、平衡与整合：与时俱进一定要与继承与发展中华传统文化结合起来；自强不息，投身于全球化的发展与竞争，要与在人民中积淀久远的仁义忠厚之梦结合起来；在当今时代，一个确定的目标的追求，要与多样性的认知、对于多元世界的理解与开拓进取、多谋善断、胜任愉快结合起来；要让每个人的"中国梦"与全体中国人共同的"中国梦"结合起来。要让"中国梦"面向世界、面向未来、面向现代化。

中国梦与文化梦：我们应该有高端文化成果
而不是一大堆破碎的段子

我们的"中国梦"里包含着文化梦，那就是我们中华民族应该在文化上有更多更高更出彩的文化人才与文化成果。在中国特色社会主义建设迅猛发展的过程中，我们应该有与时俱进的哲学、社会学、历史学、政治学、经济学新论点新贡献，我们应该有更多的科学家、工程家、企业家、文学家、艺术家，我们应该有更高端、更富有文化含量和学术含量的出版物，而不是一大堆鄙陋的八卦与破碎的段子。

人民是文化的主体，而文化的高端部分，则是从广大人民创造的文化沃土中生长出来的参天大树与奇花异草。人民中的精英，人民中的文化巨人与人才所体现所贡献的精彩果实，代表了文化的追求与走向，文化的思想、理论、创造力、想象力，精神活动的广度深度与精微程度，以至于整个社会生活的质量与品位，抗逆性、适应性、开放性与自我更新的能力。衡量一个国家的文化，是"看高不看低"，例如，谈到中国的诗歌，李白与杜甫二人的重要性胜过了一千个二三流诗人。而一部《红楼梦》，其重要性胜过了我国数千年来二三流小说的总和。当然这些精英文化不是凭空产生的，它深植于大众文化的土壤中。

所以英谚云：宁可失去英伦三岛，不可失去莎士比亚。原因在于，莎士比亚代表的英国文化，是英国的人心，英国的品性与风格，英国人的骄傲与向心力，这正是理由与根基。反过来说，一个国家、民族、地域的文化完了，有之不多，无之不少，这个国家就陷入万劫不复的境地了。

最近有记者采访问道："作为一个文化人，你对实现'中国梦'过程中文化事业有什么期待？"

对于这个问题，我想先举个例子：您到巴黎的先贤祠看看，伏尔泰、巴尔扎克、司汤达、卢梭、雨果、左拉、贝托洛、饶勒斯、柏辽兹、马尔罗、居里夫妇、大仲马等。先贤祠展示的 72 位法兰西人物中，除了 11 人是政治家，其他都是作家、哲学家、科学家、经济学家等，这样的阵容当然让人肃然起敬。我们的伟大祖国，文明古国，当然也有自己光耀千古的先贤，同时，中华人民共和国建立快要 65 周年了，应该拿出怎样的阵容展示给世界呢？我们能不深思吗？我们喜欢讲科技兴国、人才兴国。现在，从人口数量上来说，中国是世界第一，从人才质地与阵容上来说，我们不敢夸口。

我希望，我国不但要有科学与工程学方面的院士，而且要有，更要有人文科学、社会科学以及文学艺术方面的院士。有一种说法，后者的政治性时效性太强，无法评选，这就等于承认我们这里的人文科学、社会科学、文学艺术方面没有专业性学术性，没有学理的与艺术创造的水准与尊严。我们一定要敢于面对这个问题，否则等于自己失去了信心，你又怎么去凝聚人心，实现"中国梦"呢？

我还希望，在文化生成与发展上，摒弃一切急功近利的说法做法。我们能做的是文化政策、文化投入、文化硬件建设、文化事业规划与文化口号的提出，我们也可以做到发展文化产业与文化市场，兴办与提供文化服务，但政策、口号、事业、产业都不过是文化的平台，并不就等于文化的全部。文化是骨子里的东西。一切文化倡导与建设，都要经过人民群众与历史的筛选，一切文化口号与目标，都要经受人类学文化学与文化史本身的客观规律的检验。一些东西存留下来了，发扬光大了，传之千古了，另一些虽然一时搞得动静很大，气势很盛，却可能被历史的河流冲刷得无影无迹。

真正的文化繁荣发展前进，深植于人民心中，深植于人民的日常活动中，深植于人心所向中。但它们更是表现在高端，看你有没有代表民族文化的制高点，有没有大创作、大发明，有没有不光票房高而且质地好的文化思想与文学艺术成品，有没有真正高端的教育科研成果，有没有不光能挣码洋而且可引以为自豪的出版物。要达到这个境界，我们还有很长的路要走，这正像实现我们的"中国梦"一样，还需要不懈努力。

全球化与新疆文化建设 *

（2013 年 5 月 24 日）

大家好！

我有机会跟大家交流一下我对新疆文化事业、文化传统、文化建设的一些看法，对我来说非常愉快，但是也有一些恐慌，因为毕竟我更多的时间生活在内地，新疆虽然近几年每隔一两年都会来一趟，但是也缺少深入的接触、了解和分析。另外，由于我五年多以前告老离休，唯一的身份是中央文史研究馆的馆员。所以，我谈的只是个人的一些想法，一个文人感想，一切以自治区党委的正式文件、决议为准，但是我会说到一些我自己特别有兴趣、爱钻研的话题。都不是定论，仅供参考。我谈的题目是"全球化与新疆文化建设"。

我谈第一个问题，是我对新疆文化事业的期待！

我知道自治区党委去年开了文化工作会议，提出了"一体多元"的文化格局，提出了现代文化的引领，这样一些重要的提法的，这些提法对我来说是非常重要的。为什么呢？我认为，新疆文化问题是一个触及

---

　　* 这是 2013 年 5 月 24 日王蒙在乌鲁木齐给新疆干部讲课的整理稿，后以"现代化与民族文化建设——关于新疆文化建设的一些思考"为题，发表在《中国政协》2013 年第 13、第 14 期。王蒙时任国务院中央文史研究馆馆员、中国作家协会名誉副主席。

灵魂的问题，是一个人心的问题，是民心的问题。有的物质的东西，容易接受，比如吃的东西，说这个东西好吃，你就吃；另外一个东西不太熟悉，但是吃两次之后觉得也很好，接受了，没有什么关系。恰恰是在文化的问题上，文化源远流长，影响到每个人生活方式，影响到每个人生活习惯与思维方式，不那么好判断。

我在北京也参加过一些展现、展演新疆的传统文化和当代文化果实的活动。比如说，去年在美术馆举行的哈孜先生画展，我看以后，作为一个在新疆待过长时间人的，就很震动，我觉得新疆生活有这么多动人心魄的画面，有这么多难以磨灭的记忆，有这么多文化的内涵。这次出发到新疆前没几天，又一次举行了《十二木卡姆的春天》大型演出，是由自治区木卡姆团上演的。这次是在北京国家大剧院，还有一次是在中央军委的那个中国剧院，是和田剧团演出的木卡姆。去年则是大剧院演的木卡姆的交响乐，以西洋乐器为主来演奏木卡姆改编的交响乐作品。这还是赛福鼎同志当年多次跟我讲过的他的愿望。为这次演出，我也向现任文化部的领导、党组、艺术司做了呼吁、写了报告。最近这次演出的声势非常大、振聋发聩，有许多在京工作的新疆同志，看演出的时候热泪盈眶，它有一种新疆的文化在北京的舞台上显灵的感觉，真是不得了。

我还要说，新疆的文化需要高度的专业化和学术化的处理。就是这个东西是来不得含糊的，音乐就是音乐，美术就是美术，乐器就是乐器，文物就是文物，历史就是历史，典籍就是典籍，都需要有很高的专业知识，才能把它研究清楚，说清楚。

但同时，它又是一个民间化、人民化的问题，文化已经成为一种习惯，起居、生活、柴米油盐酱醋茶，吃喝拉撒睡，衣食住行，无不浸透着中华文化传统、新疆文化特色。

所以，我常想，我们的文化工作，一定要考虑到人民化和民间化的特点，就是咱能让老百姓接受，它不是人心工程吗？能不能做到人心里头，能不能被人民选择、所认可，这是非常重要的事情！所以，和每一个老百姓都有关系，有时候一种观点，不一定很正确，但是它已经被老百姓接受了，你想改变非常困难。我记得我还在巴彦岱公社当农民、担任副大队长的时候，知道老百姓心能不能接受什么东西。那时候，整天演的是样板戏、芭蕾舞的《红色娘子军》、《白毛女》。可是巴彦岱农民怎么反映的？说跳舞是手的动作，说芭蕾舞动不动把腿踢这么高，这笑死人了，丑死了。当然他的这个观点不对，芭蕾舞手可以动，腿也可以动，腰也可以动，脖子也可以动，屁股也可以动，是不是？舞蹈是全身的姿势，用身体的语言、舞蹈的语言，可是我知道，你别着急，你想很快说服他，这做不到。

还有1969年《参考消息》上登了，说美国登月成功，我就告诉房东阿不都热合曼，我说美国人上了月亮，他说那是胡说八道，你千万不要信那个，是骗人的！《书》上写过，如果要上月亮，骑马要64年，还是128年我记不清楚了，意思要很长时间。我心想、骑马骑一万年你也上不去。房东跟我关系那么好，什么事都跟我讨论，他不接受我的说法。但是过几天，我们村里头还有一个县里当过科长的阿卜杜日素尔跟他说了这事，他就相信了，引起他信仰上的很大的一个变化。他连续好几天说，"哎呀，老王，这是怎么回事？人真上了月亮，跟过去阿訇对我讲的不一样！"

任何对事情的认识，都有一个很艰难的过程，甚至是痛苦的过程，所以说，我们的文化一定要做到贴近人民、贴近实际、贴近生活，就是"三贴近"。同时，人民的、民间的文化又是非常精英、非常高端的，是不是？

我们需要各族的文化大师。大师弄成汉语，有点吓唬人，其实英语就是"master"——师傅、硕士，维吾尔语就是"乌斯大"——能工巧匠，你没有这样的人物，没有专门家，你怎么可能发展文化？

所以，我期待着我们的文化事业、我们的人心工程、民心工程能做得很专业、能做得很学术，能做得跟老百姓心贴心，能够做得"三贴近"，同时又能培养出一代又一代的文化的大师、文化的精英、文化的人才。

光一个"乌斯大"不够，我又想起一个词来，我也跟农民常常谈论，就是"阿里木"——就是真正有知识的大学者，我们要有我们的"乌斯大"，要有我们的"阿里木"，又有我们"夏衣尔"（诗人）那就好了。

第二个问题，我想讨论一下，为什么说新疆的文化是一体多元的，为什么一体多元是一个比较恰当、比较合适的说法？

前两天跟张春贤书记见面，他说能不能说几条中华文化最大的特点到底是什么？

我先说一个笑话，我想起赵启正先生，他曾任国务院新闻办主任，有一次带一个团在国外，有一个外国人就说，你们老说中国文化是博大精深，到底为什么是博大精深，你能不能给我讲一讲。他们团里头有一个教授，是一个专业级的学者，他回答道："因为它博大精深，没法讲！"这么谈问题比较困难，你变成了不可言述，不可传播，不可讲述的。所以我今天想先谈一个问题，就是我们中华文化的基本追求是什么，就是在古代我们的"中国梦"是什么，这是一个很大胆的说法，目前并没有定论，所以我说的是仅供参考。另外，我用的这个词是"追求"，我没有用价值这个词，因为价值这个词是近年从西方引进过来的，叫"value"。

第一点，我认为我们文化的追求，文化的原则，是敬天积善、古道热肠。敬是尊敬的敬，尊敬天，积是积累的积，善是善良的善。古道热肠，这是对东方文化的一个说法，我们认为天不变道亦不变，我们认为很早以来，祖祖辈辈都是相信最基本的道德，而且我们是有一副热心肠。这是中华文化的特点。

"敬天"不需要解释，因为中国目前还存在着的最古老的书是《易经》。《易经》认为天和地具有一切的美德，人类的道德是从天地那里学来的。"天行健，君子以自强不息，地势坤，君子以厚德载物"。一个自强不息，一个厚德载物，这都是天和地所具有的品质，天和地有了才有了万物，所以对生命爱惜、对生命尊重，这也是和对天敬畏有关系的，是有所敬畏。积善，我们的文化特点是泛道德主义，就是我们不管衡量什么事，先从道德上开始。这个和现代文化有距离，所以我说的命题不是一成不变的。现在泛道德论并不足够让我们做好当今的、社会主义的、现代化的事业。但是它仍然在人民当中根深蒂固，如果一个人不重视自己的道德追求、道德形象，就很难做成几件成功的事情。古道热肠，重情尚义，重视人际关系，这是中国人的尺度。所以，按美国亨廷顿的说法，中国文化是一种情感的文化，重视情感，重视人际关系。

第二点，尊老宗贤，尚文执礼。尊老，我们对老人是尊敬的，尊老宗贤，就是把圣贤作为我们的目标，尚文就是我们崇拜知识、崇拜读书、崇拜文化。"执"就是按照礼节来做各种事情。

先说这两条，跟少数民族文化追求、文化观念，可以说是相当一致的。比如说关于积善，积善是什么呢？就是文史馆开会的时候，哈孜先生所说的"萨瓦布"，我们警惕的是"古纳"（罪孽），我们要的是积德、积善，不要罪孽，就是这个意思。

"尊老"，我知道，新疆少数民族，尤其是维吾尔族，在敬老这一点上比汉族只有过之而无不及，当然是尊重老人，尊重贤人，是注意礼貌的。

在推崇文化这一点上，我也觉得很惊人。我和维吾尔农民在一起，时间长了，我一连在他家住很多年，有一次聊起天来，我就怎么回事和他把事情说得相当详细，我说我原来生活在北京，很早就成为一个干部，我还写作，但是后来的政治运动当中，出了一些麻烦，找了一些麻烦，来到新疆，又来到伊犁农村，现在荣任副大队长。你猜这个农民他是怎么说？他是文盲，他跟我说："老王，我告诉你，任何一个国家有三种人是不可缺少的，第一个是'国王'，现在没有国王了，总而言之一个国家要有一个领导人。第二个要有大臣。但是我想不到的，我觉得惊人的是，他说第三要有诗人，一个没有诗人的国度，怎么能成为一个国家呢？"

这种对文化的尊崇，这种对知识的尊崇，我看一个乌兹别克作家抄写的《纳瓦依》，你可以看出来它对诗人的尊崇，对知识的骄傲，对知识的敬意，太尊敬了！我想起在"文革"当中，能读的书有限，当时我在自治区文联，那时候，有一个的评论家叫帕塔尔江，我们是铁哥们，我在他的一个手抄本里，第一次知道了"奥玛·海亚姆（Omar Khayyam）"，波斯诗人，郭沫若翻译的叫莪默·伽亚谟。讲这个知识分子，知识人，那种对知识热爱和尊崇，这首诗，我一下子就背下来了，我现在给大家念一下：

（用维吾尔语朗诵）

"我们是世界的希望和果实，我们是智慧眼睛的黑眸子，假如把世界看成一个指环，无疑，我们就是镶在指环上的那块宝石！"

他多牛呀！他比李白还牛！是不是？李白就够牛的了：

"君不见黄河之水天上来，奔流到海不复回，君不见高堂明镜悲白发，朝如青丝暮成雪！"

但是他更牛，他说，"我们是世界的希望和果实，我们是智慧眼睛的黑眸子，假如把世界看成一个指环，无疑，我们就是镶在指环上的那块宝石"!

这种自信，这种信心，表达的是对知识、对文化的尊崇! 有知识、有文化的人，是被尊敬的! 很多年前，哈孜同志给我写书法，就是《可兰经》上的那句话: 为了寻找知识，你可以不怕远到中国!

我们汉族里重视知识的话就更多了，有些话现在看不完全恰当，但是它也是这个意思——读书最要紧，"万般皆下品，唯有读书高"、"书中自有黄金屋"，就是挣钱也得会读书才行，否则挣不上大钱，只能挣小钱。"书中自有颜如玉"，是不是，你想婚姻成功，也需要读书;"书中自有万担粟"，你想有社会地位，也得要读书，这些地方是完全一致的。

第三点，忠厚仁义、和谐太平。

这个不管是西域，还是中原的文化，我们渴望的是这一条，有时我们没做到，由于各种原因，比如说宋朝开头非常繁华，开封当时是全世界人口最多、生活最快乐的一个城市，但是它又被各种战争破坏了，但是我们追求的是忠厚仁义、和谐太平!

依我个人看法，在中原文化中，汉族文化最早代表古代"中国梦"的就是《大同书》的《礼记·礼运篇》: 大道之行也，天下为公。选贤与能，讲信修睦。故人不独亲其亲，不独子其子……

渴望世界大同的日子，当然那个时候并不了解世界，那时候是以中原为中心的观念，还不是现在的国家观念。

我小时候练习写字，红模子里面，最多的就是四个字，"天下太平"，横也有了，撇也有了，捺也有了，点也有了，我们世世代代是希望天下太平的，这是容易解释的。

维吾尔人就更是这样了，一见面就问，"平安吗"，不停地重复"帖期"就是太平、平安这一词，如果都不平安了，你的人身都得不到保证，生命得不到保证、家庭生活得不到保证，衣食住行得不到保证，相互关系得不到保证，你还有什么其他保证呢？

我们可以说这也是一致的，一体的。

第四点，意义问题，这个问题也是非常重要的，就是中原文化也好，西域文化也好，重农重商，乐生进取。

重农，我们最看重是农业，一丝一缕，一粥一饭，当思来之不易，吃一粒粮食，你都要知道它来之不易。我在巴彦岱最感动的事情之一，就是咱们民族的农民种粮食，他们告诉我，世界上最伟大的东西就是馕，馕高于一切。咱们民族的一个农民，哪怕一个小孩子，走在街上吃着吃着有一块馕掉下来了，掉在泥里面了不能再吃了，要能再吃他把它拿起来擦干净再吃下去，不能再吃了，怎么办？挖一个坑，把馕埋起来，跟埋一个人一样，就是馕是不能把它抛弃的，发生了不幸可以把它掩埋。这个大家都知道，伊犁养奶牛很多，所以，农户之间经常互相要牛奶，借牛奶。拿碗就去隔壁要，所以经常在村里看见小孩拿一个碗，甚至于拿着的是奶皮子，路上绊了一下，"啪"，牛奶掉在地上了，怎么办？他要掩埋，他把那一碗"奶皮子"放在旁边，很小的孩子，他要过来把土盖在上面，不能让牛奶暴露在外面，因为不幸"逝世"，需要掩埋！

中原，对于吃东西剩下非常地反感，这叫暴殄天物，这点和美国人太不一样了，美国人有它的道理，你如果吃一个东西不想吃了，你把它放下，他们认为，你的感觉高于一切，个人高于一切。

中原本来是抑商的，但是后面经过许多年，慢慢地对商业也重视起来了，所以有晋商的发展。我们到平遥，给你介绍晋商的故事，讲童叟无欺，商业信誉，诚信第一，讲物资的流通！还有徽商、秦商等等。

新疆的一些少数民族，尤其是维吾尔人有重商传统，他们很喜欢经商，我的房东是很古板的人，但是他也不排除如果有机会的话，弄一点莫合烟倒手卖一卖，弄点沙枣也可以卖一卖。

上世纪 60 年代，从乌鲁木齐坐长途汽车到伊犁，到皮革厂下车，一下车就看到有人点着电石灯，卖葵花子、卖沙枣，那时候商品受到很大限制，但是有卖沙枣的，到了八十年代初，还有卖刘晓庆照片的，这个在北京是买不到的，她住没住北京我不知道，但她没有来过新疆、也没有来过巴彦岱，也没来过伊犁，后来，凡是女明星的照片，只要能找得着的伊犁这里都卖。这是一个重视商业的地方。所以，哈萨克人开玩笑，认为维吾尔是商人，"萨尔特"，说你看维吾尔人在一块，他们好做买卖，他们一天没有生意，就把左边口袋里的东西卖给右边的口袋。多么可爱的商人！他没违背不折腾的教导，自己卖给自己，什么麻烦都没有，要多少价给多少价！

乐生进取，就是他对人生是抱乐观态度的，不是抱悲观态度的，也不是抱愤怒态度的，不是抱你死我活的态度。汉族也是一样，中原文化讲的就是这样的，孔子的教导是什么？"仁者乐山"，"乐"据专家说，应该念"yào"，但是，我在这里为了免得来回绕费劲，我就按本字念"乐"（lè）好了。仁者爱人，爱别人的仁，见到山以后，他会感到非常的喜爱，喜悦。很喜欢，很快乐。"乐"有喜欢的意思，也有快乐的意思。"智者乐水"，智者脑袋来得快跟水一样，仁者像山一样，他是有原则的，你是撼动不了他的。

孔子又说，他最喜欢的弟子是颜回，子曰："贤哉回也！一箪食，一瓢饮……"每次能吃东西就吃一点，拿一个瓢子舀一点水喝就行了，居住在一个陋巷，"人不堪其忧，回亦不改其乐"。别人觉得贫穷，可是颜回高尚，高尚的人是快乐的，是充满信心的，是乐观的！

维吾尔民族更提倡乐观，很多时间提倡乐观，少数民族都提倡乐观。我印象最深的就是人出生以后，除了死，全是找乐，全是快乐！

他们给我讲的，维吾尔人，如果有两个馕，他只吃一个，什么原因？留下的那个馕当手鼓用，巴拉巴拉敲，多么乐观的民族！多么乐观的文化！这些地方我们有共同追求、共同的语言！

第三，维吾尔文化、西域的文化、新疆各少数民族的文化与以汉族为主体的中原文化之间有太多交流和相互影响、相互融合。

我先说汉族吸收西域文化的东西。我问一下，在座的有没有阿克苏，或者库车来的人？

咱们艾尔肯副主席就是。为什么呢？我多次看到这方面的材料，从唐朝就有一个词牌，"词"就是不整齐的诗，其实就是歌词的意思，词在宋朝最发达，但唐朝已经有了，而且这个词牌是唐明皇首先制定，它的节拍、它的音韵，叫做"苏幕遮"。

这个词牌，范仲淹、周邦彦都写过特别有名的诗，范仲淹的"碧云天，黄叶地"就是这个。而且这个词牌唐明皇即唐玄宗，就是杨贵妃的丈夫或者情人，首先唱的！这个词牌是哪来的？阿克苏来的。

说阿克苏，某地至今仍保留着这种风俗，我给中央党校新疆班前后讲过六次课，我问过，没有一个阿克苏朋友能告诉我。它说什么呢？叫"乞寒节"，就是冬天下第一次雪前后有这么一个"节日"，什么意思呢？就是希望今年冬天好好冷一下，冬天不冷的话，第二年很多的疾病、很多的不幸、瘟疫就会发生。在乞寒活动过程唱歌叫做《苏幕遮》，现在已经查不出原来的发音了，这是汉族从西域吸收的文化。别的就更多了，唢呐，我们现在还叫"sunay"，唢呐是专门造出来的一个词，它是外来的乐器，不是中原本地的。但是这一点，我也不了解，笛子，"笛"

本身发音就是指的西边少数民族，"东夷西狄，南蛮北狄"，这是中原的说法，称作"狄"，所以叫做"笛子"，可是笛子没有笛发音，就是"nay"，提到近代、现代的作曲，我印象最深的，有一个什么《敬祝毛主席万寿无疆》，有两首都带有新疆风味。

说起来原来的一个好朋友，可惜去世了，叫郝关中，外号叫做"戴尔维希"，穿的破破烂烂，整天研究西域文化。他告诉我，他说芫荽这个词，是一个怪词，因为这两个字它没有别的讲，它是专门造的字。一个草字头一个元字，一个草字头一个妥字，念"芫荽"，这两个字必须连在一块用，汉字本来是单个的字，你光说"芫"没有这个话，光说草字头一个妥字，又没有。芫荽是什么呢？芫荽是阿拉伯语，现在叫香菜，我不知道伊犁，恐怕在新疆很多地方都叫芫荽吧？是从西域来的。

抽的烟更是阿拉伯人传来的，叫"淡巴菰"，就是 tobaco，还用分析吗？

现实的汉族人，尤其是新疆的汉族人，从维语里边制造了许多二转子词，又像维文又像汉文，我就不懂，一开始我刚到伊犁时，大家麻家开个会，什么叫"大家麻家"？

我见人就请教，他们告诉我维语有加词尾的说法，是维语吗，我也奇怪！还有胡里麻唐。我也分不清楚，还有现在汉族人谁肚子痛了，就说，我肚子塔希郎了……

伊犁的维吾尔语里面，还有大量他们说是汉语，我听来听去就是不明白，夫妻离婚是"另干"了，我想来想去是"另干"了，你干你的，我干我的了，不在一块干了，就另干了。

和田集市上买薄薄的桦木片，是引火用的，烧柴火你拿火柴怎么点呢？薄薄桦木片火一点，木片就着起来了。这个叫什么？"qudengzi"，后来我才明白"取灯子"。

我小的时候，在北京管火柴叫做"取灯"，所以在 70 年前北京话更接近和田话。现在的北京人都不知道了，北京人从伊斯兰教里还吸收过大量的语言，比如，北京过去有一个话，说这个人的心不好、这个人老是坏心眼，叫什么呢？叫泥胎不好！去年在银川举行书博会，我到银川，银川的朋友跟我讲，他们那儿有一个清真寺重新翻修，是由穆斯林们捐款修起来的，说捐款他们不叫捐款，他们叫"nietai"，就是动机，就是用心，实际上来自阿拉伯语尼亚提；说人死了变成"罗汉"了，回族也都知道。说回民，每星期五去祈祷叫"主麻"，都是一致的地方，实际上中原地区吸收了各种语言，以北京话为例，说睐睐是英语，坦克也是英语来的。还有一些语言，共产主义、社会主义，过去中国汉文里面没有这些词语，这是日本的协和汉语，日本用这些汉语词语。

北京食品"萨琪玛"是蒙古语。北京人赶车的时候，现在我的印象，新疆也是这样，往左转的时候"咿咿咿"，往右转的时候"哦哦哦"。是不是这样！这是满语，这是满族话。"咿……咿……"就是左，"哦……哦……"就是右。

拿维吾尔来说，它受中原文化汉语的影响那就更多了，盖房子的部件用的都是汉语言，更多了，"檩"是檩条，还有椽子，"大煤"，是大块的煤，"碎煤"是小煤，全都是一样的。

吃的菜多了，那就是互相影响，我就不说了。我刚才说的芫荽是中原受西域的影响，那么西域白菜就是白菜啊。洋芋很奇怪，因为洋芋是从欧洲过来的，但是新疆用的不是欧洲的语言，不是用罗马的语言，用的是口里汉族的语言"洋芋"！

我们最喜欢的凉面、拉面，还有点奇怪，因为我在新疆的时候，我看很多阿拉木图、塔什干出的小说，包括用斯拉夫字母的维文小说。塔什干的维吾尔语小说，到塔什干维语里面，凉面，它的发音是"来个面"。

我顺便说一下，有一次，我跟一位维吾尔老友聊起饭了，我跟他说，"拉面"是从汉语中来的，这个"煮娃娃"、这个"蛐蛐来"，都是从汉语来的，而抓饭是波斯语。老友就问了，照你这么说，我们维吾尔还有饭没饭？不是汉族饭，就是波斯饭，我们维族就没饭了？不是！

我们懂得一个道理，文化吸收进来以后，必然和本民族、本地区结合起来，吸收的过程就是消化的过程，就是本土化过程，它不一样的，就属于你的了。新疆人做"拉面"的方法和兰州拉面并不一样，咱们在座的肯定也有兰州来的人。兰州是怎么做法？和北京的旗人，就是满族人做拉面方法也不一样，岂止是和口里汉族的同志做面、吃面的方法不一样，喀什葛尔和伊犁也不一样。伊犁做面都是小小，一根一根平摆的，喀什噶尔跟做盘香一样，盘一个大盘，一圈一圈，螺旋形的，做非常大、非常长，艺术品！

我到塔什干去过，也没有少吃拉面，到乌兹别克斯坦，维吾尔语最吃得开了，基本上懂的，问题是他们很多人不会说乌兹别克语，只会说俄语，我也帮不上忙！还有，我最近才知道的，因为过去在巴彦岱住，我有一个乌兹别克朋友，他喜欢吃一种叫做"阿勒噶"，就是用蜂蜜、白糖、面、清油在一块做一种甜食，形状有点像山东同和居饭馆做的"三不沾"，也是甜食，因为据说是乌兹别克的，所以，我以为是北疆食品，最近我才知道，南疆也有！

我们探讨文化来源，丝毫不存在一个归属问题，来源是别处就不属于你的，不对。

因为文化不像物质的东西。物质的东西，比如说，你从内地买来一万双鞋，卖一双就剩 9999 双，文化是什么？学习了你做鞋的方法，然后与你的脚的大小、你的爱好相结合，做出来的鞋当然就是你的了。

所以这种互相的影响非常之多。

维吾尔语言的一大特点，就是他们勇于接受各地区的、各种民族语言，维吾尔语有四个方面的借词，一个比一个多。一个是阿拉伯语，其次是波斯语，波斯语比阿拉伯语还多，那有什么关系，我们接受就接受了，为我们所用，我们还是中国人！然后就是俄语，近代很多新名词都是俄语来的。汉语就更多了，不但有具体的，还有抽象的，我最喜欢维吾尔语词，"daolilixixi"——讲道理，道理本来在汉语是一个名词，前边加"讲"，到维语省事了，加上一个动词词尾，"daolilixi, daolilixixi"，就完成了。

所以，互相的影响、互相的交流是各个方面的，这也是一个整体性。

第三个问题，整体性、一体性。我们必须看到，从1949年以来，中国的政治形势、经济形势、发展形势，有了巨大的变化，中央政府是一个有效率管理着、掌控着，除台湾以外中国的各个地区、各个省市这样一个政府，所以从1949年以来，我们有共同的经历、共同的困难、共同的失误、共同的命运、共同的痛苦、共同的希望、共同的快乐，是不是？

所以，我们要很好地总结1949年以来的新疆文化建设，以及与内地的交流支援、交流学习文化建设这方面，有哪些是成功的，有哪些是失败的经验。

但是，不管是成功的还是失败的，我们必须看到这样一个事实，已经60多年了，中国实现了统一，除台湾以外，当然还有个别领土的问题，钓鱼岛，黄岩岛（我估计那里也没有居民，那里的文化怎么研究我不知道），没有人口的文化咱们不谈。

这个期间，我们有许许多多共同文化烙印、许许多多共同文化趋向、许许多多文化记忆，是不是？

我们有同样的记忆，口里成立人民公社，这里也一样，公社亚克西！

口里学习什么，我们这里也学习，然后林彪出的事情，这里也给农民传达，农民还问，说林彪上了飞机匆匆忙忙走，他带馕了没有？老百姓心太好，怕把林彪饿着！这也说明我们是一体化的！

"多元"不细说了，当然是多元的，语言文字就不一样，维吾尔语是阿尔泰语系、突厥语族！阿尔泰语系的语言也很多，日语、韩语、蒙语、满语，满族还当过中国最高领导呢，入主中原，而且为中华民族的兴旺发展也做出了很大贡献。蒙古阿尔泰语系的民族，生活习惯很多地方不一样，不一样的地方太多了，我在伊犁研究，有很多新疆的朋友不注意，汉族人洗衣服，如果不是左撇子，是这样拧，右手往前拧；维吾尔人洗衣服，如果不是左撇子，是这样拧，右手往后拧，左手往前拧；维吾尔族洗衣服是往上浇水，用葫芦舀一点水往上浇，搓完以后，用水浇，拧完了再浇水！汉族人在盆子里洗。

汉族人做针线活，是右拇指在下，食指和中指在上，捏着针扎过去，把针伸出来；维吾尔人做活是右拇在上，线在这儿，这个维吾尔人也有他的可爱之处，害怕扎别人，多危险。这样扎别人可能性就比较少，除非你站后边；汉族人推刨子是往前推，但是很多少数民族是往后拉，俄罗斯人也是这样，往后拉，这样。还有许多许多，我不用细说。

多元并不等于会发生冲突，恰恰因为多元，新疆文化的资源，才这样丰富、这样的可爱。所以，我非常赞成张春贤同志提出的，不同民族文化要互相欣赏这样一个观念，起码好玩、有趣，所以，样嘛样子，各式各样的，如果就一种人多没劲；饭也有不同的做法、不同的吃法！

这是我讲的第二个问题！

第三个问题，我想试讲一个相对比较敏感的问题，但是我愿意非常坦率地讲我的看法，就是关于伊斯兰教在新疆文化中的地位！

伊斯兰教在新疆文化中的地位非常重要，这是不可回避，也是无法否认的，因为新疆有相当一部分民族，维吾尔、回、哈萨克、克尔克孜、塔吉克、乌兹别克都是信仰伊斯兰教的。但是，这里头，伊斯兰教就更像任何的文化、任何的学说和理论一样，它到了任何地方，它都有一个本土化的过程，所以伊斯兰教到了新疆，它有新疆化的过程，有中国化的过程。比如说，回族生活在内地，回族数量比新疆伊斯兰民族还要多，宁夏是回族自治区，青海有大量回族，而且拥有一些很有名的回族人。青海的马忠英，带领军队打到了新疆来，打到了伊犁，所以，西北地区有大量的回族，有陕西回民。我的祖籍是河北省南皮县，有大量的回民，而且我们家原来是生活在孟村回族自治县，它叫孟村，但是它是一个县的名字，后来，因为家里面迷信，家里死人太多，迁到南皮县，依然是离孟村最近的一个县，所以我想我这个遗传基因里有这个数代人与穆斯林同处一村、同饮一河的水、同吃一锅饭的优良传统，我觉得我和全世界穆斯林接触的时候，我都特别亲热、特别自然。

从伊斯兰教本身来说，很好说，有很多东西是我最欣赏的，它注意清洁，"halam"，这个太好了，我在伊犁农村，我是城市人，我祖籍虽然在农村，但我出生在北京，是城市人，应该卫生习惯好一点，但是我的房东大姐赫里倩姆经常提醒我，"老王洗手了没有！"

我感觉真好，有一个农民大姐、有一个农民妈妈催促我注意卫生，这是多好的事情。还有一个伊斯兰教不崇拜偶像，这个我也很喜欢，一种宗教信仰，一种神职，出现偶像非常麻烦，你怎么办？

捷克有一个作家叫米兰·昆德拉，在中国有相当的影响，他写过西方的神学界，就耶稣是否大便、进洗手间这个问题，进行过旷日持久的争论，而且解答不了，我就不细说了，细说好像这个话题也不算高雅。伊斯兰教没有这个问题，没有形象的。

这样，这个宗教意识变成一种思想，变成一种意识，真主是没有形象的，它是人的一种灵魂，一种概念！

有一次我很感动，我在农村里劳动的时候，我跟一个十一二岁的农民小女孩，她上学没上我不知道，说到什么事我也记不清楚了，反正我手指着上边，我说，你的意思是真主会知道这一切的，然后这小女孩就告诉我说，老王，真主不在天上，真主在我们每个人的心里。我就想这女孩水平太高了，给了我很大的教育，它不是一个具体的东西，不是上面，而是在心里，一个认识上、心灵的一个取向也好，一个慰藉也好！

伊斯兰教还有一个好处，同情穷人。它帮助穷人，它把施舍看成穆斯林的一个重要义务。讲卫生、同情穷人，不搞偶像，而注意的是人的内心，这都是我非常佩服的。但是在外国的极少数人当中，有一种排他性。这个我们可以比较一下世界三大宗教，这方面，佛教是不管你信不信佛教，拜佛不拜佛，毫无关系，我要拯救众生！不管你信不信佛，甚至一个老虎、一个蚊子、一个苍蝇我也拯救……我都要拯救，我面对的是众生，众生一律平等，这是佛教。

基督教的意思是你要是不信我，你就是迷途的羔羊。现代西方还有他们传教士的热忱，就是走到哪儿他都要宣传他的教义，他认为你不信他，你就是迷途羔羊，他要拯救，这个有点麻烦，没事他要想拯救你，我活的好好，要拯救我干嘛？

至于把不信本教的人定性为异教徒，甚至不惜与异教徒产生暴力冲突，这绝对不好！而且许多穆斯林里面的大学者、大诗人，他们在几百年前就反复呼吁，不应该有狭隘的排他心理。

同样，也是我前面说的，波斯诗人有一首诗，这首诗给我们的教育太大了，它说什么呢？

"我一个手拿着《可兰经》，一个手拿着酒杯，有时候我们做得很清真，非常穆斯林，非常伟大，有时候我也不太清洁"。

不洁，本来就是最难听的话了，在阿拉伯语中，酒一词来自不洁一词。谁喝酒谁就是不洁的，就是违背圣训！

但是新疆有几个人不喝酒？

他另外一个诗里头也是这样的，他说："无事需寻欢，有生莫断肠，遣怀书共酒，何问寿与殇？"（空闲的时候要多读快乐的书，不要让忧郁的青草在心头生长，干一杯再干一杯吧，哪怕死亡的阴影已经与我们靠近）

可以打打折扣的，给自己开点方便，那么较劲干什么？跟谁过不去？

然后第三句话是：（菲罗兹），是波斯语，蓝宝石，就像蓝宝石一样苍穹之下，既然都在像蓝宝石一样的苍穹之下，为什么要分成穆斯林和异教徒呢？多先进，这老哥们多棒啊！他是14世纪的，离现在已经600年了。我去伊朗访问过，我很喜欢伊朗，伊朗人占主要地位的诗人是哈菲兹，他对哈菲兹尊敬极了，但是哈菲兹诗里面，很多是嘲笑阿訇，嘲笑经文学校的，思想非常开放，主要写的是爱情，爱情诗写得太好了，我觉得简直可以编成歌唱，而且那么简单、那么朴素，他说什么呢？

"我好比海水里面的一条鱼，等待着美人把我钓上来！"

写得太漂亮了，那怕钓上来嘴流血了，被钩子钩住了，但是也希望美人快把自己钓上来吧！在水里我更难受、更窝囊，我活不了！

我还看过很多这一类的，比如苏联艾妮写的《布哈拉纪事》，布哈拉是原来的宗教名城，有专门学经文的学校，书里写经文学校，写的全是小孩子跟老师淘气的故事,这样的话伊斯兰教和维吾尔文化相结合,起了什么作用呢?就是伊斯兰教神性必须和世俗性、人间性相结合。宗教的力量光有神性是不行的,它必须和人间性相结合!所以,台湾星云大师就没完没了地强调,佛教要办人间的佛教,就是对老百姓生活有帮助的佛教。星云大师,也是一个大老板,不知道有多少财产,在全国开公司,在全世界开公司,星云大师搞大量慈善事业,办教育、台湾佛光大学就是他办的。

我们看新疆伊斯兰教,它也做大量世俗的事情,婚姻过去来说要管,治病也要管。我在农村里我知道,农村里男子性无能都是找阿訇——起码过去是这样,现在有男科医院了!

比如说,虽然伊斯兰文化到来,我们有了"希提",就是宗教节日观念,但是,我们还有另外世俗的节日,就是"巴衣拉姆",而在维吾尔语中还有汉族的内地的节日叫做"恰甘"。后二者都是世俗的节日。例如努肉孜节,内容非常丰富热烈。

我顺便说一下,西方把伊朗妖魔化,伊朗并不那么极端,离现在大概有六七年了,那一年十二月份我去伊朗访问,伊朗的各个宾馆里都有圣诞树。伊朗地毯非常有名,但是也有画作的地毯,诗歌插图的地毯也有。但是也有耶稣降生的地毯,这是我亲眼看到的。而且,每年12月25日,包括被西方骂成大妖怪的内贾德总统,都向全世界基督徒问好,他不是那么排斥的。所以,有一个很基本的问题,我们要给新疆伊斯兰教定性,伊斯兰教在新疆所构成的是一个世俗社会、不是一个神权社会,不是一个让大家不要生命、不要财产、只要圣战的社会,没有!新疆没有这样的历史,没有这样的记忆。

"文革"当中,当时武斗非常得厉害,那时候我在城里也有个家,我妻子在第二中学教书,我就住在伊犁。有很多知识分子跟我说,"老王，汉族小孩怎么这么坚决，两派互相放枪，他说，我们手是很软的"。

维吾尔人有一句话，我很喜欢"maili"，全世界找不到这个词，把它翻译成"也行"，这是很别扭的，"maili"是什么意思呢？是可以妥协的，虽然我并不希望是这样，但是就这样了，随便去！类似这么一个的意思，一个人卖东西，一个人买东西，买东西希望越便宜越好，卖东西希望越贵越好，最后，买东西的说我就是不出这个钱，回头就走了，等走出十步，卖东西的人就说"mailimaili"，汉族认为以为是"卖了卖了"，不是说卖了卖了，是说也行。它是一个非常务实的，一个通情达理的，他论的是现世——佛教的说法就是"此岸"。

最近，我出的小说里面写到，一个虔诚的穆斯林认为，如果你种瓜的时候，不断浇水催熟，或者你卖牛奶时候，奶子里面掺水，这样的话你死后骨头会变黑，坟墓会倒塌。

对世俗社会并不排斥，对现代人生并不排斥，不是浑身绑满炸弹，一拉就拉响那种！

2001年底，还是江泽民主持工作，全国开过一次宗教工作会议，江泽民提出一些观点，这些观点是国际共产主义运动中从来没有人提过的。

第一，宗教会长期存在，即使是共产主义开始实现了，国家和政党都消灭了，宗教都消灭不了；第二，在现阶段，宗教在抚慰人的心灵和社会推进慈善事业上有积极的作用。

这是中央提出来的，讲宗教的积极作用共产党过去没有讲过，这次江泽民讲了。然后，在胡锦涛主持工作期间，一次中央全会上作了《关于建设和谐社会的决议》，这个决议里又有一条要发挥宗教在建设和谐社会中的积极作用，以前共产党的口号里面是没有的。所以，我觉得这个是，我们完全可以做到非穆斯林和新疆穆斯林和谐相处、愉快相处，像兄弟一样，像姐妹一样，像最好的朋友一样，互相尊重、互相帮助、互相提携，有好东西大家分享，有难同当，我们完全可以做到！

自从两个阵营（冷战）结束以后，意识形态问题降低了，几乎有些最原始的问题反而都出来了，确实从我内心里，我完全不相信新疆会发生民族冲突、宗教冲突，如果有冲突，也是国外敌对势力的挑拨与破坏！

第四个问题，我想谈一下现代化与民族的文化传统：

从中国内地，尤其是汉族经验来说，现代化过程，尤其在文化上有时候是一个困难过程，在这方面，我国有极其痛苦的经验，因为中国在古代就不知道世界还有很多的重要国家，认为中国就是天下，周围有很小的一些比较荒凉、比较边缘的地方，有一些小的番邦（国家），你去日本、韩国，看他的古代文化，弄不好你以为是中国古代文化的拷贝、一个翻版！再往东边都是海。

而在1840年，鸦片战争以后，中国人突然发现这么异常的事，中国人太痛苦了，在谢晋先生导演的《鸦片战争》里，最典型的，它最后的一个场面是道光皇帝带着儿子、孙子，在一个风雨交加、雷电轰鸣之夜，是向大清国祖宗牌位磕头，哭成一团，道光皇帝对不起大清帝国的祖宗。

辛亥革命一发生，没有几天，当时最大的学者王国维就自杀了，而且王国维是懂西学、懂外文的，他多次向中国人介绍康德的理论（德国哲学家）、叔本华的哲学思想，他引进许多欧洲哲学思想，但是他为什么自杀？没有人理解，因为他并不是保皇党，他也不是清朝重臣，清朝西太后也好，宣统、光绪皇帝也好，对他没有任何恩泽、恩惠。原因就在于他最早感觉到，在现代文明面前，中华文明要完蛋了，他太痛苦了。类似的痛苦的故事不知道有多少！

最早一批被清朝政府培养起来，懂西学的，有一个最著名的学者叫严复，是英国留学的，他在英国留学时梳长辫子，他翻译了赫胥黎写的《天演论》，实际上介绍了达尔文的思想，进化论的思想，他用文言文，很多地方是骈体文形式翻译的，翻译得极其漂亮，但是这个人回到中国以后，最后是怎么死的？最后是吸鸦片死的！他看不到中国的前途，他以为，要富强中国，就必须牺牲中国文化；而要坚守中华文化，中国就永远不能进步。所以，五四时期，提出非常激烈的口号，"打倒孔家店"，其中还有是国民党元老吴稚晖提出来的："把线装书扔到茅厕里去！"鲁迅提出来不要读中国书。就是它经过很长的时间，付出很大代价，包括心理上付出很大代价，人们开始才认识到，现代文化、现代文明、实现现代文化，并不是传统文化的丧钟，并不是要把传统文化消灭，而是要对传统文化进行一个创造性的转变。

提出对中华文化进行创造性转变，学者里头最早是一个林先生，是我小学的同学，后来他一直在美国威斯康辛，他叫林毓生。中国文化曾经有很多的不安，而且发生过极其激烈的恐怖行为。

在几次国内革命战争当中，恰恰是国民党，说共产党不要文化、不要祖宗，拿了俄国卢布，还说，中国共产党只认马祖列宗，而不认黄帝、孔子。经过了快 94 年（从五四运动到现在），正是由于我们国家各个方面，改革开放取得成绩，使我们增加了对中华文化的信心，使我们认识到，发扬传统文化和吸收先进文明并不矛盾的，正是现代化进程，使中国目前，包括各个边疆地方、少数民族地区，包括新疆、西藏，文物保护，传统文化的继承与弘扬，达到了空前的力度和水平！

不错，解放初期，我们是有过不懂爱惜文物的事情，比如北京就有一个很大很遗憾的事情，把城墙全拆了！

当年，北京大学有一批教授，梁思成、侯仁之，他们每年自费印宣传单，他们主张保留北京古城，在北京西部，在石景山、周口店这些地方，建新城，千万不要动北京古城，北京古城太宝贵了，全世界简直无与伦比，但是在"大跃进"当中，把城墙全拆了，反过来我们看看，我们现代化口号提得最响的，是20世纪80年代、90年代和21世纪前十年，是我们保护文物最好的时候，国家花了多少钱，多少文物专家建议得到采纳！我个人体会，现代文化引领，并不是对传统文化的破坏，并不是对传统文化的抹杀，恰恰是现代观念下，来尊重历史、保护文化，保护特色、保护文化遗产。我们文化遗产什么时候像现在弄这么欢呢！如果没有改革开放、没有现代化目标，我们十二木卡姆能被联合国教科文组织所了解、所知道、所肯定吗？还有许许多多，还有昆曲也被联合国教科文组织所肯定，我们追求应该是在现代引领下现代文化和传统文化的整合。我大胆地说一句话，文化这个东西，不是零和模式，不是这个存在，那个就不能有了。比如说，我用美声唱法，不等于你不可以有民族唱法、民间唱法、原声唱法、通俗的唱法、流行歌曲唱法，三个、四个、八个、九个都存在，谁妨碍谁呢？

又比如有武侠小说，有《阿凡提的故事》，照样可以有这样类型的小说，民间故事，童谣……什么都可以有。所以，我常常讲，在文化上我们不能破字当头，我们要立字当头，我们建新的建筑不等于必须拆毁旧的建筑，旧的建筑更宝贵，因为它是文物，已经不够使用了，至少我们应该保护一部分，要让我们知道我们的过去是怎么样的。

你到欧洲许多地方旅行，现代化城市当中，都有一块地方保持最老式样，在斯德哥尔摩有这样的，在马德里也有这样的，所以，我们追求的不是在文化上的你死我活，而且现代文化引领下实现创造性转变，造成一体多元大发展、大繁荣的形势！我想这是我们追求的目标。

这里面有学习，有借鉴，也有保护，不管怎么样，先保护下来！这方面我自己认识上也有一个相当的过程，有一年，我访问法国，法国文化部长雅克朗就问我："现在中国戏曲里面，男人演女人角色多不多?"

我按照我过去的思维定势，我就回答说，过去男人演女人或者女人演男人，因为越剧里面很少有男的，男的都是女的演;京剧里面女的都是男的演，因为，过去男女授受不亲，男女都在一个剧团怕出丑闻。

我没有想到，法国文化部长雅克朗说，不一定，有不同效果，女的有女的效果、男的有的效果!他的效果女演员代替不了，梅兰芳有他的效果!

过去我们认为，男人演女人是落后的，实际上这不是落后的。过去我们认为，也都是我们非常敬爱的党的领导人说拳击太野蛮了，很野蛮，很残酷，所以中国是不能发展拳击的!现在看，只要按规则、按制度办事，大家觉得拳击是很有魅力的运动，中国尚武呢，怕什么呢?真正当场打死太少见了。

我刚当文化部长时，全国三四个具有革命的、长期的、老资格的女同志，说深圳要搞礼仪小姐竞赛，是变相选美，是把妇女当作玩物，是对妇女的严重损害!

我一听，下令深圳给我停止。现在呢，选美光在三亚多少次了，光深圳有多少了。很有意思的是，越是选美，越要保持格调的高尚，参加选美活动，当观众的男人一律穿黑西服、白衬衫，打领带都不行，而且打蝴蝶结，而且领结只分两种颜色，一种黑色、一种紫色，红的不行，说明来的人都是一个个绅士、都是高雅的人，小流氓门都没有!越是这样的活动，越特别注意它的层次!不是低级活动，不是一个肮脏的活动，所以说，文化的东西看不清楚，就放在一边保留不要轻易灭了!灭也灭不了，现在证明选美也没有灭了，拳击也没有灭亡了。

反过来说，我们新疆本地人我太了解了，我说，老乡们、同胞们，我太了解您。所以，有时我们非常反感的东西，就像我说芭蕾舞腿动作，其实看着挺漂亮的啊，又健康、又有感情，你看，英国芭蕾舞女演员的腿漂亮，长那么漂亮的腿，对我们下一代形象有好处的，为什么要往特别肮脏的地方想呢？这是健康，这是青春，这是艺术，这是活力！

我知道，民族同志最反感的就是二转子音乐，二转子音乐有利于我们推广，王洛宾的音乐，我在新疆时民族同志都不喜欢，但是，现在台湾都把王洛宾当成乐圣看，通过他知道了新疆旋律，知道的是真的，假的，我也弄不清楚，但是说是新疆的就是新疆的吧！

许多民族同志最反感就是的刀郎。你怎么能叫"刀郎"呢？叶尔羌流域才叫刀郎！可是他叫刀郎，汉族人没有一个人会想到（口里的汉族人）他和叶尔羌河有什么关系。刀郎是什么呢，一个带刀的男子罢了，然后他唱了《乌鲁木齐下第一场雪》，我没有听过他的歌，但是我不反对他，反对他干嘛？全中国那么大，既然有人听，既然出唱片，就让他做，所以，对文化的事情，不要动不动就反感！有时候，反感是狭隘的表现！

昨天上午，我跟伊犁一大批学生、教师、干部座谈的时候，我说，如果一个人只懂一种文化的话，就会对其他文化产生反感、生疏、咯硬，接受不了。比如说，我们应该叫水，英国叫做"water"，法国人叫"aqua"，维吾尔人叫做"su"，哈萨克人好象也叫"su"，蒙古人"ousu"等等，我们觉得，这不是莫名其妙，什么"aqua"、什么"water"、什么"su"，明明就是水，但你接触长了你就明白，这当然是"su"啊，这不是"su"是什么？所以，对和我们不同的东西，要有开放的心！

汉语中有一些成语，一个叫做"党同伐异"，和自己相同的东西，我们就看成是一党的，视为一体。"伐异"，不同的东西就要讨伐。我们为什么不能党同喜异，党同乐异呢？和你相同的东西认为是知己，看到不同东西，你觉得很好玩，你要有一种好奇心嘛！

知道世界的丰富和多样，维吾尔语也有一句谚语，谚语说，"如果他跟你说的话不一样，他的心对你来说就是异己的"。太狭隘了！我们可以改成正面的词，同语则同心，异语亦同德。我是坚决主张来新疆工作的干部，你要是干三五年也好、半年也好、干两年也好，你要学维吾尔语，减少了与当地各民族之间的距离、缩小了距离，说一句算一句，说一个词是一个词，别的不会说，你就说"亚克西"嘛！

王震同志在新疆的时候规定，学会维吾尔语，而且考试通过的，每人提升一级，多么精明英明的王震同志！

有一年我去德国，住了六个星期，六星期我报名参加德语学习班，当然学不会，六个星期哪能学会啊，六年都不一定学得好。起码到现在我知道怎么叫一辆出租车（讲德语）。所以，我们这些方面一定要有开放心态，汉族同志一定要好好学习维吾尔语，民族同志一定要好好学汉语。不学汉语你吃亏太大了，不学汉语你升学有困难，你能上最好的学校吗？不学汉语你就不了业，你找不到合适的工作，不学汉语你提级困难你升不上去，所以，我们这些方面，要用积极的态度促进一体多元的发展，促进各个民族的相互了解、相互尊敬、相互欣赏，促进我们新疆民族团结！

我在新疆待过 16 年，在农村劳动了那么多年，那时候，很多政策"左"得要死，但是那个时候民族之间非常亲切、不分你我。不用说别的，就是过肉孜节和库尔班节的时候，多少汉族同志跑到民族同志家里面吃馓子，喝白酒；过春节的时候，多少民族同志跑到汉族同志家里面又唱又跳，我们一定要使新疆成为一个民族团结友爱的乐园，我不相信新疆会老是发生恶性案件，因为，那些恐怖分子、暴力分子，他们不能代表新疆人民，更不能代表我视为最亲最亲的维吾尔人！

我开句玩笑，他们问我，"老王同志，你从哪里知道那么多事情！"

我说，我也算是半个缠头，他们听见后怎么说，他们说你整个一个维吾尔，所以我怀着这样的心，和新疆各个方面的朋友，谈谈文化，谝谝闲传，说错了，请大家指出，具体的工作按自治区党委指示来办，明天我上喀什，再过两三天我又回北京了。我就是在北京，我虽然不会念经，我要念我的心经：祝福新疆！

声音交响与协商民主 *

（2013 年 3 月 5 日）

承认而不是遮蔽社会的庞杂性与多元性，鼓励而不是掩盖声音的交响，是中国共产党长期执政的活力所在。

我们有一个很好的传统，它是具有中华文化特色的协商民主。就是说，我们在充实与规范各种民主法制程序时，追求和为贵，追求统筹兼顾、春风化雨、上善若水，追求中庸之道，追求把矛盾激化、政治对决、狂风暴雨减少到最低限度。

协商民主的前提是承认界别、层次的多样性，承认利益、境遇、思想见解、政治诉求的庞杂性与多元性。协商民主的愿景是孔夫子的和而不同。承认社会的多元性是统一战线的必要与可能的前提；承认统一大原则又是保持多样性差别性的前提。如果不承认中国共产党的领导与社会主义基本制度，不承认宪法、不承认改革开放新时期的宝贵进展，差别就会变成分裂。

有歧义才有讨论的必要，有不同的见解才有妥协与和谐的必要，有挑战艰难才见智慧与水平，有权威才有认真的质疑，有诚意才有认真的议论，有起码的共识才有各抒己见的空间，有统一的大目标才有异彩纷

---

　　*　本文原载《人民日报》2013 年 3 月 5 日理论版。王蒙时任国务院中央文史研究馆馆员、中国作家协会名誉副主席。

呈的各类发挥与表述。只有通过声音交响与协商民主，才能真正做到执政党与人民、与社会的无阻沟通。

习近平同志指出，执政党要听得进尖锐的批评。尖锐意见不一定好听也不一定就圆满准确，但如果认真听取掌握，可以最大程度地减少热热闹闹、好大喜功的政绩泡沫，最大程度地避免矛盾冲突越积越多的非良性后果。

我们讲指导思想的统一性、非多元性，也是以承认被指导思想的多元性为前提的。指导思想要勇于与善于去指导多元的、庞杂的、包含着良性和非良性的社会思潮与社会心态。勇于面对与正视不同的声音，才能凝聚多元社会的意志，通过协商民主，通过双百方针，通过声音的交响实现国家的稳定、和谐、团结与奋勇前进。

中国共产党是一个长期执政的大党。它的活力在于实事求是、改革开放、联系群众、忠诚坚定地为人民服务的政治思想路线，在于它承认而不是遮蔽社会的庞杂性与多元性，鼓励而不是掩盖声音的交响。正是基于执政党这样的自我认知和期许，改革开放 30 余年来，中国在面貌一新迅猛发展的同时，不同的利益、不同的诉求、不同的观点政见、不同的声音不是减少了而是增加了。我们的方针应该是承认多元性，注重交响性，提倡认真的有担当的民主协商。"苟利国家生死以，岂因祸福避趋之"。同时我们提倡，己欲立而立人，己欲达而达人，己所不欲，勿施于人，以忠恕之道推己及人、维护大局，共体时艰，求得国家人民利益的最大化。

又是一年芳草绿，依然十里杏花红。2013 年党的十八大后的新一届的两会召开了，人们满怀热望，期待着蓬蓬勃勃的中国的声音交响与协商民主的新进展。

莫言获奖十八条 *

（2013 年 1 月 11 日）

我们可以通过莫言获奖这一好事，总结提高以非强势非世界主流的古老独特文化，面对强势主流文化时的各种经历与经验教训。我们应该逐步树立不卑不亢、实事求是、明朗阳光、该推则推、该就则就的敢于正视、敢于交锋、敢于合作、敢于共享的通情达理、尊严、自信、坦然的态度。

2012 年，莫言获得了内外瞩目的诺贝尔文学奖，然后出现了各种说法。现以此为典型案例，作分析如下：

第一，诺贝尔文学奖是当代影响最大的一个世界性的奖，它有相当长久的历史，有北欧的大致上是社会民主主义的意识形态背景，有一批年老的、相当认真地从事着评奖事业的专家，有相当的公信力与权威性，同时也因其不足与缺陷而不断受到质疑与批评指责。

第二，它是西方世界的主流文化强势文化的符号，从事这项评奖工作的个别专家，确实也有自我感觉良好的种种表现，对中国的文学常意在指点。中国的一些人士，则对之又爱又恨，又羡又疑，又想靠近又怕上当，既想沾光贴金扩大影响，又怕被吃掉被融化演变吃亏。有些写作

---

* 本文原载《光明日报》2013 年 1 月 11 日第 13 版。王蒙时任国务院中央文史研究馆馆员、中国作家协会名誉副主席。

48

人，像小蜜蜂一样地围着被视为权威的评奖人士飞舞（语出香港作家黄维梁教授），希望通过此奖的认可来为自身加分求证添利。它反映了第三世界、正在迅速崛起和平崛起的我国，在文化上还缺少足够的清醒的自觉与自信，对外部事务的知晓也还有待推进。有时候此奖奖给了我们不喜欢的人，主事者们大怒，干脆将之否定。有时候则是可以接受的人选，皆大欢喜，说明我们其实喜欢此奖。我们可以通过莫言获奖这一好事，总结提高以非强势非世界主流的古老独特文化，面对强势主流文化时的各种经历与经验教训。

第三，我们现在很提倡中华文化的"走出去"，一出国门，就会碰到同样一个非强势非主流文化面对强势与主流文化的问题，有时候你不想讲意识形态，但西方意识形态的代理人们揪住你的意识形态不放。有时候对方认为他讲的是并无意识形态色彩的普适价值或专业学术，但是引起你的意识形态的深恐上当的警觉，尴尬而且踟蹰为难。这方面的自觉与自信，应该落实为从容不迫与实事求是，落实为眼界拓宽、心胸扩大、知己知人，追求真理。不必花一大堆钱到处送票然后吹嘘自己进了什么欧美演出大厅；也不必一言不和便断定对方亡我之心不死。简单地说，我们要大大方方，彻底超越、摒弃、清除义和团对八国联军的心态与逻辑。当然，看到那些八国联军式的高高在上的对中国的指手画脚，也令人觉得他们还迷迷糊糊地生活在近庚子年代。

第四，文无第一，武无第二。文学是语言的艺术，是十分个性化、风格化的创造，它的接受、欣赏、评析、传播也是与受众个人的个性与风格爱好分不开。诗仙诗圣，唐宋八大家，托尔斯泰与巴尔扎克，普希金与拜伦、雪莱，哪个第一，哪个次之，岂有公认定论？奖励文学，排名次，是非常困难非常冒险的事情。但是在当今信息化、媒体化、市场化的时代，寂寞的文学与它的主体即作家们，他们中的多数人，其实相当愿意得到社会的扶持乃至炒作。与此同时，一些掌握了相当的社会资源的人士，有志于通过评奖推动文学事业，发现尚未被认识的文学天才，向受众推荐优秀的文学作品，直至从财务上支持作家并客观上支持严肃的文学出版事业，这是一件好事，是值得欢迎与赞扬的义举。

第五，文学奖搞得再好，它不是一个文艺学、语言艺术、美学、小说学或诗学的范畴，它主观上是一种文化友好加慈善的活动，最多是文化活动文化事业文化行为，不是文化创造更不是文学创造本身。客观上它已经成为重要的传播手段，是可能获得巨大成功的品牌营销，是文学的推手，当然也是已有成绩的文学家的美梦，是名利双收的大喜事，是为自己的作品与知名度进行促销的天字第一号手段。

第六，生活中常常让你觉得大奖比被奖的文学作品与作家牛得多。一本好书出了，不过如此，大奖拿上了，响动甚巨。原因是大奖调动了社会资源，与国家、权力、财力结合在一起（如诺贝尔奖是由瑞典国王授予的，芥川龙之介奖、法国的龚古尔奖、美国的普利策奖，也都有很高的规格。同样，龚奖也受到为出版商谋利的批评），堂堂皇皇地闯入文学的象牙之塔（如果当真有这样的塔的话），以世俗之力去干预有脱俗之心的语言艺术。这样，各种奖被传媒与大众十分关注。而单枪匹马的作家，没有这种实力。

第七，好的文学奖最感人的是它的伯乐作用。一个默默无闻的爬格子——敲键者，一登龙门，身价百倍，正是大奖最令人敬佩和感激之处。但是大奖也可能挂一漏万，也可能有遗珠之恨，也可能有看走了眼的地方，这也难免。前者我们可以举出海明威与加西亚·马尔克斯，后者我们可以举出一大批旧俄作家。对此，我们可以客观评价，既不必苛求苛责，也不必对某奖顶礼膜拜。我早就喜欢说的一句话是模仿一个电视广告词，原词是"新飞广告做得好，不如新飞冰箱好"，我的话是"诺贝尔文学奖做得好，不如文学好"。

第八，文学追求脱俗，作家与做奖，不可能绝对免俗。写作与做奖，都是肉体凡胎的人类干的活。获奖者不是神仙。奖不是天赐金钟罩或飞天成仙灵药。各种世俗生活中都有失误或缺陷，作家与做奖也不例外，这不足为奇。我愿意相信主办此奖的专家的纯洁心意，但世俗中的人的判断受到世俗因素的影响，也属正常，例如受到国际形势、国家关系的影响，受到本身的价值取向的局限，受到社会风气时尚的影响（有时候刻意地去反时尚，也是受到时尚影响的表现），受到语种与翻译的影响，受到影视戏剧视听作品的咋咋乎乎的影响，乃至存在着某种公关活动的影响等，都是可能的，都是可以理解的。同时我们不能否认关键的关键仍然是作品。没有好的作品能翻译好？能搞出好的配方？能响出动静或拉好关系？能碰上铃兰花（瑞典国花）运？离开了文学作品谈某某获奖，那都是庸人论文，是将文学奖与文学干脆八卦化。

第九，诺贝尔文学奖与社会主义国家发生过不少碰撞。苏联帕斯捷尔纳克与索尔仁尼琴的获奖，都得到了苏联当局的负面反应。但肖洛霍夫获奖，则是皆大欢喜。中国一高一莫，也是一怒一喜。同时，我们不妨注意一下，诺奖颁发也曾与美国龃龉。在我国，包括对莫言影响甚大的诺奖得主加西亚·马尔克斯，是卡斯特罗的好友，他曾长期被美国政府禁止入境，并因此受到美国作家的强烈抗议。诺奖也奖过阿拉法特的友人，葡萄牙共产党人作家萨拉玛戈、意大利左翼剧作家迪里奥·福等。我们最好不要简单地将此奖视为异己敌对势力的表演，正如不能将瑞典学者视为中国文学的考官与裁判一样。

第十，莫言获奖当然不是偶然。他的细腻的艺术感觉，超勇的想象力，对于本土人民特别是农村生活的熟悉，他的沉重感、荒诞感、幽默感与同情心，他的犀利与审丑，他的井喷一般的创作激情与对于小说创作的坚守，都使他脱颖而出。早在 11 年前，日本诺奖得主大江健三郎就在北京预见了莫言将获此奖。

第十一，有人不喜欢莫言的作品，指出他写作上的某些粗糙乃至粗野粗鄙。这里有个性上的隔膜，也有言之有理的真知灼见。大奖并不能帮助作品的完善，这些评议是完全正常的，乃至是有益的。

第十二，说莫言的作品是皇帝的新衣，不如说许多庞然大物有皇帝新衣即破绽的一面。这奖那奖也未尝没有破绽，人类文明、民族传统、普适价值，吹得上了天的令人目眩神迷的说法，都不是无懈可击的。托尔斯泰大贬莎士比亚，陀思妥耶夫斯基厌烦屠格涅夫与别林斯基，都有他的道理，也都不是结论定论。

第十三，文学的魅力之一是它的可解读性，即它具有相对阔大的解读空间与分析弹性。对于一部文学作品，完全可以你解读你的，我解读我的。不能因为别人的解读不合我们的意就疑神疑鬼，也不必跟着北欧的风起舞，甚至于也用不着急于给莫言搞操行评语。至于将对莫言获奖的讨论变成对莫言的政治鉴定，责备莫言尚未做到又白又专、成为现行体制的敌手，那种立论，廉价、偏颇、浅俗、几近疯狂，可以与将文学人一律视作黑线的"文革"重组文艺队伍论并列，堪称难兄难弟。

第十四，莫言获奖的最大积极意义在于，他使中国堂而皇之地走向了牛气十足的"诺贝尔"，也使"诺贝尔"大大方方地走进了摸着石头过河的中国。所谓诺贝尔文学奖出现了真正的中国元素，也就是中国文学中出现了认真的诺贝尔元素。这与主观动机与一厢情愿的解读无干，莫言获奖意味着互相的承认。莫言在瑞典学院的讲话《讲故事的人》获得了诺贝尔所在地的知识界的好评，也全文刊登在了《人民日报·海外版》上，这太好了。它有利于民族、本土、中国特色与西欧、北美、基督教文明即所谓普适或普世的交通直至对接，用文学的夸张来说，它有利于世界和平与和谐世界、和谐社会的构建、文化的繁荣发展走出去与请进来。如果此后中国出现十个二十个更多的莫言与获奖事态，中国将会有所不同，世界将会有所不同。它的意义要慢慢地看。一些持反面看法的鼓噪者，正是力图用零和模式，用非此即彼的思路来简化世界。

第十五，诺奖开始运作以来，已经颁奖给一百多位作家，真正对文学事业产生巨大影响的人物与作品，其实有限。有人视诺奖为神明，视本土作家为粪土，这是面对强势文化的第三世界国家的文化虚无主义表现，也是十足的愚蠢与幼稚无知。

第十六，国家不幸诗家幸，在一个社会土崩瓦解之时常常会有一批影响巨大的文学人物如鲁迅出现，而另一种情况下，文学有某种边缘化的趋势。加上信息科学的迅猛发展，视听、网络的冲击，传统的严肃的文学写作目前远非一帆风顺。这种情势下的莫言获奖，是大好事，瑞典科学院对于文学事业的坚守，也值得赞扬。顺水推舟，借力打力，我们何不趁此机会多谈谈文学？

第十七，无疑，此奖是发给莫言个人的，但个人的写作有自己的语境、同行、人文环境。在莫言获奖的同时，我们想到毕飞宇、迟子建、贾平凹、韩少功、刘震云、舒婷、铁凝、王安忆、阎连科、余华、张承志、张抗抗、张炜（以姓名汉语拼音首个字母为序）等优秀作家的劳绩，我们不能不珍视，不自觉与自信于我们的当代文学创作。

第十八，一些国家自身的作家作品成就与影响一般，但他们奖项的轰轰烈烈，大大增加了他们的人文话语份额与人文气势。这对于我国热心于走出去的同志应该有很大启发。与其抱怨旁人，不如当仁不让。我希望，首先，中国自己的文学奖，应该办得更好更权威更有规格。奖金应大幅提高，发奖最好是国家领导人出面。其次，中国（包含委托港澳）应该举办世界性文学大奖，至少是华语文学大奖。

从莫言获奖说起 *

（2012 年 11 月 13 日）

文学、文学家、文学奖

文学多半会偏于理想性与浪漫主义，包括文学作品里的那些穷愁潦倒自嘲解构之语，正是出自敏感与激情的发扬。文学愤青多于别的行业的愤青，也往往是想得越高，火气就越大的表现。文学不但反映与关心形而下，也硬是带着某种虔敬的情怀直冲霄汉，直奔终极与形而上。

文学家则是人子。雅与俗、阔与窄、高与卑、清与浊，往往兼备，未能全然脱俗免俗。当然不同的作家，良莠不一，相互格调相差甚远。

某个或一些关心文学或热爱迷恋文学的人，一些有一些权威与实力的团体，主持了文学奖的运转。如果主持评奖的人士确有较高的鉴赏判断能力与对于文学艺术的敬畏与忠诚，这样的文学奖，有可能使得万众瞩目，更使得一些作家心潮澎湃。

大体上文学奖与文学家的关系可以分为五种。第一，其作品并不理想，但沾了获奖的光，立马青云直上，他（或她，下同）是预支或超支了该奖项的权威与影响。

---

* 本文原载《人民日报·海外版》2012 年 11 月 13 日第 7 版。王蒙时任国务院中央文史研究馆馆员、中国作家协会名誉副主席。

第二，他的作品极佳。不给他评奖，文学奖项的损失远远多于文学家个人的损失。例如托尔斯泰，他没有获过国际知名的大奖，受损失的不像是他本人。

第三，他已经大放光芒，由于获奖，本人是锦上添花，奖项是咸与荣焉。

第四，获奖者尚未被受众充分认识，评奖人慧眼早识，证明了该奖项的伟大超前，近乎文学伯乐。某人获奖了，本地域人们不知其为何许人，这样的事屡见不鲜。

第五，大致作品也还不错，公众基本认同，类似的作者也并不乏人，但得了奖啦，好事，算是顺理成章，也算幸运之极。

从长远看，从真正的文学史上看，则文学奖对于文学的意义有限。古今中外，屈原、曹雪芹、托尔斯泰、巴尔扎克……谁得过什么大奖？即使得过也早被历史所遗忘或者忽略。

我们这里有一个奇怪的现象：重奖而轻文学，视境外大奖如神明，视本国的文学劳作如粪土。这里有第三世界国家的文化虚无主义，有急于走向世界的浮躁心理，有庸人的无知，也有依靠境外的认可来给自己壮胆的怯懦……

所以我多次套用一个电视广告词：某某大奖办得好，不如文学作品好。

诺贝尔文学奖、文学、政治

诺贝尔文学奖是目前世界上影响最大的一个奖项。诺贝尔文学奖多次与一些国家的政府发生政治的龃龉。原因之一是诺贝尔文学奖是北欧瑞典文学院的有关院士们决定取舍的。他们1960年代给苏联的帕斯·捷尔纳克的《日瓦戈医生》发奖，使帕斯捷尔纳克受到苏联官方极大压力，被开除了苏联作协会籍，他只能选择拒奖，而晚年的赫鲁晓夫则对此事感到愧疚。

后来此奖发给了苏联的索尔仁尼琴，苏联政府的反应则是吊销了索的护照。

诺奖也与苏联有过较愉快的打交道的记录：发奖给萧洛霍夫，萧是苏共中央委员，曾跟随赫鲁晓夫访问美国，被赫称为他们的文化的伟大代表。

同时诺奖也有选择西方国家的左翼作家的记录。1979 年，诺奖给了当时西德的伯尔。德国政府并不欢迎，这是时任驻华大使的作家厄温·魏克德对中国作协一批人说过的，但德国总理还是登门向伯尔表示了礼貌的祝贺。

在中国具有重大影响的哥伦比亚作家马尔克斯则碰到更多的麻烦。美国政府曾经拒绝他的入境。1986 年春我在纽约参加 48 届国际笔会时，美国作家为此事向出席致词的国务卿舒尔茨强烈抗议，哄了个不亦乐乎。

诺奖奖过葡萄牙共产党员、阿拉法特的好友、作家萨玛拉贡。

诺奖已经与中国方面发生过一些问题，留下了歧异的记忆，曾被认为它们在政治上是不怀好意的。此次给莫言发奖，比较起来，算是有较高的认同度。

主持诺奖的瑞典学者不承认他们发奖有政治动机，但仍然看得出他们的政治倾向。中国作家也没有几个人承认自己是为政治写作，但也能看出作品的政治含义。问题是对于优秀的文学成果来说，更重要的是生活，是心灵的倾吐，生活与心灵不可能绝对地摒除政治，但生活与倾吐却更加宽泛丰沛、更加原生态、更加直观、更加富有多义性、弹性，阅读与讨论起来有极大的解释空间。例如《红楼梦》。中国的作者与读者有足够的经验，知道狭隘地阐释文学作品有多么愚蠢，多么有害，多么可悲。

莫言获奖是一件好事

无论如何，莫言获奖是好事。它鼓励了在"网络时代"文学将会式微的鼓噪声中对于认真的文学写作的坚守；它表达了对于莫言的熟悉本土人民生活、富有艺术感受与想象能力、井喷式的创作激情与坚持不懈的劳作精神的肯定；它表达了人们对于中国当代文学的关注。

一些人，先是诅咒发誓地否认任何国内作家获此奖的可能，后来又一再提醒奖了也只是奖个人，与你中国或中国文学无关。其实任何一个作家的成果都不可能完全脱离开当时当地的人文环境，在高度肯定莫言的时候，我们不会忘记与莫言同时代的中国作家，例如韩少功、贾平凹、铁凝、王安忆、余华、张承志、张抗抗、张炜……（以姓名汉语拼音符号为序）

接着出现了痛批莫言与另一个华裔获奖者的文笔。文无第一，武无第二。对莫言等作品见仁见智，有所期待，有所不满足，这是很正常的。第一，他确实写得很好，早在三十余年前，我读了莫言的《爆炸》已经感慨于他的艺术感觉的细腻与敏锐，并叹息自己的年岁日长。第二，他的写作绝对不是无懈可击。第三，文人之间，互不买账，乃是常态。

至于说莫的作品是皇帝的新衣，则莫如说许多大权威包括此大奖"新衣"，有它的另一面，即破绽的一面。岂止是莫言被嘲"新衣"，在托尔斯泰眼中，莎士比亚剧作也是"新衣"。在陀思妥耶夫斯基眼中，屠格涅夫与别林斯基都很烦人。重要的诺贝尔文学奖，二战以来，一年一个得主，至今 67 年过去，有几个在中国获得了巨大的影响的？你能说出几个人的名字来？

视某奖及其得主是神明，那是无知与幼稚。动辄虚无化本国的一切，则是幼稚加上了粗野与卑贱。得了奖就顶礼膜拜，那是暴发户的天真。国人得了奖就百般贬低，是偏见的搅和。这是一个文学话题，应该足够文学地实事求是地思考与讨论它，不能把它庸俗化、泡沫化、八卦化了。

在澳门大学讲莫言获奖 *

（2012 年 11 月 7 日）

今天我这讲话，就算是与大家谈家常吧。最早透露出莫言可能在今年获得"诺贝尔文学奖"消息的是英国的一家博彩公司。他们认为今年最可能获得这个奖的一个是中国的作家莫言，一个是日本的作家春上春树。我当时就觉得不大可信，因为瑞典科学院，它是很骄傲的，怎么可能把自己的信息透露到一家博彩公司那里呢？第二，连澳门的博彩业都没有告诉我这个消息！所以我后来的一个感想就是澳门的博彩业要向英国的博彩业学习。到了当天的晚上，凤凰电视台临时给我打电话，说再有十分钟就要公布获奖人了，希望接受采访。我说这是不可能的，我都不知道谁获奖呢，稀里糊涂我能够说什么呢？就是到那个时候我还是没想到会是莫言获奖。

其中有一个原因就是在此之前呢，大家都以为马悦然教授是诺奖举足轻重的专家。我知道马悦然教授，比如说对北岛先生非常支持的，他对高行健先生也是非常支持的，这个已经实现了。他对山西的李锐先生和曹乃谦先生有很高的评价的，所以我就觉得他们的可能性会大一些。

---

* 这是王蒙 2012 年 11 月 7 日被聘为澳门大学首任驻校作家后在澳门大学东亚学院演讲的整理稿。王蒙时任国务院中央文史研究馆馆员、中国作家协会名誉副主席。

但莫言对我也不陌生，为什么呢？ 11年前，在北京的一次聚会上，日本的诺贝尔文学奖得主大江健三郎先生，他特别热情地歌颂莫言。他就说莫言不是今年就是明年，要不就是后年一定会得奖。有此一说，就是比博彩公司更高明的一个文学家是大江健三郎。大江健三郎的可爱当然不仅仅在此，据我知道，就是在钓鱼岛的纠纷当中，日本的名人里头唯一一个坚决地认定钓鱼岛属于中国的是大江健三郎。他指出日本趁着甲午战争夺取的钓鱼岛。虽然我对大江健三郎的作品没有认真地读过，就冲这一条我也觉得他不但能够慧眼识莫言，而且能够慧眼识钓鱼岛。

现在我想说三方面的事，一个是关于文学、文学人、文学奖。这个文学是偏理想主义的，它相当浪漫，它可以虚构，可以夸张。很多文学家希望追求一种脱俗的生活。比如说最美好的爱情吧，可能正是存在文学里面的，而且最好的爱情都是老单身汉来写的。因为当他有一个美好的妻子的时候，他没有时间去写爱情诗或小说。

而这个文学家、文学人、作者，向往着脱俗的文学，却同时都是世俗的人，他不可能完全脱俗。这是一个很大的悖论，就是你越是觉得文学高尚，你就越觉得世俗生活并不是那么美好。所以中国人自古就知道，说是"欢愉之辞难工，穷苦之言易好"。在文学界对现实抱着批评的态度、批判的态度，同时很喜欢做梦的人特别多，所以张炜先生就干脆命名"文学就是一个民族的梦"，他说的当然也非常可爱。

那么另外还有些有志者，关于新文学又有实力，又有社会影响和地位的这样的人和团体，他们举办了文学奖，使寂寞的、坐冷板凳的文学偶然就很热闹这么一下。文学本来是寂寞的，曹雪芹写《红楼梦》的时候，他是"举家食粥酒常赊"，就是他喝酒没有现钱都是赊账的。经常喝粥，喝粥其实对我来说是最合适的，因为这也是帮助消化。这样的话一发奖呢，因为它有相当的地位，而且还有一笔很大的奖金，奖金的作用不仅仅在于货币的用途，而且本身它就扩大了影响。这个奖金数量越大，影响就越大。所以当前些年我在内地，很多群众问我"茅盾文学奖"为什么没有"诺贝尔文学奖"影响大，我说"诺贝尔文学奖"是100万美元，那时候"茅盾文学奖"是4万元人民币。我相信我的话起了作用，现在"茅盾文学奖"已经变成20万人民币了，我们可以期待它很快也会变成100万或者200万元人民币。如果"茅盾文学奖"始终上不来，我建议澳门大学举办一个文学奖，价格在350万人民币，而且吴志良（澳门基金会主席）先生一定会支持这样一个工作的。

一个好的文学奖啊，它可以使得你名利双收，有时候这个奖比作家神气多了。一个作家在那写写写，写得手指上都磨了泡了，写得都得了忧郁症了，即使在这种情况下他还是很孤单的。莫言获奖以后他非常聪明，他说写作其实是弱者的事情，他说我从小第一个感觉就是饥饿，第二个感觉就是软弱，所以只有在写起来时忽然觉得自己很能干，力量也很强大，想写什么就写什么。莫言更聪明的是，当新闻记者想消遣他，问他说："你获得了100万美元你想干什么呢？"还有人暗示他：你是不是该捐赠给社会做一些慈善事业。他说："我在北京住的房子非常地小，我想换一个大一点的房子，但是后来我又想啊，北京的房价比诺贝尔奖金的金额涨得快多了。现在是在五环以内呢是五万多块钱一平方米。这样的话，我加上装修啊，全部的钱买房子也只能买个100来平米的房子，也大不到哪去。"所以莫言这位同志、这位朋友他是太可爱了！他说完以后立刻把这个传媒的同情心吸引到他这边来了，他得了半天的奖才一百多平方米的房子。以至于那个陈光标先生声明要送给莫言一个350平米的房子，但是莫言没有说话，莫言的哥哥说了："俺们管家（他是姓管的）向来无功不受禄。"所以这个房子，这350平米他也不会住进去。

可是一个奖它显得特别厉害，以至于和奖有关系的人呢，变得很牛气，可以指点江山，激扬文字。所以我始终喜欢思考一个问题，我早在 1993 年就在台湾回答过有关问题（在台湾很多朋友也问我"诺贝尔文学奖"的事），我就说起码有两种得奖：第一种得奖就是你写得不是很理想，但是你得了奖，你沾了奖的光。"一登龙门身价百倍"，原来你的书二十年卖掉了一千册，一得这奖三天卖出了一百万册。这种事是有的，也是让人非常高兴，也是让作家做梦的事，我也梦见我得奖了，那是小时候的事，大了以后不做这梦了。这是一种情况。

还有一种情况呢，就是他是一个很了不起的作家，他始终没有得奖，那么这样的话受损失的是这个奖，而不是这个作家。托尔斯泰是1910 年去世的，这个"诺贝尔文学奖"是 1901 年开始建立的，就是说有"诺贝尔文学奖"到托尔斯泰去世间距 10 年，如果他们要奖托尔斯泰，时间上应该是来得及的，托尔斯泰没有得到，我不认为谁会为托尔斯泰抱屈，或替托尔斯泰遗憾，如果说遗憾我们要为诺贝尔奖遗憾，所以这是第二种情况。还有第三种情况，就是说这个作家啊，他写的也很好，他又得了奖了，这二者"如鱼得水"，得奖的作家是"锦上添花"，发奖的是"咸与有荣"，所以这个也是一件好事。还有一种情况，瑞典科学院很喜欢做，就是找一些暂时还没有被公众所承认的，具有潜在优势的这样的作家和作品给他发一个奖。给他发一个奖之后大家就问这是谁啊？最后说"哦，原来是他！"再一看，果然很好。这样的话这个奖的威信就更高，它等于文学界的一个伯乐。因为这样的事情也有，比如说加西亚·马尔克斯，这个"诺贝尔文学奖"使加西亚·马尔克斯声名大噪，而且他的影响非常大。就是莫言的作品里我们也很明显地感觉到加西亚·马尔克斯的影响。另外拿中国来说，从王安忆的小说《小鲍庄》，从韩少功的《马桥词典》里面，从贾平凹的某些作品里面，我们都可以看到加西亚·马尔克斯，拉丁美洲的魔幻现实主义的影响，这也是一件非常好的事。

虽然好，但是我喜欢说一句话，这句话我在台湾讲过，在香港也讲过，在内地讲过得更多，就是"诺贝尔文学奖好，不如文学好"。这是内地的一个电视广告的语言，就是河南有一个品牌的雪柜叫"新飞冰箱"，他的广告词是什么呢？"新飞广告做得好，不如新飞冰箱好！"就是广告做得这样好，我的冰箱更好。所以我就说"各种文学大奖好，不如文学好！"但是很难做得到。为什么呢？这个文学奖你看得到，很热闹，很光荣，一下就身价十倍，身价百倍，身价千倍！

高行健先生说过："奖金的作用并不是最大"，我们从经济上说，文学、文学奖都有世俗的一面，但是它对于作家来说最大的鼓励、最大的奖励是什么呢？一下子他的作品到处翻译、到处发行、到处畅销，那个数字我个人的估计是我们很多人所想象不到的，所以这还是一个方面。

这个就很难办，第一他是一个非常大的奖励，非常正面的一个事情。第二呢，他又不是文学的标志，不是文学本身。文学崇高如云霞，文学人与文学奖可都是世俗的活人与他们的活动。奖是名利双收的事情。

比如我们谈中国，什么样是中国最好的文学？李白的诗、屈原的辞，楚辞汉赋、唐诗宋词、元曲、明清小说，哪一个得过什么大奖啊？曹雪芹得过大奖吗？李白得过大奖吗？李白得的奖就是皇帝给他一个牌子，说让他可以到各个酒家去喝酒，当然这个奖也是蛮风雅的，但是是真的是假的我们也不可考。所以你真正谈文学史，文学史还真的没有怎么记录过奖项，但是你要到各个国家去，各个社会去，奖都很重要！

"诺贝尔文学奖"最重要，影响最大，奖金最高！其他如法国的"龚古尔奖"，英国的"布克奖"，日本的"芥川龙之介奖"，美国的"普利策奖"也都有很大的意义，规格也非常高。但是规格再高它本身不是文学之花，不是艺术，不是诗本身，也不是文学奥林匹克，它是荣誉和金钱，是文学的大推广。很不幸，不管你的作品写得多么好，你仍然需要荣誉，仍然需要金钱，仍然需要社会各个方面承认，需要有力的推手，这是我要说的第一点。

第二点我想说一下政治和文学。这个"诺贝尔文学奖"呢，特别是像中国这样一个社会主义国家，对这个"诺贝尔文学奖"有各种各样的说法。

我们先从苏联说起，苏联上世纪60年代的"诺贝尔文学奖"奖励给帕斯捷尔纳克，他的名作是《日瓦戈医生》，美国是拍过这个电影，《日瓦戈医生》的主题曲非常动人。帕斯捷尔纳克得这个奖后受到了极大的压力，被苏联作家协会开除，他也只能选择拒绝领这个奖。但是赫鲁晓夫先生在他晚年的回忆录中写到：当时他处理这件事情完全是根据下面写的报告来的，他本人并没有读帕斯捷尔纳克的这部长篇小说，后来他读了，才觉得帕斯捷尔纳克写得非常好，他对自己的不当处理感到愧疚。

再往后也很好玩，"诺贝尔文学奖"奖给了萧洛霍夫，萧洛霍夫的代表作《静静的顿河》，这四部到现在仍然是不朽的名著。苏联很高兴，因为萧是苏共中央委员。他很会说话，他在苏联第二次作家代表大会上发言，他说："西方攻击苏联作家是按照党的指令来写作的，他们是胡说八道，我们是按照我们的心的指令来写作的，但是我们的心是向着苏联共产党的！"真会说啊！但是这说什么并不重要，对萧洛霍夫来说最重要的是他的作品。他的作品是十六岁开始写的，四卷本长篇小说《静静的顿河》写的不得了。而且他担任过苏共中央委员，他是赫鲁晓夫第一次访美代表团的成员，走到哪里赫鲁晓夫都说："这是我们苏联文化的代表"！是这样一个人，他也得"诺贝尔文学奖"。

然后再下边呢，还是在之前之后，这个我说不清了，又出来一个麻烦，又奖励了索尔仁尼琴，就是写劳改队写西伯利亚的流放的这位，苏联的反应就是你这儿奖励索尔仁尼琴，索尔仁尼琴正在国外访问，我这儿就宣布吊销索尔仁尼琴的护照，这样索尔仁尼琴就被流亡了。

然后跟中国这儿呢，也有很不愉快的、歧义的记忆。所以呢，有过一种看法认为"诺贝尔文学奖"就是专门奖励社会主义国家的异议分子，意思它是不怀好意的，是敌视社会主义的体制的，连西方国家都有这种说法，说他们的目的就是要奖给社会主义国家的叛徒的。但这个说法也不是特别的全面，因为北欧，这是另一路。我到瑞典去过两次，挪威去过两次。北欧这一路，千万不要以为北欧是听美国的！我再举一个尖锐的例子，1986 年 1 月我在纽约参加第 48 届国际笔会。在这个会议上，开幕的时候，当时美国的国务卿是舒尔茨，舒尔茨这次做开幕演讲，这个时候美国的所有的作家闹起来了。其中有一个我认识的俄罗斯裔的美国短篇小说作家叫格丽丝·佩里。格丽丝·佩里脱掉了自己的鞋子——高跟鞋就在桌子上"叭、叭、叭、叭……"就在那儿敲。我只知道赫鲁晓夫先生曾经在联合国大会上脱掉鞋子敲桌子，我还没有见过，那次我是看到了美国的女作家用自己的高跟鞋敲桌子，这是一种很可爱的情形。什么原因？就是美国政府拒绝刚才提到的哥伦比亚"诺贝尔文学奖"得主加西亚·马尔克斯入境。就是那一次的会议入境还是此前的一次什么会议入境，我到现在没有查清楚，如果澳门大学那个朋友能帮助我查那就更好。全体美国作家喊成一团，使舒尔茨（国务卿他也算高官了）的讲话根本无法进行下去。

更早的时候，1972 年诺奖奖给了德国的海因里希·伯尔。此后德国的驻华大使叫魏克德（Erwin Wickert），他请我还有冯牧先生，还有柯岩女士，还有白桦，我们几个人在那里吃饭。这个魏克德先生他就非常坦率地说，这个事曾让他们非常地头疼，因为海因里希·伯尔除了骂德国政府和德国社会以外，不说别的。后来我有幸在伯尔去世以后在伯尔的别墅里生活了六个星期，他们给我讲了一个特别有趣的故事，说伯尔得了诺贝尔奖以后呢，当时德国的这个总理听说他得奖了，虽然不感兴趣但也得去他家里表示祝贺，礼貌性地喝一杯咖啡。这个总理去的时候出现了一个问题，这个伯尔啊他的脾气很怪，他住在一个很小的村子，那个村落叫"朗根布鲁赫"。他这个"朗根布鲁赫"挂了一个牌子，按照德国的习惯，它一个村子它要把所属的比如说他应该是德国，然后是什么什么州什么什么市，然后是什么什么村。但是伯尔说谁听他们管，给我写上"朗根布鲁赫自由邦"，这样村里的人——村干部一看说怎么办呢？总理来了一看这里写着"自由邦"这可怎么行。后来伯尔也挺通情达理，说咱们临时改一下，就把这个拿掉了，就换了一个牌子写上"什么市，什么什么地方……"然后总理就来了，来了就祝贺啊，喝咖啡啊，吃饼干啊，又握手啊什么的。政治家嘛，表示对文人的尊重。文人对于总理的驾到还是表示很欢迎，是不是真的欢迎？天知道。然后他就走了，所以这一点也很好的。

瑞典科学院绝对不承认他和政府有任何的关系，瑞典科学院奖西方作家的时候，还特别喜欢奖励"左翼"。他们的爱好是与一些政府叫叫板的作家。咱们应该熟悉葡萄牙得奖的萨拉马戈，他是葡萄牙共产党人，他是巴勒斯坦解放组织的前领导阿拉法特的密友。还有意大利的那个剧作家，大陆一开始把他翻译成拉弗，现在翻译成迪里奥·福什么的，他也是一个非常"左翼"的一个作家，他自己都不相信他得了奖。

反正是这样，从瑞典科学院来说，它坚持它的没有政治意图，但是它的评委有一定的政治倾向。而作家也是这样，从作家来说，包括萧洛霍夫在内，他也不承认他是受苏共的支配来写作，实际上任何一个作家都不是遵照上峰的指示来写作，但是也不可避免地在自己的作品中包含某些政治的内容。就是作家也好，文学也好，你很难把政治的爱恨、政治的经验、政治的情感、政治的情绪从作品中淘洗干净、彻底清除，这是不可能的！因为他是生活啊！通常人的生活里有那么多的政治，你把政治全消灭了以后，他的记忆很大一部分都被消灭了，这可怎么办，他没辙！

但是呢，文学它又有一个好处，它比较直观，他比较丰富，他比较复杂，他是要人性，他需要性情。他写的是生活的经验，又要有自己的想象，更要写自己内心的情感。那么内心的情感、想象、梦幻、经验是不会成为某种政治观点、政治见解的注脚，这是不可能的。它是毛茸茸的一片，它是原生态的一片，即使你在最最最政治的时代，那么一个男人和一个女人拥抱的时候，他感受到的是什么呢？他感受到的是温暖，他感受到的是一种吸引力，他感受的是爱，他感受到的哪怕是欲望，他不可能感受到的全是政治！说我这样亲一下是为了击倒、打倒帝国主义。我这边亲一下说不定能给台独分子摧毁性的打击，这是不可能的！文学就是这样的，文学具体、形象、它充满了情感。韩少功先生说过一个很有趣的话，他说我喜欢没事想事，想清楚了我就写论文，想不清楚我就写小说，写小说是想不清楚的事！

莫言先生他也坚持这样，他说："我认为文艺作品比政治更大"！他说的更大的意思是涵盖的面更广，因为你可以写天时地利，可以写风花雪月，也可以写花鸟虫鱼，政治上不会天天研究这些。尤其你还可以写男男女女、少男少女、老男少女、老女少男……写很多很多的方面，这都是你别的领域上所得不到的。

类似的观点就是捷克的异议作家米兰·昆德拉，他说小说本身就是对专制政治的反抗，因为小说的解释是多义的，不是一个独断的、只能有一种解释。但是对于米兰·昆德拉的说法如果你要抬杠也可以抬杠，因为有些专制主义者他也写小说。北京就举行过萨达姆·侯赛因（就是被绞死的伊拉克前总统）他的小说集的中文版的出版发行仪式。而且伊拉克大使馆还给我发了邀请，但是我因为第二天一大早要飞往伦敦，所以我没有出席那个书的出版仪式。你们要寻找我的劣迹的话，我也没有这一条。但是他写小说，萨达姆·侯赛因写的小说还不错！我简单的说一个他写的小说，就是在伊拉克发生的一个政变，一个部落的酋长给政变成功的将领发贺电，但是那个地方发电报很难，他要骑着马或者坐着车出去走两天才有一个邮政局，又赶上了雨，所以他两天多才到了那个邮政局，然后他写好了贺电给那个将军，祝贺他的政变成功，开始了伊拉克新的一页。那个邮电局的业务员就说："先生，你疯了！这个政变已经失败了，国王已经把这个将军枪毙了，你给枪毙的人发贺电，你不想活了吗？"这个部落酋长一听"嗯，是真的吗？"他拿来了报纸及各种材料一看，果然政变已经失败了，发动政变的将军已经被枪决，他说这个好办，立刻把贺电的词一改，给国王发一个贺电：在国王的英明领导下粉碎了无耻的政变。你说萨达姆·侯赛因这个小说写得也不算太坏。卡扎菲也写小说啊，我就不介绍了。所以米兰·昆德拉先生想的用小说来反抗专制政治，这也是一厢情愿。

但是不管怎么样，我们对文学可以保留更宽泛的解释，对文学做那种狭隘的，全称肯定或者全称否定的解释那是有害的、愚蠢的、可悲的！我们中国人已经有这样的经验。

第三件事就是要说一下，莫言得奖是一件好事。莫言得奖，因为直到得奖以前都有很好的评论家、文学家、教授在那声言："十年之内，二十年之内中国的任何作家都不可能获'诺贝尔文学奖'，如果莫言得了奖，我从此戒饭"！不是戒烟、戒酒，是戒饭。撂过这种狠话！这个经常我们得到的一些说法就是"中国当代文学是没有希望的！"有一次在清华大学，余华先生去讲话，有学生就说：五四时期的作家怎么好怎么好，你们现在怎么糟怎么糟！余华这次真急了，他说：五四时期的作家好？他就提了几个名字（是前辈，我这就不提名字了），他们的作品现在高中学生都写得出来！你看我写的小说，比他们写得不知道好多少！唯一的缺点就是还没有死，等我死了之后，你就知道我的价值了！所以莫言得了这个"诺贝尔文学奖"以后，起码戒饭的先生他可以少说一点话，少说一些贬低当代文学作家的话。

当然有些人很注意提醒，说这个得奖啊就是奖莫言个人，和你中国没有关系，和中国的当代文学也没有关系，不是奖中国当代文学的。这个说法也是似是而非，因为任何一个作家，任何一个文学现象他和他的人文环境实际上是分不开的。当我们说到莫言的时候，我们就会想到中国还有一批年龄跟莫言也差的不是太多，写作也和莫言有相互影响的一批优秀的作家，比如说韩少功、比如说张炜、比如说王安忆、比如说张抗抗、比如说铁凝、比如说余华、比如说刘震云、迟子建、毕飞宇、闫连科，等等。文学，这毕竟是一个社会的现象，也是一个时代的现象。

在莫言得奖之后，有人问刘震云，刘震云也谈得非常地好，他说：记者追着我问我的感想，莫言得了"诺贝尔文学奖"就好比我的哥哥新婚进了洞房，我的哥哥进了洞房问我的感觉？我有什么感觉呢？我也不知道我该怎么感觉！但是我要说莫言得"诺贝尔文学奖"是很应该的，类似莫言的至少我还可以说出十个来。这也是一种说法，作家的说法都很好玩。

反过来说呢，对莫言得奖也有一种攻击的声音，就说我的好朋友德国的"顾大炮"叫顾彬，就说莫言的写作有什么缺点什么缺点，高行健的写作有什么缺点什么缺点。他说这些人的缺点只要一多说了，你们就会发现中国的诺贝尔文学奖的获得者只不过都是穿着新衣的皇帝罢了！这个说法也听着过瘾，尤其是没有得奖的人，一想得奖的都是皇帝的新衣，马上让人扒下来了，我们虽然没有得奖，至少暂时没有人非要扒我的衣裳，觉得很舒服。但是这个话呢，我要说，我告诉你，世界上一切的权威，一切的伟大，一切的幸运的名与利都可能有它破绽的一面，都有它弱的一面，都有一个即使不是皇帝的新衣，也还像是有一个皇帝的围脖、皇帝的领带或者皇帝的裤衩的这一面。如果你要这样扒的话，你慢慢扒吧，有你扒的！

　　岂止是莫言啊，从第二次世界大战以后，诺贝尔文学奖每年发一个，发到现在已经 67、68 个人了，说 68 个人，请咱们在座的学文学的人给我说出 10 个人来，你们谁能说出 10 个人来？有外国文学的专家在哪里？你说不上啊，我知道的还多，因为我参加了一些文化活动，譬如说我在伦敦见过尼日利亚的索因卡，索因卡一个黑人作家，又年轻又可爱又帅——靓仔！但是我没有读过他的作品。埃及的作家纳吉布·马哈富兹，爱尔兰的作家希尼，美国的作家布罗茨基，他是波兰人。当然更不能不提的是我在意大利结识、后来她到北京我家来过的英国女作家朵丽丝·莱辛，一大堆人啊，在中国有多大的影响啊？所以说他们的这个……顾彬说莫言的作品活活烦死人，烦死人这个词其实俄罗斯的作家就这么说过，陀思妥耶夫斯基最烦的两个人一个是屠格涅夫，一个是别林斯基。托尔斯泰最烦的是莎士比亚，托尔斯泰认为莎士比亚是皇帝的新衣，如果扯下莎士比亚的新衣来，他也是一个光屁股的皇帝。所以作家之间说的这是一种感情用事之论！不用管它！

　　莫言写得非常好，他好的特点第一是他特别善于写感觉。在 80 年代中期，我担任《人民文学》主编的时候，他在《人民文学》上发表过一篇中篇小说叫《爆炸》，这个《爆炸》内容我现在别的已经全忘了，只记得他是一个儿子，农村的一个儿子被他的老爸扇了一个耳光，他这一个耳光，他把他的感觉、听觉、嗅觉、触觉……他的各种印象写的那么淋漓尽致。1985 年我是 51 岁，我为什说我的年岁大，恰恰是我读了这个作品以后，我跟很多编辑说："我只是在看完莫言的《爆炸》以后，我觉得我开始老了"。当时还没有预见到我都 78 岁了还有兴致到澳门大学来谈莫言，这个已经是很久远的事了。

第二，莫言的想象力很开放，当然他也受世界各国的影响，他受加西亚·马尔克斯的影响。那个《红高粱》一上来我爷爷、我奶奶，我奶奶是在高粱地里面野合而生出来他的父亲，这个他其实是受德国作家君特·格拉斯的《铁皮鼓》的影响，因为那个《铁皮鼓》一上来吸引人的就是德国的一个矮个子的士兵，为了躲避追捕，躲到一个妇女的裙子里面。然后在裙子里面跟掩护他的这个女人发生了性的关系，然后就产生了他的爸爸。这样写爸爸、爷爷，德国人肯定是第一个，但是莫言跟咱们抢到他爷爷、他爸爸上来说事了，就是他敢于突破中国人的观念。

然后莫言还有一个好处：他写作踏实，热情洋溢，他像井喷一样。他说他四十多天就写一部小说，那个顾大炮就说："我们德国人写作一年最多不超过二百页，他四十天就写四百页，这样的作品能是好的吗"？我想他真是德国人啊，不是德国人哪有用单位时间来衡量作品的优劣啊，这完全是德国工程师的思想方法。然后莫言有这样的冲动，然后他一直在坚持写作，但是如果说莫言的写作有些地方写得粗糙，这绝对是真实的，说他有些作品有时候自我有重复，这也是真实的。说我们作为对"诺贝尔文学奖"获得者、我们对莫言有更高的期待，希望他能写出更加美好的作品，这也是可以理解的。

至于见仁见智，有的说我就是讨厌莫言的作品，这完全 OK 的事情嘛，你讨厌你不看就完了嘛！"诺贝尔文学奖"的奖金是从那个基金会给钱，又不需要你纳税，这个你可以不去管它。但是他得奖毕竟是一个好事，一个是对当代文学是个好事。我说过，我说中国作家有两项原罪：一个是没有得"诺贝尔文学奖"；一个是没有当代的"鲁迅"。没有一个自称我就是当今"鲁迅"的。鲁迅的问题我们今天就不谈了，"诺贝尔文学奖"至少现在可以说，我们很熟悉的"小哥们"莫言就得了。

有一种无聊的议论，就是认为莫言得奖不够格，原因是莫言没有认真地反体制，这不是要求作家又红又专了，是要求作家又白又专，不是红卫兵，是白卫兵，与红卫兵的思想方法差不多。太幼稚也太可叹了。

还有一个问题就是把北欧的这一个奖看得比天还高，然后把中国的文学看得比地沟油还臭，这个有点变态，有点下贱，这就太不实事求是了。中国的文学是世界文学的一个部分，它是无愧于我们的读者与我们的前辈的。

当然，文学再伟大，它是活人写的，活人是有缺点的，有急躁的时候，有不能脱俗的时候，有酒喝多了的时候，有肉吃得太多消化不良的时候，所以有缺点也不足为奇。

还有一个问题呢，现在由于多媒体的发展，由于视听文艺的发展，又由于网络的发展，所以从国外就有一种"怪异论"说是文学即将消亡！小说即将消亡！说人们不用看小说，看小说干什么？看电视剧就行了嘛！听爱情歌曲就行了嘛！你在床上看见一个猛男和一个靓女在那儿抱过来抱过去，滚过来滚过去，这比你看一部爱情诗过瘾多了，是不是？但是毕竟文学有文学的魅力，文学有文学的含蓄性，如果都是大吵大闹，都是那种感官刺激的东西呢，说不定是文学艺术品质的降低，是人类精神品格的悲剧！所以在这一点上，我也感谢瑞典科学院他们坚持办这么一个奖，告诉我们书还是要读的，字还是要写的，文学还是要做的，文学系还是要设立的，驻校作家也不防继续传下去！谢谢！

文学与时代精神*

——毛泽东《在延安文艺座谈会上的讲话》及其历史作用

(2012 年 6 月)

今天的演讲对我个人也是一个督促，因为能够纵向地以时间为依据回顾一下我们的文艺生活、文学生活、文学创造和文学运动。但是我由于对这些问题学习钻研的还不太够，我本人又是以写小说为主要行当，所以我的说法会有更多的个人色彩，就一些问题提出来跟大家商议，跟大家讨论，我非常希望能够得到你们的补充、修正、质疑或商榷。

我想首先简单回顾一下中国近现代以前的中国的文艺生活和文学状况，因为重点不在这里，我只是说我的感觉，我的想法。

中国文学有一个悠久的传统，就是泛政治化、泛道德化、泛社会化，就是把文学，甚至也兼及其他的一些艺术，把它们当做一个社会现象来看待。曹丕就提出一个说法，叫"文章者，经国之大业，不朽之盛事"，文艺必须有益于世道人心。过去讲戏曲，叫做"不关风化体，纵好也枉然"。就是说，如果你这个戏不能影响社会的风习，不能影响人们的道德风尚，不能影响精神教化，你这个戏就失败了。还有就是"文

---

　　* 本文原载《文艺研究》2012 年第 6 期。原为王蒙 2012 年 5 月 19 日在解放军艺术学院所作的题为"延安文艺座谈会讲话 70 年"的演讲。王蒙时任国务院中央文史研究馆馆员、中国作家协会名誉副主席。

以载道"，"诗言志"的说法。"志"指你的精神追求，你的精神取向。写诗要反映民间疾苦，古代这样的诗人当然多得很。不仅有白居易，还有柳宗元，甚至再早一些的《诗经》里也有不少民间疾苦的反映。诗人注重的不仅是民间疾苦本身，而是通过写诗来表达自己"先天下之忧而忧，后天下之乐而乐"的情怀，表达对老百姓的关心。强调文艺作品是这种主体精神的表现，所以立志比较高，眼界比较高。古人把写文章视为人生的重要目标之一，所谓：立德立功立言。人活这一辈子最高是立德，就是能树立一种非常高尚的道德的榜样；其次是立功；第三是立言。这些东西在中国文化里都被强调到很高的程度、很重的位置。

但是我们又必须看到另一面。毕竟，文艺的范围非常广，有高尚的东西也有不太高尚的东西。文艺有一种杂多性，光说多样性不足以说明这种情况，它是杂多，这个"杂"没有贬义，黑格尔的命题：世界是杂多的统一。它是杂多的又是统一的。所以说，中国文学既是道德、政治、社会，又是立志、立言。但是，文学艺术又在不断地给自己开"后门"。彼此相反的意见自古就有，比如说，认为文学是风花雪月，就是给自己开的一个"后门"，文艺也是风花雪月，写春风怎么样，秋风怎么样，夏风怎么样，然后是花，文艺能离开花吗？还有雪，比较喜欢描写雪、天气，尤其是，中国文学特别喜欢写月。写月亮的诗文比写太阳的要多得多，所以上世纪 30 年代，有一部分左翼青年作家，发表过"不写月亮"的宣言："我们发誓，从此在我们文学作品中没有月亮。"写风花雪月，是雕虫小技。治国平天下才是大事，出将入相才是大事，对敌战斗才是大事。写点风月文章，或写首诗，那属于雕虫小技，壮夫不为。直到现在，我们的文艺，一些写杂文或者写批评文章的，也有类似的说法，说文学基本上是女性的世界，有些年轻作家也喜欢这样讲。表面上看，似乎是自贬的这些词，其实它包含着另一方面的意思，就是给我开点"后门"，我写的这个东西，不可能跟皇帝的诏书一样，不可能跟治国纲领一样。当然，也有把文艺看得很严重的，比如说，文艺既不是风花雪月，也不是雕虫小技，而是诲淫诲盗！诲淫，是因为文艺这东西，可以接触到人性，尤其是男女之情，男女之间的关系，这不用我解释。诲盗是什么意思？因为文学中有一股子不平之气，你打开《水浒传》，用的是当时的民谣"赤日炎炎似火烧，野田禾稻半枯焦。农夫心内如汤煮，公子王孙把扇摇。"这是要煽动造反啊！还有"春种一粒粟，秋收万颗子。四海无闲田，农夫犹饿死。"这是唐朝人李绅写的诗，怨气也深了！所以说，文艺里头还包含了和我上述的第一点完全相反的内容，带有后门性，带有躲避性，甚至于带有反叛性。

五四以后的新文学运动有一个重要特点，就是左翼的文学思潮，在文学运动乃至于在话剧、电影和音乐活动中，逐渐占据优势，许多的作家、艺术家，他们选择了对旧中国的批判和否定。先说巴金，他开始不是共产主义者，他的第一篇小说是《灭亡》，第二篇小说是《新生》，写的是煤矿工人的痛苦生活，他写的革命带有某种空想性。虽然他写的革命与共产党的革命没有太多的共同之处，但是，在抗日战争、解放战争当中，读了巴金的书就上解放区的大有人在。再说老舍，他初期对共产主义思潮有些不接受，特别是部分作品显示着他对马克思主义对共产主义的保留色彩。老舍的最有名的是《骆驼祥子》，你看了《骆驼祥子》就会得出一个结论：旧中国不革命就没有别的出路！不来一次天翻地覆的革命，这个社会就没有希望！再说冰心，冰心的父亲曾经是北洋水师及后来国民政府海军的高级军官。冰心的很多作品虽然赞美爱，但是她也有些作品写到社会黑暗的地方，对旧中国的批判同样激烈，比如她写的《去国》，写一个海归，当时的留学生，回来以后，在旧中国一点希望都没有，就又出去了。她还有一篇《到青龙桥去》，写军阀混战造成的人民苦难。

中国有一个不同于苏联的特点是，文学选择了革命，作家倾心于革命。这就出现了一个非常有趣的对比。俄国十月革命一发生，包括那些最同情革命的作家都吓坏了。几乎全部像点样的作家都跑了，高尔基也跑了。他是一个同情革命的作家，写过《母亲》，为这部小说，列宁和普列汉诺夫还发生了激烈的争论，列宁认为《母亲》是一本最合乎时宜的小说，而普列汉诺夫认为《母亲》在高尔基小说里不是最成功的。还有一个离开苏联的著名小说作家是阿·托尔斯泰，但是后来他又回来了，不但回来了，后来又最热情地歌颂斯大林，他有一部长篇小说被拍成电影，叫《彼得大帝》，暗喻今天的俄罗斯需要彼得大帝，能把国家振作起来，把俄罗斯变成一个强国。高尔基后来也回来了，他和列宁还有过一些争论，但是有些作家一辈子就选择了留居国外，像获得过诺贝尔文学奖的俄罗斯作家蒲宁，十月革命后跑到法国直至去世。中国就不一样了。1949 年 10 月以后，很多文艺家千辛万苦回北京，有从美国回来的，有从日本回来的，有从欧洲回来，有从香港回来的。舒乙说中国作家选择往解放后的北平走，还是跟着蒋介石政权往台湾走，大概的比例是，十分之九是选择留在新中国，十分之一跟着蒋介石走了，如去台湾的梁实秋，还有的去了香港，如写过《鬼恋》和《吉卜赛的诱惑》的作家徐訏。胡乔木当年有一个说法，他认为，中国的革命在文化上和思想上的准备比俄国的十月革命更成熟。这些说法是不是站得住，可以研究。

毛泽东在《新民主主义论》中指出，国民党对共产党实行两个围剿，一个是军事围剿，一个是文化围剿，他说军事围剿虽然导致我们丢掉了苏区的家，结果是，中国工农红军胜利地完成了长征，到陕西建立了以延安为中心的根据地。长征的成功，就意味着国民党军事围剿的失败。

至于文化围剿，还没等围剿成，那些国民党御用的文化人物自己就已经四分五裂，土崩瓦解了。

现在我就要讲 1942 年在延安召开的文艺座谈会，中国的作家、艺术家，选择了对旧中国的批判，那是严厉的、充满激情的批判。他们选择了革命，或是同情革命，至少是不反对革命，但同时我们还要看到另一种选择，这也是一个双向选择，革命是怎么选择文艺的？革命反过来要选择文学，它也要选择作家。在当时的中国，既有很多左翼的革命作家，也有胡适那样接受美国自由主义的学者，既有沈从文那种歌颂中国传统乡土文化的作家，也有张爱玲那种沉浸在自己的圈子里，眼看着这个社会慢慢地烂掉而不动声色的作家。我们知道，中国革命的特点和俄国十月革命不一样，它是以乡村为出发点，走的是以农村包围城市，武装夺取政权的道路。斯大林评价过中国革命的优点和特点，他认为是武装的革命反对武装的反革命，中国革命是以农民为主体的革命，这是实际情况，解放军穿的就是工农的衣服，毛主席也是如此。中国共产党党员里面也是农民最多。斯大林对中国共产党一直抱着将信将疑的态度，他觉得不像共产党。在二战期间，美国的一个副国务卿跑到苏联向斯大林提出一个问题，你们对中国共产党人的看法如何？斯大林回答：苏共是黄油，中共是人造黄油。意思是，中国共产党不是正牌的。后来有人说，中国革命胜利以后，斯大林为此做了自我批评。

在上世纪 40 年代抗日战争的环境下，中国革命对文学提出了什么样的要求？它希望革命队伍中的作家，要真正投身于革命，决绝地投身于革命，毫不动摇，不怕牺牲，敢于斗争，既不要讲小资产阶级的温情，也不要讲旧中国社会那套仁义道德。革命要的是坚决遵守纪律，自觉地服从大局的这样的文艺。相反，你小资兮兮，感情唧唧，牢骚满腹，动不动还要摆出一副独立思考的样子。怎么可能呢？你独立，我这还没独立呢，怎么行？所以就出现了一些投奔革命的作家到了延安以后办壁报，壁报对解放区的各种冷言冷语，引起了延安的解放区很多老干部老部队领导的愤慨。所以要召开延安文艺座谈会，要明确革命对文学的要求，对文学的选择要讲出来。你很难再找到第二个像延安文艺座谈会讲话那样的文件，讲得如此清晰，对实现文学的真正的革命化起到了巨大的影响作用。

那时候，常常把作家、艺术家看成小资产阶级，解放前后，就在1948年底或1949年初，解放区出版过一本小说，这本小说写得让人实在不敢恭维，叫《动荡的十年》，它写一个知识分子到解放区参了军，受到了各方面的教育，一开始是说风纪扣系不好，绑腿打得也不对，写的都是这些零零碎碎的事情，后来参加了土改，再后来参加了战斗，改造得还算是比较有成绩。恰在此时，他看上一位新来的女学生。这个女生是从国统区跑来参加革命的，她打扮得很漂亮而且喜欢唱一首歌。这首歌的歌词是：从前在我少年时，鬓发未白气力壮，朝思暮想去航海，越过重洋漂大海，南海风使我忧，波浪使我愁……当一听到这首歌，那位被教育改造、战争磨砺了十年的知识分子，马上全完。白改造了！他又回到十年前那种懒散的自由主义、小资产阶级情调去了。

中国革命所处的环境，就是严酷的武装斗争和大量的农民作为主体。知识分子有些东西肯定是不受欢迎的，是需要适应新的生活的，也是需要被改造的。有一部非常有名的话剧叫《霓虹灯下的哨兵》。我记得这个话剧里有一个姓林的小姐，也是一个小资产阶级，她对解放军的到来非常欢迎。她还邀请几位战士到她家去做客，那时她正在家里听舒曼的《梦幻曲》，有一个战士人问道：你听的是什么？她用很嗲的声音说——《梦幻曲》。当时你就觉得这"梦幻曲"三个字所代表的那种可笑、那种幼稚、那种格格不入、那种距离革命十万八千里、那种毫无用处，让你听着感觉非常可笑。而《梦幻曲》它本身是不是这么可笑？那是另外一个问题。其实，《梦幻曲》原来不叫这个名字，它原名叫《童年》。1984 年我带领中国一个电影代表团到苏联访问，那时候苏联还没有解体。我们去参加塔什干电影节，第二天一早要到苏联卫国战争时期牺牲的无名烈士墓献花圈，各国代表团都去了，当时的乌兹别克加盟共和国交响乐队和合唱团在那儿奏乐。他们演奏的就是舒曼的《童年》。苏联在这一方面，包括斯大林，思想都非常开放，苏军攻克柏林之后，斯大林在莫斯科举行盛大的交响音乐会庆祝胜利，最高统帅斯大林要求——演奏贝多芬第九交响曲。你战胜的是德国，贝多芬可是德国音乐家啊。斯大林不管这个，因为没有贝多芬第九交响曲，你就出不来那个气势！而这次在无名烈士墓前，乐队演奏的同样是德国舒曼的《童年》。

中国有中国的国情，毛泽东《在延安文艺座谈会上的讲话》中，提出了一个非常重要的命题，就是文艺应该服从于革命，应该为无产阶级的政治服务。文艺应该成为团结人民、教育人民，打击敌人、消灭敌人的有力武器。他提出，我们讨论一切问题，不能从抽象的定义而只能从实际出发。现在的实际就是抗日，就是人民的抗日，这个时候，用不着争论文艺的定义，因为你争论定义，就跑到人性论去了。他提出，作家要和新的时代、新的群众相结合。毛主席很具体地提出一个问题，我们这里有很多作家是从上海亭子间来的，一个是上海亭子间，一个是解放区，你原来熟悉的那套东西在这里根本无用武之地，因此要和新的时代、新的群众结合。他提出，生活是文艺创造的唯一源泉，其他的都是流而不是源。毛主席还提出，要以无产阶级的面貌来改造世界，实际上涉及到文艺工作者自我改造的问题。他认为，小资产阶级的知识分子灵魂里有很多不洁、肮脏的东西，而一个贫下中农虽然他脚上有牛屎，衣服上也可能有泥点子，但是人家的灵魂是干净的。他还提出文艺的政治标准与艺术标准。当然，对这些问题，人们会有不同的看法，但是，毛泽东所提出的这一系列问题和给出的一系列说法，在中国革命文艺运动当中确实充满了新意。

《在延安文艺座谈会上的讲话》（下面简称《讲话》）发表之后，解放区掀起了秧歌运动，秧歌剧还有一批直接配合革命战争的作品。当时最有名的作品，都是讲封建地主阶级的罪恶，有三大歌剧《白毛女》、《血泪仇》、《赤叶河》。到解放战争当中，这些文艺作品的力量和作用就更大了。国民党士兵被俘了，国民党军队投诚或起义了，要接受共产党组织的集训，然后看三个歌剧。看完之后，底下哭声一片，这些国民党兵参军前大部分也都是贫下中农，集训完毕，他们立刻就成为了人民解放军的一员，第二天就上战场，就可以打敌人。《讲话》发表后，出现了一批直接服务于革命，直接动员人民进行革命，唤醒群众，产生了一批从文艺的革命化到人民的革命化的文艺作品。这是第一个成就。第二个成就是，发掘出大量民间的文艺资源，刚才说了秧歌，秧歌剧，那都是来自于民间的，很多歌曲也是以民间的流传的艺术为底本创作出来的，如陕西的《十二把镰刀》，山西的《妇女自由歌》。郭兰英的歌吸收了晋剧的资源，确实都是实践《讲话》精神的结果。

东北解放区也有一大批。如带有东北风格的歌曲"猪啊羊啊送到哪里去，送给那亲人八路军"。所以说，《讲话》发表以来，第一个成就是，实现了文艺的革命化并通过文艺革命化实现人民思想革命化；第二个成就是，大量开掘民族民间的文艺资源；第三个成就是，我们的创作极大地鼓舞了民众的精神。有一个老歌唱家，一次聚会，喝了点儿酒，就拍着桌子说，中国革命是怎么胜利的？是我们给唱胜利的！你讲武器，解放军的武器哪比得上国民党的武器？国民党的弱点是——他没歌！这是文人的酒后之言，也许不足为据。1993年我被《联合报》邀请访问台湾。接待我的是《联合报》文艺副刊部的诗人痖弦。痖弦说：跟你讲实话，我们在台湾最大的痛苦之一是没歌唱。他说他上中学的时候去春游，刚唱一个歌，别人说不能唱不能唱，因为是冼星海的歌。那就唱个和政治没关系的"门前一道清流"，这个也不能唱，因为是贺绿汀的歌，贺绿汀曾任上海音乐学院院长，也加入了共产党。这个不能唱那个也不能唱，想来想去竟然没有一个歌能唱！我国自古有一个成语，叫"四面楚歌"，战争是怎么失败的？四面楚歌——它预示了精神的溃败。

《讲话》发表以后，在文艺创作上也有了很大的发展。我主要提两个人，就是赵树理和孙犁。赵树理的《李家庄的变迁》和《小二黑结婚》，我看了以后非常感动：世界上还有这样写小说的作家！他用农民的语言、用文盲的语言，你一念完全和老百姓的话一样。另一个是孙犁，孙犁是非常坚守艺术标准的，他能把革命的内容和独特的文体相结合。当然，躬行毛主席《在延安文艺座谈会上的讲话》的，还不仅仅是这两位作家，那还有很多人，比如陕西的柳青写的《创业史》，他也是非常努力的。赵树理开创了所谓"山药蛋派"，而孙犁的"白洋淀派"，也有一批作家活跃其中。

但是，改革开放以来，对《讲话》也有提出修正和调整的。其中比较重大而且被党中央所确认的有两处。一个就是把当时为工农兵服务的提法扩展为为人民服务，把当时为政治服务的提法扩展为为社会主义服务。这个调整是必然的，但并不是原来说的不对，而是根据今天的形势提出的新的认识。也有提出商榷的。胡乔木在1982年或者1983年，在全国召开的思想工作会议上（当时的总书记是胡耀邦），胡乔木作主旨报告。他提出，我们要坚持《讲话》的精神，但是有些具体提法可以讨论，例如把文艺作品按照政治标准与艺术标准划分是不是合适？毛主席提出，政治上反动的作品艺术性越强就越反动，这个说法是不是站得住？胡乔木的讲话收在《党的十一届三中全会以来重要文献汇编》中，由中央文献研究室正式出版。作为在历史上对文学的革命化提出了明确要求的《讲话》，的确发挥了重大作用。

可以说，《讲话》的发表，甚至直接影响了1949年之后的中国文艺生活的革命化建设。在中国共产党成为执政党以后，我们怎么样贯彻这个革命化呢？在这方面，可以说经过很多的探索，有成功的经验，也有失败的教训。拿文艺的问题来说，文艺战线上的反倾向斗争，反倾向，常常是在或"左"或右之间出现问题。我有一个解释，也许这和革命惯性有关，因为中国所进行的几十年的你死我活的革命和反革命的斗争，很难在革命成功之后就骤然停止下来。理论上讲，共产党已经掌握了权力，那是代表人民的政权，就应该走向以经济建设为中心了。但是革命形成的斗志昂扬、激情澎湃那股劲还一时停不下来。毛主席总结出的"阶级斗争，一抓就灵"，就是这种革命精神的体现。本来正想着打盹呢，一说要"斗争"，这盹立刻就打不成了。

改革开放以来，从党明确地提出从以阶级斗争为纲到以经济建设为中心，从计划经济转为社会主义的市场经济，这是政治路线的调整。与之相关的是，我们的文艺也面临着很多新的状况、新的问题，也出现了很多新的提法。过去的时代，对文艺的要求是团结人民、教育人民，打击敌人，消灭敌人。而现在提出文艺要满足人民的精神文化的需要，这是我们文化工作的出发点和落脚点。当前的文艺发展就面临各种不同的说法，比如讲满足人们精神文化的需求，而精神文化的需求是有层次的，并不能一概而论。比如说，刺激也是一种需求，休息也是一种需求，逗乐也是一种需求，放松也是一种需求，消费也是一种需求，知识的需求也是一种需求，它们之间有着很大的不同。如何满足人们的需求，如何使我们的文艺在满足人们需求的同时，能够更好地起到提升精神、引导社会的作用，是今天我们的文艺面临的一个十分重要的问题。

我们现在面对的是文艺的泛漫化，而不是高端化、精英化。因为生活的节奏、生活的追求不一样了，文艺的手段也发生了很大的变化。特别是网络的出现和传媒的发达，对人们的生活有着太大的影响和改变。你过去写一个小说发表一个小说谈何容易，从 1949 年到 1966 年"文革"前的十七年，全国出版的长篇小说 200 多部，平均每一年出 11 种。现在呢，平均每年出版的纸质长篇小说 1000 种，网上发布的长篇小说有说 2000 多种，也有说 3000 多种。现在人人都可以写作并发表自己的作品，而且写出很深刻的语言。我认识一个香港作家，他也是台湾城市大学中华文化研究所所长，他曾到北京来。一次走在街上，看到凤凰电视台关于亚洲小姐选美的广告，这个广告词是："美丽是一种责任"，他一看到，几乎晕倒。他觉得伟大的人太多，伟大的诗句也太多了——"美丽是一种责任"！他提到他的一个台湾朋友说：我决定放弃现代诗歌写作。因此我发现所有的商业广告都是现代诗体。我很佩服一个广告，并写过一篇文章，那是关于英国毛织品的广告，那情节很像一部小说："啪"——先是打出一个镜头来，写 1948 年，旧中国战争兵荒马乱，一个英国人上了轮船，临行前，他把一个英国的高级品牌的围巾扎在一个小女孩的脖子上。很快，又一个镜头，上面写着 1981 年，中国已经改革开放，那英国人已经很老了，白发苍苍，又一次来到中国。然后这边出来一个中国老太太，这俩人，相互根本认不得，但是这个老太太脖子上还围着那条英国的围巾。两个人见了面，都流下了泪。这应该算是一个小说题材。但它又是那件毛织品的广告。现在，很多来自微博上的各种警句，一下子会点击超过三百万，比你的书发行量大多了！但这是文化的高端精品吗？我现在常常感到糊涂，因为在我的心目中，什么人是作家？李白是作家，屈原是作家，曹雪芹是作家，你一辈子写一百万条

微博，又该怎么看呢？其实，能够代表人类智慧的高端精神产品毕竟还
是太少了。一个苏联作家爱伦堡说，在文学上，"数量"的意义非常小，
一个托尔斯泰，比一千个平庸的小说家还重要。如果了解一下革命前的
文学和革命成功以后的文学，（用"洋"说法就是"后革命文学"），我
们会看到，不管是在俄罗斯还是在中国，革命前的文学客观上起到的是
酝酿革命的作用。韩愈就说过："欢愉之词难工，而穷苦之言易好。"穷
愁潦倒时做诗，容易写得好。而要表达欢愉，文章反倒难写好。

俄罗斯文学的高潮是在 19 世纪。从小说家来说，托尔斯泰、屠格
涅夫、谢德林、契诃夫、果戈理、陀思妥耶夫斯基，一直到 20 世纪的
高尔基，从剧作家来说，奥斯特洛夫斯基，契诃夫本人也是剧作家，他
们所达到的高度，是与这些作家对社会不平的呻吟和思考分不开的。
五四时代的情况，我开始讲过，现在就不说了，单说"后革命时代"，
你想要继续写这样的内容，当然可以。解放以后继续写旧中国社会的不
公，写黄世仁对杨白劳的压迫，照样是可以的。抗日战争、解放战争，
现在都可以写。但是你对新生活的反映呢？在这个后革命时代，你想创
作出像革命前的文学那样有号召力，那样的煽情点火的作品，不大容
易。今天的文艺，需要一种新的创作，需一种新的体会。我在三年前的
一个场合中提到，世界上有雄辩的文学，也有亲和的文学。雄辩的文学
就是它憋着和人斗争，滔滔不绝，义愤填膺，势如破竹。但是，也有像
泰戈尔这样的，他给人更重要的印象不是雄辩而是亲和。

总而言之，中国这样一个长期的封建社会，在进入 19 世纪、20 世
纪之后，面对西方列强，在大革命中经受洗礼，取得革命成功以后，又
面对现代化和全球化的挑战，产生文化焦虑与文化尴尬，这是完全可以
想象的。今天，我们面临着就是全面建设社会的这样一个任务。我们积
累了丰富和深刻的经验。我们的文艺也面临着许多有待于研究解决的问

题。这些问题一时解决不了也不要紧，关键在于你能拿出好的、能振聋发聩、感人至深的作品来。有一天，我在手机上看到有一个微博，上面说，凡是认为自己的环境不够好，所以没有写出伟大的作品来的作家，就是把他送到瑞士，他还是写不出来。我赞同这样的话。今天如果说你在文艺创作上的成就还不理想，那既不能埋怨环境也不能全怪领导，也不能责备理论家没给你提供现成的答案。全世界没有一个大作家、大艺术家、大画家、大作曲家是由于环境美好和一切问题都解决了，他才去进行创作并写出了让全人类感动的作品。恰恰相反，大艺术家往往是在人生的奋斗之中，在面临各种挑战之中，贡献出了代表人类精神高度的艺术精品。

精神需要与文化引领 *

（2012 年 4 月 6 日）

党的十七届六中全会指出：满足人民精神文化需求是我们的文化工作的出发点和落脚点。还指出，要用先进文化引领前进的方向。

什么是人民的精神文化需要呢？可以大致分析一下：

文化消费的需要：包括衣食住行、开心娱乐、休闲解闷、还有对于环境的点缀美化、自我与相互愉悦以及各种享受生活的途径。如旅行、观看演出或音像节目、酒令、时装、牌戏、艺术品的摆设与收藏、家居设计、茶馆酒吧等。这些东西，做好了，照样可以有很好的文化内涵与艺术品位。做不好也有浅薄空洞、低俗不堪乃至愚昧、乖戾、倾向不好的东西出现。无文化与反文化的东西完全可能以某种潜流的"文化"形式出现。目前大行其时的浅薄的东西就不少，它们的特点是热热闹闹、咋咋呼呼、刺激感官、空无一物。

人们还会有文化积累与发展的需要，尤其是教化的需要。包括各种生活技能、专业知识与技能、礼仪与教养的培养、待人接物的学习、训练，直到对宪法、法律、法规的掌握等。没有这些，就难以作为一个文明的受欢迎的公民而出现，难以升学、就业、生存与发展。人们稍微有

---

　　* 本文原载《人民日报·海外版》2012 年 4 月 6 日第 1 版。王蒙时任国务院中央文史研究馆馆员、中国作家协会名誉副主席。

了一点知识与教养，就会不满足于单纯消费，而希望文化能带来某种教益和资源。毫不期待教益的所谓精神需要，是不值得太当真对待的浅俗需要。

文化参与、文化生产与创造的需要，有所贡献与有所裨益的需要。一个有觉悟、有知识、有志向的人，不会只满足于享用与践行已有的文化成果与文化习俗，而会有自己的发明、发现、创造、贡献、改革、发展的精神驱动。这样的高层次的文化追求是：不仅享受已有的文化的教养与方便，而且献上自己的创新的一点一滴。这样的人有多少，是一个民族的文化素质够不够高的重要标志。

对于智慧与真理的光照的追求，则是一切有识之士、仁人志士、学问巨擘、对自己有期许有头脑的人的强烈精神需求。他们以体悟、验证、扩展、弘扬直到推动民族的乃至世界的文化财富、文化果实、文化体系为使命，他们以真理为依归，以人民的福祉为目的，以先进的科学的知识与理论体系为成果。像当年的孔子、老子，与现代的马克思、牛顿、爱因斯坦一样，他们是人民当中的文化巨子、是文化的创造者与推手。他们的精神文化需要不但是他们自身的需要，更是人类的文化创造与发展伟业的需要，是人民的精神文化需要的高峰。

尤其是中华文化所提倡的对于自己的心胸、境界、格局的提升、升华与终极关怀：对于世界观、人生观、价值观、终极观，对于人生理念的讲究与领悟；对于精神品质的高标准与锤炼铸造——成仁取义、先天下之忧而忧、后天下之乐而乐、使命感、坚韧不拔与艰苦奋斗、忍辱负重、顾全大局、宠辱无惊的品质等。这正是令人倾心赞颂的精神文化需要。有这样的需要，才有高端的文化成果。缺少这样的精神文化期许，则会是闹哄一时，而终无大用的精神文化泡沫。

就是说，人民的精神文化需要是有区别有层次的，文化产品是有区别有层次的。当然，这种层次与差别并不是绝对的，好的文化成果如中国的四大奇书，可以满足上述不止一个层次的精神文化需求而雅俗共赏，寓教于乐，古今咸宜。我们面向全国的文化生活与文化事业，不但要注意量，更要注意质地与层次。

当然，也只有最先进、最高尚、最智慧、最有内涵和最优秀的文化果实才能对引领我们的前进方向起积极的作用。

文化之强离不开高端成果 [*]

（2012 年 3 月 1 日）

在我国，社会主义基本制度的建立，社会主义思潮的主导地位，生产力与信息技术的发展，从温饱到小康的成功进展，产生的一个重要的成果是文化产品与文化权利的大众化。文化来自人民生活，反哺大众的精神需要。人民大众参与文化生活，主导文化生活，评价文化生活，同时接受着文化生活的熏陶与影响。这在中华民族文化史上具有划时代的意义。

文化市场是文化成品的大众化程度的重要标志。只有大众喜闻乐见的文化产品，才有好的市场、好的效益，也极大地有利于起到好的社会作用。改革开放前被忌讳的关于票房、发行量、收视率等的讲究，现在已经成了文化生活中被关注的热点。

但毕竟文化与经济、与物质产品的状况并非全同。文化产品有长远性，几千年前的产品如《诗经》与先秦诸子的著作，至今还在市场上活跃着，原因是它们仍然在中国人民的精神智慧与人文性格里、在中国知识分子的书房里保持着伟大的活力。文化评价也绝不等同于市场统计，有它的专业性与高端性。古今中外，都有一批成就非凡的文化巨人：堪称伟大的哲学家、思想家、科学家、文艺家、发明家、著作家、工程家、探险

---

  * 本文原载《人民日报·海外版》2012 年 3 月 1 日第 1 版。王蒙时任国务院中央文史研究馆馆员、中国作家协会名誉副主席。

家……他们的精神品质与精神能力大大地超出凡庸，他们创造的新观念、新理论、新发现发明大大地领先于大众，他们是一个国家一个民族乃至一个时代的文化标杆，文化巅峰。有时他们的精神成果并非立马得到喝彩，更不可能立即获得市场，它需要一个接受的过程，有时是曲折的过程。

我们提出了构建文化强国的目标，什么是文化强国？人民群众的文化需要能够得到极大的满足，人民群众的文化素质得到普遍的提升，文化建设、文化交流盛况空前，这当然是重要的。同时，拥有阵容强大的文化高端人才，拥有无愧于伟大时代的我们今天的诸子百家、发现发明、经典著述、高端成果、高端贡献，同样是重要的，也许是更重要的。与这样的高端人才与高端成果相比，票房也罢，版税也罢，奖项与荣誉称号也罢，就不那么醉人了。

归根结底，文化强国的"强"字应该是指人强、智慧强、学问知识强、想象力创造力强、成果强、著作强、发明发现强，强了才能够长久地矗立于人类的生活与精神领域中，不但现在强、不但现在大繁荣大发展，而且经得住历史的考验、时间的考验。

反过来就是说，发展建设文化不能够急于求成，不能作表面文章，不能大呼隆，不能变成政绩工程，更不能吹吹打打图个声势。

抓文化很费事，很考验人。应该关心我们的文化阵容，关心我们的文化专家，关心我们的文化高端态势，关心我们的著述的含金量，准确地评价我们的文化商品的创意品质，关心我们的知识分子的专业水准，关心我们的文化评估的公信力与可靠性，关心我们的文化成果的真实的与恒久的文化价值。这当然不是易事。

我们的目标是让文化成为辉煌的文化，让我们的文化成就成为中华民族的也是人类智慧与精神的光荣与骄傲。我们任重而道远，我们的眼界与努力都还有待于进一步的推进。

关于边疆与民族事务的一个解读 *

(2012 年 3 月)

近年来，西藏、新疆发生了一些极端性事件，引起了各方面人士的关注，我们的领导人在面对媒体时也常常被提问有关问题，对此我提出下述一个解读角度。

改革开放以来，我国的现代化事业突飞猛进，人们的物质生活、精神生活、生产消费、收入支出、衣食住行、工作关系与社会关系以及价值观念等，都在发生急剧的变化。

从全世界来说，现代化全球化的进程势不可当。但是，现代化尤其是全球化，并不是载歌载舞、轻松快乐的进程，而会引发许多矛盾与焦虑也有许多引起讨论的地方。

发展相对滞后的地域与族群，面对着一个如何回应现代化进程的两难处境。急起直追现代化，似乎会失落自身的历史特色、文化尊严、身份认同；完全拒绝现代性与全球化，又面临着失败连连、开除"球籍"、彻底崩盘的命运。晚清以来，中国内地，一直为此而纠结煎熬，进退失据，尴尬悲情，付出了高昂的代价。新中国成立后，如何应对世界与选择自身的前进方向，也有许多争论、摇摆、摩擦，直到确立了实现有中国特色的社会

* 这是王蒙 2012 年 3 月向中央文史研究馆提交的调研稿，2014 年 5 月 24 日修订。王蒙时任国务院中央文史研究馆馆员、中国作家协会名誉副主席。

主义现代化方针，改革开放开始以后，才使情况发生了根本的变化。

强势的，现代化搞得比较先进比较成功的地域与族群，与弱势的，现代化进程磕磕绊绊或受到各种干扰的地域与族群，对于正在发生的现代化进程的感受与态度有所不同。对于弱势地域与族群来说，固有的生活方式，固有的文化定势，固有的习惯与传统，正在受到前所未有的挑战；固有的行业与生计，正逐渐为全新的行业与生计所代替。市场经济的发达，改革开放的结果，加速了全国的乃至全球的竞争、演进与强胜弱汰的进程。强胜者当然会欢欣鼓舞，弱汰者的反应就会完全两样。尤其是受到某种相对封闭与狭隘的文化心理的影响，有些人面对现代化、全球化的潮流，可能会产生反感、悲观、绝望与仇视心理。这在中国内地也是发生过的。

让我们再从世界范围来看：两个阵营对峙局面的结束，使阶级斗争与意识形态斗争的气势大大减弱，地区利益的斗争大大增强。

国际上的恐怖主义势力正是在这样的背景下发展起来，他们利用这样的心理和情势，他们利用世界发展势头中弱势者失败者的负面心理，煽动反人类的暴虐与残酷，实施不同类别的极端举动。这种国际性的反人类势力，渗透到我国某些边疆地区，利用了愚昧、野蛮、狭隘与各种实际工作中的漏洞，造成了许多令人痛心的事件。

我们当然无可回避地要与恐怖、极端、分裂势力作斗争。我们还要能够统筹兼顾，让全国各地域各族群人民群众，都能够搭上现代化的快车，都能够从发展中获得应有的红利，都能够摆脱野蛮和愚昧，都能够尝到现代化的甜头。

我们还希望全世界的善良人民，理解与支持中国的处境与努力，中国各族人民的幸福，只能够在与祖国一道发展进步中获得，中国的长治久安，也只能在充分照顾与满足各个地域与族群的共同利益与愿望的基础上实现。

文化行为与文化精神 *

（2012 年 2 月 22 日）

可以说，现在人们对于文化建设的关注超过了新中国成立以来的任何时候。这很好。

广义地说，除了自然界的固有，一切人为的物质与精神成果都是文化。文化的内容如山之连绵，如海之阔大深厚。我们不妨试着分析一下：

我们许多时候谈的是文化行为：包括文化建设，文化事业、产业，文化生产、创造，文化投资，文化政策，文化号召、口号、活动、推广、目标制定，文化布局，文化设施，文化集团的消长等等。文化行为的主体可以是国家、地方政府、公司、社团、文化从业个人等。这些行为有的会起很大的积极作用，也有事与愿违或一时热闹、难以留下成果来的情形。

尤其是近年来有一系列词语来自市场经济：品牌、精品、符号、文化搭台——经济唱戏、包装、炒作、经营、卖点、票房……不错，文化市场也是大有市场潜力的，而且完全没有市场的文化产品再说怎么好怎么好也容易架空而无从收效。但市场化的文化思维对于文化本身来说，

　　* 本文原载《人民日报·海外版》2012 年 2 月 22 日第 1 版。王蒙时任国务院中央文史研究馆馆员、中国作家协会名誉副主席。

其深度或许有待进一步的努力。市场能推广文化，也能使文化低俗化，乃至出现文化上的空心化、哗众取宠化与假冒伪劣。如一些虚假旅游景点，如一些空心大片等。

更深一步，我们可以探讨我们的文化能力即精神能力，首先是它提高我们的生活质量的能力、发展生产力、推动社会进步与人民福祉的能力。它包括了创造力、想象力、组织能力、竞争能力、抗逆能力、反省与自我更新能力……这必然会关系到经济、科学、技术与教育事业，关系到体制的选择与发展、管理的先进性与有效性等。

再有，就是我们的精神品质与人文性格。例如我们中华民族历史上的与现今的终极关怀、世界观、人生观、价值观，我们强调的道德义务、注意人际关系、敬老崇文、维护整体、写意审美等等，都会令我们增强文化自觉与文化自信。同时我们也期待我们的中华文化会提高它的科学理性精神、实事求是求真的精神、法治精神。

精神品质与人文性格，可能是几千年的文化传统与生活方式的长期积淀的结果。它有一种长期性、深刻性、潜移默化性。例如港澳台与祖国内地，半个多世纪以来，社会制度与意识形态差异甚大，文化行为的差异极大，但人们的文化精神、文化性格仍然有许多共同之处，我们仍然是伟大古老与追求现代化的中华文化哺育出来的。

继承、弘扬、发展、调整、提高我们的精神品质，任重道远，需要几代人几十代人的努力。对此，可以有更加深入的探讨与尝试。

懂得文化　积极交流 *

（2011 年 11 月 25 日）

世界上任何一种有价值的文化，从来都不仅仅是在国门内起作用。文化的价值既在于它的民族性地域性，也在于它的人类性普遍性。世界各地的文化从来就是我中有你，你中有我，而又各具特色。

文化与物质商品不同，物质商品多半是一次性的，使用完了，需要再进口。而文化，引进了，为你所用，为你所消化吸收，丰富了你也武装了你。归属于你了，并从而有可能成为你协力创造的新的文化果实。近代外国人用火药、指南针、活字印刷术的水平，早已超出了当年输出这些科技的中国，也不会有多少人想着这是中国的出口。同样，中国引进了马克思主义，发展形成了毛泽东思想、邓小平理论、"三个代表"重要思想、科学发展观等，没有人会认为这是进口物资。从延安时代就时兴同志间见面行握手礼，谁会想到握手是礼节赤字？汉语拼音用拉丁字母，然而，它的用法只限汉语拼音。电影、话剧、芭蕾舞等艺术品种来自外国，但没有人认为《一江春水向东流》、《雷雨》、《红色娘子军》是舶来品。即使跳《天鹅湖》，由于中国演员的身材、气质情愫和文化背景的不同，其版本其效果也不可能全同于俄国的。我们不妨以日本

＊　本文原载《人民日报·海外版》2011 年 11 月 25 日第 1 版。王蒙时任国务院中央文史研究馆馆员、中国作家协会名誉副主席。

为例：日本古代学我们，近现代学欧洲，如果讲赤字，它全是赤字。然而，不管怎么学，日本还是日本。而且，日本的勇于和善于吸收外来文化，恰恰是一种软实力。

对于文化来说，首先不是实力不实力的问题，而是它的有效性、质地性、成果的丰富性与深刻性的问题。一个文化的品质，在于它能否帮助接受它的人群与个人提高自己的生活质量，能否开阔人们的精神视野与发展人们的精神能力，是否具有足够的创造性、吸纳能力、发展能力、应变能力……我们说文化是软实力，其实就是说它在国际政治中有很大的作用，但不宜过分地强调它的政治作用，避免把文化交流政治化、急功近利化、甚而粗鄙化。我们需要强调的：文化是花朵、是魅力、是精神、是瑰宝、是记忆也是预见、是形象也是品格，是民族的又是人类的骄傲与财富。如此这般，也许比较靠后再说它是软实力更好。说得愈后，可能软实力愈强。

文化有极强的政治性，但毕竟比政治更宽泛与含蓄，更日常与普及，更潜移默化与点点滴滴。我们反对西方国家把与我们有关的各种问题政治化，但是我们不反对把某些政治性极强的问题适当地文化化，即从文化的层面多进行交流和讨论，尊重文化与世界的多样性。我们已经重视，而且必然愈来愈重视与各国的文化交流与合作。在这样的交流与合作方面，我们可以做到信心十足，大大方方。

我们重视与各国政府间的文化协定，重视文化交流上的政府行为，我们也许应该更重视民间机构与文化人个人之间的交流。境外有许多人喜欢强调文化的非政府行为性质、自然渗透、不带强迫性而被接受的性质。我们的文化交流方式，应该是政府主导，民间参与，尽可能通过市场以扩大受众的规模。尤其要避免因急于"走出去"而自贬身价，这样的做法，或可偶试于初期，却绝对不可以成例，也不可能真正收效。

　　我们的文化工作是马克思主义指导下的文化工作，是接受中国共产党领导的文化事业。我们的一切向世界推介中国文化的工作，都有利于建设有中国特色的社会主义事业。但这并不意味着我们要在文化交流中僵化地、灌输式地推广我们的指导思想、意识形态与社会主义核心价值观。文化与意识形态不能互相取代。我们不避讳并向世界正确地解说我们的意识形态原则与我们的传统文化的密切关系，从中论证我们的意识形态的合理性、合法性、坚实性。但是我们努力向世界介绍的，是我们的被意识形态指导、同时又推动着我们的主流意识形态的成熟与发展的文化成果和文化传统。当然，加强我们的文化交流工作，必定会有助于赢得理解与敬意，有助于让世界更加客观和公正地认识中国的真实情况与真实走向。即使推介的是几千年前的文物，也是由蓬勃发展的社会主义中国人民守护、整理、阐释的文化成果，是社会主义中国人民的爱国主义与尊重历史、尊重传统的最有说服力的证明。不能说推介古代的东西就丢失了主旋律。同样，积极有效地吸收国外的一切好的文化，化为中华文化的一个有机组成部分，有助于消除西方人士对我们的偏见、无知与误解。

　　我们对外文化推介，面对的是世界各地尤其是西方世界的广大受众，当然要以受众能够理解的方式、熟悉的语言习惯做好我们的工作。这并不能说是迎合西方人，也无需为西方人没有接受我们的主流意识形态与我们的社会主义价值观而遗憾，或指责他们的对待中国的无知少知猎奇心理。外国人对中国感到好奇，我们欢迎。好奇比无视好，只有经过更多更有效的工作，才能尽快地超越人家对我们好奇的阶段。

中华传统文化与软实力 *

（2011 年 11 月 2 日）

  中华传统文化是一个古老的文化，是一个覆盖面、影响面巨大的文化，是一个独树一帜并拥有巨大的影响与声誉的东方文化。它历经曲折，回应了严峻的挑战，走出了落后于世界潮流的阴影，如今日益呈现出勃勃生机，它更是一个能够与世界主流文化与现代文化、先进文化相交流、相对话、互补互通、与时俱进的活的文化。

  更重要的是，它提供了一种有效的生活方式，提供了一种独具特点的世界观与哲学观，一种人文价值与思路，一种独特的与精致的语言文字、工艺与文学艺术，一种乐生的、务实的、注重此岸性的生活态度与生活质量，提供了一种有参考意义的克服现代性的某些负面弊端的思路。

  中华文化，首先是汉字文化。它重整合，重大概念，重万事万物间的关联，重书写与万事万物的统一。它不是着力于塑造人格神，而是追求终极概念——理念之"神"，如道、通、大、一、仁、义、天、易。追求自高而低、自低而高、自大而小、自小而大的思维秩序与社会

---

  * 本文原载《人民日报·海外版》2011 年 11 月 2 日第 1 版，同时也是 2011 年 11 月 9 日王蒙出席经社理事会"中华传统文化与软实力"论坛做主旨发言的发言稿。王蒙时任国务院中央文史研究馆馆员、中国作家协会名誉副主席。

秩序。

中华文化是一个泛道德主义的文化。它强调人伦关系，强调和谐与秩序的理想，主张克制无限竞争与不断膨胀的欲望，强调人生而有之的伦理义务，强调敬天与天人合一。这虽然有它的不足，影响了数千年来中国的科学技术的发展与文化创新，但同时，它维护了中华大国的延续与统一，帮助中华民族渡过了重重难关，以充满活力的姿态进入了21世纪。同时，今天看来，它对于回应恶性竞争、欲望的恶性膨胀、生存压力的畸形增重与飞速发展中的浮躁心理这种种"现代病"，是有积极意义的。

同时，中国文化又具有一种天行健、君子以自强不息的积极进取取向。它较易与迅猛发展的现代性接轨，它接受发展是硬道理的思路，较少那种仇视现代性、敌视科学技术的心理与不求上进、消极懒惰的人生态度。

地球不能垄断，文化不可单一，中华文化，是现代世界主流文化、以欧洲为中心的基督教文明的最重要的参照系统之一。

文化的软实力，关键在于它的有效性，我所说的有效性其含义是：

第一，它能提供越来越好的生活质量与生活乐趣，提供受这种文化熏陶的人众以幸福、满足、欣悦与尊严，它扎根于人民群众之中，使人们喜爱与尊敬这种文化。简单地说，它是以人为本的文化而不是以人为敌为奴的文化。

第二，它有足够的凝聚力与亲和力，能够使受这种文化的覆盖与影响的人，和善起来，聚拢起来，而不是恶斗不已，极端、恐怖、分裂。

第三，它能坚持自身的特色，自己的性格，独树一帜而又友好立身，正确地处理与异质文化的关系，能够与外来影响切磋交流，也能撞出火花，取长补短，互利互补。既不会动辄失去自信，屈服于强势的文化压力，自我瓦解；也不会盲目排斥异端；不会在急剧的全球化现代化进程中陷入认同危机，即失去自身的身份认定，陷入绝望与仇恨。

第四，它有足够的想象力与创造性，有足够的自我调整、自我更新与抗逆能力，它能够与时俱进，苟日新、又日新、日日新，自强不息。同时又有足够的对于自身的传统的珍爱与信心——文化自觉与文化自信。

我们已经并正在克服面临急剧走向现代化、全球化的世界所产生的紧张、困惑、焦虑与进退失据，我们一定能够做到文化兴国，创造历史，并为全人类作出更大的贡献。

对文化发展和改革的一些思考 *

（2011 年 9 月 6 日）

近几年来，文化体制改革的努力，推动了全社会重视文化、致力于文化建设与改革，有中国特色的社会主义文化生产力有了很大的解放和发展。我们的文化产品，正在努力做到全面地满足人民的精神需要，贴近生活、贴近群众、贴近实际。人民群众的文化生活日益丰富多彩并具备了更大的共享与参与的可能。文化的民主性有所发展。民族传统文化日益得到珍惜与弘扬。与境外的文化交流日益活跃。健康的、积极向上的精神面貌正在形成。新的科学技术与传播手段，正在获得广泛的应用。文化产业日益发展。

与此同时，思想活跃，歧义甚多，问题不少：封建保守、迷信、与丑恶陋习——黄赌毒等正在借尸还魂。贪污腐化、假公济私等社会风气问题依然严重。价值失范现象触目惊心。对于有中国特色的社会主义的解读仍然有待于充实、深入与加强。全盘西化的挑战仍然十分严峻。来自境外的某些带有霸权主义、殖民主义与非难社会主义色彩的提法被我们自己任意接受。开发中造成的对于传统文化遗产的破坏时有发生。网络、旅游文化与演艺文化的低俗乃至恶俗化仍然堪忧。在一批旧中国时

---

* 这是王蒙 2011 年 9 月 6 日在中央文史研究馆成立 60 周年座谈会上发言稿的部分内容。王蒙时任国务院中央文史研究馆馆员、中国作家协会名誉副主席。

期成长起来的代表性老学者大家（鲁、郭、茅、巴、老、曹、冯、朱、钱、季……）去世后，能够代表社会主义中国创造性人文成果的学者与专家的阵容还不能很好地撑起门面，即不能与我们的影响与地位相称。我们的文化的果实与形象距离应有的高度与光彩还有相当的差距。

这里我谈四个问题：

一是关于人文学术与文艺成果。目前四方面的元素左右着文艺生产的走向：党的领导，市场的驱动，媒体的舆论，专家即所谓精英知识分子的评估与诉求。党和国家管的是大事，不易也不宜于管得太琐细。目前，无孔不入地起作用的是市场与被市场强有力地影响着的舆论，包括难以左右的网上舆论。而相形见绌、相形最弱的是知识分子的专业化、高层次化的追求和批评建议的声音。在强大的市场与舆论面前，我建议更加重视知识分子与专家的声音，才能实现文化导向的把握与平衡，制衡三俗，扭转黄钟黯哑、瓦釜轰鸣的负面现象。

为此，一要建立人文学者专家的院士制。只有自然科学与工程科学的院士而没有人文学者的院士，这是一个跛腿的现象，它流露的是我们自身对自己的人文学者与成果缺乏自信。这种现象改变得越早越好；二要设立国家级的，有充分公信力的褒奖与荣誉称号制度（此意早在胡锦涛同志十七大的报告中已经提出，目前仍有待落实）；三要发挥群众团体与高等学校的作用。群众团体要在规范化的同时，实现高度知识化和业务上的权威化而不仅仅是领导机关化行政化；四要有重要的主流与专业媒体，更多地传达党和国家以及专业高端知识分子的声音。

二是关于文物与旅游。开发建设中对于文化遗产的无知与破坏已经达到了惊人的程度。以北京为例，只举一个小例子：绒线胡同的四川饭店，卖给了为外籍 VIP 服务的中国会，太可惜了。我们的某些文化记忆正在飞快的建设中泯灭。与此同时，各种先造谣，后造庙，迷信骗钱，以传统文化为名否定五四运动、否定人民革命、否定改革开放的胡说八道、肆无忌惮……层出不穷。一面破坏真文化遗产，一面制造伪文化古迹，这样的事不能再继续下去了。对于反动、庸俗、下流的旅游设施与活动，要加强整顿取缔。要把旅游文化的管理与提高放到文化体制改革的大局中予以考虑研究。

三是关于价值确认与价值普及。中央已经做了大量有效的工作。但内容太庞大，说法也太"官话化"或"党课化"，不好记，不好传，不好讲。希望能使价值的说法简明化、亲和化、切近化、民间化，更加入情入理，入耳入心。新中国成立以来，我们的文化活动与掀起文化建设的新高潮的努力卓有成效。同时，文化的特质也有另外一面，如一位同志曾经说过，文化如水，要细水长流，润物无声，自然而然。否则，即使有好东西摆在那里，即使活动搞得有声有色，仅仅靠灌输与锣鼓喧天仍将不能达到价值认同与价值凝聚的目的。建议吸收更多的民意与专家意见，做好这一工作。核心价值的精神建设工作，尚是任重而道远。

四是有一些有关文化的说法名词，来自国外，希望我们慎用。例如体育的举国体制，这不是好话，举国就是全国，我们什么时候倾举国之力来争取几枚金牌来了？这也有违重在业余与重在参与的奥林匹克原则与发展体育运动、增强人民体质的我国体育工作方针。我们最多是国家关心与国家支持体育竞赛罢了。外国人这样说其实是挖苦我们。闹得现在我们自己也认了下来，有的部门领导还在宣传赞扬举国体制，未免贻笑大方。软实力的说法也有歧义，这个说法非常美国化，与美国的自命领导世界的自诩有密切关系。连欧洲都很少有人包括国事活动家与文化精英人物接受这个词。对于一些历史悠久的文化大国来说，文化是丰碑也是骄傲，而不仅仅是一部分国力。请领导更多地推敲一下。

文化自觉与文化自信[*]

（2011 年 8 月 3 日）

"文化自觉与文化自信"，胡锦涛同志"七一讲话"中提出的这样一个问题，有着重要的意义。

自觉与自信，首先是对于文化建设的重视，是一种观念，一种不仅看到物质财富的建设积累，而且看到价值观念、知识系统、生活方式与精神财富的眼光。建设有中国特色的社会主义的过程不但是一个发展生产力的过程，也是一个继承、弘扬、汲取、创造史无前例的中华文明与文明中华的过程。

文化的自觉与自信，首要的是大家保持一根文化的弦。例如，在突飞猛进的城乡建设中，在动辄拆迁腾地以促开发的大潮下，许多城乡的文化标志与文化记忆被人为地抹去了。一些百年老店，奉命迁址后一蹶不振，直至关门歇业。有些特色民居已经所余无多，代替它们的是千篇一律的、基本上无文化含量的公寓楼。在网络与电子书提供快捷方便的同时，在销量效益高于一切的驱赶中，文化的操守与成品的质量正在被马虎对待。在口口声声"传承文化"的同时，一些地方表现出来的是粗俗的急功近利，是对于文化的无知与粗暴，是浅薄的表面文章。他们

---

* 本文原载《人民日报·海外版》2011 年 8 月 3 日第 1 版。王蒙时任国务院中央文史研究馆馆员、中国作家协会名誉副主席。

只知道用文化吸引旅游、用文化鼓动招商投资，用文化包装"成绩"。如此种种，都不是文化自觉与文化自信，而更像是不自觉与盲目自吹自擂。

自觉与自信包含着对于长期积淀下来的优秀民族传统的熟悉与热爱，也包含着对于传统的创造性弘扬发展，将传统引导到现代。我们的文化从来是源远流长与互补共存的；文化上不搞零和，文化上不是不要传统只要新文化，也不是糊里糊涂地忽然膜拜传统回到封建的旧文化。

自觉与自信，包含着对于先进文化的自觉追求、自觉建设、自信宣扬、自信扩展。什么是先进文化，首先是价值观念的先进，是与时俱进而不是腐朽没落的颓废，是科学昌明阔步前进而不是愚昧迷信自欺欺人，是面向世界、面向未来、面向现代化的开放心胸而不是抱残守缺的狭隘，是重在建设与积累的理性而不是动辄起哄破坏的砸烂。

自觉与自信还包括着文化上的创新精神。当然，文化创新与理论、制度、科技创新等相比，范围更广泛也需要更长的周期。百年来，中国的变化惊天动地，欣与其盛的中国人民，抚今思昔，甚至会有恍若隔世、或隔了几世之感。但中华文化的一些基本素质，仍然与两千多年前的先秦诸子的思路密切相连，与伏羲八卦与仓颉造字密切相衔接。我们仍然难于、也不应该简单地甩开孔子，我们仍然深切地感受到孔子的仁义教化有利于维护秩序与和谐，当然又不是没有出息地照搬儒家的一套。

具体地看，文化有时候比人强，文化可以超越几代几世人。文化产品可以汗牛充栋，文化活动可以此起彼伏，它们对于文化的基调的影响却可能比较微小。关键在于一种文化的内容与走向能不能够给这种文化的受众提供更高的生活质量，给尚未接受这种文化的人们以有益的启发与享受：益智、益心、益德、益生。

　　总体看来，文化的对象是人，文化的主体也是人，以人为本，人民以自身的利害好恶、得失顺逆为标尺，人们以自身的智慧、自觉与自信为标尺，选择文化的走向，缔造文化的大发展大繁荣，同样也会抛弃糟粕与毒素，实现文化的自我更新。

公信力、包容性和人文精神 *

（2011 年 6 月 7 日）

随着文化越来越"泛漫"，文化的消费性和娱乐性在增加，手段也比以前广泛得多。

编辑：20 世纪 90 年代，文化界有过一次"人文精神大讨论"，有人认为市场经济是造成人文精神衰落的根源，您写文章反对这种观点，认为这是一种"有了苹果就失了精神"的思维定式。现在的情况是，文化产业已经成为我们文化发展的重要形态，您如何看待当下的文化现状？是否"有了苹果，丢了精神"？

王蒙：我们国家整个文化生活的格局，改革开放以来发生了非常大的变化。在之前强调阶级斗争的时期，我们整个文化生活，尤其是文艺的生产和普及，都带有非常强烈的战斗性，振聋发聩的、高调的东西不少。改革开放以来，我们面对的主要已经不是敌我谁战胜谁的问题，而更多的是现代化建设、丰富和提高大家文化生活的问题，即"满足广大人民群众精神文化需要"。这种文化需要一下子就变得非常宽泛，甚至可以说"泛漫"。你到剧场里看一场很隆重的演出，这当然是文化；你上工人体育馆里面听歌星唱歌，有时候歌星唱什么都没明白，就跟着喊

---

　　* 本文原载《人民日报》2011 年 6 月 7 日第 1 版，是应《人民日报》编辑提问的回答。王蒙时任国务院中央文史研究馆馆员、中国作家协会名誉副主席。

叫、跺脚，这也算文化；你上班的时候，骑着自行车，自己耳朵上挂一个耳机，听最流行的《忐忑》，也是文化。所以，随着文化越来越"泛漫"，它的消费性和娱乐性在增加。

同时，它的手段也比过去广泛得多了。我们年轻时对进一次剧场看歌舞表演或者话剧都非常重视。如果这个票是被赠与的，你会觉得很荣幸，甚至还有几分特权的感觉。如果这个票是自己花钱买的，那么你更会很认真地去看。但是，现在不见得。你可以到剧场或者到影院看，也可以在电视机、电脑上看，高清画面效果也并不差。网络的手段不但能使你消费、欣赏，而且还能使你参与进去。

文化的无处不在，导致文化形态多种多样，不像过去那样都是引领性的、严肃认真的。出现了一些不触犯基本的法律法规，境界并不十分高、未必有多少现实意义的作品，就是供大家一笑或者消遣一下空余的时间。我吃完晚饭，也会看一些肥皂剧，轻松一下。现在有一些人以回忆过去为乐，把当下的文化生活贬得特别的糟糕，认为现在的文化都堕落了。我看不是那么回事。

现在全社会都在呼唤公信力，中国特色社会主义文化的建设需要一批真正的专家，他们说的话大家都信，文化就强大了

编辑：同意您的基本判断，但在市场经济条件下，由于资本的趋利本性，再加上"非恶不足以吸引观众"的偏见，一些文化产业人热衷"打擦边球"；而文化管理和行政手段是因应式的，也就是只能确保不触犯底线。比如前一段时间流行的"宫斗戏"，其中对通过残忍手段达到"上位"目的的宫廷斗争没有任何反省，甚至连"劝百讽一"的功夫都不做。同样是宫廷戏，前几年流行的电视剧《大长今》，呈现的是人性的美、文化的美。如果文化生产者能自觉地在大众文化中寄寓真善美的价值该多好。

王蒙：你说得很对，国家的法律和行政手段，只能管底线，无法主动地规范作品都有很高的境界，有很强的现实意义，都能给人以提升。而人们的文化消费需求又决定了文化企业、文化市场往往更加注重数量。比如说书要看印数，电影看票房，网络看点击率等。我们有文化管理调控的一块，也有群众不断增长的自然需求。可是，咱们缺一手，是什么呢？就是真正的文化精英在文化产业、事业，文化的生产消费当中所起的一种平衡、引导和遏制的作用。

譬如说美国，它有《纽约时报》的书评、剧评、影评和乐评。这些评论很管事，很多人还挺在乎这评论。美国有一个剧作家叫阿瑟·米勒，在中国上演过的《推销员之死》就是他写的剧本。我1982年去他家的时候，当时他的一个新的话剧在纽约上演，我给他祝贺，他忧心忡忡地说，先别祝贺，到现在为止《纽约时报》对这戏没表态。后来还真是，包括《纽约时报》普遍认为这个戏不成功。虽然他是一个很著名的剧作家，但是过去的成功不能保证每一部剧都成功。再一个就是美国的普利策奖，它并不紧跟着销路走，那些最畅销的书，像斯蒂芬·金的恐怖小说就没有得过这种奖。普利策奖奖金也不高，但是它有这个公信力。再比如奥斯卡金像奖，它不完全看你的票房。当年的票房奇迹《泰坦尼克号》就没得到最佳影片奖，去年的票房新高《阿凡达》也没获最佳影片奖。它也还注意在票房和意义之间取得一个平衡。

欧洲也好、美国也好、日本也好，他们都有一种力量。有一种什么力量呢？就是平衡这个市场。他们不反对市场，也不咒骂市场，因为用不着咒骂。就像帕瓦罗蒂，他从来不咒骂流行歌星，他和通俗歌手一起唱歌。通俗歌手唱歌的时候，台下的掌声比给帕瓦罗蒂的还多。

不咒骂，但是有我自己的观点、自己的尺度。不能光大骂，骂完以后，又没有一个能够平衡它的明确而具体的文化导向，或者你并没有平衡文化的实力。光有行政管理是不够的，我认为实际上需要三种力量，一种是市场的力量；一种是法律和法规，管底线；还有，现在最缺的就是一个有公信力的、真正既符合中国特色社会主义的需求也符合文学、艺术规律的文化力量。

编辑：文化的诚信，为大多有识之士认同。对资本的制衡，需要有公信力的评奖，也需要有公信力的各领域专家。

王蒙：时常听到这样的故事，说一个中国古代的文化名人，河南说他出生在河南，安徽说他出生在安徽，湖北说他出生在湖北。在这种情况下，各地请专家来论证，这些专家说的话很可能一点准头都没有。为什么呢？一个县委书记出手就"摆平"了：请专家吃饭，又请专家带着家属住星级宾馆，临走的时候还送一大堆土特产，弄不好还有一个红包。这个专家马上就认定是这儿了。怎么可能不是这儿呢？这种"瘪三"样的专家，在全世界恐怕都是没有的。世界上那些真正的专家都有股子牛劲。别的事你说什么都可以，但是一说到专业领域，你绝对没我知道的多，你要胡说八道我绝对不承认。什么时候中国能够有这么一批真正的专家，说的话群众信，领导也信，文化就强大了。

大众文化的发展和提升，需要一种精神上引导和平衡的力量，内容包括继承和发扬革命文化传统，包括中国几千年传统文化里面优秀的部分，甚至也包括了外国优秀文化。

编辑：在我们的大众文化生产和国际文化传播过程中，迫切需要有公信力的专家来甄别和总结：我们文化传统中哪些需要今天的中国人继承发扬，外国文化中哪些东西值得我们学习。这些问题如果没有基本共识，文化就会涣散失神，大众文化和国际传播中就会出现人文精神缺失的问题。

王蒙：我觉得在某种意义上，咱们的文化生活中出现了一种"价值失语"的状态。举一个例子，前几年，有个地方突然弄了一批小学生穿上所谓的汉服，我看着像大清国的服装，在那儿念《三字经》和《弟子规》。五四运动九十多年了，新中国成立六十多年了，最后回到清朝去了，这太恶心了。《三字经》里面有一些好的东西，讲要学习，要孝敬父母，这都是对的。但是，它第一不承认儿童游戏的权利，"戏无益"就是游戏一点好处没有，这违背儿童的天性，是完全错误的；第二，它没有任何维权的意识，只有孩子服从父母。《弟子规》也有问题，比如主张父母打骂了孩子，孩子也应该好好接受。这是不对的，父母当然不能随便打骂孩子。

《二十四孝》里面"卧冰求鲤"、"郭巨埋儿"等典故，鲁迅曾经深刻地批评过。五四时期不论左派、右派，都否定那些东西，可是现在反倒成了大"香饽饽"了，这种现象也不太正常吧。

弘扬传统文化我是非常赞成的。中国人如果完全离开中国的传统文化、或者想在中国做一些有意义的事情却只知大骂传统文化，这等于"自绝于人民"，但对传统应当有所取舍，有所引导，有个说法。

同时，我们也要有宽阔的胸怀包容各种有益的文化。有的专家为了表示自己伟大，就痛骂、痛斥那些流行文化。其实用不着痛斥，文化有不同的层次。有的就是听着玩的，就像《忐忑》一样，它也不会给国家造成什么危害。我们今天面临的不是激烈的战争和你死我活的局面，能够使老百姓感到自己的文化需求得到相当程度的满足和尊重，有一种比较健康和谐的人生态度，就是对国家的贡献，也是对个人的满足。

所以，不要仅仅对大众性的文化产业进行批评、控制或者整顿，更要有一种文化精神上的引导和平衡力量。这个引导和平衡的力量包容性强，内容包括继承和发扬中国共产党的革命文化传统，也包括继承和发扬中国几千年传统文化里面优秀的部分，甚至也包括外国优秀文化。同时这种力量又是态度分明、信息量丰富、有说服力也有影响力、有足够的权威的，它不会只知跟着市场走，而是引领受众提升自己的境界与文明程度、积累我们的文化成果、攀登我们的精神高峰。它不但分得清敌我，也分得清高端与低下、智慧与愚昧、先进与滞后、创造与伪劣。它们是心中有数、话里有学问、说话管用的。

把外国优秀文化介绍到中国来，就是为中国人民服务的，也就构成我们文化生活的一部分。例如我们购买一批欧洲出产的皮鞋，1 万双，穿坏了 1 双就剩下了 9999 双。而如果我们引进的是制革制鞋的技术与设备，是经营皮鞋的原理与态度，那么我们引进的就是鞋文化，我们就必定会根据中国人的脚型与中国人的制革制鞋传统，发展壮大中国的制鞋业。电影、话剧、交响乐、网络都是外来的手段或形式，只要我们善于使用，它们就不再是舶来品，而是有中国特色的社会主义文化事业与文化手段不可或缺的部分。这个世界本身拥有丰富的文化资源，不妨拿来为我所用，满足各种不同的要求。

文化瑰宝与文化泡沫 *

（2011 年 4 月 9 日）

在全社会关心并期待文化事业的发展与繁荣的情况下，文化事业有可能出现很好的态势，有可能产生无愧于伟大时代与悠久传统的文化瑰宝，也有可能稀里糊涂地、或抱着侥幸心理装模作样地打造文化的泡沫。

什么是文化瑰宝？要看为我们的受众提供了什么样的路径、启迪、精神享受与人生智慧。例如，对传统文化的解读并使之与现代人类文明成果的对接。例如，在教育事业与我们民族的未来前景上的更好的思路——最终摆脱填鸭式的应试分数的呆板控制。例如，出现有可能彪炳史册的有真正的价值的著作与艺术成果。例如，理论创新、科技创新、体制创新——从全新的眼界上解放整个民族的想象力与创造力，从而解放中华民族的生产力。

什么是文化泡沫？

例如，以文化的名义圈地、抢滩、贷款。愈是缺少对于文化的想象力的人，愈是容易把文化财务化、基建化、利益化、简单地物质化。

* 本文原载《学习时报》2011 年 4 月 9 日第 6 版。王蒙时任国务院中央文史研究馆馆员、中国作家协会名誉副主席。

到处修建文化生态园、文化纪念园、文化名人园、文化基地、文化广场……其中有做得不错的，但也确有以文化的名义占地盖楼贷款，所谓文化搭台、经济唱戏的。我已经见过不少这样的"园"或"馆"，名义上是纪念某个文化名人，实际上有关该文化名人的展品占用不了该园或馆的面积的百分之十、资金的百分之一，展品陈旧破烂，无人问津。而所谓附加的、延伸的业务：餐饮、住宿、洗浴、按摩、婚礼服务、棋牌与赌博或变相赌博、卡拉OK，才是主业。我也见过一家企业翻修了一个文化古迹，便从政府手中接管了一条街的店铺的主管权。

我主张，各地应该对于已有的文化设施作一次检查清理，对于以文化之名行非文化之实的园馆基地广场公司，加强管理与督导。

再如，一方面对于已有的文化遗产不加爱惜，时有破坏，一方面任意捏造制造虚假古迹。

这里有一种说法，将文化标识为一些符号，以文化做名片。这个说法不无道理，对于商标设计、旅游广告、招商活动与简明普及某种在世界上不占主流地位的文化，符号说、品牌说与名片说可能管用：弄点长城、天坛、熊猫、旗袍和稀奇古怪的准汉字……就代表中国了，也不是坏事。但这毕竟是浅薄的认知，有时会成为对于中华文化的廉价化、简易化与装饰化的糊弄。有时从文化符号到文化泡沫，只有一步之遥。

一些通俗艺术中事出有因地虚构一些文化符号，这本来是可以允许的，偏偏有些人又被这种通俗艺术所影响，人云亦云，越忽悠越大发，这就贻害匪浅了。例如说中国人是龙的传人云云。在中国的传统文化中，龙是一个珍贵的动物，是王权的图腾，是管水的神灵或海洋与雨水的符号，还是一个姓氏，是风水先生形容山势的说法，等等，却从未有龙是中华民族的祖先或图腾的依据。所谓龙的传人云云，除台湾音乐人侯德健先生的通俗歌曲《龙的传人》的歌词外，再无其他理据。此歌很有爱国主义激情，受到大陆受众的喜爱，但干脆就认定传人也好、民族的图腾也好，是中华文化的定论，乃至于大张旗鼓地闹起"龙文化"来或反对起"龙文化"来，这就太滑稽了。

再如，在一个大型运动会的开幕式上，出现大量认真的与杜撰的文化符号，把早已经失传的中华乐器奇形怪状地批量展现出来，这固然十分吸引眼球，这固然是大导演的虚构的权利，却不能认真地以为只要奇特、神秘、巨大、古老就是真正的中华文化。至于将挂红灯笼当成宠幸妻妾的标志，就更可笑了。

顺便说一下，作秀，来自英语的"show"，香港则译作"骚"。秀也罢，骚也罢，是一种通俗的大众化的展示，与认真的文艺演出"performance"是不同的。天才的导演张艺谋的作品极其注意秀中华文化符号，符号虽多，但多是天才导演的想象力与廉价地标新立异的货色，其中货真价实的中华文化含量有限，对不起，我不能不说出来。

问题在于，我们的二五眼的文化专家对有些"符号"也说不清楚，被声像作品与通俗歌曲牵着鼻子走，有时难免贻笑大方。

更大的泡沫是走文化的过场，求文化活动的规模，大花文化的经费，却忽视了文化的灵魂。晚会举行了，歌舞演出了，著名艺人来了几十几百，观众成千上万，收视率也极高，演出运用了多种现代高科技手段，出现了许多人为的"卖点"——美女、靓仔、特体演员、声带的奇特运用、泳装、武打、水幕、激光、喷雾……然而没有思考，没有头脑，没有热情，没有爱憎，没有臧否，没有深度，没有教益，没有精神的营养也没有感情的充盈与升华。这样的文化是空心文化，是无灵魂的苍白的文化，是文化的悲哀。

再有就是我们的一些大片，片子虽然大，却显得浮肿与缺少精神的深度与强度。

美国大片的文化含量也没有超出他们的受众的平均数，问题在于，我们的大片往往达不到、大大地低于我们的受众的文化认知平均数。我们的受众的智力正在提升，我们的大片的内涵却有所削弱。

作为政府管理与文化政策，凡没有触犯法律的文化活动都是可以允许的。我们还可以谅解地感谢只要能找乐、能令受众一笑的文化活动与文艺节目。同时，我们呼唤着的期待着的是文化瑰宝而不是文化泡沫，我们绝对不能跟着泡沫闹哄。这一点，丝毫不能含糊。

再比如文学，为什么对于文学的文学性的讨论越来越稀薄，而对于销量与畅销书的炒作越来越咋呼呢？尽管销量能够给作者出版者书商带来巨大的利益，但在全世界的任何角落，这都不等于文学的成就。

还要提防一些关于文化的似是而非的、故弄玄虚的、作秀作骚式的说法，文化是智慧，是历程，是生活方式也是精神的梁柱，文化不是花言巧语与抒情朗诵，不是酸溜溜的装腔作势，不是扭扭捏捏的卖弄风情。越是把常识范围内的道理说得无人能懂的，我们越是不要相信。

真知与共识不是套话 *

（2011 年 4 月 4 日）

我们的国家几十年来经历了艰难的历程，积累了丰富的经验，获得了许多真知灼见，构建了许多共识，这是国家稳定、和谐、效率、兴旺发达、办得成事的前提。

同时，不能不承认，也有一种不那么正面的现象，就是真知成了共识，你我他不假思索地不断重复这些本来是表现真知与共识的精辟言语，结果变成了不走脑筋、不动思想、不考虑其含义的套话，说的人照本宣科、念念有词；听的人心不在焉、昏昏欲睡。

怎么办呢？

一、真知与共识的伟大意义在于它是生活实践经验的结晶与升华，它们的魅力在于实践性、生活性、动感与活性。真知与共识是活泼的、是充满了发现与新鲜感的，而绝对不是套话，不是韩愈时代已经提出"务去"的不受欢迎的"陈言"（陈词滥调）。是套话陈言就没有了真知与共识。是真知与共识就拒绝了套话化。每个意欲拥戴与践行这些真知与共识的人，都有权利也有义务，将此种真知共识与自己本岗位本部门本地区本人的生活实践结合起来，有所延伸，有所落实，有所发展与有

　　* 本文原载《人民日报·海外版》2011 年 4 月 4 日第 1 版。王蒙时任国务院中央文史研究馆馆员、中国作家协会名誉副主席。

所贡献，即给真知共识加上自身的深切体会的血脉与体温。有所践行、有所体悟、有所发现，才是真知与共识。对于真知与共识，不能只会重复，还要有自己的话。

二、真知共识，这是一个认识论的概念，不能只将它们看成行政管理的概念，不能只看到它们的权威性而忽略了它们的真理性与实践性。不能仅仅是被真知、被共识。领导应该有真知共识，人民群众也完全会有自己的体悟与创造。如果说这里也有服从与照办，可以理解，但更重要的是学习、讨论、研究、动脑筋，更重要的是通过实践对真知共识有所切实体会。如果我们只会照抄照转，连标点符号也是千人一面，那就太对不起来之不易的真知与共识了。

三、大的真知共识，表现出来的是结论，适用的是全国全民，但具体的理解与角度，必然各有特色，各有千秋，各有过程。每个人、每个部门、每个地区的真知共识，来自中央，也来自自身；彼此应该是一致的又是绝非简单重复的。任何真知共识，只有有了自身的、有时可以说是独到的过程性经验与体悟，才是深刻的与动人的，才是有说服力的。你想说服别人吗？请先反躬自问，你是怎样接受与理解这些真知共识的？你经过什么样的决非短期的学习与实践、体悟与思考？没有自己的现身说法，没有自己的认识过程，你对真知共识的了解只是皮毛而已，你怎么去给别人讲解发挥呢？

四、有了真知灼见了，有了全民共识了，人们的认识真理与发展前进的过程远远没有完结，人们还要再实践、再思考、再学习、再读书、再总结。就是说还要与时俱进，还是苟日新、又日新、日日新。真知共识不是僵硬的教条，而是不断发展不断产生新意的一个过程。我们已经有充分的经验去取得真知共识了。我们还要善待这些真知与共识，珍惜它、践行它、体悟它、发展它、创新它。

关于对《义务教育课程标准修订稿》的建议 *

(2011 年 3 月 30 日)

由于我忝列国家基础教育课程教材专家咨询委员会委员，有机会与闻教材修订的一些情况，阅读到一部分《义务教育课程标准修订稿》，深感此次修订的意义重大，有关人士的认真努力与修订成果的丰硕，我本人受到很大启发与教育。

我是外行，为了不辜负教育部与有关领导的厚望，谨提几点外行的意见聊供参考。因此建议：

1. 品德与社会课的修订稿：

第三部分之六《我们共同的世界》一节中，希望强调提到"面向世界，面向未来，面向现代化。"（邓小平语）

修订稿中有专节谈到了对于世界、对于人类的认识，这很好。我希望这样的教育与对我国的改革开放的方针的认识结合起来。

还希望谈道："树立世界各国各族人民平等、互利、友谊与和谐相

---

* 本文是王蒙于 2011 年 3 月 30 日提交给国家基础教育课程教材专家咨询委员会会议发言稿的局部。王蒙 2010 年 2 月出任该委员会委员。该稿经修订后发表在中央文史研究馆的《国是咨询》上。王蒙时任国务院中央文史研究馆馆员、中国作家协会名誉副主席。

处的理念"。这样既体现和谐世界的主张，又防止了崇洋媚外或盲目排外的偏差。关键在于对于各国各族人民的平等原则的坚持。

2. 语文课修订稿方面：

在有关阅读的要求上，修订稿不止一次提出要"有感情地阅读"，我对此不无保留。这令人想起那种矫饰的"朗读腔"。现在这种朗读腔不但表现在阅读中，也表现在中小学生的讲话乃至某些成人的会议中，包括官方活动与企业活动中都有这种情况。若干年前中国国民党领导人连战首次访问大陆时，欢迎连战的某小学生的语调夸张的诗朗诵，在台湾受到嘲笑与歪曲，这里固然有绿营的恶意在起作用，但那种装腔作势与千篇一律的语调确实不值得提倡。

建议只提"表达文本的思路与倾向"。倾向云云，已经包含了感情。

有些非抒情的，比较理性的议论文与记叙文，有些感情色彩不那么强烈、相对态度比较淡定的文字，要求学生的阅读要有感情，是不适当的。

我们的传统文化，比较强调道德义愤的重要性。在以阶级斗争为纲的时期，万事强调感情，也是可以理解的。在强调和谐、理性、科学发展的今天，对文章的阅读应该更强调理解、清晰、准确、条理、顺畅而不是煽情。

即使是抒情文字，如诗歌，也有强烈外露与内蕴、内敛、含蓄、此时无声胜有声的抒情之别。不要都咋咋呼呼地阅读。何况，不能说任何语文阅读都要抒情化。

3. 数学修订稿的课程理念部分：

似应强调学习数学的目的是思维、论证与计算的严密与准确的训练。特别是在我国，我们的传统中大而化之、泛道德、概念化、煽情化的东西较多，而不那么注意精确性与严格的逻辑规则。严格的数学训练的一大要务是自小培养孩子们的精准、准确、严密、缜密精神即科学精神、科学态度与科学方法。

胡适写过《差不多先生传》，讽刺国人的什么都只知差不多。何迟、侯宝林的相声《夜行记》则有对于马（马虎虎）大（大咧咧）（嘻嘻哈）哈的嘲讽，说明我们太需要自幼一丝不苟地学好数学了。

政治情怀与传统文化 *

（2011 年 3 月）

今年 4 月，我在台北参加文学讨论会，有机会听到了马英九先生与刘兆玄会长的讲话，他们对于台湾的文化发展有很好的期许，这是令人高兴的。今天，刘先生、兆玄兄又提出了要在中华文化的建设、发展与交流上发挥尖兵的作用，催化剂的作用的自诩，这太棒了！多么好啊！我好像看到了两岸携起手来，共同传承与发展弘扬中华传统文化的前景，这太令人欣慰了。

我们的古代文化传统中，对于政治体制、权力制衡、法制系统的想象力实在有限，同时，我们的圣贤君相，很喜欢讲政治的理想、道德、人格、风尚与文明。这些我愿意称之为是一种政治情怀，更准确地说，是一种政治、社会生活中的精英（君相圣贤……）文化情怀。

个中原因在于中华文化的泛道德论传统。我们的先人认为，掌权者的道德修养，是统治的合法性的基础。我们坚信：天下，唯有德者居之。把政治生活道德化，可能无助于法治操作的完备，偏于理想主义。不论是老庄韩非，还是近现代的革命者都抨击儒家的理想的脱离实际，

---

　　* 本文原载《两岸关系》2011 年第 3 期，原为王蒙 2011 年 1 月 18 日在桂林举行的第九届海峡两岸关系研讨会上的讲话。王蒙时任国务院中央文史研究馆馆员、中国作家协会名誉副主席。

最严厉的批评叫做"满口仁义道德，满肚子男盗女娼"，按鲁迅的说法则是史书里字里行间都有"吃人"的字样。

但正因为儒家的理想难以百分之百地兑现，有道德的政治，乃成为一个永远的理想、一个约束、一个监督，我还要说，这是一个压力。我们常常议论封建集权的缺少监督机制，但我们的泛道德论在不能完全实现的同时，又起着一种文化监督、礼义监督的作用，这也是事实。我们的封建社会对于君权缺少体制上的制衡，但是我们有唯有德之人居之的命题，反过来说就是承认无道昏君的败亡是必然的规律。我们有文死谏的气节，有对于帝王之道的讲究与挑剔，有宁死不屈的"春秋笔"。我们强调水能载舟也能覆舟，覆舟也是合乎大道的。中国的权力，必须接受道德监督、文化监督。中国的掌权者必须符合一定的德与礼、即道德原则与风度举止的标准。

对于泛道德主义可以做许多反省与批评，但同时它在中国民间根深蒂固，你不可能对它一笔抹杀。泛道德论富有正义感、凝聚力与煽情性，现在还有一种通俗性。人们看人看事，先要辨忠奸、义利、清浊、正邪，人们首先要讲仁义、情义、一直普泛化为讲情面，而相对忽视了事实的核查与举证。对此，我们既要正视与充分理解尊重，又要在现代化的过程中有所提升匡正。

文化与情怀，是一个比社会制度与意识形态更宽泛的范畴。海峡两岸，这方面有许多共同的经验与困扰。

中华民族的政治理想集中表现在《礼运·大同》篇中："大道之行也，天下为公。选贤与能，讲信修睦。故人不独亲其亲，不独子其子。使老有所终，壮有所用，幼有所长。矜寡孤独废疾者，皆有所养。男有分，女有归。货恶其弃于地也，不必藏于己。力恶其不出于身也，不必为己。是故谋闭而不兴，盗窃乱贼而不作。故外户而不闭。是谓大同。"这是一个带有高峰性、终极性的政治理想，至少对于我个人，它充溢着原始的"天真社会主义"的美好与伟大色彩，它鼓励着一种政治上的使命感与献身精神，它提出了难以企及的标杆，它推动了 20 世纪中国大陆接受社会主义，叫作"赤化"。我个人就是在"老吾老以及人之老、幼吾幼以及人之幼"的情怀下，早在少年时期，选择了社会主义与共产主义的。

受到两岸人民的共同尊敬与爱戴的孙中山先生的理念，突出地表现在他的对于"天下为公"的言传倡导与身体力行之中。我在国府统治下上中学时已经背诵下来的中国国民党党歌中也强调："以建民国，以进大同。"可以说，建民国是第一步目标，进大同，是终极目标。同样，中国共产党强调的是公有、公心、大公无私，废除私有制——也是大同。这说明，大同，是国共两党与中华民族的共同理想。

孙中山先生的另一提法，至今深深地激动着中国共产党与大陆的人民，胡耀邦同志尤其喜欢讲这一点：那就是"振兴中华"。我相信中山先生的在天之灵，会为"振兴中华"至今是中国大陆 13 亿人民的口号与正在实现的现实而感到欣慰。

怎么样才能振兴中华，改变中华民族的"人为刀俎、我为鱼肉"的悲惨境遇呢？只有像邓小平同志那样坚持实事求是的思想路线，压缩意识形态的抽象争论，"不进行姓'社'姓'资'的抽象争论"，"白猫黑猫，抓住老鼠就是好猫"，把发展当成硬道理，中华民族才有希望。

早在 90 年前，胡适博士曾经提出了"多谈些问题，少谈些主义"的命题，他说早啦！那时，内忧外患，中华民族处于风雨飘摇与激烈动荡之中，那时是不可能实现他的幻想的。他的提法受到了激进的知识分子的猛烈抵制。近百年过去了，两极对立的世界与中华格局已经不再，中国大陆正在坚决地走向务实、开放、包容、进步。胡适博士的在天之灵，也应该有所欣慰的了吧。

中华民族的古圣先贤与明君贤相都强调有志于修齐治平的人的道德境界与人格成色，强调政治精英的自律即自我道德监督。国共两党虽然有过极其严重的政治斗争乃至军事斗争，但双方的文化大背景却相当靠拢，故而在政治人格与精英文化情怀的追求上，时有相通处。

蒋中正先生喜欢讲"庄敬自强，处变不惊"。毛主席喜欢讲"自力更生、艰苦奋斗"。不难看到二者的相近。毛泽东强调艰苦奋斗，还包含着创业维艰、生于忧患、死于安乐，先天下之忧而忧、后天下之乐而乐的忧患意识，与孟子所强调的"故天将降大任于斯人也，必先苦其心志，劳其筋骨，饿其体肤，空乏其身，行拂乱其所为，所以动心忍性，曾益其所不能。人恒过，然后能改；困于心，衡于虑，而后作；征于色，发于声，而后喻。入则无法家拂士，出则无敌国外患者，国恒亡。然后知生于忧患而死于安乐也"的思想非常一致。江泽民同志也是十分强调忧患意识与与时俱进的。同样，中国国民党的党歌中高唱"夙夜匪懈，主义是从"与"矢勤矢勇，心信必忠"，这里边都体现着"天行健，君子以自强不息"的精神。这就与某些东方哲学的消极退让的价值取向不同。我们的自强不息与苟日新、又日新、日日新的精神，比较易于与全球化、现代化的世界形势对接，而不会与日新月异、突飞猛进的世界格格不入。

在德国诺贝尔文学奖得主海因利希·伯尔的作品中，在印度与在喀麦隆，我都听到过完全同样的渔夫辛劳而一位懒汉睡大觉的故事。懒汉认为，通过劳动获取幸福的生活是没有意义的，偷懒才是幸福的根源。三个大洲的三个国家的故事如出一辙，少有其例。但这样的故事在中国没有市场。我们讲的是业精于勤而荒于嬉。我们讲的是书山有路勤为径，学海无涯苦作舟。我们讲的是吃得苦中苦，方为人上人。我们的民间也是最看不起懒汉的。

马英九先生喜欢引用的《论语》中关于"哀矜勿喜"的说法、《中庸》中关于"戒慎恐惧"的说法，与毛泽东喜欢讲的"谦虚谨慎、戒骄戒躁"、"谦虚使人进步，骄傲使人落后"是相通的。这是我中华传统文化的精华。这些说法与古代的关于"温温恭人，若集于木"的诗句也是相连接着的。《诗经·小宛》："温温恭人，如集于木。惴惴小心，如临于谷。战战兢兢，如履薄冰。"这是何等好啊。

一大批大陆学者，强调周恩来的风格与人格特色正是"戒慎恐惧"，周先生在《怎样做一个好的领导者》一文中强调，要"戒慎恐惧地工作"。周先生最喜欢讲的话是"不可掉以轻心"，是"外事活动无小事。"胡锦涛同志喜欢讲的也是"人民（群众）利益无小事。"马先生的谦谦君子与文质彬彬、爱惜羽毛的形象给大陆人民正在留下深刻的印象。而周恩来的温文尔雅、缜密周到、艰苦卓绝、鞠躬尽瘁的一生也已经彪炳史册。

以文会友，我相信在台湾与大陆都是三人行，必有吾师；十室之内必有忠信。同时，我也觉得出某些野蛮的胡说八道的可怜与可笑。我们中华文化是讲究饮水思源、问渠哪得清如许，为有源头活水来的。而一些不学无术的人搞的去中国化，就是饮水塞源，饮水断源，那其实是去文化化，去常识化，去理性化。正如连战先生讲的，那是正在进行的台湾版"文化革命"。

老子讲："豫兮如冬涉川，犹兮若畏四邻"，这其实也是戒慎恐惧的意思。如《诗经》上的"温温恭人，若集于木"的说法，这样的诗十分可爱而且美丽。一群鸟儿停息在一根树枝或一株大树上，我们应该互相照顾，互相礼让，互相作好的伙伴。现在是一大批中华的生灵集于海峡两岸，同时，数十亿不同肤色、信仰与发展程度的生灵集中在我们的小小的蓝色行星之上。怎么办呢？是"时日曷丧，吾与汝偕亡"，（语出《尚书》，说明我们的传统中也有极端暴烈与自毁的程序驱动，我们的漫长的历史中确实埋伏了太多的不义、压迫、仇恨与乖戾，对于我们的文化传统中的某些破坏性因素，这同样需要我们的反思。）还是温温恭人好呢？当然是后者。我有时反思，例如，项羽攻占了秦都，然后放火烧毁阿房宫。这太极端、太情绪化了，这等于是先占领后轰炸啊，这是匪夷所思的自毁程序启动了啊。有一次在纽约谈起这个话题，我说到此事，哥伦比亚大学的唐德刚兄比我学问大，他说，古罗马帝国也发生过先占领后焚烧破坏的事，令我震惊。

所以，在传统文化的讨论上，我赞成我的小学同学、美国印地安纳州威斯康辛大学林毓生教授的见解，中国的文化传统需要一种创造性的转化。我认为，正是狂飙突进的五四运动，创造了这种转化的契机，挽救了中华文化，如果没有五四与此后的巨大变革，如果我们还处在八国联军或者甲午海战的状况下，如果我们处在如孙中山先生所言的亡国灭种的危亡中，还谈得到什么弘扬传统？

所以，我们弘扬传统文化，却绝对不可以因而否定五四开始的新文化运动。

我在汶川大地震后一年，去到了一片废墟的北川市，专家说，那是数万年地壳运动的盲目的力量蓄积与冲突的结果。我脱下帽子站在那里，深感我们这一辈人有责任，化解、调节、疏导中华民族内外的各种冲突纠纷争拗，不要蓄积非理性的、不计后果的破坏性能量，不要把大陆、台湾与美丽的海峡，变成不可控的核反应堆，不要给子孙后代留下毁灭性政治、军事、社会地震的种子。

人间有很多歧义与不平，怎么办呢？不能因此就大家都变成人体炸弹。我们还是要温温恭人，如集于木。这是中华文化贡献给深受恐怖、极端、分裂势力与各种恶性竞争所困扰的 21 世纪的地球村的最好忠告——礼物。

文风与话风 *

（2011 年 1 月 6 日）

工农兵学商，人人都要写文说话。尤其是领导干部，要说更多的话。

这么多人说话，为什么有时会出现千篇一律、了无新意？装腔作势、缺少公信力？照本宣科，打动不了人？空洞抽象，与实际不沾边？乃至于出现文理不通、名词生硬、浮夸张扬、叫人反感、令人昏昏欲睡的情况？

第一，文与话，怕的是只会照本宣科。我们说话著文，一定要从实际出发，要务实，要唯实。文与话的力量在于针对实际情况，解决实际问题。文与话的价值在于从中得到对于实际事物的认识、体会、对策。

第二，我们的文与话应该有新意。是的，真理是稳定的，你不能老是搞花样翻新。但同样一个真理，对于不同时间地点条件下的不同实际状况，必然会作出不同的挑战因应与侧重点的强调，引发出不同的对待与思路。有同，有不同；有变，有不变。我们不可能只是照抄照转就把事情办好。

第三，在发表大量的文字与话语的同时，我们更需要的是倾听，不

---

　　* 本文原载《人民日报·海外版》2011 年 1 月 6 日第 1 版。王蒙时任国务院中央文史研究馆馆员、中国作家协会名誉副主席。

但倾听我们喜欢听的东西，我们认为是正确的东西，还要倾听我们不那么喜欢的东西，或我们很容易地判断为不正确的东西。不正确，不爱听，为什么还会屡屡浮出水面？这里头会有深层次的问题，包括实际问题与思想理论问题。我们的一切说法，只能面对、只能接触这些深层次的问题，而不是回避、躲闪这种深层次的、不无尖锐性的问题。我们各行各业有许多好的骨干、精英、领军人物，他们勤奋踏实、忠诚可靠、敬业钻研，这太好了；但仅仅这样可能还不够，他们能不能敢不敢面对挑战、迎接风浪、回应干扰、头脑清醒、坚强屹立？只有能够面对与解决难题的有思想有头脑的人，才能成为真正的骨干。

第四，话语与文字要有个性，要联系自身，要现身说法，要出现你的"真身"。共性是寓于个性之中的。不论什么样的共识、大道理、全民族的与全体人民的共同目标，都离不开一时再一时、一地再一地、一事又一事、一人又一人的具体情况，修辞立其诚，我们所以要修辞，要讲究文风话风，不是为了形式上的漂亮与红火，而是为了最真诚准确地表达我们的思想观念。话语文字有了个性，才有了最真诚、最动人的共性，才能发挥凝聚人心、推动事业的作用。

顺便说一下，一些重要的场合，认真准备文稿，做到一丝不苟、一字一标点无差错是必要的也是可能的，这是我们的责任心的表现。但在另一些联欢活动、学术活动、团聚活动乃至学生活动、少年儿童活动中，也都把讲话稿、把主持词写出来，到处是秘书腔调、公文风格，或不伦不类的媒体腔调、推销腔调、港台腔调……实在不是好办法。让我们提倡一种更亲切、更纯朴、更简练、更活泼也更真实的会风、文风、话风吧。这对于达到构建创新型社会创新型政党也是颇有意义的。

关于在边疆少数民族聚居地区
进行共同家园教育的建议 [*]

（2010 年 10 月）

毛主席在世时候，对于民族问题的基本说法是：民族问题，说到底是一个阶级问题。即我们承认并强调阶级的区分和斗争，同时强调各民族的无产阶级、贫下中农是兄弟，并指出民族之间的矛盾是各民族的剥削阶级所造成的伪问题。这样一个理论，在阶级斗争的高潮中，发挥了相当的作用，故而，那时的政策虽然有"极左"的影响，但民族团结、各族人民的关系，从总体上看还是好的。

现在，阶级斗争的提法已经不占突出地位，我们在民族问题上主要强调谁也离不开谁，这个提法很生动通俗，深入人心，我们应该坚持这个提法。

同时，还可以有更加正面、更加昂扬、更加富有理论性与富有感染力、动员力的提法。

我建议：可以提出，中国是我们的共同家园，我们有共同的过去、现在、未来、利益与责任。

我建议在全国人民中，特别是在边疆少数民族聚居的区域，在

* 本文是王蒙 2010 年 10 月报国务院的专题建议。王蒙时任国务院中央文史研究馆馆员、中国作家协会名誉副主席。

"十二五"规划中与今后，对各族人民进行共同家园的教育。

共同的家园：中国是我们共同的伟大家园，新疆（或内蒙、西藏、云南等）是我们共同的美好家乡，与我们息息相关。

共同的过去：包括世世代代的友谊互助，近、现代的屈辱与艰难，近、现代的共同的浴血奋战，共同的斗争成果。

共同的现在：共同的改革开放与发展经济的辉煌成果，奔向全面小康的伟大实践，与回应共同的敌对力量——三股势力的不懈斗争。

共同的未来：共同的富裕、民主，共同的赶上发达国家的几个步骤，公平与正义，共同的尊严与光明的未来。

共同的利益：各民族谁也离不开谁，一荣俱荣，一损俱损。

共同的责任：维护稳定与和谐，发展经济，改善民生。

我们要唱响以"共、同"二字为基调的大合唱。

我们要把毛泽东的团结国内和民族的理论推向新的阶段。永远牢记毛主席的教诲：国家的统一、人民的团结、国内各民族的团结，是我们的事业必定要胜利的基本保证。

更需要民族的文化瑰宝 *

（2010 年 9 月 15 日）

目前我国的文化产业正在迅猛发展，体制改革解放了文化生产力，这是一件好事情。我看到另一种现象，在有些地方，发展文化基本上是商业的眼光，商业的指标，这就有些问题了，问题在于文化并不仅仅是商业。

例如出版，它首先是文化，它的成绩不仅表现为经济效益与经营规模，更在于文化含量、文化质量。一个纯粹学术性艺术性、品位层次十分讲究的出版机构，无法像一个专营畅销书的书商那么强大。文化上最重要的是质，还不是量化要求。例如一个托尔斯泰，其文化意义与文化贡献，远胜过一千个畅销书作家，虽然畅销书已经成为许多出版公司之梦寐以求。一本《红楼梦》远胜过如今全世界的畅销书的总和。毛泽东甚至将拥有《红楼梦》与人口众多、历史悠久、领土辽阔并列为我们立国的骄傲（见《论十大关系》）。

数量、品种，对于满足人民群众的文化需要是很重要的。但一个民族一个国家的文化事业还需要顶尖的人才，我要说是天才，需要经典，需要给后世子孙留下智慧与辉煌。

仅仅以商业眼光发展文化，必然生产大量低俗伪劣浅薄的货色，生

---

　　* 本文原载《人民日报·海外版》2010 年 9 月 15 日第 1 版。王蒙时任国务院中央文史研究馆馆员、中国作家协会名誉副主席。

产文化垃圾。有消费就有垃圾，物质与精神上都是如此，不足为奇。企图完全消灭垃圾，很难做到。但要做也能做的是增加文化瑰宝。民族的文化瑰宝有赖于孔、孟、老、庄、屈原、司马迁、李、杜、曹雪芹这样的少量天才人物。人才当然离不开人民，人民是艺术与思想的母亲。同时人众不等于人才。文艺的泛漫化与经典的出现常常不是一回事，越是泛漫人们越是容易痛感到经典的缺失。淘尽黄沙才是金，四大奇书既是最普及的又是最优秀的。淹没在泛漫的文化与文艺生活中的智慧奇葩与天才成果，将终于永垂史册，成为我们民族的经典与骄傲。

如果一些文化产业事业人追求的只限于印数、票房、收视率、点击率、上市，而忽视了做好才是最主要的，将最后使我们后悔莫及。一些作品正在通过拳头枕头、陈腐迷信、八卦奇闻来促销谋利，我们永远也不能坐视文化的日益消费化、空心（即无内涵）化乃至低俗化。

传媒的炒作与炒作背后的经济实力正在使文化上高下不分、真伪不辨，黄钟黯哑、瓦釜轰鸣。急功近利的风气使本来大有希望的文化人也在走捷径，宁要无知的起哄与人为的与速成的明星，不要伟大的经典，不要文学艺术与学术的深刻性、郑重性与创造性，更不要说文化创造上的艰苦卓绝与不应逃避的付出代价。一切对祖国文化事业负有责任感的人士应该勇于负起责任，发出自己的声音。

甚至学术上也令人担心，传播上的巧言令色会不会冲击真正的学问修养与功底？抄袭、枪手、拼凑、交易……学风的腐败为什么屡有传闻？在某种文化的幌子下，迷信巫术会不会借尸还魂？假冒伪劣的文物与民俗会不会大行其道？跟着发行量与收视率走的传媒手段应该怎么样负起对于人民的责任？

做大、做强，还要做好，对于那些做得好但暂时不够大不够强的文化产业事业，国家与社会理应有更大的扶植力度。

俗不可怕，可怕的是只有"俗"*

(2010 年 8 月)

"坚决抵制庸俗、低俗、媚俗之风。"日前，胡锦涛的讲话，让文化的"价值问题"再次成为公众关注焦点。

大众文化是一种面向普罗大众的文化形态，受众面广，影响较大。尤其是在当前社会中，一些群众喜闻乐见的大众文化形式，既有新鲜活泼通俗的特质，也存在低俗、庸俗、媚俗的因素。

因此，在大众文化实现公众文化权利、满足公众文化需求的同时，也应该思考：如何让文化在实现更广泛传播（"大众化"）的同时，承担起思想启蒙、价值引导的"化大众"功能？

一、"大众化"是否应该成为文化发展的主流？

1. 公众都享有"文化权利"，文化的"大众化"可说是满足公众文化权利的一个途径。那么，应该如何理解文化的大众性？这样的"大众化"是否应该是文化发展的方向？

---

* 这是王蒙 2010 年 8 月书面回答人民日报记者的专访，以"俗不可怕，可怕的是只有'俗'"为题发表在《人民日报》2010 年 8 月 19 日的时事观察版。王蒙时任国务院中央文史研究馆馆员、中国作家协会名誉副主席。

当然，大众化是文化的发展方向之一，但不是全部。按毛主席的提法，要做到民族的科学的大众的文化，大众化居三化之一。什么叫大众化呢？首先是代表大众的利益与心声，满足大众的需要与喜爱，符合大众的审美习惯与价值珍重，吸引大众的注意与参与。同时还需要的是民族的与科学的，就是说我们的文化内容、文化产品，应该能够代表民族文化传统的高度与特色，能够吸纳与体现现代科学的成果，能够攀登民族文化的高峰，能够体现科学进步的前沿。仅仅讲一个大众化，又是不够的了。

这里边还有一个问题，除了共产主义运动中的普罗大众文化的诉求之外，还有西方世界的所谓波普潮流乃至批量生产，波普(大众或公众、流行)的含义，既标榜了民主性，也迎合了市场化的利润乃至批量生产规则。我国今天的大众化旗号下的某些文化产品与文化经营，未必是普罗主义的，倒很可能是波普与西方流行文化的影响在起作用。

再有，大众化不等于大众文化，而很可能是指精英、高端文化的普及，革命意识形态的普及与宣扬。而"大众文化"的说法，却主要指迎合市场口味的畅销追求。对于不同的大众化，对于大众文化与文化的大众化，我们必须分析清楚。

2.*"民众就是革命文化的无限丰富的源泉"，大众的文化使文化获得了可贵的独创性、差异性、多元性；同时，文化也应该是"为一般平民所共有的"。在此基础上，如何认识大众文化与所谓"高雅文化"、"主流文化"的联系？*

不错，民众就是革命文化的源泉。同时我们还必须看到，源泉还不就是文化的成果。尤其是一切文化的精品，都不仅是、不限于源泉的原生态。源泉需要大师大家，需要文化人才乃至天才人物的挖掘、提炼、加工与创造、再创造；也需要一定的努力，有时候是极大的努力去传

135

播、去普及。仅仅有源泉不等于有了革命文化，而且今天的文化更广泛更深刻得多了。文化不仅是革命的动员，而且是我们的人生的智慧、历史的积淀、学术的精华、生活的质量、提升的阶梯、审美与思辨的魅力所在。北京故宫博物院当然不是革命文化的果实，但仍然是中华文化的瑰宝，可以被普罗大众所利用汲取，也仍然有利于对于反封建的革命使命的理解。

二、"大众化"过程中为何会出现"三俗"？

1. 当前大众文化中，确实包含着一些"三俗"的内容。电视、出版物、网络等，都可能成为"三俗"的载体。您认为当前大众文化有哪些"三俗"的表现？

文化要为大众服务，但如果一个国家的文化水准就是全部人口的平均水准，那么这个国家的文化层次将会降低乃至瓦解。一个国家的文化水准是由这个国家的文化精英、文化高端成果所定位的，我们不能不正视这一点。同时，一切民间文化的宝藏，也都需要高端的文化认知与水准的挖掘、保护、整理与弘扬。

现在的问题首先是浅薄、空心（无思想内涵）与低俗的文化产品。拳头加枕头、陈陈相因的视听与阅读作品。炒作、谩骂、小团体的门户之争替代了认真的文化批评。封建迷信残渣的泛起。打着文化开发的幌子圈地捞钱（所谓文化搭台、经济唱戏的低俗说法）。文化事业上的假冒伪劣：如假文物的出现。文化旗帜下的起哄与花架子：如小学生穿上古装读经。传媒制造速成明星，传媒文化评估的公信力的丧失。文化、艺术、学术领域的不正之风：抄袭、枪手、红包交易等。

2. 可以说，大众文化是受众选择的文化，以实际的、消遣的、娱乐的、世俗的精神为主旨，追求的是感性愉悦。在是不是意味着大众文化中天然有"俗"的因素？

俗的因素并不可怕，通俗、流行、娱乐、休闲、时尚、世俗、浅俗、俗文化都不一定是负面的贬义词，它们甚至常常是有利于构建和谐社会的。可怕的是与俗在一起，没有或缺少高端的文化成果与文化评估，搞得只剩下了俗，俗的东西猖狂蛮横，占领一切平台，高端的东西则边缘化到喘不过气来，或者干脆将高端文化排挤殆尽。

3. 大众文化是直接面向大众的文化，在某种程度上说是为消费而生产的文化，正如马克思所说"生产直接是消费，消费直接是生产，每一方直接是它的对方"。所以大众文化作品的创作首先考虑的是如何吸引人们的眼球，如何增加"性价比"。"市场"在大众文化变"俗"的过程中，起到了什么样的作用？

从短平快的畅销的角度看，消费性的文化远优于高端文化。从长销的角度看，短平快的文化热得快冷得也快，趋时快过时也快。何况，一个社会完全放开手让市场去决定文化资源的配置，是不可取的。领导、专家、高校、文艺团体、研究机构、负责任的传媒，在这方面要做的事情太多太多了。

三、如何实现文化的"化大众"功能

1. 大众文化可以说有"双重属性"：一方面是公众的需求；另一方面又是市场的选择。如何对这种双重性加以引导，既坚持文化价值表达的理性方向，又兼顾人的感官表达需要？

既坚持理想文化的鲜活性，又要顾及人的世俗文化需要？这里有一个文化生态的平衡问题。满足世俗需要的文化成品可以很多。真正代表一个时代一个民族的文化成就却只能是、至少主要是高端的文化成果与文化人才。从人类与民族的文化发展上来看，一个李白胜过一千个三四流的写诗者，一部《红楼梦》胜过一千本二三流的长篇小说。毛泽东甚至在《论十大关系》中将《红楼梦》视为我国的立国柱石之一，别的书做得到吗？很明显，我们不能只看到市场，而看不到真正的高端文化。

有深入浅出的文化精品，如《红楼梦》。有深入深出，只能满足小众需要的高端成果，如爱因斯坦与霍金的著作。有短平快的畅销书，时过境迁之后不过尔尔。有东拼西凑、模仿跟潮的赝品，不过是文化中的"三鹿奶粉"。有这些纷纷杂杂毫不奇怪，问题是我们有没有鉴别的能力与机制，有没有打捞与支持高端文化成果的魄力与眼光。

我还要强调，同样以追求票房畅销为目的，仍然有高下深浅的区别，《泰坦尼克号》与《阿凡达》都是商业大片，但它们的思想文化含量是令人满意的。我们的某个大片，却更像是白痴之作。这样，不论我们的文化发展呈现出怎样的斑驳态势，我们整个社会是心中有数的，是主动的与不愧为一个文化古国与文化大国的。

2. 文化是价值观的承载，如何利用在大众中有广泛影响的大众文化，承载起主流文化的社会价值？精英文化、主流文化如何充分利用大众文化的表现手法，把社会责任感、人文关怀等以群众喜闻乐见、易于接受的形式表现出来？

想让在大众中有广泛影响的大众文化，承载起主流文化的社会价值，第一，如党的十七大报告所言，要加强主流意识形态的吸引力与凝聚力，能将理论创新、技术创新、制度创新做得更好，能够真正实现创新型政党、创新型国家的建成。第二，关键在传媒，传媒如果实际上在向金钱挂帅与迎合强势上发展，传媒如果在公众中缺少公信力，我们的宏伟目标就难以实现。

3. 在对大众文化进行合理引导和吸纳的过程中，文化工作者有什么样的责任？

首先是建立起认真的、负责的、专业的与有公信力的评估体系，敢于好处说好，坏处说坏，提高整个社会的文化评估能力与水准，使公众、专家、领导能够在文化的大格局与发展建设方向上取得越来越深入的共识。

在国家大剧院
《热瓦普恋歌》首演时的致辞 *

（2010 年 8 月 14 日）

女士们、先生们，朋友们：

今晚，中央歌剧院的艺术家们将为在座各位奉献一部具有新疆浓郁风情的歌剧——《热瓦普恋歌》。这是继上世纪 60 年代、80 年代成功推出新疆题材歌剧《阿依古丽》、《一百个新娘》之后，中央歌剧院推出的第三部反映新疆题材的作品。在这里，我首先预祝他们演出成功。

中央歌剧院的艺术家们何以对新疆情有独钟呢？

我以为，是那片辽阔而美丽的土地发生了太多的故事，令艺术家们魂牵梦绕，所以才会用心血浇灌出一朵朵艺术奇葩。

我曾在新疆工作多年，与艺术家们感同身受，新疆的确是值得我们用最动听的歌声来赞美的地方。我用大半生的时间走过无数地方，占国土面积六分之一的新疆之美，给我的印象最为深刻。

《热瓦普恋歌》讲述的就是发生在新疆的一个讴歌生命、爱情、家乡的故事：

流浪歌手塔西瓦依与阿娜尔古丽一见钟情，在准备举行婚礼时，阿

---

　　*　王蒙时任国务院中央文史研究馆馆员、中国作家协会名誉副主席。

娜尔古丽的父亲于素甫老爷出现了，他认为塔西瓦依根本配不上他的女儿，非要拆散他们。然而，此时阿娜尔古丽已经有了爱情结晶，于素甫盛怒之下将他们赶出家乡。阿娜尔古丽在流浪途中生下女儿，自己却撒手人寰。女儿因背负"私生女"的名声而备受歧视。于素甫得知这一切后幡然悔悟，为女儿女婿补办了一场特殊的婚礼。塔西瓦依因激动而突发心脏病，留下爱女追随妻子而去。长大成人的小阿娜尔古丽弹着父亲留下的热瓦普，在家乡唱起维吾尔人民世代流传的恋歌。

剧中女主角的扮演者迪里拜尔就是来自新疆的著名女高音歌唱家，她被世界歌坛誉为东方夜莺，今晚她将用美妙的歌声来演绎这部原创歌剧。迪里拜尔说，维吾尔族音乐就像乳汁一样哺育了我，我将永远为家乡人民、家乡土地歌唱。在剧中，她将和中央歌剧院著名男高音歌唱家王丰等，联手展示热瓦普这首恋歌。

这部作品有着浓郁的民族风情，将新疆胡杨树搬上了舞台，启用了新疆木卡姆乐团的乐手伴奏，有多位维族舞蹈演员伴舞，还有独特的沙画表演。

参加本剧演出的中央歌剧院交响乐团、歌剧团、合唱团将以其180余人的阵容，精心诠释这部作品。担任指挥的是我国著名指挥家俞峰教授。

《热瓦普恋歌》是作曲家金湘和导演李稻川夫妇联手创作的。金湘的作品以其鲜明的个性，强烈的审美意识，纯熟的作曲技法，赢得中外观众的喜爱。李稻川是中央歌剧院的资深导演。先后有十余部中外歌剧作品问世。如今，他们已是古稀之年，凭着对中国歌剧事业的挚爱和强烈的使命感，再次为观众奉献出他们历时十年创作出的《热瓦普恋歌》。

最后，我热切希望每个观众，永远沐浴在真善美的艺术阳光中，下面敬请大家共赏《热瓦普恋歌》，并渡过一个难忘的夜晚。

重树文化的公信力 *

（2010 年 7 月 3 日）

如今，传媒日益显示出了自己的力量。它们可以最大程度地实现人们的知情权利，传播信息，普及知识，推进现代化公民社会的构建。同时，它们也可以轻而易举地制造出浅薄且火爆的"文化明星"。

电视小品与手机段子正在空前发展，它们与信息产业合作，带来高收视率、高效益，同时在游戏人生、稀释难题，有意无意地推广着油滑与鲁迅所说的"看客"意识。网络更是使大批的青少年，包括过去无缘染指文化的打工一族，参与到社会讨论、指点批评、设坛（博客）立论、兜售叫卖、讨伐扫荡、制造舆论中来，从而推动了文化参与的广泛性与民主性有时还有短平快性。

这首先是好事，是文化民主的发展与社会生活活跃的表现，是舆论空间的扩大。但问题是，文化的高峰不能靠人多势众来攀登，文化的瑰宝不能靠炒作与铺天盖地的传播来培育、缔造、筛选。大众的平均数，将无助于促进一个民族一个地域的文化的积累提升，而或许带来的是一个民族一个地域的文化的平庸化、低俗化、贫乏化的可能。

我们不是多次强调了建设创新型社会的必要与决心吗？靠平庸与混

＊　本文原载《人民日报·海外版》2010 年 7 月 3 日第 1 版。王蒙时任国务院中央文史研究馆馆员、中国作家协会名誉副主席。

世，靠一般的营商与竞争心态，是不会有什么认真的创造的。创新的文化基础与精神准备是不可或缺的前提。真正能够作出创新的成果来的是人才，是对于祖国、人类与文化传承的责任感与大无畏的献身精神，是真正的智慧与担当。爱护人才、尊重人才的口号仍然为我们所需要。为了爱惜真正的人才，使真正的人才脱颖而出，就需要具有真正的文化、学术与艺术的权威评估平台与评估体系。

甚至在一些资本主义国家，在文化、学术与艺术的评价上，主流与精英人士也绝对不是跟着传媒炒作与点击数量，更不是跟着福布斯排行榜走。例如《纽约时报》的书评与剧评，令许多大家与文化产业大亨也惴惴不安、等候评判。而那些所谓的"文化明星"，多半根本进入不了该书评剧评影评的视野。而恰恰是我们这里，一些所谓专家，拿了次红包，被招待旅游了一趟，就赶紧为天知道的文化新资源新产品作人证、"学理"证与唱颂歌。我们的专家与专门团体，直到研究机构的资质、公信力、操守乃至专业素养等，都大大有待于重整旗鼓，从头树立。

在社会主义的中国，我们的传媒在文化上岂能唯钱是瞻？我们岂能没有自己的品位与标准、使命与责任？我们岂能忽视文化的思想内涵与它对于提高人民生活尤其是精神生活质量的有效性，它的完美精湛的形式、它的智慧含量、它的合理性、它的感人的魅力、它的继承性与创造性的结合？一个社会主义中国的传媒，没有自己的文化品位，没有自己的文化权威，没有自己的文化公信力，不能在文化评估上发出自己的有力的声音，这是一个传媒的耻辱，不管它有多少广告利润！

我尤其寄希望于我们的高等院校，那么多文化人，那么多硕士博士教授博导，我们的高校应该建立自己的文化评估体系与威信。同时我也完全相信，迅速走红的明星们，大多数会有自知之明，会学习提高，乘胜前进，其中相当一部分最终会贡献一些真正的文化瑰宝，而不会满足于一时的鼓噪喧嚣。

文化，可不仅仅是品牌 *

(2010 年 6 月 8 日)

近年来，文化建设越来越受到各方面的重视，文化设施的增加与改善、文化产品的大量涌现、文化生活的丰富、文化资源的受到重视、文化交流的蓬勃发展，其规模都是前所未有的。

但同时，由于人们对于当今的社会变化还缺少必要的认知与准备，急功近利与浅薄浮躁正在成为文化事业中的流行病。一些营商名词使一些出版、传媒、制作人、投资人、旅游公司与有关地区、部门头脑发热，例如包装、炒作、品牌、名片、时尚、投资、回报、热销元素，成为某些地方发展文化事业的首要思考。而思想、艺术、真实、深邃、完美、智慧、才学、责任、激动人心与精益求精的"古典"的说法似乎正在被人忘却。各地拼命寻找与争抢自己的历史文化名人名著名事迹，为此不惜以一充十，以编造充根据，夸大吹嘘，制造假象。有的地方领导甚至戏称之"先造谣后造庙"，即先造谣抢滩，声称自己这块土地上出现过文化名家。而在打起名家名作名事迹这个招牌后，用热销商品与尚待论证的所谓本地文化古迹互相命名，新建一批可靠性与文化内涵近于乌有的人造文物，然后用殿堂、寺庙、公园、生态园、景点、纪念馆、

---

　　* 本文原载《人民日报·海外版》2010 年 6 月 8 日第 1 版。王蒙时任国务院中央文史研究馆馆员、中国作家协会名誉副主席。

祠堂的名义，主要是搞餐饮游乐等三产，人们在例如先秦诸子的名义下吃喝旅游洗浴按摩，请问这究竟是弘扬了还是亵渎了我们的文化资源呢？究竟是推崇还是滥用着文化的名义呢？现在，甚至连新举办的大学也有以当地的热销商品命名的。这样下去，粗鄙的营销手段是可能吞噬真正的文化品位的。

文化、文艺，不仅是品牌名片，不能将文化只当作商标来任意使用。甚至文化的首要意义也还不是软实力，虽然软实力的提法意义重大，获得了普遍认同，值得认真面对与部署。

文化、文艺，首先是对于人类的物质与精神需要的满足，是对于人类的生活质量的有效提高，是民族人心的寄托与凝聚，是心智与人性的拓展、积累、结晶与升华，是对于真理的接近与践行，是真理的火炬与花朵，是人生的魅力、生活的多彩，是历史的庄严与世界的光明与温暖的源泉。一个有志于文化、文艺的人，尤其是一个文化、文艺的从业者，应该有自己的品位与追求，有自己的境界与底线，有自己的志向与抱负，不能停留在市场与传媒炒作的层面，不能停止在招牌与名片的层面。

文化建设是个细活、慢活，需要的是一代又一代人的学习积累，需要真正的大师与人才。需要教育先行，以全民的文化素质的提高为先导。品牌、名片与效益，可能有助于文化生活的发展前进，也可能尚距离真正的文化传承与积淀十万八千里，甚至可能成为对于文化传统的歪曲与贬低。问题在于你能不能有对于文化的真正认识与敬爱，有没有起码的文化底蕴。

大众文化与精英文化 *

（2010 年 5 月）

　　我们的文化、文艺生活正在呈现出空前的繁荣和蓬勃生机。思想的解放，体制的改革，经济的成长，教育事业的发展与人民文化程度的提高，文化设施的全面建设，相对稳定的生活与工作环境，传播手段的突飞猛进，群众的积极与日益普遍的参与，对外文化交流的渐趋畅达，使我们的文艺作品与群众的文化生活从数量上、品类上、规模上、参与程度上与选择的个性化上都与以往完全不能相比。例如过去，1949 年至1966 年，全国新出版的长篇小说只有二百多种，而现在一年的长篇小说数目就达千种，加上网络上的新作，更是数不胜数。再如目前国内观众能够收视到的电视广播节目的丰富多彩以及广播电视的覆盖面，还有上网人众的扩大速度，都令人叹为观止。

　　传媒在文化生活中影响越来越大，传媒似乎是轻而易举地制造成了大量文化与文艺明星，制造成了各种畅销文化产品。明星与畅销作品意味着大叠的纸币。网络新媒体的出现，改变了人们的许多习惯与观念。被西方思想家称为"沉默的多数"的大众，其中尤其是低龄大众，正在网络上发

---

　　* 这是王蒙 2010 年 5 月报送温家宝总理的《关于文化建设与文化发展的思考与建议》，其中建议前论说部分曾以"呼唤经典"为题发表在 2010 年 6 月 8 日《人民日报》理论版。王蒙时任国务院中央文史研究馆馆员、中国作家协会名誉副主席。

出声音，兴起波澜，越来越成了气候。网络并且影响着舆论与社情民意的表达。

与此同时，也有大量的批评与责难的声音：认为现在到处是文化与文艺的垃圾，包括谩骂、造谣、生硬搞笑与各式胡说八道。同时我们这里缺少力透纸背的经典力作，缺少振聋发聩的文艺高潮，缺少学术创新与文化发现，缺少大师式、精神火炬式的文化权威。与此同时，有些人甚至认为，这一时期还不如"文革"前的 17 年间，人们耳熟能详地能够举出一些轰动全国的名人名作来。

确实，人们的担忧是有道理的。市场的发达与大众的参与，传媒的发展与文化的多层次化是公民的文化民主权利得到落实的体现，也是现代化与小康社会的必然，它标志着有些过去无缘染指文化的群体，例如打工仔打工妹有了自己的文化诉求与文化享受，这首先是好事，我们不能怀疑与蔑视这样一个方向。同时，我们又不能不承认，文化的经典的产生有赖于个别的精英人才。人多势众的文化是热气腾腾的文化，也是泛漫汪洋的文化，它们必然是包含着大量低俗伪劣浅薄的货色。民族的文化瑰宝有赖于孔、孟、老、庄、屈原、司马迁、李、杜、曹雪芹这样的少量天才人物。人才当然离不开人民，人民是艺术与思想的母亲。同时人众不等于人才，数量在文化经典的诞生上所起的作用，相当有限。文艺的泛漫化与经典的出现常常不是一回事，越是泛漫人们越是容易痛感到经典的缺失。当然二者并非势不两立，淘尽黄沙应是金，四大奇书既是最普及的又是同样优秀的。淹没在泛漫的文化与文艺生活中的智慧奇葩与天才成果，将终于永垂史册，成为我们民族的经典与骄傲。我们无需对泛漫的大众文化产业痛心疾首，但也不能对文艺生活的泛漫化所带来的问题视而不见。

对于市场的力量的片面接受正在使人们变得浮躁，一些文化产业事业人追求的只限于印数、票房、收视率、点击率，一些作品正在通过拳头枕头、陈腐迷信、八卦奇闻来促销谋利，使文艺日益消费化、空心（即无内涵）化乃至低俗化，失去了思想与艺术的追求与积累。一些艺术的从业人员甚至声称这才是为人民服务。

传媒的炒作与炒作背后的经济实力正在使文艺上高下不分，真伪不辨，黄钟黯哑，瓦釜轰鸣。急功近利的风气使本来大有希望的文艺人也在走捷径，宁要无知的起哄与人为的与速成的明星，不要伟大的经典，不要文学艺术与学术的深刻性、郑重性与创造性，更不要说文化创造上的艰苦卓绝与不应逃避的付出代价。低级趣味、思想品位上的零度化、牵强附会、互相模仿（如前几年的帝王戏与近大半年来所谓间谍剧的突然走红），各种强编胡凑、不合情理、信口开河的作品越来越多。相形之下，常常产生这样的印象：似乎好作品越来越少。

甚至学术上也令人担心，传播上的巧言令色会不会冲击真正的学问修养与功底？抄袭、枪手、拼凑、交易……学风的腐败为什么屡有传闻？在某种文化的幌子下，迷信巫术会不会借尸还魂、假冒伪劣的文物与民俗会不会大行其道？跟着发行量与收视率走的传媒手段应该怎么样负起对于人民的责任？

商品经济的发展在给了文化生活以有益的启发的同时，也带来了急功近利与浅薄浮躁。一些营商名词正在使一些出版、传媒、制作人、投资人、旅游公司与有关地区与部门头脑发热，例如包装、炒作、品牌、名片、时尚、热销元素，成为某些地方发展文化事业的首要思考。而思想、艺术、真实、深邃、完美、智慧、才学、责任、激动人心与精益求精的"古典"的说法似乎正在被人忘却。各地拼命寻找与争抢自己的历史文化名人名著名事迹，为此不惜以一充十，以编造充根据，夸大吹嘘，制造假象。有的地方领导甚至称之为是"先造谣后造庙"。而在打起名家名作名事迹这个招牌后，用热销商品与尚待论证的所谓本地文化古迹互相命名，新建一批可靠性与文化内涵近于乌有的人造文物，然后用殿堂、寺庙、公园、生态园、景点、纪念馆、祠堂的名义，搞餐饮游乐等三产，人们在先秦诸子的名义下吃喝洗浴按摩，请问这究竟是弘扬了还是亵渎了我们的文化资源呢？究竟是推崇还是滥用着文化的名义呢？现在，甚至连新举办的大学也以当地的热销商品命名。这样下去，粗鄙的营销手段是可能吞噬真正的文化品位的。

也许这一类的问题有一定的普遍性，放眼欧美，我们也会有其人文成果不如达·芬奇、伏尔泰、巴尔扎克、托尔斯泰、惠特曼时期的感慨。历史与社会生活的逐渐正常化，使人们不再期待着文艺与学术的呼风唤雨、电闪雷鸣、天翻地覆。在一些人痛砭当今缺少鲁迅式的大家的同时我们不能不正视产生鲁迅的年代与当今的时代的大不相同。雄辩的悲情的旗手式的文化艺术也许正在向亲和的良师益友式的文化发展。我们难以期待历史的重复上演。

再者，一个时期的文艺生活的有无经典、有无大师巨匠，有待于历史与时间的淘洗与沉淀，谁能急得？不论《哈姆雷特》还是《红楼梦》，不论《对话录》还是《论语》，其经典地位都是在他们死后许多年才确立的。满足人民的文化需求的方针——包括学习探索的需求与休闲消费的需求——这是不应该怀疑的。在经济发展的时期，有一个比较浮躁与嘈杂的过程，这我们也不能够完全避免。我们对于当代的文艺生活不应该妄自菲薄，更无需痛骂诅咒——痛骂诅咒也未必有用。同时，我们必须保持头脑的清醒：文化、文艺，不仅是品牌名片，甚至其首要意义也还不是软实力，虽然软实力的提法意义重大，获得了普遍认同，值得认真面对与部署。文化、文艺，首先是对于人类的物质与精神需要的满足，是对于人类的生活质量的提高，是民族人心的寄托与凝聚，是心智与人性的拓展、积累、结晶与升华，是对于真理的接近与拥抱，是真理的火炬与花朵，是人生的魅力、生活的多彩、是历史的庄严与世界的光明与温暖的源泉。一个有志于文化、文艺的人，尤其是一个文化文艺从业者，应该有自己的品位与追求，有自己的境界与底线，有自己的志向与抱负，不能停留在市场与传媒炒作的层面，不能停止在招牌与名片的层面。招牌、名片与效益，可能有助于文化生活的发展前进，也可能尚距离真正的文化传承与积淀十万八千里。甚至可能成为对于文化传统的歪曲与贬低。问题在于你能不能有对于文化的真正认识与敬爱。

即使是从事大众文艺、通俗与民间文化、科教普及等事业的朋友，也应该明白，要力图使自己的作品中包括更多更有意义的内容，更美好的形式而不是相反。同样的大片，《泰坦尼克号》与《阿凡达》展演的即"秀"出来的是爱、尊严、环境保护与对于大自然与生命的尊重，而某些拙劣的作品表现的是空无一物，是拼凑一堆热销元素、展演愚昧与无知。我们不满意思想与艺术的趋零化，这是当然的。

我们的社会需要逐渐培养与建立权威的、强有力的思想、学术、艺术评价体系，靠的是参与者的道德良心、学术良心与艺术良心，靠的是评价者的对于历史、对于祖国人民人类的责任感与独立思考，同样靠的是评价者物质上的自足与直得起腰来。一些学术与文艺团体，一些高等学校，一些研究机构，一批境界高蹈的专家，应该迎难而上，挺起胸膛，敢于好处说好，坏处说坏，拒绝一切实利的诱惑与干预，应该将学术与文艺上的黑金作业视为最大的丑闻与耻辱。

文章千古事，得失寸心知。历史证明，文化与艺术需要实践与时间的淘洗，大浪淘沙，真金火炼，文艺如水，自有清浊，文化如金，自有成色；任何人为的吹捧或贬低，哄闹与造势，在历史的长河面前，都显得对于真正的文化无能为力，不管这种人为的折腾表现为什么形式。正因为人文领域的高下优劣不像体育或者实用技术那样好判断，因此良莠不分的现象就更加令人痛心。现在的文艺一片泛漫，网络上更是嘈杂一片，山寨、搞笑、恶搞、人肉……暴露着我们的不足，也保留着争鸣与齐放的空间，这主要是好事。但同时也完全可能搞得黑白颠倒，吠影吠声，一会儿东倒，一会儿西歪。

而我们的社会舆论应该有自己的判断，自己的主见。我们的国家，我们的执政党也必然会有、要有、要尽到自己的责任，要心中有数，要有主心骨。尤其对于那些确实具有重大学术与艺术价值，值得留给后世子孙的学术与艺术成果，对于那些成就卓越、实绩斐然，但并不能急功近利地成功创收的学术艺术大师，要有更多的表彰、提倡与支持。市场再好，只是市场，传媒再炒往往也不过一时对人民币有效，对文化仍然无效。只有有了专家与社会的负责的与郑重的声音，传达出深刻与高远的思考，我们的文化文艺生活的价值认知才能得到校正与平衡。

党的十七大提出了建立国家的奖励与荣誉称号制度的问题，这太重要了。我们热烈地期待着。世界各国，包括那些号称不管文化、连文化部门也不设立的国家，他们都有这样的由国家元首颁发的奖项。这样，就会大大地冲淡市场与传媒的主导作用，改变但知泛漫、不知经典为何物的有缺陷的现状。

中国是一个历史悠久的文化艺术大国、古国，我们潜力极大，我们任重道远，我们需要填补的空白太多太多。我们不但要考虑到现时，还要考虑到怎样向后世子孙交待，让我们在泛漫的文化高潮中，为给中华民族的文化经典添玉增色而奋斗而殚精竭虑吧！

为此，我提出下列建议：

一、建立非专职的，然而是具有高度权威的文化评议委员会，正式成员不超过三十人，无缺额时不可增加。强调其权威性、专业性、独立性与问责性。下设各文化门类的专门委员会，成员宁缺毋滥。成员操守要有监督机制，有问题，可以撤换。主办文化评议刊物。

二、将社会科学院更名为人文社会科学院，并建立包容全国全社会的人文精英的院士制度，同样是宁缺毋滥，由少而多。

三、建立媒体文化信誉评议制度评议与奖惩办法。

四、请《人民日报》《求是》等带动一批报刊，特别是《文艺报》、《中国文化报》与《中国艺术报》大力开展严肃的文化批评、评议。

五、请有关部门根据党的十七大文件精神，提出国家文化褒奖与荣誉称号制度的草案，交给文化艺术界讨论，迈出这方面工作的第一步。

六、在进行文化体制改革、推动文化产业发展的同时，加大对于主流文化成果的支持力度。

七、大力发挥各高等学校，尤其是一些重点大学在文化成果评议中的作用，建立有关的机构，并考核这方面的成绩。

欢欢喜喜过大年 *

（2010 年 2 月 11 日）

　　首先，我得为春节正名，春节就是中华新年，这一点，世界上是都知道的。美国和英国等一些欧洲大国元首在向本国华裔族群祝贺春节时，从不说春节——Spring Festival，而是说中华新年——Chinese New Year。我小时候，已经将这个日子命名为春节，因为我们把"新年"这个名称奉送给了公历新年。但人们春节时见面仍然是说"新年好"，很少说春节好。报纸上的通栏标题叫做"恭贺新禧"。而在老百姓尤其是农民中，至今仍将春节叫做过年，过大年。大年三十、大年初一等等都是人们口头上常用的极亲切的词。只消看一看中国春运热潮，多少亿农民工坐火车回家过年的场面全世界独一无二，我们就知道这才叫"过大年"。我们应当知道：中国人的"年"是指这一天，而公历的 1 月 1 日那叫阳历年。

　　再找一找中国古典诗文上有关过年的描写吧。"爆竹声中一岁除，春风送暖入屠苏。千门万户瞳瞳日，总把新桃换旧符"。中国人的骨髓里，只有这一个大年，并对此充满了"一元复始，万象更新"的美好期望。团聚、太平、生活一年强似一年、心想事成……大年是人们表达对

---

　　* 本文原载《人民日报·海外版》2010 年 2 月 11 日第 1 版。王蒙时任国务院中央文史研究馆馆员、中国作家协会名誉副主席。

于幸福生活美好愿望的日子。为了不与现时已经被公认的新年之说摩擦，我建议今后将春节正名为"大年"。

这就牵扯到一个大问题，如果申遗，最应该"申"的是中华历法。人们称之为阴历，翻译作月亮历（Lunar Calendar）或称之为农历，都是近百年我们对自己缺乏信心、自我贬低的表现。中国历法是兼顾了太阳、地球、月亮三者的运动与位置关系的极聪明极全面极方便的历法，二十四个节气，数九、入伏的计算，都精确地考虑到了地球的公转，准确地计算了地球与太阳的位置关系，是符合历法要求的。中华历法的月的计算按照地球与月亮的相对位置，所以看了这本中华历，谁都知道当夜月亮的朔望圆缺。但这样的十二个月与地球围绕太阳的公转一次即一个阳历年有差别，中华历法又设计了闰月来调整，使中华历的年份从略长一点看与公历相一致。中华历法是中国人民古代的伟大创造与对人类的贡献。所谓的阴历、农历，应该更名为中华历。

顺便说一下，目前有人热衷于春节申遗，闹得太热也是缺少信心加浮躁的表现。我们的"遗"太多太多了，既是遗产，也是被某些人某些时候所"遗"忘的瑰宝。整个中国的存在，整个中国文化是最大的物质的与非物质的文化奇迹，是最大的人类瑰宝之一。完全用不着挤着去什么国际机构排号，不需要排这个号。没有排上号，被遗忘了，首先是人类与联合国教科文组织的损失，而不仅是中国某地的旅游损失。

从热读《弟子规》说起 *

（2010 年 1 月 12 日）

近来国人似乎是重新发现了我国传统的童蒙读物《三字经》与《弟子规》，一些小学组织学生穿上古装集体朗诵《三字经》，一些企业管理人员，则要求员工阅读、背诵《弟子规》。

这说明了传统文化的魅力与有效性。通俗浅显的道理，易读易记的文字与形式，由来已久的文化记忆，深入人心的价值表述，都是不可轻忽对之的。这一类书上的道理讲得明白，学了这些，似乎个个都能那么礼貌温顺恭敬听话，太好了，于是有的人怀着重新发现了国宝的心情来鼓吹它们。

但是也不能忘记历史经验与代价。《三字经》说是概括了许多老祖宗的历史与文明成果，包括天文地理哲学伦理……很可爱也很可怜，我们无法不承认其中有些知识确有价值，但同时它们距离现代文明科学法制与社会主义思想观念、知识系统，太远太够不着了。近百年来，多少先进的知识分子对于我国传统文化痛心疾首，就因为他们从中找不到通向现代化、通向国富民强、通向尊严与公正的契机。《三字经》讲"首孝悌，次见闻"，《弟子规》里则说是"首孝悌、次谨信"，总而言之孝

* 本文原载《人民日报·海外版》2010 年 1 月 12 日第 1 版。王蒙时任国务院中央文史研究馆馆员、中国作家协会名誉副主席。

悌是首要的。这种说法太天真了。孝悌当然好，然而，够用吗？先说见闻，晚清以来我们的落后挨打，恰恰暴露了我们的见闻之陋，我们今天讲科教兴国，却讲不成孝悌兴国，除非真的不想振兴中华了。再说，首孝悌了那么多年，中国成为孝悌的典范了吗？翻翻《红楼梦》吧，两府除了石头狮子以外都是肮脏的，旧中国的没落与失败，可不是革命闹出来的。是旧中国腐烂了才闹革命，而不是革命闹烂了中国，现在，这方面的胡言乱语与糊涂想法还少吗？

《弟子规》里讲："父母教，须敬听。父母责，须顺承。"这至少不全面，父母与子女的关系不应该是教、责与听、承的单向关系，尤其是子女成人以后，父母与子女应该互相尊重。敬老孝亲是美德，同时吾爱吾师吾更爱真理，也是不可动摇的原则。还说，"谏不入，悦复谏，号泣随，挞无怨"，这些说法只讲一面理，不无小儿科，而"挞无怨"是不可以接受的，我们必须旗帜鲜明地制止家庭暴力，推行有法必依。

总而言之，培养今天的中国儿童守纪律、讲礼貌、尊师长、敬领导是可以的与必要的。但是我们的前提是人与人生来平等，在法律面前人人平等，在真理面前人人平等，我们的儿童同时还要勇于创造、敢于想象、不惧辩论、力求新知、懂得维护自己的权利，尤其是，少年儿童要注意锻炼培养健康的体魄，要聪明勇敢乐观向上而不是走俯首贴耳、弓身缩脖的路子。儿童们有权利拥有更加丰富多彩、开放光明的游戏与快乐的童年。《三字经》上的有关"勤有功、戏无益"的说法，对于儿童直到对于成人，道理都不全面。"戏"——娱乐、文化享受，对于人、人际关系与社会，也可以有很大的助益，长知识、学道理、促品德，增友谊、多和谐、常快乐。

小生产习惯与缺少必要的教育，造成了我们这里的爱起哄的习惯，据说有的地方已经举行或正在策划更加声势浩大的千人万人齐诵

"三""弟"活动。余心有戚戚焉。你再挖出更好的宝贝来也不能忘记我国近现代的惨痛经验，不能须臾忘记面向世界、面向未来、面向现代化。

老子的思想对治国理政的参考 *

(2009 年 11 月 13 日)

经过五四新文化运动的洗礼，经过艰苦卓绝的 60 年辉煌历程，我们面临着弘扬与发展传统文化的新的机遇，这对于拓展与深化我们的精神资源，是很有意义的。

近年来，我有过一些关于《老子》的著述与讲授，引起了一点兴趣，这里，我想不揣浅陋，说一点对于老子某些思想与当前工作实际相联系的体会。

老子强调"无为而无不为"，对于今人，用今天的语言来说，就是要尊重客观规律，尊重人民群众的主体性，不要包打天下，不要犯急性病。社会主义市场经济的成效，正是我们在计划一切、事事依赖政府指令上的"无为"，从而使市场经济规律能够在配置资源上无不为的结果。当然还要宏观调控。

前些年提出了建设社会主义新农村的任务，受到全国人民特别是农民的热烈拥护。然而，谁是建设新农村的主体？是农民还是基层领导班子？有些乡村在建设新面貌上取得喜人的成绩，然而他们搞的是一个村落通通按一个图纸盖房，整齐划一，宛如营地，给人以缺少个性与全无

---

　　* 这是王蒙 2009 年 11 月 13 日在温家宝总理与中央文史研究馆馆员座谈会上的发言稿。王蒙时任国务院中央文史研究馆馆员、中国作家协会名誉副主席。

丰富多彩的遗憾，也缺少了生活气息与温馨幸福的感受。有关部门还给全国的乡村，提供了若干建设民居图纸样本，这使我更加有所担忧，千万别闹成千篇一律的农村单一化。

老子认为最理想的治国方式应是"下知有之"或"不知有之"，是"功成事遂，百姓皆曰，我自然"。他的意思是治理层的意图能够成为老百姓的愿望与自己的事业，事情干成了，百姓说，是我们自己干的。百姓知道有个管理层也就行了。这有一点乌托邦，但也有利于"无不为"，即调动百姓的主动性与积极性。革命与建设的成果，都首先是百姓自发，自己运作的结果，这样才能增加百姓的信心，减少一点等、靠、要。如果我们过于强调领导的功绩的一面，在如陈毅诗"颂歌盈耳神仙乐"的同时，民众对上的期望值会过高，反过来也就把一切不尽如人意归咎于领导。

一切归之于领导还有一个危险，我们的干部老实听话，上边说一不二，但是碰到紧急挑战，则全然莫知所措，根本不是反对派的对手，不会各自为战与迎接挑战，没有立马接招的训练。不论在"文革"中还是在外事活动中，我都痛感这方面的问题，这是我们国家的一个隐患。我们尤其要致力于对于基层干部的"我自然"即敢于自主，敢于处理紧急情况与特殊事件的培养训练。否则，一旦天下有事，不堪设想。

所以老子说上下关系"亲而誉之"是其次，是第二等的理想。依我们看来，上下交融亲和、互相称颂，当然是求之不得的好事，但老子看到了另一面，亲而誉之多了，豪言壮语太多了，期望值随之飞升，失望与埋怨也就可能增多。

老子也指出了更不好的可能，就是畏之，怕你，更坏是"侮之"，互不尊重，互相辱骂。

完全没有威严也不现实，老子又说，"民不畏威则大威至"，他也是实话实说，老百姓不怕权威了，更大的威力，更强有力的行为，所谓的"鹰派"就应运而生了。

老子对于"亲而誉之"的保留还有一个含义，执政者不可以调子太高，说话太满。革命党、在野党，要时不时提出一些高端理想，将旧政权的军。而执政党，你提出的一切都可能成为政府开出的支票，不是确有把握兑现的支票，尽量少开，否则，自己被动挨打，会降低公信力。

例如反腐倡廉，无疑是当前的重要任务，决不容忽视迁就。但是我要讲实情，有些东南亚国家的贪腐问题不比我们轻微，他们的民间舆论与小说作品中却不像我们这里将所谓官场讲得那样暗无天日。即使是一个次要的原因，我们也要正视，我们讲话的调子太高，我们张口就是大公无私、毫不利己，兑现不了这样的口号的时候，与实情反差太大的时候，只能是收获更多的指责与愤怒。

老子讲"飘风不终朝，骤雨不终日。孰为此者？天地尚不能久，而况于人乎？"大风大雨，老天爷也不能持久，何况是人呢？我们的政治生活、社会生活，不可能总是处于亢奋状态、高潮状态，强调求真务实，强调调节调门，强调节奏感与分寸感，对于政府工作来说是有参考意义的。

我们有些电视直播的活动都是经过事先排练准备的，不但歌唱是事先录制的，连掌声与笑容也是事先录制好的，反而影响了可信性与感染力。老子强调道法自然，那个时候讲的自然与现今讲大自然不完全相同，它更注意的是自然而然的真实朴素的状态。从长远来说，自然、真实、朴素才能取信于民，此是实情。

老子强调"宠辱无惊"，庄子讲真人"登高不栗，入水不濡，入火不热"。苏联卫国战争歌曲的说法则是："我们，火里不怕燃烧，水里不会下沉。"我们的党和我们的国家更是这样，历尽艰辛，受尽考验，遇敌无数，坚强不屈。我们今天是成绩巨大、信心倍增、已经杀出了一条血路，这是邓小平的话了，其实今天已经是建设有中国特色的社会主义的阳关大道。我希望我们在国内外，各行业，逐步减少与钝化所谓敏感点。敏感一词慎用最好，在英语中 sensitive——敏感一词，包含了神经质的负面含义。

我们可以强调某些问题对于中国事关核心利益，极为重要，但不一定说什么敏感不敏感，伟大如中华人民共和国，乘风破浪，奋勇前进，不可能那么多敏感点。

老子说，"物壮则老，谓之不道"。太强势了，到了头啦，就只能走向反面，从强壮演变成衰老了，这不符合大道。我们在保持强势的同时，还要时有调节，上善若水，利万物而不争。给自己留下发展、改革、调整的空间，使自己立于不败之地。最后我要强调，弘扬传统，离不开现代文明的视角，更离不开马克思主义的指导。我们继承发展弘扬中华文化的传统的同时，也要警惕传统文化中的封建糟粕，一刻也不能忘记面向世界、面向未来、面向现代化，一刻也不能忘记要代表的是先进文化的发展趋势，不能忘记科学发展观，不能忘记拒绝一切愚昧无知与落后保守。

江山代有才人出 [*]

（2009 年 7 月 23 日）

　　季羡林与任继愈两位著名学者同一天去世，标志着一个时代的结束。在这个时代，我们拥有一批在旧中国受到教育并在专业上建立了根基，与人民同甘苦，与国家同命运的专家，他们为中国的学术事业以及文学艺术事业，撑起了门面，作出了自己的贡献，也付出了自己的代价。

　　今后，看新一代的了。我们的作家艺术家，我们的学者教育家，我们的学术理论与文学艺术的成果，我们的专家与领军人物阵容，我们已有的与将有的新局面，能不能满足时代的需要，能不能符合中国在世界上的地位，能不能无愧于我们的先人与经得住后世的检验，看我们的成就与本事啦！

　　我们可能不无汗颜。我们需要加倍努力。我们也需要总结经验。人才人才，科教兴国，人才强国，我们讲了老大一阵子了，收效如何？有什么可以改进的空间？江山代有才人出，我们将写下怎样的记录，刻下怎样的丰碑？

　　直到季先生火化了，我们的媒体才有一个对于先生身份的贴切的说

---

　　* 本文原载《人民日报·海外版》2009 年 7 月 23 日第 1 版。王蒙时任国务院中央文史研究馆馆员、中国作家协会名誉副主席。

法，那就是"中国共产党的优秀党员，北京大学资深教授，国际著名东方学家、印度学家、梵语语言学家（王按：以上三个"家"的说法嫌啰嗦，其实可以合并）文学翻译家、教育家"。其实季老也是优秀的作家。

媒体上不再采用"国学大师"之类的随意之词，这令人信服，也令人慨叹。我们的国人，喜欢作价值判断，例如高度评价季老的社会地位与学术地位，这完全是应有的评价，但是不注意作认知判断，即对某人某事某个领域某种学问缺少最起码的了解。这提醒我们，要提高与普及全民的特别是媒体人的人文知识，提高全社会的人文判断与汲取能力。

前不久，网络上有票选"国学大师"的活动，结果头一名是鲁迅，这样的结果未免滑稽。

遥想当年，任继愈先生曾在人民日报上著文，提出，我们的国家不但要脱贫而且要脱愚，善哉斯言，任重道远也哉！

任继愈老自 1987 年至 2005 年任北京图书馆（后名国家图书馆）馆长，2005 年以后任国家图书馆名誉馆长，在为任老治丧的报道中，有的没有提这一点。国家图书馆馆长，在全世界都是一个耀眼的职位，我这里补充提一下，也许是必要的。

说说"怀旧"情绪 *

（2009 年 6 月 2 日）

有了点年纪，常常怀旧，这很自然。至少，旧日咱们都更年轻，少年意气，青春激情，投入忘我，期待殷切，这些一想起就令人心潮澎湃。

改革开放 30 年，新中国成立 60 年，我们客观上也有需要：回顾前进的历程，总结磕磕绊绊的经验，欢呼终于出现的大好胜利果实，希望今后步子走得更好，生活更幸福。

有的喜欢回忆革命战争年代，一说起来就唏嘘不已，艰苦清廉，团结一心，生死与共，风范长存。

有的喜欢回忆新中国成立初期，50 年代：凯歌行进，一呼百应，红旗招展，能不为之动容？

有的甚至喜欢回忆改革开放初期，20 世纪的 80 年代：抚今思昔，各献良策，新词如潮，又是一番如火如荼的思想解放运动。

都好都对。但是如果因此得出"还是往日好"的结论，就太不明白事理了。

革命战争时期的精神面貌，当然好，否则怎么可能战胜实力强大的

---

　　* 本文原载《人民日报·海外版》2009 年 6 月 2 日第 1 版。王蒙时任国务院中央文史研究馆馆员、中国作家协会名誉副主席。

对手？但是那时的革命力量只占全国人口的少数，革命阵营实行的是军事共产主义，大敌当前，一切私利与小是小非全然不在话下，这与如今的执政党要对全民负责，要组织社会生活特别是经济建设的历史任务是不相同的。

新中国成立初期的高歌猛进当然也很动人。但同时那时我们对于建设社会主义的规律并不熟悉，我们还有许多做法提法有待摸索，我们常常犯有急性病，所谓好心办坏事，与当今对于执政兴国与经济建设的成熟与信心无法相比。胜利的高潮固然难忘，胜利之后能不能把国家建设好，给人民带来实惠，给社会带来和谐就更重要。从后者来看，绝对不能说还是往日好。

20 世纪 80 年代也是如此。改革开放也需要激情，但更需要理智与经验，需要清醒与实事求是，需要节奏感与分寸感。历史是郑重的，任务是艰巨的，形势是复杂的，我们不能掉以轻心，不能感情用事，不能只求痛快浪漫而热衷于将国家的大事拿去吟咏朗诵辩论，却搞乱实际生活步履。

最最容易让人认定"还是往日好"的原因在于社会风气。老人们爱凑到一起回忆当年的公而忘私、艰苦卓绝、真诚互助。当然，我们不能不面对当今社会风气中出现的严重问题，例如贪腐，例如伪劣，例如言行不一。我们有大量的包括法制建设、民主监督、思想教育、文化建设的工作要做。

同时我们也不能不承认，往日尖锐的斗争关头，一些仁人志士的精神面貌，并不能代表全体人民与整个民族，那时的生死存亡的严重性暂时会压缩住人们的一些物欲与利益追求。同样现今的一些罪犯败类也不能代表现今的民族与人民。恰恰是在社会发展走向了稳定化正常化的道路之后，在进入小康社会之后，欲望与利益的诱惑可能生发严重的挑战与问题。应对这些挑战，解决这些问题，只能靠进一步的改革开放，靠脚踏实地的工作，而不是单靠怀旧、靠走回头路办事。

往日的记忆仍然深情，往日的经验不会淡忘，今天的局面百倍千倍好于过往，今天的麻烦今天的忧患更加需要正面应对：怀旧诚可贵，现实价更高，为了明天故，还需更辛劳！

建 议 两 则 [*]

（2009 年 5 月 26 日）

一、丰富天安门广场的文化经济内容

天安门当然是我国现代史与中华人民共和国国史上的政治中心，五四运动、开国大典、共和国大庆、阅兵、重大的政治集会与政治事件，都与天安门有关。今后，逢十的国庆，仍然会在这里举行盛大的集会游行阅兵。这是毫无疑问的。

天安门城楼与人民英雄纪念碑，具有重大的政治意义，并理应保持它们的庄严肃穆。

同时，毋庸讳言，我们不能不面对对于社会主义的中国抱另外的态度的人们也在利用天安门广场的历史与现实。天安门在让人们想起革命的历程与辉煌的成就的同时，也会令人想起"文革"、动乱、法轮功。在不举行逢十的国庆活动的时候，天安门相对比较空旷，给人以虚位以待（即可能发生政治事件）的感觉。而遇到某些敏感时刻，天安门广场甚至令人感到某种不安。这也是事实。

何况，我们的工作重点早已经转移到经济建设与改革开放上，这才

---

　　*　这是王蒙 2009 年 5 月 26 日送交中央文史研究馆的建议稿。王蒙时任国务院中央文史研究馆馆员、中国作家协会名誉副主席。

是我们的"最大的政治"（邓小平语），也是在小平同志主持下，我们撤下了天安门广场悬挂的马恩列斯像。看来，我们对于天安门的定位与利用应该并可以与时俱进。

为此我建议：

增加平时的天安门广场的文化经济旅游设施与活动内容。可在广场修建可以迁移与拆除的简易建筑：增加书店、报刊摊档、摄影、绘画、图片与各种文化用品商店的设施，增添肖像绘画与摄影服务，开办大量的鲜花店，儿童用品商店，茶室、咖啡厅、快餐厅、餐厅，并圈出一定的地面，由首都军民各文艺表演团体在这里向公众与游客提供免费演出。歌舞升平，大大增加天安门广场的祥和、和谐气氛，而使任何企图在天安门广场制造事端的不良分子成为北京市民与商家的公敌，成为和谐社会与全面小康的公敌。如有需要，这些文化经济设施完全可以迅速拆除腾空，这在技术上不难解决。

二、写一部中华人民共和国史

新中国成立已经 60 年，我们应该出一部或几部中华人民共和国史。

目前，港台与欧美，都出版了类似的史书，以他们的观点解释我们的征程。而我们这里却没有。这里有一个坚持我们对于自己的经验的解释权话语权的大问题。

60 年的成就辉煌灿烂，有目共睹。我们有过曲折迂回，世所周知，并无秘密。我们完全有信心有能力有责任向人民、向世界、向历史，贡献一部中华人民共和国的信史。这样的信史的出版之日，也就是敌对的歪曲的妖魔化的攻击走向瓦解没落之时。

历史就是历史，我们可以强调它的资料性、学术性、纪实性，不要过度地解读，不必夸张它的难度与含义，同时完全可以预留下讨论与补充的空间。

我主张，此事交给中央文史研究馆承办，在中央、国务院领导下，联合政协文史委、高校、社科院各方面的专家，立即行动，争取在三年左右的时间先写出一部书稿来。同时允许讨论，允许一个完善化的过程。至少，它应该在国庆 65 周年时正式出版。

关于传统节日的意见 *

（2009 年 3 月 11 日）

国务院调整假期以来，传统节日现在非常受重视，我觉得现在讨论节日文化的问题正是时候。关键是三个问题，一个是提高和丰富我们传统节日的文化含量，一个是形成传统节日的群众喜闻乐见的风俗活动，还有一个就是改善和提高传统节日的饮食文化，中国人是重视吃的，任何一个节日都会跟某种特定的食品联系起来。

现在春节还有新民俗，如央视的春节晚会，中央和国务院每年春节的团拜会，这些都很好。北京的春节庙会包括地坛、龙潭、厂甸等地的活动越做越好。全国各地在春节期间也可组织安排一些庙会活动。我们的活动要能够使春节变成一个全国的老百姓畅言自己心愿的节日，要让老百姓在媒体上，在我们的节日活动当中充分表达各式的心愿。

第二，我建议把春节变成中国一个传统的戏曲节。我们现在文艺生活越来越多样，春节期间唱大戏，既是古老的传统，又是新的传统。每年春节前，在中南海都会有一场由中宣部、文化部组织的中央领导同志观看的戏曲晚会。这个做法可以推广到全国全民中。我们要定一个目

---

　　* 本文是王蒙 2009 年 3 月 11 日在由中央文史研究馆主办的弘扬中国传统节日文化座谈会上的讲话整理稿。王蒙时任国务院中央文史研究馆馆员、中国作家协会名誉副主席。

标：让全国的老百姓除去最小、最老和病重的，在春节期间都听一出戏（含京、昆、地方戏、二人转与少数民族戏剧歌舞）。如果春节期间再不听戏，还什么时候听戏？春节听戏多有滋味啊！

正月十五没有单独的假日，由于与春节相距过近，但是正月十五从传统上看是最热闹的节日，丝毫不比其他节日次要。历史上元宵灯节看灯是万人空巷，《红楼梦》一上来写的就是灯节看灯把女儿都丢了。所以，元宵节看灯的活动可以搞得更好，而且要和灯具制造业联系在一起。这个传统节日不光是文化，也是经济促销活动。温州现在是全国灯具的一个中心，有关单位可以在温州举办（或者是在上海）全国灯展。现在灯具发展得也非常好，我们的灯节不光可以挂红灯笼，而且也可以包括现代的吊灯、台灯、壁灯、射灯。每年灯节的时候可进行行业评比，每年起码设一等奖 10 个，二等奖 50 个。

我希望有食品专家来研究一下元宵食品的改进。现在也有发展，因此稻香村的元宵达到 18 块钱一斤。我在北京郊区农村买的农民做的元宵是 5 元一斤，面都是糯米，馅有很大的不同。椰蓉馅过去没有，巧克力馅过去北京也是没有的，但是过去有一些传统的馅子仍然是符合老北京人胃口的，比如青丝、红丝、白糖、果仁，这些传统的馅也要得到长期的发展与提高。另外元宵与汤圆是两个做法，可以并行不悖互相竞争。也可以搞全国元宵和汤圆的比赛，如果可以选上几种，请文史馆的馆员去品尝，然后我们给他投票，做一个参考。

现在，端午节的活动很丰富。赛龙舟是一个综合的节日活动，真正要搞，国家体委已经在抓。可以扩大规模。此外，还希望能够把五月端午作为诗人节日开展起来。现在经过国务院批准全国有诗歌节，我知道在马鞍山已经举办过一次，因为马鞍山有李白的墓，在绵阳也举办过一次。这都是和李白有关系。既然诗歌是往李白那靠，那咱们的五月五就可以往屈原那靠，可以变成中国传统诗词的一个节日，这个时候全国可以举行传统诗词的活动，七言、五言、古体，各种词牌，从屈原开始一直下来，毛泽东的诗词也要纪念，而且这些都并不费事，像这一类的活动，像传统诗歌这个事，咱们文史馆袁馆长抓起来就行了（袁行霈：我们可不可以叫诗人节？）。诗人节好！我昨天刚从台湾回来，台湾已经把七月七视为中国情人节。这个七月七还有一个意义，就是乞巧，有一些手工，应该搞这方面的青海年或全民手工展览，或者是比赛，就是为了高兴、为了热闹，奖金多少不拘。

过去阴历七月十五莲花灯也很重要，旧中国在什刹海、北海都有莲花灯。过去什刹海一到夏天就搭很多棚子，很多木头板，在上面有各种小吃。当然那个时候天热，也没有冷气，大家在什刹海水面上吃吃喝喝，说说话挺好，还有莲花灯。

中秋赏月活动也可以搞得热火朝天。杭州的赏月真是无与伦比，平湖秋月那个地点特别开阔，广东也有这样的活动。颐和园有一个楼，那个楼据说是专门给西太后赏月的，向着昆明湖，视线一点不受妨碍。其实中秋节本身就是一个非常美好的节日，外国人说它是中国人的月亮节。把月饼就说成月亮蛋糕，这个本身就美得不得了。兔儿爷现在也很少生产了，我觉得可以生产，因为好玩，我们可以遐想。我们先人曾经幻想认为有一个兔子在月亮上面。

月饼的问题也是这样，北方的月饼现在猛力地向香港和广东靠拢，但同时北京的传统口味被忽略。从传统口味上讲，我们不喜欢月饼吃火腿、吃咸的、吃淡的，我们更愿意吃五仁、豆沙、枣泥的，吃自来红、吃自来白、还有提浆月饼。我觉得这些东西要适当控制，月饼不搞超豪华化，我们可以要求每一个商家必须生产一部分大众化八块钱一盒的。现在都是好几百，上千的都有，里面还夹着劳力士表。我们需要做一点廉价的，你放一点红糖，放一点瓜子仁，这有一种普天同庆的概念，不只是有钱人吃双鸭蛋黄。我还建议，包括文史馆在内，一些机构与团体在节日期间可以有食品施舍馈赠活动。我见过美国在复活节施舍火鸡晚餐的场面，我们也可以做，对象是低保户。

九月九也非常好，九月九除了登高以外现在还加了一个敬老，我希望把九月九敬老的活动搞成一个全国有影响的敬老活动。老红军现在没有几个了，老科学家、老教授，为他们过节，非常好。另外，听说泰山有个封禅大典，就是登山。咱们中国旅游资源之一就是山，山特别多，都可以在那天举行登山活动，使那天真正变成一个登山登高的节日。

清明现在咱们放假，而且全世界的华人都非常重视清明节，尤其是香港，现在台湾也开始回来祭祀。我觉得这个活动也是非常好的，现在又加上前一两天还有的植树活动。如果中央和国务院有关领导在这些节日也都有一个适当的表示，比如说清明节到革命烈士公墓祭奠，或者是端午节去观看龙舟比赛，它的影响就会是很大的。

从《不差钱》说起 *

（2009 年 2 月 4 日）

事实上，赵本山已经成了近年央视春晚的台柱子之一。他以大众化、尤其是农民化的语言、做派、幽默与"狡黠"，表现当代生活，铺陈笑料，营造喜乐，鞭挞不正之风，追求诚实纯朴与人心深处的古道热肠，引起观众的普遍欢呼。2009 年春节晚会上他带着两个徒弟表演的小品《不差钱》，更凸现了年轻演员的才艺功夫，弘扬了东北地区"二人转"不拘一格的表演特色，含蓄地表达了来自基层所谓"土得掉渣"的文艺走上主流媒体，进入主流文艺生活、进入城市舞台的酸甜苦辣，以及相互整合交流的大趋势。尽管我知道在知识精英中不无对于小品与大众文艺的白眼，但人们已经无法不正视这个赵本山"现象"的意味深长，即以地道的东北土腔土调攀登央视文艺殿堂的连续成功。

赵本山将本来在某些人包括我本人心目中未必能登大雅之堂的喜剧小品提高到了骄人的水准。正像金庸为武侠小说、张艺谋为大制作的奥运会开幕式文艺展演树立了后来人难以企及的标杆一样。

同时我们并不满足，我们有更高的与更多方面的期待。我们需要的不仅是文化的普及、热闹与和谐，我们还需要文化的巅峰、文化的巨

---

* 本文原载《人民日报·海外版》2009 年 2 月 4 日第 1 版。王蒙时任国务院中央文史研究馆馆员、中国作家协会名誉副主席。

人、文化的前瞻。我们期待的是中华民族的智慧新果实。我们不但需要有模仿秀的天才，更需要提供原型、新型的创造者、发明者，开一代风气之先的文化宗师。我们希望得到笑料，更希望笑的背后有洞见式的深邃。我们追求群众的喜闻乐见，我们还期盼对于群众的振聋发聩或者春风化雨或者洗涤启迪。我们需要思想、需要艺术、需要想象力，需要应对挑战的勇气与本领，需要全面小康的、有中国特色社会主义的、独树一帜的也是汲取了一切精神营养的哲学、伦理学、人文科学与社会科学的苗头与思考，需要正视历史也正视现实，能够为今天的、乃至于明天的读者观众解惑释疑、能够带领读者观众探索真理消化真理的作家艺术家学者。我们需要大众化，也需要化大众，就是说，我们期待全面的文化的繁荣与振兴，期待人民文化素质的全面提高，我们期待文化艺术巨匠的新人辈出，我们期待今天的文化艺术发展能够无愧于前人，同样也不会害怕后人的审视。

新中国成立初期，毛泽东曾经预言过"随着经济建设高潮的到来，不可避免地将要出现一个文化建设的高潮。"现如今的文化生活格局，比较起新中国成立初期，已经大大的丰富多彩了。我们当然会重视普及，重视民族民间，重视工厂农村连队，同时我们也必然会重视专家学者，重视大学与科研机构，叫做重视大众也重视小众，重视大众与小众沟通与互补。以 2009 年春节文艺活动为例，在央视春晚的同时，各种媒体文艺部门与文艺团体也分别组织了不同的春节文艺献礼。它们同样不乏精彩，同样应该得到足够的关注与切磋。我相信这样的共识会推动我们的文化艺术事业的大繁荣，大发展，大提高。

吸引力、凝聚力就是生命力 *

(2009 年 1 月 10 日)

　　增强社会主义意识形态的吸引力与凝聚力，这个问题很关键。

　　除了已被提出的一些重大任务外，我也说几个有关具体路径的想法：

　　一是要碰改革开放发展中的新事物新问题，如金融海啸，反恐与国际动荡，环境与气候问题，我国的市场规范、边疆民族事务、民主法制廉政建设、价值歧义、弱势群体、全面小康目标、维护稳定等，都期待着理论的探讨、阐发与新发展。只有时时关注着世界与中国的实际问题，意识形态才能与时俱进，同时也给纷繁的诸种实际事务以有远见的科学的理论说明。

　　二是要敢碰历史问题与种种挑战歧见。中国革命与革命胜利后的历史是何等丰富，经验是何等宝贵，理论创新、体制创新与智慧积淀是何等辉煌灿烂，碰到的问题是五花八门，解决的过程是一波三折，成绩的取得是充满艰辛，获得的成果是举世瞩目。我们的意识形态如果能够及时地吸收之消化之解答之充实之，必能发扬光大、增加活力。

　　三是要扩充深化社会主义意识形态的精神资源。我们的社会主义意

　　* 本文原载《人民日报·海外版》2009 年 1 月 10 日第 1 版。王蒙时任中国作家协会名誉副主席。

识形态不是一个特定学派或山头，而是人类的特别是中国的科学与文化的结晶的集大成的体现。要汲取中华传统优秀文化的一切有益部分，例如古圣先贤的和谐思想。也要吸收全世界一切优秀的文化成果，尤其是最先进的科学知识，包括毛主席所喜欢讲的三大革命运动之一的科学实验的成果。真理性与科学性，正是吸引力与凝聚力的源泉。

四是要提倡、至少是允许个性化的、结合各行各业各学科的对于意识形态的关心和建言。有中国特色的社会主义意识形态应该是一个丰饶的精神宝库，它当然有自己的普遍规律与基本原则，同时它也拥有保有各种时间地点行业任务与学科的个人的不同体验、不同心得、不同经验教训与思考的果实。共性寓于个性之中，群体智慧离不开一个个实事求是的头脑。只有把普遍原则与个性特点结合起来的阐发，才是最具有吸引力与凝聚力的阐发。

五是提倡语言生动活泼。我们的社会主义意识形态是鲜活的理论体系而不是教条，是人民群众的心里话。学风文风会风，关系到伟大中国的生命力。领导干部讲话也好，报纸发社论也好，起码从文字上语言上就要让人民喜闻乐见。在人民革命斗争中，我们取胜的原因之一，就是革命阵营的学风文风会风，比对方生动活泼得多，实实在在得多，勇敢自信得多。我们不能丢掉这个法宝。

老子与现代化 *

（2009 年 1 月 5 日）

我们在中国实现社会主义现代化的方针是完全正确的，取得了举世瞩目的成就。但是，现代化并不是万能的，发展并不是万能的，在现代化进展的同时，已经出现了某些人贪欲膨胀、腐败犯罪等现象以及环境破坏、传统文化流失、价值观念失范等。所以，要强调科学发展观。

在这个时候读读《老子》，有助于开掘精神资源，丰富国人的内心世界，警惕变革中的陷阱。例如老子说："五色，令人目盲；五音，令人耳聋；五味，令人口爽；驰骋畋猎，令人心发狂；难得之货，令人行妨"，这很像是针对现代人写的。老子提倡道法自然、宠辱无惊、上善若水、返璞归真、善者不辩、为而不恃……都很有远见。老子还说道："知人者智，自知者明。胜人者有力，自胜者强。知足者富。强行者有志。不失其所者久。"一句话，他劝谕世人保持清醒与自制，不要忘乎所以。

对于现代化的负面效应，《老子》是一服良药。一味地贪，一味地争，一味地开发自我，一味地吹牛冒泡，肯定会走到自己的反面。老子的思想可以帮助我们想想市场竞争的另一面，例如克制，例如尊重自

* 本文原载《人民日报》2009 年 1 月 5 日第 11 版。王蒙时任中国作家协会名誉副主席。

然，例如不要犯急性病，例如注重精神生活等。老子注意戒贪，戒刻意太过，戒自我膨胀，戒强梁霸道，戒争执不休，戒装腔作势，戒强努硬拼，这些都可供汲取参考。

在近作《老子的帮助》一书中，我强调老子的智慧对我们有帮助，同时，我认为老子的理论不能当饭吃，能入饭的还是自强不息、厚德载物的传统。但是老子的一套是很好的饮料，清泻微凉，祛肝火阳亢血压高，如茶之清纯，令人耳目一新。它同时有心理治疗的作用，有利于躁郁症患者的心态调整，有利于和谐社会的建立。它又能补脑益智，阅读《老子》是一种思维体操，智慧享受。比如下棋，一般人能看到一两步已属上乘，国手大师则能看个三五步，读通《老子》呢，您起码看到七步以上啦。

中国再也不能折腾了 *

（2008 年 12 月 29 日）

　　改革开放走过了 30 年，我也从青壮年成为一个年逾七旬、正在老
去的人。这一辈子，算写过一点文字，见过点世面。30 年来，中国经
历了翻天覆地的变化，同时，世道人心也经历了一些沉浮。时至今日，
中国人的物质生活已今非昔比，但也有人慨叹世风日下，人心不古。

　　类似的感慨，在许多时代都会有。在我看来，"问题都是改革开放
造成的"这一说法是站不住脚的。凡事都有一个发展变化的过程，把现
在的世道人心说成漆黑一团，并不公道。中华民族是伟大的民族，同时
也是长期处于"饥饿状态"的民族。饥饿了那么久，见到物质的东西有
股子往上扑的劲儿，是可以理解的。

　　我的一生当中，或者说在 20 世纪，经历的最大的一件事就是轰轰
烈烈的新民主主义革命。这场革命唤醒了中国人民，也带来了历史的高
潮化和生活的高潮化。在革命胜利后，不可能永远保持高潮。正如改革
开放初期，也掀起了思想解放、社会解放的高潮，但是，总还是会进入
平稳期的。当进入以经济建设为中心、发展市场经济的平稳期后，人性
的另一面就会浮出来，比如贪欲、浅薄，精神生活的萎缩化、庸俗化，

---

　　* 本文原载《人民日报·海外版》2008 年 12 月 29 日第 1 版。王蒙时任中国作
家协会名誉副主席。

这也许是历史发展的必经阶段。因此，我想，解决道德堕落、"社会病"等问题，着力点应放在对权力的监督、对核心价值的确认和重建上。

改革开放30年以来，被视为社会良心的知识分子群体，也发生了很多转变。当下，知识界有不少追逐个人名利的现象，常受到社会非议。比如，我就从没见过像现在那么多的知识分子，热衷于谋求官职和级别。尽管如此，这30年来中国知识分子的主流状态是积极的、正面的。

在改革开放之初，知识分子的想法并不完全一致，有人认为，"西化"将成为一种潮流。当然，持这种看法的知识分子只占一少部分。20世纪90年代以后，中国知识分子对国家前途命运的看法发生了改变，开始采取渐进改革和务实建设的姿态，参与精神生活的拓展，参与中国文化的提高、弘扬，这是国家之福、人民之福。

近现代中国曾长期处于动荡状态，新中国成立后也走过不少弯路。现在，中国进入了一个快速而稳定的发展期，再也不能折腾了。让我们倍加珍惜历史赐予的难得的机遇期，多些和谐思维，多些建设性态度，凝聚共识，团结一心干下去，共同创造中华民族的美好未来。

我的两个“30 年”*

(2008 年 11 月 27 日)

1948 年少年的我加入了在北京尚处于地下状态的中国共产党。我的期待是旧中国的灭亡与新中国的诞生，是从此光明幸福，繁荣富强。

革命胜利了，贫穷落后的中国充满了生机希望。但胜利后的历史任务更加艰巨，道路选择更加复杂。

30 年后，1978 年，在新疆劳动锻炼的我欢呼粉碎“四人帮”与拨乱反正的开始，相信着也期待着历史的转机，期待着“文革”的结束，期待着生活与各种说法的正常化，期待着能过上平安的也是向上的日子，期待着自己也能正常地与有尊严地工作、写作、调动出自己的积极性。

十一届三中全会后立即通知我在北京参加一个集会，宣布给一大批被打入另册的作品恢复名誉。其中就有给我带来声名也带来厄运的《组织部来了个年轻人》。

此后的发展完全超乎我个人的意料。邓小平领导了另一次革命。影响之广、发展之快、变动之大，我要说，当时没有几个人想得到。

2008 年，又是 30 年了，伟大祖国已经面貌一新。

* 本文原载《人民日报·海外版》2008 年 11 月 27 日第 1 版。王蒙时任中国作家协会名誉副主席。

很难找到一个年头，像 2008 年这样强烈地聚合了、展示了我们的成绩和困难，辉煌和麻烦，考验与力量，奇迹与灾难。

早春的冰雪提醒了我们供电、交通等基础建设上的任重道远。边疆某些地区的事件提醒我们要百倍地加强民族团结与祖国统一。汶川地震唱响了爱心与勇气的颂歌。北京奥运会，我们金牌第一，民气大振，欢呼入云。"三鹿奶粉"事件使我们痛心气愤，顿足长啸。面对国际金融海啸，我们冷静应对，步步为营，定能显示出我们的经济，我们的文化与经验，我们的有中国特色社会主义的一切力量与优势。

作为 2008 年的总结当然是对于改革开放 30 年的纪念，是对于十一届三中全会的纪念，是对于邓小平同志的缅怀。

中国在前进，世界在前进，曲折，但并不缓慢，历史乐观主义是对的，历史悲观主义是没有道理的。在日本侵略军占领了大半个中国的时候，我们没有悲观，在蒋军攻占延安的时候，我们没有悲观，现在，更乐观一百倍了。

同时，历史的前进都是有代价的，有遗留问题的。某种意义上说，建设与发展的问题比生死存亡的问题更复杂和易于产生歧义。遇到外敌入侵，面临亡国灭种，起来救亡吧。遇到饥馑灾荒，不得温饱，先解决生存的基本需要吧，这也无可置疑。

小康了呢？全面小康了呢？与全球化日益接轨了呢？初步现代化了呢？思想活跃了呢？见识拓展了呢？众声喧哗是必然的也是不无益处的。

不论成绩多么光辉盖世，永远不要期待一条直路平坦无忧。不论现代化是我们怎样的热烈期盼，永远不要期待现代化能够使得万事大吉。不论得到多少金牌，艰苦奋斗，陷阱风险还在我们的面前。不论外国的古人的说法多么美妙明丽，都不能带来现成的灵丹妙药，中国的事还得靠我们自己挽起袖子，伸出双手，涤除污垢，咬紧牙关，杀出一条血路，承担一切误解、攻击、批评指责，也认真正视我们自身的不足与失误。我们急不得，恼不得，牛不得，冒失不得，也停滞僵化不得。

只要能正视这一个又一个的 30 年，只要能正视 30 年又一个 30 年的生聚与教训，脚印与血迹，思考与感受。

下一个 30 年必须更好，只能更好，也一定会更好！

热场面中的冷思考 *

（2008 年 8 月 20 日）

北京奥运会上两个字熠熠生光：中国。

全世界对北京奥运会好评如潮："北京奥运会让中国赢得世界好感"、"新中国从'鸟巢'起飞"、"中国真正回归世界强国"等等等等。中国金牌总数已远超上届奥运会，至今高悬榜首。我们的优势项目射击、举重、体操、跳水、乒乓球、羽毛球继续保持和扩大优势，我们在非优势项目也开始夺得金牌。

已经可以断定，中国主办了一次成功的奥运会。中国运动员已经大获胜利，中国大喜！

摘金夺银，欢呼鼓掌，热场面需要冷思考，捷报声中我想从男足的失利说起。

不是我哪壶不开提哪壶，而是不开的那一壶有发人深省之处。

要说近几十年十几年以来，我们在男足上没有少费气力，增加投入，更帅换将，体制创新，人才战略，放眼全球，献计献策，可以说是想尽用尽了我们的主观努力。

这说明，有些体育项目，一抓就灵。有些项目，则有更深层次的原

＊ 本文原载《人民日报·海外版》2008 年 8 月 20 日第 1 版。王蒙时任中国作家协会名誉副主席。

因，难以速效。我相信我们的男足运动员教练员也都尽了力，也都盼望成功。与男足类似的还有一些体育的基本项目：例如田径与游泳。

巴尔扎克说，培养一个贵族要三代人，我们也许可以设想，培养一批高水平的男足球员，要几代人的努力。我们应该有清醒的头脑与足够的耐心。

男足失利引起网上一片冷嘲热讽、恶搞以至辱骂。这里不但反映了我们的某些球迷还不文明不成熟不科学不理性，也反映了国人的一种急于求成、盲目陶醉、自视过高、一厢情愿的心态。

而急于求成、盲目陶醉、自视过高、一厢情愿的心态，曾经给新中国的发展建设带来了太多的弊害，远不止于男子足球。

有这么个不尽如人意的男足摆在那里，很好很好。我们还是发展中国家，我们还是社会主义的初级阶段，我们中华民族还不会忘记犹如昨日的"最危险的时候"、"发出最后的吼声"，我们中华民族吃饱饭——基本上解决了温饱问题也还没有多少年。我们人口多，资源少，长期以来积贫积弱积矛盾，我们现在站立起来了，挺起脊梁来了，在北京奥运会上大大地风光了。但是绝不等于已经万事大吉，金牌再多也不等于我们的国力第一，生产力第一，科技第一，文化第一。我们面临的麻烦还很不少，我们的历史负担与人口负担仍然很沉重。

开完奥运会，人们的注意力将集中在回顾改革开放30年上，男足不仅启示我们不能忽略体育事业上的不足，也提醒我们发展进步上的任重道远。建设好发展好中国，当然比踢进几个球更艰难。我们还得卧薪尝胆，我们还得谦虚谨慎，我们还得戒骄戒躁，我们还得在欢呼胜利的同时保持忧患意识。

奥运，我愿为你老泪纵横 *

（2008 年 8 月 7 日）

北京奥运盛会即将开始。

我们是参赛者，我们希望更快更高更强，多得金牌，我们渴望在赛场听到《义勇军进行曲》国歌的奏响，五星红旗的升起。我已经预感到了这种场面的感动中国的力量——奥运，我愿为你老泪纵横。

同时，我们不会忘记和平、非战、重在参与的奥林匹克精神。运动员们赛场上是对手，赛场之外是朋友，而且境外的一切运动员、来宾、记者、拉拉队员都是咱们的客人。

因为咱们不仅是参与国，而且是主办国，是我们受到了世界的重托，国人的重托，好好当一回东道主，好好为世界和平与友谊，为世界的和平、和谐与体育事业作一回贡献。在某种意义上说，这回轮到我们中国请客待客！

我们当然会为祖国的和平发展与体育健儿的优秀业绩而欢呼，好啊，改革开放的中国！好啊，蒸蒸日上的中华民族！好啊，屡创佳绩的中国运动员、教练员……

奥林匹克事业是全人类的事业，是全世界的体育盛典，身为东道主

---

　　* 本文原载《人民日报·海外版》2008 年 8 月 7 日第 1 版。王蒙时任中国作家协会名誉副主席。

的中国人民，同样会用极大的热情与礼貌，以真诚与坦荡的心态为来自五大洲四大洋的各国体育健儿而欢呼！美国的田径、游泳与篮球，欧洲的足球、击剑与马术，韩国的射箭与跆拳道，俄罗斯的体操、射击与某些田径项目，非洲的长跑，拉丁美洲的足球，巴西的女排……都是好样儿的，都会让我们大饱眼福。他们的成就，他们的纪录，属于本国本洲本地也属于全人类，属于中国北京！世界——北京！北京——世界！中国北京与世界的沟通与良好互动，正是北京奥运会的意义所在。正像中国运动员的成绩同样属于世界体育事业、属于人类一样。

我们有自己的祖国意识、爱国主义，同样我们也完全具有世界眼光、人类视野，四海之内皆兄弟的胸怀与天下大同的理念！

可以相信，赛场上，我们会给中国运动员加油，也必然会为世界运动员的每一个精彩表现而喝彩，而激动兴奋。我们为中国运动员的取胜而振奋，同时也祝贺外国运动员、外国队的胜利，哪怕是某一场他们战胜我国运动员、代表队的胜利。某一场，哪怕我们为本国运动员、代表队的失利而流出伤心的泪水，请不要忘记拭一拭泪水后向对手作出潇洒和大度的祝贺，为获胜的一方鼓掌！也别忘了为未能获胜但表现出水平与风度的我国队或外国队鼓掌！更不能做出向对手起哄的无礼举动。即使裁判有了不利于我方的误判，我们也会用笑容最多是摇头来文明地表达我们的态度，而不会有任何的冲动与粗野……

还有各色人等，高官庶民，友好人士与戴着有色眼镜的陌生者……来的都是客，他们将会接触到开放的、坦诚的与充满尊严和自信的中国与中国人。我们是文明的主办方、待客方。

同一个世界，同一个梦想，为祖国欢呼，为世界喝彩，让我们与世界共享奥运赛事的快乐与友谊吧。

为什么中国人那样爱国 *

（2008 年 7 月 15 日）

人们注意到了抗震救灾中焕发出来的伟大的民族精神，人们为之而感动，而鼓舞，而骄傲。

从可歌可泣的无数事实中，我们看到了中华文化已经深入到我们人民灵魂中的一些稳定的、珍贵的、有意义的方面。

我这里首先要强调的是我们的抗逆能力与抗逆风格。家贫出孝子，国乱显忠臣。天将降大任于斯人也，必先苦其心志，劳其筋骨，饿其体肤，空乏其身……艰难困苦，玉汝于成。福兮祸所倚，祸兮福所伏。吃得苦中苦，方为人上人（我们不应将"人上人"理解为权势地位财产，而应该理解为品格与成就）……无数这样的命题与信念已经深入到我们民族的精魂。这些是我们的辩证法哲学，更是我们民族性格文化力量。正是日本军国主义的侵略唤起了中国人民空前的爱国主义。正是我们严峻的生产与生活条件培育了我们的艰苦奋斗、自力更生、勤劳与坚强。那么，正是天塌地陷的汶川大地震，显现了我们民族的坚强不屈与艰难奋斗，就是必然的了。改革开放以来，有过不少关于人们精神面貌的负面说法，而地震的发生令人们对于我们人民的精神状态刮目相看，这是

---

　　*　本文原载《人民日报·海外版》2008 年 7 月 15 日第 1 版。王蒙时任中国作家协会名誉副主席。

意味深长的。

其次我要谈中华民族的凝聚力。我们是一个大国，一个古国，一个文化上极有特点、极有独特魅力的民族。我们的文化爱国主义是无与伦比的。许多年前，我在国外讲学的时候一位朋友问我，为什么中国人那样爱国？我戏言道：中国有唐诗和中华料理。为了我的这个说法，复旦大学附中还特别命题令学生作文。一位移民欧美的华裔学人曾经对我说，他们在欧美生活的最大遗憾是文化共鸣的缺失，例如"露从今夜白，月是故乡明"的杜甫诗句就难以与当地友人共享。近代以来，我们的传统文化受到了太多的考验、挑战、怨怼与污辱，我们也的确应该对之进行深刻的反思与更新完善，我们终于看到了民族复兴、优良传统弘扬、普世成果的汲取、自立于世界民族之林的希望与现实。我们怎么能不珍爱自己的唐诗宋词与粤菜鲁肴，珍惜我们的生活乐趣与内心表达？不论是大陆内地，不论是港澳台，面对地震，表现出来的凝聚力向心力，即众志成城的团结精神、团队精神，使人们增加了对于这样一个人口众多的古老民族的不可分割、不可泯灭的信心。

第三我要强调我们的仁爱之心。仁者爱人，我们的文化强调和谐，强调仁爱、忠恕、礼义，强调民胞物与、将心比心、感同身受。我们的理想是老吾老以及人之老，幼吾幼以及人之幼，四海之内皆兄弟。太多的民族矛盾、阶级矛盾与社会矛盾，严峻的现实与艰难的历史使命，使我们相当长时期以来不能不更多地强调无情斗争的一面。近年来强调和谐、爱的奉献才刚刚开始，已经显露了成效。抗震救灾中有多少这方面的动人事迹啊。

我们的民族精神同时也是与人类先进文明的价值观念互通互动的，我们同样感念世界各国人民与各国政府对于中国抗震救灾的支持。然而毕竟中国是太大了，振兴中华的任务是太艰巨了，中国的国情与文化传统是太有特色了，我们首先得依靠自身，依靠中华民族的伟大精神，没有其他选择。

我们的力量来自以人为本 *

（2008 年 6 月 13 日）

凶险的汶川大地震给我们带来了巨大的伤痛。地震考验了我们，我们作出了有力的回答。

我们显示了团结，显示了爱心，显示了为人民服务的理念，显示了中国特色社会主义建设所积累的实力，也显示了我们的方针政策的力量，手段设备的力量，中华文化的力量，归根结底是以人为本的力量。

以人为本是我们的力量的源泉和核心，以人为本是我们的骄傲和希望。以人为本的思想贯彻着毛主席不遗余力地提倡的为人民服务的原则，贯彻着亲民与民本思想，体现了对于生命的价值的充分肯定，以人为本的原则是无敌的，它既是中国文化优秀传统与近百年来中国人民浴血奋斗的宝贵精神成果，又符合人类的普世价值。它是社会主义核心价值的体现又具有超越特定的意识形态的影响力、说服力与吸引力。以人为本的理念能够团结最多的人，能够有极大的动员能力、鼓舞能力、凝聚能力，它是我们的抗震救灾、克敌制胜、安定团结、改革开放、和平发展、构建和谐社会与和谐世界的精神保证与力量源泉。有了以人为本的出发点与总原则，才有全面建设小康社会的实践与成果，才有改革开

---
* 本文原载《人民日报·海外版》2008 年 6 月 13 日第 1 版。王蒙时任中国作家协会名誉副主席。

放的突飞猛进，才有爱心的大发扬，才有空前的凝聚力与应变能力。

由于以人为本，我们的五星红旗降半旗持续了三天；由于以人为本，我们的五星红旗永远迎风招展。我们因以人为本而热泪盈眶，我们为了以人为本而奋勇前进，夺取胜利。

八万多人的死亡与失踪，三十多万人的受伤，无数建筑的倒塌，无数财产的被毁，可称得上是天塌地陷、生离死别、家破人亡。然而困难没有吓倒我们。没有出现混乱与无政府状态，我们看到的是中央与各级领导同灾区群众的心连心，是军民团结如一人，试看天下谁能敌，是高效率的救援，是万众一心众志成城的及时反应，是爱的奉献的歌声，是让世界多一点爱的呼唤，是骨肉同胞深情，是万国援手的友谊，是以人为本的强大力量。

并不是每一个国家每一个地区都经受得住这样的大灾大难，并不是每一个政府每一个民族都经受得住这样的严峻考验。然而我们经受了，我们挺得住，我们能够担当，我们能够既是有组织有领导地、又是群众高度自发地，既是热情如火地、又是冷静与科学地，既是勇于面对、透明与公开地、又是有序与步调一致地作出了令世界耳目一新的回应。

此次抗震救灾的历程将载入中华民族的史册。这样一个历史的记录凸显了以人为本的光辉与有效性，这是抗震救灾呈现出来并将永远留下来的宝贵精神财富。

世界期待八月的北京 *

(2008 年 5 月 5 日)

北京奥运会来了，近在眼前。我们听到的中国的声音是："我们准备好了"，"欢迎到北京来"，"期待八月的北京"，"共享体育盛会"……

未必有多少先例，一次奥运会的举行，使主办国的人们像我国人民那样激情洋溢，充满珍重与最美好的希望。近代以来，我们吃过太多的苦，我们受过太多的气，我们付出过太多的代价，我们终于走上了建设中国特色社会主义的正确道路并取得了举世瞩目的成就，使主办一次辉煌的奥运会成为可能。

北京奥运会的成功对我们非常重要。我国人民期盼的不仅仅是金牌，而且是作好一次全世界的东道主，展现一个有了可观的发展与进步的，充满希望的，欣欣向荣的东方大国，展现我们与全世界运动员与人民的友谊，展现我们构建和谐社会和谐世界的努力，展现我们五千年的文明硕果与 30 年改革开放的崭新风采。

所以人们对于那些抹黑与污辱自己的亲爱祖国的言论特别敏感。主权与领土，国家与民族，没有什么话题比上面所说的更使国人关心与激动。某些噪音使国人立即联想起一二百年来我们的丧权辱国、割地赔款

---

* 本文原载《人民日报·海外版》2008 年 5 月 5 日第 1 版。王蒙时任中国作家协会名誉副主席。

的近代史，抹黑的噪音激怒了中国，激发了国人的爱国热情，这一切也不能不引起世界的注意。请注意：尊重中国人！理解中国人！

然而这毕竟只是插曲。主旋律仍然是中国的和平发展与进步，是中国处于近代史以来的最好时期，包括对外关系、与西方大国的关系也是最好的时期之一，是中国人民对于世界人民的友谊，是我们已经做了并且正在做着面向世界、面向未来、面向现代化。我们与世界已经有了和正在有着更好的了解与沟通。我们有能力、有愿望，世界也相信中国有能力、有决心办好这次体育的盛会，青年的盛会，人民的盛会。干扰再可恶，仍然不可能妨碍我们的国家和人民的前进脚步。更不可能妨碍与破坏世界的奥林匹克精神和代表这种精神的圣火。恶意再猖狂，到头来只能暴露恶人的野蛮与霸道。我们在不得已的情况下作出一些回应以后，不会忘记更重要的事情与更有力的回答是：把自己的事情做好，把这次奥运会主办好。

好事多磨，干扰与噪音只能激励我们把国家建设好，把民族团结与国家统一巩固好，把对外关系的有关工作做好，把奥运会办得精彩、成功、圆满、吉祥如意。

正如邓小平同志许多年前在与撒切尔夫人谈香港问题时所说的，新中国早已经不是晚清政府主导的那个丧权辱国、一筹莫展的东亚病夫了。我们在聚精会神地搞建设，一心一意地谋发展，在2008年，我们还要聚精会神地、一心一意地主办好奥运会。中国期待着八月的北京，世界期待着八月的北京。敌视者、干扰者、企图分裂中国与抹黑中国的内外势力过去存在，今后仍然会存在，然而，他们不能得逞，在中国大地上响起的仍然是欢迎到北京来的欢呼声，是同一个世界、同一个梦想的美好呼唤，是对于北京奥运会的最美好的祝愿，是友谊与祥和的音响。

欢迎，欢迎，欢迎！北京奥运会已经靠近了，我们一定成功！

请爱护我们的语言文字 *

（2008 年 3 月 10 日）

语言文字是一个民族的文化基石，尤其是我们的汉语，属于独特的词根语——汉藏语系，而我们的汉字，集表意、表形、表音于一体，象形、会意、指事、形声、转注、假借六书更是我们的瑰宝，是我们的独特文化传统的根基，它的构词与句法语法与我们的传统思维模式关系极大。汉字更是我们伟大古国凝聚统一的一个重要因素。

我们正大张旗鼓地宣传弘扬传统文化，然而，语言文字的一些状况却令人担忧，值得引起我们的重视。

例如电视屏幕上常常出现的错别字，包括面向境外播出的节目。

例如获得大奖的作品中出现"你家父"这样的句子，他不知道尊称别人的父亲是"令尊"，谦称自家的老爷子才是"家父"。

各种对联包括刊载在媒体上的与贴在门上的，很多是对对联的嘲笑，风马牛不相及的两句话，不讲平仄，不分虚字实字，不讲比较衬托，硬写在那里了，实在是对中文的不尊重。看这样的对联，有时真与吃一个苍蝇一样恶心。古代甚至曾经以"对对子"取士。如今成了这样，令人能不痛心？

---

　　* 本文原载《人民日报·海外版》2008 年 3 月 10 日第 1 版。王蒙时任中国作家协会名誉副主席。

把小品演出中为了搞笑而错误百出的语句当成了范例，例如认为"相当"是最高级的副词，认为"相当好"的好的程度高于"很好"。这足以令语文工作者叹息！

媒体的一点玩笑，往往误人子弟多多！当读到"离离原上草，一岁一枯荣"时，有的孩子的第一反应竟然是"脚气药"，只因脚气药广告中用了此句。再如"刻不容缓"，某些地方，竟然不如"咳不容缓"那样被青少年熟知。

当然不是故意，名为调侃，实则糟蹋。

简化字回繁，也常常搞得笑话百出。例如谷与穀本来都是繁体字，前者指山谷，后者指穀物，二者合并后简掉穀，谷可以代替穀，但穀绝对不能代替谷，现在一时兴回繁，把山谷也写成了山穀，笑死人。系与係也是如此，当我看到"文学大係"的标题，真的是哭笑不得！简体的钟代替了锺与鐘，但二者含义不同，锺是锺情，鐘是鐘錶（钟表），非要把钱钟书老的名字写繁体字，却又不知道锺与鐘的区分，能不闹笑话吗？繁体範与范是两个字，后者是姓，前者才是模範、範式的範却又兼作姓氏，现在一回繁，姓范的都变成姓範的了，其实还真有姓範的，但也有范而不範的呀，真是乱了套了。

趸进一些文理有问题的说法：如"不尽人意"，本应为不尽如人意，演绎的用法大大出了格，前者甚至取代了后者。

区分不了"不以为然"与"不以为意"，将不重视说成"不以为然"，其实"不以为然"是说不赞成，"不以为意"才是说不理会。

错用成语，如把希图侥幸的"守株待兔"，当作军事上的固守用。

不说了，由于一些不负责任的传媒的影响，由于简体繁体字的随便混用，由于对外来影响的匆匆接纳，我们的语文使用进入了无序状态，这已经成为影响一代国人文化素质的大事了！再不能熟视无睹。

北京奥运的文化意义 *

（2008 年 1 月 31 日）

晚清以来，中国的有识之士，存在着一种严重的文化紧张与文化焦虑。一方面是忧虑自己的传统文化难以应对陌生的异己的世界，突然暴露出千疮百孔，是否气数将尽；一方面是怕挟着军舰大炮的强势的西洋文化会把自己的文化传统战胜与吃掉。于是王国维跳湖自杀，而严复晚年也只能是吸食鸦片。各种对于文化问题的讨论充满悲情、激动人心、争执不休。

这样的紧张性，使人进退都不好掌握。学西方（包括苏俄）学多了，怕是丢了祖宗。学少了，怕是不能自立于世界民族之林。继承传统，多了，怕是复古封建，少了，怕是丢了民族特色。直至今日，关于价值观念、关于建筑风格、关于民俗节日、关于服装、关于文艺与生活方式的有关争论不绝。

在文化上同样有反帝反侵略的严峻的斗争。有全盘西化、全盘苏俄化的主张与对它们的拒绝。也有与国粹派、封建遗老、封建迷信与野蛮邪教以及种种小生产意识的斗争。有各种文化主张：中学为体、西学为用，以夷制夷，第三条道路，改良主义……

---

　　*　本文原载《人民日报·海外版》2008 年 1 月 31 日第 1 版。王蒙时任全国政协文史和学习委员会主任委员、中国作家协会名誉副主席。

在激烈的斗争中，中国人民选择了马克思主义，同时也培育了拿来主义，培育了马克思主义的中国化，培育了民族的科学的大众的新文化方针与实践，培育了面向世界、面向现代化、面向未来的改革开放的文化方针与成果。随着经济建设高潮的出现，随着"三个代表"重要思想与科学发展观的提出，随着构建和谐社会与和谐世界理念的明确与成熟，出现了积极对世界开放，同时热烈地弘扬民族文化的优秀传统，直至国学热的新局面。当然对于国学热也还有种种批评和疑虑。

在这样一个文化环境下，2008年在北京主办奥运会，并提出"同一个世界，同一个梦想"的口号，其意义是非常重大的。可以说近代以来的国人的文化紧张、文化焦虑、文化对抗的形势正在发生重大的变革，中国与世界正在寻求沟通与互相认同，国人的精神资源正在迅速地扩大，我们追求的和谐社会与和谐世界正在成为一种普世的价值。我们的中华文化的主动性正在恢复。我们的文化建设的大发展大繁荣就在眼前。

当然和谐决非易事，某些文化冲突与文化摩擦难以避免。对于中国的偏见与思维定势仍会长期存在。国人的某些狭隘与不文明现象的消除也决非开一次奥运会就可万事大吉。但是我们积极申办与举办奥运会已经说明了我们对于奥林匹克精神与原则的认同，是我们对于和平与友谊、对于重在参与、对于更高更快更强的理念、对于公平竞赛的奥林匹克精神的认同；而世界积极地到中国来参加2008年盛会，也是对于中国的发展与进步的认同，对于中国的文化是人类文明的一个重要组成部分的认同。我们至少可以有所期待，更多的文化交流沟通互补，古老的中国文化的更多的传承、发展与更新，以文化和谐的期待与努力取代文化紧张、文化焦虑与文化对抗的前景，是可能实现的。

解放思想　提高认识
积极推进人民政协文史工作不断向前发展 *

(2007 年 11 月 2 日)

同志们：

刚才，贾庆林主席发表了重要讲话，对人民政协文史工作的重要意义作了深刻阐述，对新世纪新阶段做好文史资料工作提出了新的要求。贾主席的讲话体现了全国政协领导对文史资料工作的高度重视和关心，是一篇指导性很强的讲话，对今后文史资料工作的开展将发挥重要的鼓舞和推动作用。我们要认真学习贾主席讲话，领悟其精神实质，努力贯彻执行，为人民政协文史工作的大发展作出新的贡献。

今天，许多领导同志都出席了会议。我代表全国政协文史和学习委员会，向王忠禹常务副主席、阿不来提·阿不都热西提副主席、徐匡迪副主席等全国政协领导同志亲临会议表示衷心的感谢！向中央有关部委及有关部门的负责同志出席开幕会表示热烈的欢迎！向出席本次会议的同志表示诚挚的问候！

我们这次会议是在中国共产党第十七次全国代表大会刚刚闭幕，举国上下学习贯彻十七大精神的热潮中召开的一次重要会议。会议的主要

---

* 　这是王蒙 2007 年 11 月 2 日在全国政协文史工作座谈会上的讲话。王蒙时任全国政协文史和学习委员会主任委员、中国作家协会名誉副主席。

任务是，学习贯彻中共十七大精神和《中共中央关于加强人民政协工作的意见》，交流本届政协以来文史资料工作的经验，总结文史资料工作理论创新和工作创新的成果，研究新形势下文史资料工作遇到的新情况和新问题，讨论《关于加强文史资料工作的意见（征求意见稿）》，推进新世纪新阶段人民政协文史工作的新发展。

一、本届政协文史资料工作回顾

文史资料工作是人民政协工作的重要组成部分，是一项具有统一战线特色并有着广泛社会影响的社会主义文化事业。本届政协以来，在各级政协领导的重视和关怀下，经过广大政协委员和政协文史工作者的不懈努力，文史资料工作取得了新的进展。

（一）明确方针任务，稳步推进文史资料工作

进入新世纪新阶段，人民政协工作和社会主义文化建设蓬勃发展，文史资料工作面临着前所未有的机遇和挑战。我们以党的十六大精神为指导，认真总结新时期以来文史资料工作的新鲜经验，明确了本届政协文史资料工作的指导方针：以邓小平理论和"三个代表"重要思想为指导，高举爱国主义、社会主义旗帜，坚持实事求是原则，保持特色，开拓创新，充分发挥文史资料的社会功能，为政协委员履行职能服务，为全面建设小康社会服务。提出了总体工作思路：在抓紧做好新中国成立前史料征集、出版工作的同时，重视做好征集、出版新中国成立后史料工作，继续做好库存史料的清理、保管和利用工作，继续探索文史资料工作为现实服务的新途径。同时提出，文史委员会作为政协的一个专门委员会，担负着两项主要任务：一是征集、编辑、出版近现代史回忆资

料；二是组织委员履行政协职能。正是明确了指导方针和任务，文史资料工作得到健康有序的发展。

（二）统筹规划，开展文史资料选题大协作

开展大协作是人民政协文史工作的优良传统，也是文史资料工作优势互补、形成合力、精选集萃、多出精品的有效途径。经全国暨地方政协文史委员会主任会议研究，提出了《本届政协文史资料选题协作规划》，包括五个系列共 42 项选题。各级政协文史工作部门发扬全国一盘棋精神，热情参与大协作。在大协作中，全国政协文史和学习委员会把握全局，协调各方，及时掌握并帮助解决各个专题征编中遇到的困难和问题；各牵头省市政协勇挑重担，制定征编方案，适时召集编审会议；各协作省市政协积极配合，主动征集并提供稿件，保证了各个专题征集编辑工作进展顺利并初见成效。在人民政协成立 55 周年之际，《人民政协纪事》出版发行。《共和国亲历亲见亲闻书系》中的《宝钢建设纪实》、《一汽发展历程》已经出版，工业学大庆、治理长江、治理黄河、原子弹氢弹、经济特区建设、温州民营经济的兴起和发展、五七干校等专题已完成征集工作。《中国少数民族文史资料书系》中的《俄罗斯族百年实录》已经出版，瑶族、羌族、仡佬族、达斡尔族、鄂伦春族、鄂温克族等专题进入编辑印制程序。《名人故居博览》中的福建、浙江卷已经出书，江苏、河南、北京、安徽、天津、广东、内蒙古、湖南、四川等地方卷的征编工作已基本完成。此外，《近代中国要塞》、《日军侵华时期的细菌战》已送交出版社编排。

（三）精选精编，文史资料编辑出版工作取得丰硕成果

各级政协在参与文史资料征集出版大协作的同时，自身的文史资料

工作正常开展。天津、山西、河南等地政协已编辑出版文史资料100多辑，分别举办百辑座谈会等庆贺活动。《纵横》、《文史精华》、《文史月刊》、《钟山风雨》、《江淮文史》、《春秋》、《文史博览》、《文史春秋》、《文史天地》等文史期刊坚持正确的办刊方向，立足政协，面向社会，以其生动翔实的史料吸引着众多读者，其中一些期刊被评为本地区或本省社科类优秀期刊。《共和国亲历亲见亲闻书系》、《重庆市统战政协文史资料丛书》、《晋商史料全览》，甘肃"三族""四城"系列、岭南名家系列，《20世纪湖南文史资料文库》、《贵州旅游文史系列丛书》等图书的出版，展示了文史资料专题化系列化的成果。《北京文史资料精选》、《浙江文史大典》、《安徽文史资料全书》、《云南文史集萃》等系列丛书，汇集了本地文史资料的精华，扩大了文史资料的社会影响。

（四）创建平台，全方位加大文史资料工作力度

征集是文史资料工作的基础性工作，也是文史资料工作可持续发展的关键环节。为探索建立新形势下文史资料征集工作机制，在继续采用征稿函、座谈会、登门拜访等组稿方法的同时，各级政协文史部门努力搭建新的平台，全方位开展征集工作。全国政协文史和学习委员会与人民政协报社联合开展《政协委员一日》征文活动，请各位委员将自己在本届政协期间最典型、最生动、最有意义的一日记录下来。征文启事发出后，政协委员投稿踊跃，人民政协报《春秋周刊》开辟专栏刊登征文稿件，《政协委员一日》第一辑在全国政协十届五次会议上同各位委员见面。《政协委员一日》真实地记录了进入新世纪以来政协委员的亲身经历和切身感受，以独特的视角展现了委员们在经济、政治、文化、社会等各个领域丰富多彩的工作和生活，生动鲜活地描绘了在中国共产党领导下我国人民全面建设小康社会、加快推进社会主义现代化的历史画卷。

《政协委员一日》征文活动，激发了人民政协文史工作新的生机和活力，成为文史资料的新品牌。

（五）拓展领域，港澳文史资料工作取得突破性进展

港澳史料是文史资料的有机组成部分，也是文史资料工作的新领域。全国政协文史和学习委员会成立了香港组和澳门组，先后在两地召开征集座谈会，本着先急后缓、先易后难、由近及远的工作原则，有计划地推进港澳地区的文史资料工作。香港组编辑出版了《香港在抗日期间》、《香江历程》等大型图书，以丰富的史料、珍贵的图片反映了香港风云际会的发展历程。澳门组通过发送信函、采访当事人等方式，征集到100多万字的资料，编辑出版了《澳门回归历程纪事》（一）（二）、《澳门回归之路》、《子女记忆中的父亲——叶挺相传》等专题图书，记述了澳门历史上的重大事件和重要人物。广东等省市政协相继开展了港澳史料的征集工作，加强了内地与香港、澳门的沟通和联系，征集出版了一批有价值的史料，扩大了"一国两制"方针的宣传和影响。

（六）创新形式，运用现代科技手段发掘利用文史资料资源

采取录音、录像、摄影等现代科学技术手段开展文史资料工作，不仅可以提高工作效率，而且可以保存和出版鲜活、形象的历史资料，这是文史资料工作适应社会发展的必然要求。近年来，各级政协十分重视图片资料的收集，出版了一批反映历史人物和历史事件的画册，如《上海现代文化名人画传》、《以史为鉴——日本制造伪满洲国图证》、《河北抗日战争图鉴》、《山西近现代史写真》、《湖南百年老照片》等。政协文史工作部门还与有关部门合作摄制了一批电视专题片，如《我的家在松花江上》、《淞沪抗战》、《走过辉煌——河北抗日烽火》、《脊梁》、《我的爷爷杨

靖宇》、《贺绿汀》等，在中央电视台或地方电视台播出，直观而生动地再现了历史，具有较强的说服力、感染力、震撼力，对于开展爱国主义教育和革命传统教育，巩固和扩大爱国统一战线，促进社会主义精神文明建设，发挥了积极作用。

（七）动静结合，积极探索文史资料工作为履行政协职能服务的新途径

每逢重大历史事件和重要历史人物的纪念日举办纪念活动，是文史委员会履行职能的一大优势和特色。在人民政协成立 55 周年、中国人民抗日战争暨世界反法西斯战争胜利 60 周年、林则徐诞辰 220 周年、孙中山诞辰 140 周年、红军长征胜利 70 周年、西安事变 70 周年等纪念活动中，各级政协文史委员会纷纷出版专题史料图书、画册，举办纪念会、报告会、座谈会、学术研讨、图片展览等活动。有了丰富的文史资料积累，参政议政就具有了独特的视角和深度。文史委员会根据自身的特点，选取历史与现实的结合点、切入点，围绕中心，服务大局，积极开展专题调研、专题考察、反映社情民意等活动。近年来，名人故居的保护、历史文化名城保护与建设、世界文化遗产的保护、京杭大运河保护与申遗、非物质文化遗产保护与传承、博物馆建设、古籍整理等专题考察和调研活动引起社会的广泛关注，所提建议受到中央和地方政府及有关部门的重视。各级政协文史委员会成为弘扬中华优秀传统文化、保护文化遗产、光大民族精神的一支重要力量。

（八）创新理论，逐步建立文史资料学科体系

文史资料工作深深植根于人民政协的土壤之中，历经近 50 年的发展，形成了许多好的工作传统，积累了一整套的宝贵经验，亟须从理论

上研究和探讨，并逐步构建自身的理论体系，使之成为人民政协理论的重要组成部分。创建文史资料学科是政协文史工作者孜孜以求的目标。早在 20 世纪 80 年代，一些地方政协成立了文史资料学术研究会。90 年代，《文史资料工作概述》和一批文史资料论文集相继出版。2006 年召开了全国暨地方政协文史工作研讨会，围绕人民政协文史工作的理论和实践问题进行了交流和研讨。会议提出，要积极推动文史资料工作向学科建设方向发展，注意研究自身的基本规律，研究它在统一战线和人民政协事业中的地位和作用，研究它同人文科学其他学科的联系和区别，研究文史资料征集、编辑、出版、发行等各个环节出现的新情况、新问题，同时关注和了解国内外相关学科的最新进展，与有关社团组织和学术机构加强交流与合作，不断通过理论创新推动工作创新。会后，全国政协文史和学习委员会组织力量修订《文史资料工作概述》。

本届政协以来，文史资料工作取得了可喜的成绩，同时阻碍文史资料工作深入开展的问题仍然很突出。比如，对新形势下人民政协开展文史资料工作的意义宣传不够，认识不到位；对文史资料工作面临的新形势新任务缺乏系统的研究，认识不统一；文史资料工作制度化、规范化建设差距甚远，一些地方政协的文史资料工作没有提到议事日程；文史资料工作机制尚未建立，征集工作难度很大；在一些地方政协编制、人员、经费问题是制约文史资料工作开展的实际问题。我们要在总结经验的基础上，提高认识，统一思想，加强领导，扎扎实实推进文史资料工作。

二、开展文史资料工作的几点体会

谈几点对文史资料工作的体会和看法。

（一）文史资料工作是履行人民政协主要职能行之有效的工作方式

中共十七大报告指出：支持人民政协围绕团结和民主两大主题履行职能，推进政治协商、民主监督、参政议政的制度建设。《中国人民政治协商会议章程》规定：根据统一战线组织的特点，进行关于中国近代史现代史资料的征集、研究和出版工作。从中可以看出：一是人民政协的三项职能是为两大主题服务的；二是文史资料工作作为人民政协工作的重要组成部分，具有统一战线的性质，这是文史资料工作与一般史学研究工作最大的区别。一般史学部门是为了研究历史、撰写历史，而政协文史工作除了为历史研究提供服务外，更重要的是通过征集、出版史料广泛团结社会各界人士，以史团结人，以史影响人，以史教育人。这也是当年周恩来同志在政协倡导开展文史资料工作的意义和目的。有组织有计划地组织政协委员和社会各界人士撰写文史资料，把自己的亲身经历和宝贵经验记录下来，与政协委员在各种会议上发表意见建议、提提案、反映社情民意等一样，都是人民政协发扬民主的重要方式和渠道，都是人民政协履行职能的具体体现。

能否全面地正视历史经验与历史教训，这也应该是民主监督的一项内容。文史资料工作所体现的民主监督，即包括对于治史的监督。比如，战争年代，由于档案保存困难等方面原因，致使文献记载很不完整，甚至有些重大史实出现错误。其中一些重要历史事件的细节，通过政协征集一些亲历者的回忆文章得到了补充或更正。比如，各级政协组织征集、出版了许多有分量、有价值的抗战史料，从不同侧面生动具体地记录了60多年前那场凝聚着以爱国主义为核心的伟大民族精神的气壮山河的斗争，成为研究在中国共产党倡导建立的抗日民族统一战线旗帜下进行全民族抗战的不可多得的素材，成为揭露日本侵略者对中国人民犯下滔天罪行的重要史实。文史资料所展现的全民族抗战画卷，不仅如实地宣传了中国共产党在抗日战争中的中流砥柱的作用，同时也客观公正地宣传了正面战场以及国民党爱国将领的功绩。

文史资料工作参政议政、为现实服务，不仅是文史资料工作自身的要求，更重要的是执政党提高执政能力的要求，是民主政治建设的要求，是历史发展的要求，是民族振兴的要求。江泽民同志曾指出："一名领导干部不善于从历史上吸取营养，不可能成为高明的领导者；一个政党不善于从历史中认识和把握社会发展的规律，不可能成为顺应历史潮流的自觉的政党；一个民族不善于从历史中继承和发展本民族与世界其他民族创造的优秀文明成果，就不能屹立于世界民族之林。"这段话充分说明了历史与现实的关系，说明了借鉴历史的重要意义。文史资料是当代人写当代史，更具有借鉴作用。它作为活的历史，除了其中所记述的"三亲"史料外，还包含了当事人对历史经验的心得与总结。对于历史的认识、回顾、评价，实际上反映了我们今天对各种重大问题的认识水平，是当今的政治选择、政治估量、政治方向。党的事业的几次飞跃，都来自对于若干重大历史问题作出了决议。通过回顾历史，更深刻地认识现在，正确地走向未来。

（二）文史资料工作体现了当前的思想认识水平、主客观相一致水平、思想解放水平和改革开放水平

在文史资料工作创建初期，从 1959 年 7 月成立全国政协文史资料研究委员会到 1966 年 5 月，全国政协和各地政协文史资料研究委员会共征集到各类文史资料达 1 亿多字，平均每年征集字数近 1500 万字。这个时期文史资料征集工作之所以取得骄人的成绩，概括分析有几个方

面的原因。一是周恩来同志倡导开展文史资料工作的思想是正确的，它极大地调动了有着丰富经历的 60 岁以上政协委员和社会各界人士的积极性。二是戊戌以来的重大历史事件当事人大多健在，成为征集"三亲"史料的重要基础。三是当时全国政协文史资料研究委员会从统一战线特点出发制定的一些原则如："三要"（撰写史料要实事求是、要具体、要大胆），"四不"（不扣帽子、不拘观点、不限体裁、不求完整），"三给"（对撰稿人要给予报酬、给予帮助、给予尊重）等等，针对性强，具体务实，对调动征集对象的积极性和广泛团结各界人士起到了非常重要的作用。四是在当时的政治背景下，很多历史当事人有与旧社会划清界限的强烈愿望，而撰写文史资料为此提供了平台。

在十年浩劫中，刚刚发展起来的文史资料工作和其他文化事业一样，遭到了空前的摧残。

1978 年中共中央召开的十一届三中全会重新确立了党的思想路线，拨乱反正，统一战线工作受到高度重视和加强，文史资料工作也进入了恢复时期。在这一时期，统战政策得到落实，大大调动了社会各界人士的积极性，为开展文史资料征集工作创造了良好的大环境。其次，文史资料工作努力清除"左"的错误思想影响，在征集出版史料时注重把握统战政策，充分体现了政协广泛团结、最大包容的特点，调动了社会各界人士撰写文史资料的积极性，出现了"一篇史料能够团结一大片"的局面。

在改革开放初期，党的十二大明确提出"必须尽一切努力，进一步巩固和加强由全体社会主义劳动者、拥护社会主义的爱国者和拥护祖国统一的爱国者组成的，包括台湾同胞、港澳同胞和海外侨胞在内的最广泛的爱国统一战线"。1983 年，邓颖超主席在第四次全国文史工作会议上提出开展海外史料征集工作。全国政协文史资料研究委员会成立了港澳台及海外史料征集组，有条件的省市自治区政协和市县政协也相继开展了海外史料征集工作，并取得了较好的成果。

现在文史资料征集工作最大的问题是顾虑太多、避讳太多。胡锦涛同志在中共中央党校的重要讲话中指出，必须坚定不移地坚持解放思想。文史资料工作也需要进一步解放思想，通过征集出版文史资料把我们国家正确的主导方向和丰富多彩、边边角角的特色呈现出来。我们还有许多选题处在尚未开发的状态。欢迎所有的政协委员、社会各界人士提供资料。有的资料可能有很多人非议，说这个资料是片面的，甚至是有害的，会对当前的社会起坏的作用。作为资料可以先保存起来，不出版，这样征集工作既可以不回避那些敏感问题，同时也可以做到帮忙不添乱。做文史资料工作还是要有一点远见，文史资料是要流传下来的，不仅仅考虑当前，还要考虑到今后，因为这是一项有益当代、惠及后世的事业。

（三）文史资料工作是政协的一项基本建设，是树立人民政协的形象和扩大其社会影响的舞台和窗口

历史是一种资源。一部中国近现代史，既是中华民族历尽沧桑、饱经忧患的辛酸史，又是志士仁人和广大人民群众为实现国家独立富强而流血牺牲可歌可泣的奋斗史。不了解中国的历史，就不了解中国的今天。从鸦片战争、辛亥革命、五四运动、土地革命、抗日战争、解放战争、新中国建立，到改革开放等等，生动而真实地将这些历史记录下来、反映出来，可以为增强民族自尊心和自信心，培育和弘扬民族精神和爱国精神提供极好的教材；可以使人们更深刻地理解走中国特色社会主义道路，是历史的选择、人民的选择、时代的选择；也可以让世人了解在中国建立共产党领导的多党合作和政治协商制度的必然性和现实性。

政协委员是人民政协履行职能的主体，是社会各界深具影响的代表人物，其中有众多的社会贤达、知识精英。他们有着丰富的人生阅历，经历过许多重大事件，在各自的工作岗位上为社会进步和时代发展作出了很大贡献。当政协委员是一种经历，哪怕是很小的一件事，都是资源。不了解委员亲历亲见亲闻的历史，就不了解人民政协组成的代表性、权威性、影响力。通过文史资料的广泛征集与传播，显示政协委员的背景与历史作用，树立人民政协的方方面面积极参与新中国的历史进程的形象，使社会各界更好地了解政协，增强政协的凝聚力与对社会各界的影响。所以说文史资料工作是人民政协的一项基本建设。要做好政协工作，就必须重视做好文史资料工作。

三、对《关于加强文史资料工作的意见（征求意见稿）》的简要说明

人民政协文史工作开展了近 50 年，全国政协文史资料研究委员会曾经制定过《关于文史资料工作若干问题的意见》，全国政协办公厅也曾印发过各种全国政协文史会议的纪要，但还没有以全国政协的名义颁发过有关文史资料工作的正式文件。近年来，人民政协工作的制度化、规范化和程序化建设进程加快，制定一个文件以加强和规范文史资料工作成为各级政协组织的迫切要求。

为筹备本次会议，今年政协大会之后，全国政协文史和学习委员会及办公室即组织力量着手会议文件的起草工作，一是印发调研提纲，普遍征求各地政协对新形势下开展文史资料工作的意见；二是利用华北地区政协文史工作协作会议召开之际，文件起草组到会听取意见；三是由办公厅分管副秘书长和文史和学习委员会负责同志带队，分赴十个省市

政协进行文史资料工作调研。在掌握大量第一手材料的基础上，文件起草组汇总情况，认真研究，起草了《关于加强文史资料工作的意见（征求意见稿）》。初稿形成后，几经修改，数易其稿。在此期间，邀请一些省市政协文史委员会负责同志来京座谈修改文件，将文件稿带到中南西南地区政协文史工作协作会议上征求意见，提交全国政协文史和学习委员会主任会议讨论修改。经再次修改后，报全国政协领导审阅，正式提交本次会议讨论。根据会上同志们的意见修改，将按程序报批，以全国政协文件的形式印发各级政协组织。

《关于加强文史资料工作的意见（征求意见稿）》分为四个部分共23条，第一部分为"加强文史资料工作是新形势下人民政协事业发展和社会主义文化建设的客观要求"；第二部分为"新世纪新阶段政协文史资料工作的方针、原则和重点"；第三部分为"切实加强对文史资料工作的领导和协调"；第四部分为"与时俱进地推动人民政协文史资料工作向前发展"。

《关于加强文史资料工作的意见（征求意见稿）》在总结近50年特别是新时期以来人民政协开展文史资料工作的经验的基础上，明确了新世纪新阶段文史资料工作的方针、原则和任务，围绕加强领导和开拓创新提出了具体要求。我相信，《关于加强文史资料工作的意见（征求意见稿）》经过本次会议的讨论会进一步完善，将在人民政协文史工作今后的发展中发挥积极的推动作用。

同志们，中共十七大为我国的发展描绘出美好蓝图，为社会主义民主政治建设和社会主义文化的发展指明了方向。我们要认真学习贯彻十七大精神，努力做好新世纪新阶段人民政协文史资料工作，坚持正确政治方向，创新工作机制和手段，深入发掘文史资料的丰厚资源，为壮大爱国统一战线，为兴起社会主义文化建设新高潮作出新贡献！

让中华文化在我们手中发扬光大 *

（2007 年 8 月 16 日）

中华文化是目前世界上唯一没有断裂的古老文化。加强文化史的开拓、保护、弘扬，对于我们的文化事业事关重大。

在重大的转折与急剧的发展之中，我们的文化史或文化沿革的某些局部存在着被轻慢、被遗忘的危险。例如在弘扬传统文化的热潮中，同样需要认真研究与继承以鲁迅为代表的五四新文化运动的革命批判的传统。批判与自我批判精神，与善于学习、汲取、继承一起，是古老文化历久弥新的保证。

对于文化事业上有过的曲折，同样要正视总结，理直气壮地视为我们的宝贵经验资源，人类的经验资源，而不能使之空白化。

中华文化的特色之一是对于道德、修身（思想修养）的重视，是以德治国——仁政与王道的理想。我们需要加强对于社会主义核心价值与以八荣八耻为主要内容的社会公德的传习与深化研讨。

对于民族民间的作为生活方式的文化积累，要在不同层次上保护。有的继承充实发展，例如民族节日，民间文化活动形式。有的要抢救保护，防止失传。有的要多轨并用，例如地方方言与普通话，老式酒缸与

---

　　* 本文原载《人民日报·海外版》2007 年 8 月 16 日第 1 版。王蒙时任全国政协文史和学习委员会主任委员、中国作家协会名誉副主席。

西式酒吧，老式新式茶寮茶馆与西式星巴克及各种咖啡间。

文化的生态规律告诉我们，一种富有生命力的文化，一般欢迎异质形式的掺和、丰富、挑战和引进，并有能力化异为己，古为今用，洋为中用。

对于中华特有的艺术品类给予适当的政策倾斜扶植。但是防止急躁与虚夸（例如以商业方式到某外国剧院演出然后大吹大擂）。对某些含有明显糟粕的文化现象，如风水、占卜、巫术也聊备一格，保留下做民俗学的资料与风景，同时防止它们的恶性膨胀。

对于源自西洋东洋的文化样式，一般抱兼收并蓄、为我所用、汲取学习的基础上力求出新创新、存优汰劣、存利去害的态度。

对于我们的传统文化中比较缺乏的部分，例如科学实验与实证、数学演证的论证方式与严密的逻辑推理、法律与契约体系、效率与企业管理、权力制约与转移……要积极引进，予以中国化的改造，使之起到化中国、即推动中国文化的发展丰富的作用。中国化是基础，化中国是效用。

对于大多数自然科学与产业技术，则是努力学习、迎头赶上，实事求是。

对于敌对型与公害型文化，采取遏制打击管理防范的必要措施。

我们要宣示我们建设文化大国的目标与方针。编辑出版权威性的中华文化大观与中华文化史。根据我国对于有杰出贡献文化人士建立祠堂的传统，参考自称文化超级大国的法国巴黎的先贤祠的做法，建立中华文化纪念馆。制定国家级的人文学者、社会科学学者，包括文学艺术家的荣誉称号体系与评奖体系，每年或每数年，由国家领导人向获得此类荣誉的人颁奖。

与此同时，重视人民群众的文化娱乐、文化消费需求，发展积极健康、有益身心的娱乐、消闲、旅游、健身、收藏、交谊、展演活动和有关文化产业、文化市场。增加这些活动的文化含量。建设更多的收费俱乐部。用文明的美好的生活方式取代赌博、色情、吸毒、迷信等非法丑恶现象。文化精英们应该指点低俗，提高低俗，超越低俗，而不仅是进行情绪化的声讨。一个和谐的小康社会，从某种意义上说，自然是歌舞升平的社会。这并不是掩盖社会矛盾和冷漠弱势群体，也不是放弃知识分子的忧患与批判意识，这是两个问题，不能混为一谈。

和谐文化与文化和谐 *

（2007 年 7 月 24 日）

中共中央总书记、国家主席胡锦涛在第八次文代会、第七次作代会上指出："面对当今世界各种思想文化相互激荡的大潮，面对国家发展和人民生活改善对文化发展的要求，面对社会文化生活多样活跃的态势，如何找准我国文化发展的方位，创造民族文化的新辉煌，增强我国文化的国际竞争力，提升国家软实力，是摆在我们面前的一个重大现实课题。"

我们的文化事业是中国共产党领导的，是在中国特色社会主义体制中建设和发展的，它的指导思想是马克思列宁主义、毛泽东思想、邓小平理论、"三个代表"重要思想。

被我们的主流意识形态所指导的文化事业、文化现象、文化成果、文化传统，则有着更加宽泛、更加多样的内容，更加恒常、更加需要在历史的长河与世界的视野中自然而然地选择、形成、改变、发展和积累。我们必须面对这种文化的多样性、渐进性、普泛性和长期性，尊重与正确运用文化消长的自身规律。文化形成于长期的历史积淀，同时它必然接受意识形态的引导与适应一定的社会制度。例如：宗教文化、儒

---

　　* 本文原载《人民日报·海外版》2007 年 7 月 24 日第 1 版。王蒙时任全国政协文史和学习委员会主任委员、中国作家协会名誉副主席。

家文化、中华民族的古老经典、西洋思潮，它们多半不隶属于我们的指导思想与社会制度，它们的某些观念或与我们的意识形态不无抵牾，但是，在邓小平理论、"三个代表"重要思想与科学发展观的旗帜下，它们可以得到整理、选择、规范与趋利避害的发挥弘扬，成为我们的文化精神资源与文化精神财富。

和谐社会、和谐世界的提出，是实现中华民族的文化复兴与新辉煌的重要理念。和谐文化，尊重孔子的"和而不同"的传统，同时广泛开拓我们的文化资源与文化理念。它是拿来主义的而不是保守狭隘的，是善于选择和消化的而不是全盘照搬的，是共赢互补的而不是零和模式的。和谐文化的前提是文化和谐，即避免文化上的门户之见，调节可能的文化冲突，开展郑重的良性的文化批评，发挥指导思想的导向作用。

和谐世界的提出，还使我们在价值观念互相激荡、互相争夺中处于主动。在世界上，我们不仅是自身文化价值的申辩者，而且是具有新意的普世理想——和谐——的开拓者、提倡者。

和谐文化的提出，有助于实现我们的文化创新与文化整合。我们追求的不是全盘西化，不是复古，我们在创造历史的过程中创造新的文化精神：兼收并蓄，丰富壮大，自主创新，面向世界，面向未来，面向现代化。

这将是一个既高度弘扬传统，又高度创新与汲取了一切现代文明的优秀成果的，既富有鲜明的民族特色，又呼应着人类文明大潮，广泛地满足了不同地域（包括港、澳、台与全球华人）、不同层次、不同民族、不同信仰、不同个性中华儿女的文化需求的，同时体现了社会主义理念的文化生活、文化巨流。它是古老的也是现代的，是生机勃勃的文化也是经典的与美轮美奂的文化，是理想的精英的高雅的，也是贴近人民的充满生活气息的为人民群众喜闻乐见的文化。它是人类文明的不可或缺的组成部分。

开拓　创新　自主　整合 *

——试谈和谐文化与文化和谐

(2007 年 7 月 24 日)

胡锦涛同志在八次文代会七次作代会上指出：面对当今世界各种思想文化相互激荡的大潮，面对国家发展和人民生活改善对文化发展的要求，面对社会文化生活多样活跃的态势，如何找准我国文化发展的方位，创造民族文化的新辉煌，增强我国文化的国际竞争力，提升国家软实力，是摆在我们面前的一个重大现实课题。

这确是一个重大的课题，我们的文化工作者与这方面的领导同志，要努力做好这篇"找准我国文化发展的方位"的文章。

对此我提出一点建议：

一、我们的文化事业是党所领导的，是在中国特色的社会主义体制中建设和发展的，它的指导思想是马克思列宁主义、毛泽东思想、邓小平理论、"三个代表"重要思想，是落实科学发展观的题中之义。

被我们的主流意识形态所指导的文化事业、文化现象、文化成果、文化传统，则有着更加宽泛、更加多样的内容与更加恒常、更加需要在

＊　这是王蒙 2007 年 7 月 24 日在全国政协"以文化建设为主要内容的国家软实力建设"专题协商会上的发言。王蒙时任全国政协文史和学习委员会主任委员、中国作家协会名誉副主席。

历史的长河与世界的视野中自然而然地选择、形成、改变、发展和积累的特色。我们必须面对这种文化的多样性、渐进性、普泛性和长期性，尊重与正确运用文化消长的自身规律。文化是一个比意识形态与社会制度更普泛和久远的范畴，同时它必然接受意识形态的引导与适应一定的社会制度。例如宗教文化、儒家文化、古老经典、西洋思潮与科学技术、各种价值观念与社会体制的历史沿革，它们多半不隶属于我们的指导思想与社会制度，它们的某些观念可能与我们的意识形态产生矛盾，但是，在我们的邓小平理论、"三个代表"重要思想与科学发展观的旗帜下，它们可以得到保护、整理、选择、运作、规范与趋利避害，成为我们的文化资源与文化财富。

二、我们的文化发展的根本出发点是以人为本，以民为本。作为生活方式、理念、智慧与经验积累的文化，它的首要意义在于提高人们的生活质量，给人们带来幸福、进步、有序与发展的空间，给民族与国家带来凝聚力与魅力，个性与形象，自豪与满意感。只有在满足个人与群体的需要上是有效的，才能成为软实力。而对这种有效性的评估，应该是我们进行文化选择取舍和制定文化政策的首要标准。

三、和谐社会、和谐文化、和谐世界的提出，是实现中华民族的文化复兴与新辉煌的重要理念。和谐文化，既是尊重孔夫子的"和而不同"的传统，实现民族自尊自信；又是广泛开拓我们的文化资源与文化理念，善于学习，从善如流。它是拿来主义的而不是保守狭隘的，是善于选择和消化的而不是全盘照搬的，是共赢互补的而不是零和模式的文化胸怀与文化战略。面对古今、中外、城乡、多地域多民族多学派的文化潮流，和谐文化的前提是文化和谐，避免文化上的门户之见，调节可能的文化冲突，开展郑重的良性的文化批评，维护指导思想的指导地位。

和谐世界的提出，还使我们在价值观念互相激荡、互相争夺中处于主动。在世界上，我们不仅是自身文化价值的申辩者，而且是具有新意的普世理想——和谐——的开拓者、提倡者。

和谐文化的提出，有助于实现我们的文化创新与文化整合。我们追求的不是全盘西化，不是复古，不是回到孔夫子，不是回到根据地，不是苏联式、"文革"式，也不是已有的任何（如北欧）模式，我们正在创造历史的过程中创造新的文化精神：兼收并蓄，丰富壮大，自主创新，面向世界，面向未来，面向现代化。

这将是一个既高度弘扬传统，又高度创新与汲取了一切现代文明的优秀成果的，富有鲜明的民族特色，又是呼应着人类文明大潮、成为欧美主流文明的重要参照的，广泛地满足了不同地域（包括港、澳、台与全球华人）不同层次、不同民族、不同信仰、不同个性的中华儿女的文化需求，同时又体现了社会主义理念的文化生活、文化巨流。它是古老的文化也是现代的文化，是生机勃勃的文化也是经典的与美轮美奂的文化，是理想的精英的高雅的也是贴近人民的充满生活气息的为人民群众喜闻乐见的文化。它是人类文明的不可或缺的组成部分。

要和谐就要反对极端主义、恐怖主义与分裂主义，正确地开拓和运用我们的自古以来积淀的中庸之道的传统。同时实行有效的百花齐放、百家争鸣的政策。

四、中华文化的特色之一是对于道德、修身（思想修养）的重视，是以德治国——仁政与王道的理想。道德意识是精神文明的重要组成部分。政治道德是政治文明的重要组成部分。关于两个文明、三个文明、四位一体的思想，是我们的文化特色的一个亮点，值得继续研究推动开拓。

在我们致力于将中国建设成新的礼义（不是礼仪）之邦的时候，在我们致力于开掘中国的修身齐家传统精神资源的时候，我们还要正视我们的传统文化在社会公德方面讲究得不够，积累得不深的弱点。加强以八荣八耻为主要内容的社会公德的传习与深化研讨。

五、中华文化是目前世界上唯一没有断裂的古老文化。对于我们来说，文化是现实的也是历史的概念。悠久的历史是中华文化的骄傲与根基。加强文化史的开拓、保护（包括文物保护、非物质文化遗产保护与民间文化资源的保护）对于我们的文化事业事关重大。

在重大的转折与急剧的发展之中，我们的文化史或文化沿革的局部仍然存在着被歪曲、被轻慢、被抹杀的危险。例如在弘扬传统文化的热潮中，我们同样需要认真研究与继承以鲁迅为代表的五四新文化运动的革命批判的传统。批判与自我批判精神，对于一个古老的文化传统是重要的。它们与善于学习汲取一起，是古老文化历久弥新的保证。

对于新中国成立后在文化事业上有过的曲折，同样要正视、要总结，要理直气壮地视为我们的宝贵经验资源，而不能使之空白化。我们不能把对于曲折经验的回忆、叙述、总结、感叹、书写的话语权，避让出去。

六、对于民族民间的作为生活方式的文化积累，要在不同层次上保护。有的继承充实发展，例如民族节日，民间文化活动形式。有的要抢救保护，防止失传，例如某些婚丧祭拜习俗。有的要多轨并用，例如地方方言与普通话，老式酒缸与西式酒吧，老式新式茶寮茶馆与西式星巴克及各种咖啡间。

对于西洋节日、街舞之类的习俗，一般不采取行政手段禁止或强行提倡，文化的生态规律告诉我们，一种富有生命力的文化，一般欢迎异质形式的掺和、丰富、挑战和引进，并有能力化异为己，古为今用，洋为中用，（如同我们可以给可口可乐加上鲜姜做成我们的解表中药饮剂或炖三杯鸡的卤料）统统汇入到建设与发展丰富中华文化的宏伟事业中去。

七、对于中华特有的艺术品类，如汉字书法、戏曲、国画、武术、曲艺、民族器乐、民族体育、中医药、木版水印与线装书、某些手工艺，给以适当的政策倾斜扶植。但是防止急躁与虚夸（例如以商业方式到某外国剧院演出然后大吹大擂）。对某些含有明显糟粕的文化现象，如风水、占卜、巫术也聊备一格，保留下作民俗学的资料与风景。还有些有一定争议的文化遗产，例如气功、经络学说、表演艺术中的男女角色对调现象，同样予以保护和研究，重在保护。

对于源自西洋东洋的文化样式，如电影、话剧、芭蕾、交响乐、油画、西餐、英语和其他外语、基督教……一般抱兼收并蓄、为我所用、汲取学习的基础上力求出新创新、存优汰劣、存利去害的态度。

对于我们的传统文化中比较缺乏的部分，例如科学实验与实证、数学演证与严密的逻辑论证、法律与契约体系、效率与企业管理、权力制约与转移、音乐方面的多声部与和声……要积极引进，予以中国化的改造，使之起到化中国，即推动中国文化的发展丰富的作用。中国化是基础，化中国是效用。

对于大多数自然科学与产业技术，则是努力学习、迎头赶上，实事求是。

对于敌对型与公害型文化，则采取遏制打击管理防范的必要措施。

八、宣示我们建设文化大国的目标与方针。编辑出版权威性的中华文化大观与中华文化史。根据我国对于有杰出贡献文化人士建立祠堂的传统，参考自称文化超级大国的法国巴黎的先贤祠的做法，在北京的一个公园（最好是天坛）建立中华文化纪念馆。制定国家级的人文学者、社会科学学者、包括文学艺术家的荣誉称号体系与评奖体系，每年或每数年，由国家领导人向获得此类荣誉的人颁奖。

九、与此同时，重视人民群众的文化娱乐、文化消费需求，积极发展积极健康、有益身心的娱乐、休闲、旅游、健身、收藏、交谊、展演活动和有关文化产业、文化市场。逐步增加这些活动的文化含量。建设更多的收费俱乐部。用文明的美好的生活方式取代赌博、色情、吸毒、迷信等非法丑恶现象。文化精英们应该正确对待群众的文化消费需求，帮助和引导群众的文化消费活动，指点低俗、提高低俗、超越低俗，而不仅是进行情绪化的声讨。一个和谐的小康社会，自然是歌舞升平的社会。歌舞升平，应该是执政党的追求。这并不是掩盖社会矛盾和冷漠弱势群体，也不是放弃知识分子的忧患与批判意识、精品意识。这是两个问题，不可以混为一谈。

从文化的层面多与世界交流 *

(2007 年 7 月 19 日)

　　世上任何一种有价值的文化，从来都不仅仅是国门内的货色。从来世界各地的文化就是我中有你，你中有我，而又各具特色。

　　我不赞成在文化交流的过程中讲什么"文化赤字"、"入超"之类。当然，作为商品的文化产品，这样的数字可以计算。物质商品多半是一次性的，使用完了，消费完了，需要再进口。而文化，引进了，就为你所用，为你所发展、创新、改变和本地化，丰富了你也武装了你，归属于你了。文化的特点在于它可以被吸收消化，古为今用，洋为中用。

　　文化能凝聚与动员自身，同时能赢得好感、友谊、理解、尊敬，直到热爱。然而文化首先不是实力不实力的问题，而是它的有效性、质地性、成果的丰富性与深刻性的问题。一个文化的品质，在于它能否帮助接受它的人群与个人提高自己的生活质量，能否开阔人们的精神视野与发展人们的精神能力，是否具有足够的创造性、吸纳能力、发展能力、应变能力……我们需要强调的：文化是花朵，是人类奋斗与经验的果实，是魅力、是精神、是瑰宝、是记忆也是预见、是民族的又是人类的骄傲与财富，如此这般，也许比较靠后再说它是软实力更好。说得愈后，可

　　* 本文原载《人民日报·海外版》2007 年 7 月 19 日第 1 版。王蒙时任全国政协文史和学习委员会主任委员、中国作家协会名誉副主席。

能软实力愈强。而动辄讲软实力的走出去，可能不是最好的用词与修辞。

文化毕竟比政治更宽泛与含蓄。我们希望从文化的层面多与世界各国进行交流和讨论。在这样的交流与合作方面，我们可以做到信心十足，大大方方。

我们重视文化交流上的政府行为，也许应该同样重视民间机构与文化人士之间的交流。版权局等单位掌控的购买我方版权数字，其实远远比不上作者个人与外国出版商订立的出版合同多。我们最好多一些出版经纪人、文化艺术基金会与外国有关团体与人士打交道。

我们的文化工作是马克思主义指导下的文化工作，是接受中国共产党领导的文化事业，我们的一切向世界推介中国文化的工作，都有利于我们的形象与我们建设中国特色社会主义的事业。但这并不意味着我们要在文化交流中推广我们的指导思想、意识形态与价值观。文化就是文化，不论它受意识形态的多少影响，它与意识形态不能互相取代。我们不避讳并向世界正确地解说我们的意识形态原则与我们的传统文化的密切关系，但是我们努力向世界介绍的是我们的被意识形态指导的文化果实、文化特色、文化思路，而不是意识形态本身。加强我们的文化交流工作，必定会有助于赢得理解与敬意，有助于让世界更加客观和公正地理解中国的真实情况与真实走向，抵制文化单边主义。同样，积极有效地吸收国外的一切好的文化，化为中华文化的一个有机组成部分，同样有助于消除西方人士对我们的偏见。

我们的对外文化推介工作要以受众能够理解的方式、熟悉的语言习惯操作，这并不能说是迎合西方，也无需为人家没有接受我们的主流意识形态而遗憾，或指责他们对待中国的少知猎奇心理。对中国感到好奇，我们欢迎，好奇比无视好，只有经过更多更有效的工作，才能尽快地超越好奇的阶段。

走出去与软实力建设[*]

—— 对当前文化工作的一些想法

（2007 年 7 月 9 日）

一、我觉得还是用加强交流、多向世界介绍（推介）中国的提法更好。其实世上任何一种有价值的文化，从来都不仅仅是国门内的货色。文化的价值既在于它的民族性地域性，也在于它的人类性普遍性。从来世界各地的文化就是我中有你，你中有我，而又各具特色。

二、我不赞成在文化交流的过程中讲什么"文化赤字"、"入超"之类。文化与物质商品不同，物质商品多半是一次性的，使用完了，消费完了，需要再进口。而文化，引进了，就为你所用，为你所消化吸收，发展创新，本地化与本民族化，丰富了你也武装了你，归属于你了，并从而有可能成为你协力创造的新的文化果实。近代外国人用火药、指南针、活字印刷术的水平，早已超出了当年输出这样的科技的中国，也不会有多少人想着这是中国的出口，用多了会积累赤字。同样，中国引进了马克思主义，发展形成了毛泽东思想、邓小平理论、"三个代表"重要思想、科学发展观等，没有人会认为这是来自欧洲或者德国。从延安

＊ 本文原载《文汇报》2007 年 7 月 9 日。原文是王蒙在全国政协十届全国委员会常务委员会第十八次会议上的发言。王蒙时任全国政协文史和学习委员会主任委员、中国作家协会名誉副主席。

就时兴同志间见面行握手礼，目前大陆的人握手要比台湾那边频繁得多，谁会想到握手是礼节赤字？汉语拼音用拉丁字母，然而，它的用法只限汉语拼音。电影、话剧、芭蕾等艺术品种来自外国，但没有人认为《一江春水向东流》、《雷雨》、《红色娘子军》是舶来品。即使跳《天鹅湖》，由于中国演员的身材与气质情愫文化背景的不同，其版本其效果也不可能全同于俄国。我们还不妨以日本为例：日本古代学我们，近现代学欧洲，如果讲赤字，它全是赤字。然而，不管怎么学，日本还是日本。而且，日本的勇于与善于吸收外来文化，恰恰是一种软实力。日本目前的问题与其说是学外国学得太多不如说是学得不够，例如对于历史问题的态度，我们希望它能更多地学一下德国。

三、文化是不是软实力，当然是。文化能凝聚与动员自身，同时能赢得好感、友谊、理解、尊敬、直到热爱。文化高的国家、民族照样可能在战争中被打败，那也当然。如果文化高了就必胜，那就不是软实力而是硬碰硬的导弹、核弹、航空母舰了。政治则是各种实力的统帅和方向，乃至于灵魂。因为它直接作用于实力集团——硬（军事）实力实体的结盟、决策、施压、宣战、组织动员、指挥效率等等。政治是指挥软硬实力用向何方的准星与主导。故而绝对不能说什么政治是软实力。

四、文化是各种实力的基础之一，（其他基础还有领土、规模、自然条件等）对于文化来说，首先不是实力不实力的问题，而是它的有效性、质地性、成果的丰富性与深刻性的问题。一个文化的品质，在于它能否帮助接受它的人群与个人提高自己的生活质量，能否开阔人们的精神视野与发展人们的精神能力，是否具有足够的创造性、吸纳能力、发展能力、应变能力……我们说文化是软实力，其实就是说它在国际政治中有很大的作用，但不宜太过分地强调它的政治作用，避免把文化交流政治化、急功近利化、粗鄙化。我们需要强调的：文化是花朵、是魅力、是精神、是瑰宝、是记忆也是预见、是形象也是品格，是民族的又是人类的骄傲与财富。如此这般，也许比较靠后再说它是软实力更好。说得愈后，可能软实力愈强。

五、文化有极强的政治性，但毕竟比政治更宽泛与含蓄，更日常与普及，更潜移默化与点点滴滴。我们反对西方国家把与我们有关的各种问题政治化，但是我们不反对把某些政治性极强的问题适当地文化化，即从文化的层面多进行交流和讨论，尊重文化与世界的多样性。我们已经重视，而且必然愈来愈重视与各国的文化交流与合作。在这样的交流与合作方面，我们可以做到信心十足，大大方方。

六、我们重视与各国政府间的文化协定，重视文化交流上的政府行为，我们也许应该更重视民间机构与文化人个人之间的交流。境外有许多人喜欢强调文化的非政府行为性质、自然渗透、不带强迫性而被接受的性质。我们从版权局等单位掌控的购买我方版权数字，其实远远比不上作者个人与外国出版商订立的出版合同。我们最好多建立一些出版经纪人、文化艺术基金会与外国有关团体打交道而不是直接由政府部门或作协之类的重大群众团体出面。我们的文化交流工作方针，应该是政府主导，民间参与，尽可能通过市场以扩大受众的规模。尤其要避免由于急于走出去，而自贬身价，如推荐一大批书，不要版税，倒贴钱出版，这样的做法，或可偶试于初期，却绝对不可以成例也不可能真正收效。

七、我们的文化工作是马克思主义指导下的文化工作，是接受中国共产党领导的文化事业，我们的一切向世界推介中国文化的工作，都有利于我们的建设有中国特色的社会主义事业。但这并不意味着我们要在文化交流中推广我们的指导思想、意识形态与社会主义核心价值观。文化就是文化，不论它受意识形态的多少影响，它与意识形态不能互相取代。我们不避讳并向世界正确地解说我们的意识形态原则与我们的传统文化的密切关系，从中论证我们的意识形态的合理性合法性坚实性，但是我们努力向世界介绍的是我们的被意识形态指导，同时又推动着我们的主流意识形态的成熟与发展的文化成果与文化传统，而不是我们的主流意识形态本身。认为我们通过文化交流能够输出我们的意识形态，是不够现实的。当然，加强我们的文化交流工作，必定会有助于赢得理解与敬意，有助于让世界更加客观和公正地认识中国的真实情况与真实走向，抵制文化霸权主义与文化帝国主义，这是无疑的。即使推介的是几千年前的文物，也是由蓬勃发展的社会主义中国人民守护、整理、阐释的文化成果，是社会主义中国人民的爱国主义与尊重历史、尊重传统的最有说服力的证明。不能说推介古代的东西就丢失了主旋律。同样，积极有效地吸收国外的一切好的文化，化为中华文化的一个有机组成部分，同样有助于消除西方人士对我们的偏见、无知与误解。善于吸取、消化与推动人类的一切文化成果的创新与与时俱进，正是一个民族的传统文化的优秀之处，充满活力之处。

八、我们的对外文化推介工作面对的是世界各地尤其是西方世界的广大受众，当然要以受众能够理解的方式、熟悉的语言习惯做好我们的工作，这并不能说是迎合西方人，也无需为西方人没有接受我们的主流意识形态与我们的社会主义的价值而遗憾，或指责他们的对待中国的无知少知猎奇心理，外国人对中国感到好奇，我们欢迎。好奇比无视好，只有经过更多更有效的工作，才能尽快地超越人家对我好奇的阶段。

书要照读不误 *

（2007 年 5 月 15 日）

日前，我去了趟重庆的全国书市。给我的印象是，场地大，关注的人非常多，不仅是一个书市，而且还是一个读书节、文化节。这也说明，在网络时代，喜欢书的人还是不少。

网络时代的今天，中国还有多少人保留着读书的习惯？不久前，中国出版科学研究所作了第四次全国国民阅读调查，结果显示：我国国民读书阅读率已经连续 6 年持续走低，并且已经低于 50%，仅仅为 42.2%。

网络上的浏览，从广义上说也算是阅读的一种。但是，它跟阅读印刷品的书籍还是不一样的。因为一本书在你手里，它有一种相对的安定感和归属感，你读起来会相对比较认真，思考也会比较多。

当你拿着一本书看的时候，你会把它当作一种道理，一种经验，一种智慧，需要更多唤起你去消化，用我的语言说就是"互证"，是一种跟它掰扯的愿望，这个是网络上所没有的。

书的作用特别多，但我最喜欢用的一个词是"互证"，互证就是互相证明，另外又是互相矫正。就是说用你的人生经验去补充那个书，来说明那个书，同时用那个书上的叙述和描写来比照你的人生经验，加深

---

* 本文原载《人民日报·海外版》2007 年 5 月 15 日第 1 版。王蒙时任全国政协文史和学习委员会主任委员、中国作家协会名誉副主席。

你对人生的理解。在我看来，在书里边发现人生，在人生里发现书，是最快乐的事，读书使人充实，也使人变得美丽。比如说在我最艰难的时候，在过去政治运动当中，特别爱读狄更斯和雨果的小说。其实狄更斯和雨果的小说没有什么可以和社会主义的中国相联系的，但是像狄更斯的《双城记》，描写了法国大革命时期人们所受到的考验，雨果的一些小说里也描写了人在社会的沉浮和动荡之中，人应有的精神上的品质，这些都给我非常大的帮助，起码让我知道人生不是一帆风顺的。

尽管网络提供强大的查找、搜索功能是书没法比拟的，但是我所说的阅读、体味、思考、互证，这个要捧着书才行。

一个真正喜欢读书的人，网络上看一看是为了接触一下，一看这个书确实值得看，他就去买。相反，一看是"臭大粪"，他就不去买了。因此，网络阅读和纸质图书阅读并不存在想象中的尖锐矛盾，也并不能互相代替。一个爱读书的人不会因为有网络就不去买书，不去读书；同样一个爱浏览网页的人，如果他有一定的思维深度和知识的基础，他也照样会去买书。

当然，现在的书也是越来越多样了，各种畅销书、排行榜层出不穷。但是，如果只盯住这些书，就好比是光吃冰棍，或者光喝甜水，虽然很舒服，但营养不够。还有一些书，东拼西凑，连蒙带唬，错误百出，甚至于宣扬迷信、危害青少年的心理健康。比如说，有过一些关于气功的书，说得特别悬，最后证明作者是骗子。还有一些所谓职场生存手册、人际关系诀窍之类的书，如果他们说的都是真的，那个作者就不需要写这个书了，他早就成功得没法再成功了。

在这个书丛如海、信息爆炸的时代，需要提高对书的辨别与鉴赏能力。要相信常识，抵制谎言，要有所选择，我们的书香才会更浓郁，飘得更久远。

同一个梦想　两面金牌 [*]

（2007 年 3 月 22 日）

为了实现"给世界留下一份独特遗产"的承诺，为了体现中华民族亲切友善、生气蓬勃、文明进取的风貌，让我们集思广益，献计献策。

回忆我在本次政协大会发言的主题，也许可以这样概括：希望我们的运动员，我们的观众，我们的国家和人民，能够在 2008 年北京奥运会上获得两面金牌。

一面是我们的运动员的比赛成绩的辉煌之金；一面是我们的人民的文明、胸怀、教养的辉煌之金。

我也希望能够做到两个第一：友谊第一，比赛第一。30 年前，我国曾经提出过"友谊第一、比赛第二"的口号，还搞过什么让球，效果并不好。但是反过来，如果只知金牌大战，不问其他，也有违奥运的重在参与的精神。

对此，邓亚萍委员在政协十届五次会议的大会发言中已经提出："国内外各级各类媒体……造成了'中国办奥动只重视拿金牌，而且一

---

　　* 本文原载《光明日报》2007 年 3 月 22 日。这是王蒙 3 月 12 日以"同一个世界　同一个梦想"为题在全国政协十届五次会议第四次全体会议大会上发言，引起热烈反响。后应《光明日报》编辑要求，王蒙就此问题作了进一步阐述，写成此文。王蒙时任全国政协文史和学习委员会主任委员、中国作家协会名誉副主席。

定要拿金牌第一'这样一种错误印象。这些宣传已经严重误导了我们国家举办奥运会的目的，影响了我们的国家形象。"

邓委员还特别提到文明观赛的问题，她希望我们的观众不要只给本国运动员鼓掌，这与她在国外参加比赛时的情况，成为了鲜明的对比。

我则在大会发言中提了几条建议：

一、不再采纳"体育比赛是和平时期的战争"的说法。

二、对一场比赛的输赢的政治意义不要做过分夸张的报道。如说"中国女排的胜利是中华民族的胜利"，如此说成立，中国男足、男排的失败将怎样自处呢？奥运会，英语是 Olympic Games，说下大天来具有游戏性。

三、尤其切切不可在赢了以后联系到种族、肤色、眼球颜色、洲籍等国际政治中极其敏感的内容。

我联系到文艺作品中而不是体育活动中的过于强调"黑眉毛、黑眼睛、黄皮肤"的事，因为如果一个欧洲运动员讲自己的金发碧眼白皮肤，可就要被起诉了。

所以还是孔子说得对：己所不欲，勿施于人。己欲立而立人，己欲达而达人。费孝通也讲得好：各美其美，美人之美，美美与共，世界大同。

我说，我们已经自立于民族之林，我们已经赢得了国际社会的尊敬与重视，我们早已不是受气的儿媳妇，不要动辄说一些不大方的酸话。

四、输得起也赢得起。尤其在输了的情况下，在报道裁判的误判或对方运动员的不良不雅表现时，要掌握分寸。

五、注重表达对比赛对手的尊重和友谊。输了，不妨大大方方地向对方祝贺；赢了，不妨诚恳善意地向对方致安慰之意。

尤其 2008 年是我们做东道主，是我们"请客"，各国运动员、观众、有关政要，都是我们的客人，我们要尽主人之礼，主人之道。我们怎么可以具有对客人们的狭隘与无礼的想法，包括考虑人家的眼珠颜色呢？

六、尊重国际体育组织的规定和程序。

七、运动员取得优异成绩，激动得流下眼泪，当然是正常的与感人的。但不要哭成了风，而要更加突出我们健儿的乐观坚强，豪迈开阔。

我说：多年来，我们的体育运动成绩有目共睹，我们的传媒在宣传报道体育运动上的影响与效果光辉灿烂。我提出一些问题，是为了更上一层楼：借着北京奥运会的东风，借着同一个世界、同一个梦想的东风，进一步提升我们的思想境界，文明程度与文明胸怀。我相信，这样的目的是一定能够达到的。

正如我在发言一开始时说的，我的意见讲的是有关国际体育比赛的宣传报道工作。运动员兴奋中说话如有不妥或粗糙，当然是在所难免，但是如果宣传报道也搞得粗糙或者不妥，就要力求避免，而且要负起责任了。任何人，由于知识与经验不足，有过粗糙和不妥，可以谅解，同时人们有义务也有权利提醒一下。而文明知识与教养，有些则只是起码的常识与规则，是值得学习与追求的。为了迎接2008年北京奥运会，我们不能不下大力气普及礼貌与常识，提高我们的文明素质，文明程度，文明举止，文明谈吐。这样，美好的"同一个世界，同一个梦想"的口号，至少会在我们自己身上体现出来。

同一个世界　同一个梦想 *

（2007 年 3 月 13 日）

　　平常在电视屏幕上看国际体育比赛，尤其是 2004 年看雅典奥运会的大赛，对于我国的运动员的说话行事，有一点看法。但是觉得还不宜立马说出来。大家都沉浸在夺金狂潮与胜利的喜悦中，说一些不那么"中听"的话，人们能够接受吗？

　　我当时就想，最好等到 2007 年，政协开全体会议的时候，对此作一个发言，早了不行，不成熟，也容易忘。晚了，就来不及了。

　　到了 2007 年 2 月，春节还没有过完，发言稿就写出来了。我仍然有些不安，例如国际主义，已经尘封多年，我这次提出来了，为了站得住，我把国际主义与社会主义、共产主义、爱国主义放在一起提。

　　我指名道姓地提出要认真纠正对待日本运动员的不礼貌不友善的表现。大众能接受吗？能理性地对待与"日本"二字有关的话题吗？

　　我的对于"黑眉毛黑眼睛黄皮肤"之类的话要少讲不讲的意见能够被接受吗？已经唱得那么熟练，那么动情，那么冠冕堂皇了。在电台广播中我也听到过著名朗诵家的朗诵："我看到了蓝眼珠、黄眼珠、绿眼珠、灰眼珠……"听众中传出了笑声，好像是听到了一种怪物，然后，

---

　　* 本文原载《文汇报》2007 年 3 月 13 日。王蒙时任全国政协文史和学习委员会主任委员、中国作家协会名誉副主席。

朗诵者大声地骄傲地宣布，"我看到了黑眼珠！"掌声雷动了。

己所不欲，勿施于人，如果一个运动员强调自己的金发碧眼白皮肤，那成了什么人啦！

"同一个世界，同一个梦想"的口号的提出鼓舞了我，有门儿！建立和谐世界的提出更加鼓舞了我，太棒了，是提出这些问题的时候了。

我的发言稿在政协有关部门与领导中始终得到了积极的评价，并在大会的秘书长会议上确定入选口头发言。这是我得到的第一波鼓励。

排在我前面的邓亚萍的发言强调奥林匹克的精神是重在参与，不能把目标锁定到金牌数量上，太对了，这是对我的第二波鼓舞。我想起了当年的口号："友谊第一，比赛第二"，这个口号的贯彻上有矫情之处。但是把主办奥运会变成夺金大战，甚至鼓吹什么体育是和平时期的战争，也够恐怖的。2008 年奥运会。我们是东道主，全世界的运动员都是我们的客人，难道我们请客的目的就是从金牌数量上压倒众宾客、进行一场和平时期的战争吗？我多么希望我们在奥运会上得到两面金牌：第一面是比赛成绩的辉煌之金；一个是人民与国家的文明程度与文明胸怀的辉煌之金。我的话会不会被认为是替国人健儿们扬威不够呢？

3 月 12 日下午 4 时 33 分，我开始发言。一出场，就得到了掌声，我不能不感谢众委员与有关领导的厚爱。

我讲道："对一场比赛的输赢的政治意义不要作过分夸张的报道。如说'中国女排的胜利是中华民族的胜利'，如此说成立，中国男足男排的失败将怎样自处呢？"传来了笑声和掌声。看来，人同此心，心同此理，有共鸣，好办了。

我讲道："我们不能老是用受气的小媳妇吐苦水的语气说话"，第二次掌声大起，使我激动起来了。

讲到输得起也赢得起，第三次掌声。

讲到己欲立而立人，己欲达而达人。费孝通教授提出：各美其美，美人之美，美美与共……第四次掌声。

一共鼓了七次掌。鼓不鼓掌并不重要，我的不太中听的意见能被接受，我太高兴了。

这里还有一个插曲。一家报纸早就约我的大会发言稿作为他们的时评了。按照会议规定，我在发言前不太久才把稿子给了他们。先是该报说此稿不宜用，半天后说是领导看了，觉得问题不大。两个多小时后，又传来信息，第二天见报。有一个过程，仍然是顺利的。

改革开放近30年，思路确实是不一样了。

我还有一个思想准备，准备着在网上挨骂，结果情况也比我预想得好得多。

担任政协委员15年来，这已经是我第四次作大会发言了，这次我最重视，我为自己知无不言言无不尽而快乐，为发言得到了相当的理解与共鸣而快乐，为以大会发言的形式履行参政议政的职能而快乐。今后回忆起来，聊可告慰推荐我、信任我、支持我参与政协的工作与活动的同行们、师长们与读者们。

非强势的困惑 *

(2007 年 1 月 4 日)

　　这期《中华文学选刊》，选了原载《人民文学》上的一个短篇小说《真相》。

　　我已经好久没有这种惊悚，我要说是毛骨悚然的感觉了。因为生活越过越好，因为发展、稳定、进步、和谐的现实与目标都那么令人提气。因为各种面对的挑战诸如环境、吏治、能源、三农、治安等问题都已经严肃地提上了议事日程，提出了解决的方略。

　　而名不见经传的曹征路的小说《真相》却扎了我一针，读之如做噩梦，如坐火桶，如受到当头棒喝：怎么了，咱们这里？

　　在长篇小说《桃李》里我们看到了高校的腐败。在《小说界》杂志上刊登的王开林的长篇小说《文人秀》里我们看到了我的同行们、某作协的成员们的男盗女娼，欺男霸女，衣冠禽兽。该篇写得有点脏，可称之为肮脏的现实主义。当然，我也知道，那只是一个侧面或片面，我相信我们的生活与各个作协中也有阳光灿烂与我们的日子比蜜甜的那一面，主要的一面，但是小说所写仍然令人不能不想一想，并生发出呕吐感与警惕感。

---

　　* 本文原载《文汇报》2007 年 1 月 4 日。王蒙时任全国政协文史和学习委员会主任委员、中国作家协会名誉副主席。

瞧，腐败不只在人家那边，也在咱们自家——叫做文教科卫体等有文化的圈子里边。

《真相》则写得简练而且高明。一个小学老师，乱收费又体罚学生，使学生受到严重人身伤害，家长告了状，传媒披露，有关老师、校长、领导都表了态，受害小孩与家长甚至大出了一回风头。但突然老师反诉原告侵犯了本人名誉权。法庭辩论，原告初审胜诉，被告老师不服，并且脸上显出了蒙娜丽莎式的微笑——多么高雅！哎，就这样一切发生了逆转。怎么逆转的？作品没有写，此位老师方面的一切动作与思谋都浸在水面以下的深层，作者对她并无任何揭露与鞭挞，没有任何正面描写，她像是一个谜——这正是小说写作的高明之处。反正全班同学一朝便都改了口，翻了供，再没有人肯去作证承认自己看到了老师对于被害学生的动手，反而众口一声地、像回答课堂提问一样地向调查采访者们齐声呼喊："没有！"就是说，老师伤害孩子人身的问题，从此死无对证了。

被害的同学与家长，于是变成了破坏学校声誉与老师形象的人民公敌（请联想一下易卜生的名剧《国民公敌》吧，二者有异曲同工之妙）。被害学生原来是班长，出了此事以后班长一职经过民主程序被罢免了。电视台选拔孩子上电视，这个孩子天真地一次又一次地举手，一次又一次地落选了。"可怜孩子太小她还不懂，她还要跟着举手……"仅仅在这里，作者的叙述里出现了一点点怨而微怒。而另一个孩子，被老师选中，虽然票数不够也上了电视，在电视里哭着谈老师比妈妈还慈祥亲爱。此孩子原是班长的好友，从此再也不理原班长了。而且美丽的老师在教师节这天的黄金时间，在荧光屏上作了美丽的亮相。

孩子向老师，向伤害她的人道歉，被害者向施害人道歉，没用，因为是同学们不选不喜欢她啦。不仅不选她，还从此再没有人搭理她，她指天划日地表示她是"最爱老师"、"真爱老师"、"没有骗人"的，仍然不行。而且她被同学侮辱，殴打，直到逼着她吃屎。肇事者即孩子的父亲（他对校长发牢骚，才引起了孩子受到体罚，同时是他在朋友们怂恿下到法院告了状）也愧对孩子与孩子的母亲，自认一切错在自己，乒乒乓乓地打自己的嘴巴，打出血来。

……

可以说是反映了初等教育上的问题。例如我的一个中年同事的孩子上小学才三个月，已经学会了"嘲笑"、"孤立"两个词。他们班一个学生上课时有不遵守秩序的表现，引得大家笑了，老师就给大家讲解，这种笑乃是嘲笑。并带着全班同学高喊"嘲——笑——"二字。然后大家不理这个孩子了，老师又讲解这叫"孤立"。可以预计这个孩子的前景了，他会不会从小就变成一个社会的痛恨者与牺牲品呢？

从一些小学生家长们的口中我得知，指定特定的学生，不让班上其他同学理他或她，是我们如今的小学老师最常用的惩罚方术之一。有的老师气势汹汹而且得意洋洋地通知家长："我已经告诉全班同学不要搭理你的孩子，谁也不要与你的孩子一道玩耍了。"这当然是施压的良法。无怪乎我的这位小同事的孩子上学三个月没有学到爱心，没有学到助人，他的启蒙教育便是嘲笑与孤立，包括着一种卑贱的侥幸心理，因为他尝到了损害旁人而不是自己被损害的自我庆幸与满足感。

"救救孩子"的口号显然并没有过时。

然而，又不仅仅是什么"行业不正之风"。我无意通过评论这篇小说过多地批评我们的小学教育。它是一个缩影，就是非强势者对于强势的无奈，非强势对于强势的奉迎，强势对于非强势的操纵，还有略图讨到一点公道的不识时务的人的边缘化、（被）孤立化与（被视为）公害化。这是一个例证，一个寓言，一段你无法不信其真的身边事件。在一个个八九岁的孩子面前，班主任老师当然就是强势的象征，她或他掌握着孩子们的学习成绩、操行评语、群众（班集体）导向、奖惩荣辱（如是三好学生还是被嘲笑被孤立者）、干部（班长、班委、课代表直到此后的少先队中队长、小队长等）任免。学校与老师与别的行业的老板们一样，常常自觉不自觉地习惯于用咱们的搞运动的方法在孩子们当中搞顺我者昌，逆我者亡，团结多数，孤立一小撮，分化瓦解，有打有拉，无往而不胜。当然说是搞运动搞出来的办法也不准确，因为这一套办法，六十多年前我上小学时就见过，经历过，这乃是中国历史上乃至人性与人类管制中共有的方术。

作者写道：

（可怜的孩子父亲与他的水平不低的朋友们）……叹扯谎不打草稿，叹这帮小孩明知道是在扯谎还这么理直气壮，还晓得……怎么迫害别人，才能讨老师欢喜……已经无师自通，怎样把握这个表功邀宠的机会……再过二十年，他们就是法官、律师，管理国家的人啊……

作者还写到了被害人的家长去求另一个家长，另外的学生家长说道：

"……我敢得罪哪个……我敢叫我的小孩子给你去作证吗？我找死啊？你们问问自己，换了你们会怎么做……要真那么纯洁，我都不知道你们怎么活下去……"

强势的存在是必要的，有势才有序，国家才不会陷于无政府状态。强势之所以是强势，不仅在于他掌握了各种资源和手段，还在于他能够左右非强势者、弱势者的走向，能将沉默的多数变成趋奉的多数，不实事求是的多数，迫害少数说真话者的多数。因为事情很简单，此亦一是非，彼亦一是非，不合理的事情多着呢，你睁一只眼闭一只眼未尝不是更好更安全更令人放心的办法，何况最初那位老师哭着看望孩子，还送了水果。性质虽然严重，毕竟后果尚称侥幸，孩子康复了而不是残疾了或死亡了。还有一点，你要是想告状就赶快给孩子转学，你要是不想转或者没有条件转，你最好暂时忍下来。否则，一切坏事、乱局、出丑、倒霉事，不是由你而发生的吗？

多么危险，如果不是写文章而是实际生活中一位朋友碰到了类似的事，王蒙多半会给他出忍为高的主意。就是说，想不出太好的办法。(而且一位家长告诉我，转学也并非总是行得通的，如果老师的能量与资源比你大比你硬，他或她可以让你的孩子转不成学。)

这可是值得深思与警惕的啊。

构建和谐与繁荣文艺 *

（2006 年 11 月 15 日）

近 200 年来，乃至更早以来，中国一直处于严重的内外冲突、战争困苦之中。早在明朝已经有人提出了滋生在中国大地上的戾气——即一种恶意暴虐风气——的问题。由于历史的惯性与中国人民革命斗争的条件的特别严酷，新中国建立后又有很长时间先是可以理解地后来又是过分地沿袭了阶级斗争为纲的方针。世界两极对立格局的转变，中国工作重点的转移，从计划经济到市场经济的过渡，中国经济社会的飞速发展，既创造了构建和谐社会的前所未有的机遇，也可能使社会面临新的不平衡、不和谐。

一、提出和谐社会的构想，就是要淡化、解决和消除历史遗留的种种问题，正视新矛盾，正确地调整和处理这些麻烦，维护社会的公正、和平、稳定和国家的可持续发展。

二、构建和谐社会的提出，是价值观念的新突破新发展。严酷的斗争，提倡的是斗争的哲学，斗争的坚定性，坚持斗争，不怕牺牲，决不妥协，否定任何中间路线（以免自己的阵营被扰乱），敌人不投降就叫他灭亡等等，是价值指向的主体。今后，带敌我性质的斗争并不可能完

* 本文原载《文汇报》2006 年 11 月 15 日。王蒙时任全国政协文史和学习委员会主任委员、中国作家协会名誉副主席。

全避免，我们仍然要进行气节教育、理想教育和艰苦奋斗、不怕牺牲的教育，同时，我们也追求和谐，追求稳定，追求社会各种力量各种利益群体的良性互动，主张内部的谦和礼让，主张通过协商、调整（有时候是微调）、互利互信，当然更是通过稳定地发展自身解决问题，而不是什么都斗个不亦乐乎。

三、中国共产党从用革命手段夺取政权到长期执政、执政兴国的历史使命的变化，面临着大大地扩大团结面、从而必须扩大与深化自身的精神资源的历史任务。

构建和谐社会的提出，是社会精神资源，特别是党的执政的精神资源的扩大、挖掘与深入人心。

社会主义共产主义的理想，最重要的是消灭阶级，消灭三大差别，当然是对于和谐社会的一种追求，是和谐社会的最高形式。

春秋战国时期，中国的古代经典已经提出了"和"的问题。和，是社会政治的理念，也是哲学与审美的范畴，是哲学与审美的一种境界。《国语》中有八十九处提到"和"字。惠和，慈和，协和辑睦。声和而有七律，和五味。《礼记》中有八十处提到"和"字。讲乐者天地之和也。《礼记》还提出了政和、和气、和天地、和四时的概念。《礼记》并提出致中和。《论语》中提出和为贵，和而不同。《孟子》中提出天时不如地利，地利不如人和。"和"是一种社会理想，也是王道理想，即文明地执政的理想，又是哲学与审美理想，如和则生，同则不继。

有一些来自西方世界的价值观念，已在不同程度上被人们所承认，如自由、平等、博爱、人权、民主、人道主义等，也是鼓励人们构建和谐社会而不是相反的。

宗教的世界观与辩证唯物主义根本不同，但宗教文化宗教道德中包含着一些有利于和谐的追求：如佛教的慈悲，伊斯兰教的施舍，基督教的宽恕等，我们要尽量调动一切精神上的积极因素。使我们的中国特色的社会主义建设、全面小康社会的建设具有更加博大精深的精神依靠，精神动力。

四、我早就提出了"文学的挑战与和解"的命题，因为文学诉诸爱心，表达了对于价值特别是我们的核心价值的珍视，使各种不平的情感和难以避免的郁闷、冲突有良性表达、审美地表达、虚拟地表演的可能，使人们的内心世界得到张扬和抚慰，也使一切假恶丑受到鞭挞。文学还创造了虚拟地实现某些愿望与梦想的可能，文学与艺术有时通过假设来实验、铺陈人们的理念与现实生活的相互激荡。文艺谱写着壮丽的历史创造者的诗篇。文艺拓宽着人们的精神空间，精神度量。文艺发展着人们的想象力、理解力与同情心。文学与艺术给了我们多样的精神食粮，避免过分地饥渴（饥不择食）、避免乖戾与偏执。文艺最终使人提升与快乐而不是暴躁与疯狂。即使某些文艺作品偏爱负面的题材，它也仍然提供了作为精神现象而不是突发事件加以斟酌治疗的更多从容的机会，而不是火烧屁股的急不可待。何况有更多的文艺作品树立着弘扬着我们珍视的核心价值。一个和谐健康的社会与文艺的繁荣肯定会形成良性的循环，即文艺繁荣有利于社会心理的健康和谐，社会的健康和谐促进着文艺的起飞翱翔。美好的文艺作品最终是以构建和谐社会即幸福美好的生活而不是戕害生活戕害人为归宿的。

作为精神资源的和谐 *

（2006 年 10 月 17 日）

　　一、构建和谐社会的针对性：近 200 年来，乃至宋朝以来，中国一直处于严重的内外冲突、战争之中。由于历史的惯性与中国人民革命斗争的条件的特别严酷，新中国建立后又有很长时间沿袭了阶级斗争为纲的方针。留下许多遗留问题。

　　世界两极对立格局的转变，中国工作重点的转移，从计划经济到市场经济的过渡，又使社会面临新的不平衡，不和谐。

　　提出和谐社会的构想，就是要淡化、解决和消除历史遗留的种种问题，面对新矛盾，正确地调整和处理这些麻烦，维护社会的公正、和平、稳定和国家的可持续发展。

　　二、构建和谐社会的提出，是价值观念的新突破新发展。严酷的斗争，提倡的是斗争的哲学，斗争的坚定性，坚持斗争，不怕牺牲，决不妥协，否定任何中间路线（以免自己的阵营被扰乱），敌人不投降就叫他灭亡等等，是价值指向的主体。今后，带敌我性质的斗争并不可能完全避免，我们仍然要进行气节教育、理想教育和艰苦奋斗、不怕牺牲的

　　* 这是王蒙 2006 年 10 月 17 日在全国政协文史和学习委员会召开的"弘扬中华文化构建和谐社会座谈会"上的发言。王蒙时任全国政协文史和学习委员会主任委员、中国作家协会副主席。

教育，同时，我们也追求和谐，追求稳定，追求社会各种力量各种利益群体的良性互动，主张内部的谦和礼让，主张通过协商、调整（有时候是微调）、互利互信解决问题，而不是什么都斗个不亦乐乎。

三、中国共产党从用革命手段夺取政权到长期执政、执政兴国的历史使命的变化，面临着大大地扩大团结面从而必须扩大与深化自身的精神资源的历史任务。

构建和谐社会的提出，是社会精神资源，特别是党的执政的精神资源的扩大与深入人心。

社会主义共产主义的理想，最重要的是消灭阶级，消灭三大差别，当然是对于和谐社会的一种追求，是和谐社会的最高形式。

春秋战国时期，中国的古代经典已经提出了和的问题。和，是社会政治的理念，也是哲学与审美的范畴，是哲学与审美的一种境界。国语中有89处提到和字。惠和，慈和，协和辑睦。声和而有七律，和五味。《礼记》中有80处提到和字。讲乐者天地之和也。《礼记》还提出了政和、和气、和天地、和四时的概念。《礼记》并提出致中和。《论语》中提出和为贵。《孟子》中提出天时不如地利，地利不如人和。和是一种社会理想，也是王道理想，即文明地执政理想，又是哲学与审美理想，如和则生，同则不继。

有一些来自西方世界的价值观念，已在不同程度上被人们所承认，如自由、平等、博爱、人权、民主、人道主义等，也是鼓励人们构建和谐社会而不是相反的。

宗教的世界观与辩证唯物主义根本不同，但宗教文化宗教道德中包含着一些有利于和谐的追求：如佛教的慈悲，伊斯兰教的施舍，基督教的宽恕等，我们要尽量调动一切精神上的积极因素。使我们的具有中国特色的社会主义建设、全面小康社会的建设具有更加博大精深的精神依靠，精神动力。

全球化视野中的中华文化 [*]

（2006 年 10 月 16 日）

主席，各位副主席，各位常委，同志们：

文化问题，愈来愈受到中央领导的重视与各方面的注目，政协领导要我向各位汇报一些个人所知的情况，对此我深感诚惶诚恐，谨讲述一些不成熟的想法，请批评指正：

一、前 言

关于与文化有关的常用概念的定义。

仅文化一词，定义据说达 160 余种之多。现删繁就简，让我们简单地给它一个说法：

1. 广义的，与自然相对应的一切：即人类的能力、经验、记忆、知识、规则与成果的总和。

2. 狭义的：与政治、经济、科学技术等相对应的偏重于精神方面、智慧方面与心理方面的，如江泽民同志所说，是有吸引力与感召力的（松散的、软性的、一般非借助强制的、自然而然、无处不在的）积淀、

———————

　＊　这是王蒙 2006 年 10 月 16 日在政协十届常委会第十五次会议学习讲座上的讲话。王蒙时任全国政协文史和学习委员会主任委员、中国作家协会副主席。

规范与现象。主要是：语言文字、教育、宗教信仰、学术思维、道德与价值观念、文学艺术、生活方式（包括衣食住行、婚丧嫁娶、节日庆典的风习等）。

3. 先进文化系指文化中的指导思想、价值取向、意识形态部分。对于国人来说，是指面向现代化、面向世界、面向未来的，民族的、科学的、大众的文化方向。有时也可说明科学技术的昌明、进步程度。而与其对应的则是落后的、腐朽的、愚昧的、野蛮的、迷信的文化现象或文化观念。

4. 传统文化，指一个民族一个区域的人们，经过长期积淀、相对稳定，成为此个民族地域的特征的文化形态。当然这仍然是一个动态的概念，是一个过程而不是一个标本。

5. 文化具有极强的民族性、地域性与意识形态属性，意识形态会十分关注、指导、规划文化事业，但是文化的范畴大于意识形态，例如语言文字就不是意识形态。

二、关于全球化

全球化已经是一个现实，但是对于这个现实的评价很不相同，我们可以概括地讲述这么几点：

1. 经济生活与科学技术的发展，现代化的进程，使全球化的趋势日益明显，相随的还有标准化、信息化即数码化、一体化。

2. 全球化的概念是一个与现代化相重叠的概念，我们所说的现代化实际是全球化背景下的现代化。马克思、恩格斯早在《共产党宣言》中已经指出了全球化的趋势：

……资产阶级，由于开拓了世界市场，使一切国家的生产和消费都成为世界性的了……古老的民族工业被消灭了，并且每天都还在被消灭。它们被新的工业排挤掉了，新的工业的建立已经成为一切文明民族的生命攸关的问题；这些工业所加工的，已经不是本地的原料，而是来自极其遥远的地区的原料；它们的产品不仅供本国消费，而且同时供世界各地消费。旧的、靠本国产品来满足的需要，被新的、要靠极其遥远的国家和地带的产品来满足的需要所代替了。过去……的自给自足和闭关自守状态，被各民族的各方面的互相往来和各方面的互相依赖所代替了。物质的生产是如此，精神的生产也是如此。各民族的精神产品成了公共的财产。民族的片面性和局限性日益成为不可能，于是由许多种民族的和地方的文学形成了一种世界的文学。

……这里已经讲到了全球化对于世界文化格局的影响。

3. 经济、科技的全球化进程，前所未有地促进了世界各国家各民族向地区之间的文化交流、互动、冲突与融汇，并出现了新的亦东亦西或"非驴非马"的新的杂交性的文化样式、品种。这种文化态势已经成为当代世界与中国的一个特征。

4. 中国、印度、亚洲四小虎等的发展证明，发展中国家可以因应全球化的形势，加速自己的现代化进程。

5. 全球化也引起了全球的特别是发展中国家的政治、经济、文化的焦虑和不安，批判和抗议，严峻的斗争。西方的左翼思潮，西方马克思主义（如法兰克福学派）近年致力于批判现代性、批判启蒙主义与科学主义、批判全球化，并通过这种批判来批判资本主义，在我国的中、青年知识分子与一些老同志中也有很大的影响。

6. 人们对于全球化的批评也是全方位的：

例如，经济：认为全球化的结果是贫者愈贫，富者愈富，危机转嫁，风险激增等。

而政治方面呢，认为全球化会助长霸权主义与单边主义。有人认为全球化就是西方化、美国化，就是美国霸权与跨国公司的胜利。

现在重点讲一下文化，全球化引发了文化的不安感：

1. 认同危机：Identity Crisis，就是说，感到弱势文化被强势文化吃掉了。本民族、本地区失去了个性与身份。

我国已经有人为此而大声疾呼：如英语的强势。西洋节日对于民族节日的冲击。

2. 有人指出，全球化还带来了人文情怀的淡化：

如《共产党宣言》所讲：

……资产阶级在它已经取得了统治的地方把一切封建的、宗法的和田园诗般的关系都破坏了……它把宗教虔诚、骑士热忱、小市民伤感这些情感的神圣发作，淹没在利己主义打算的冰水之中……

资产阶级抹去了一切向来受人尊崇和令人敬畏的职业的神圣光环。它把医生、律师、教士、诗人和学者变成了它出钱招雇的雇佣劳动者。

资产阶级撕下了罩在家庭关系上的温情脉脉的面纱，把这种关系变成了纯粹的金钱关系。

资产阶级揭示了，在中世纪深受反动派称许的那种人力的野蛮使用，是以极端怠惰作为相应补充的。它第一个证明了，人的活动能够取得什么样的成就……

就是说，迄今的许多牧歌式的人文情怀，是与农业经济、而且是与生产力与科技的不发达状态紧紧联系在一起的。例如人们对于月亮的吟咏和幻想，其实已被登月的实地考察所"杀死"了。再如陶渊明的吟咏农事的名作，也与现代的高效率的农业生产不搭界。我们可以吟咏"采菊东篱下，悠然见南山"，却不可以吟咏"敲键荧屏下，悠然新视窗"。陶说是"种豆南山下，草盛豆苗稀"，也不能改成"种豆温室里，转（基）

因利润高。"

3. 全球化的后果之一是消费型的大众文化、通俗文化、多媒体文化的蓬勃发展。

文化的产业化与市场化，可能使精英文化与民族文化受到威胁。戏曲、民族器乐、民族舞蹈、诗歌以及西洋歌剧、交响乐等都显得冷落。与此同时，关于歌星、关于的士高与霹雳舞、街舞，关于晚报文体、关于文化炒作、关于小女人散文、关于戏说型电视剧与电视小品、关于超级女声、关于营业性舞会与卡拉 OK、关于动漫卡通的争论不断。

我们的对策应该是：

坦然面对并欢迎通俗的市场化的文化活动，积极发展文化产业。承认我们的文化的包容性、多样性与多层次性。主流（主旋律）文化、精英文化、大众文化、消费性文化都有自己的位置，也都汇合于构建和谐社会的大局。

加强引导，努力提高通俗文化的品位。

加强管理，树立规范，阻遏敌对与公害文化。

支持和保护主流文化、传统文化与精英文化。

在保护传统的同时支持新技术的文化化、人性化，新生活方式的文化化、人性化，即增加新手段新硬件的文化含量。创造新的诗性体验与浪漫主义。如发展科学幻想作品、电子乐器。

马克思主义的基本原理告诉我们，生产力是最活跃的因素，阻挡生产力的发展是不可能的。全球化的实质是生产力与科学技术发展的客观需要与规律，资本主义的超级大国当然会利用这样的趋势，我们也可以正确地积极地抓住新局面下的机遇。鸦片战争后，我们承受了列强侵略与掠夺的痛苦，同时可以说是首次面对着全球化的压力，我们的应对是不成功的。但同时，我们的独特的文化传统、文化自恃与文化爱国主义又帮助我们的中华大地顶住了完全成为列强殖民地的压力（可与印度、菲律宾等比较）。五四以后，我们第二次掀起了与全球对接的热潮，民主科学爱国主义，都澎湃热烈起来，尤其是我们从国外学到了马克思主义，如毛泽东所说：

> 自从中国人学会了马克思列宁主义以后，中国人在精神上就由被动转入主动。从这时起，近代世界历史上那种看不起中国人，看不起中国文化的时代应当完结了。伟大的胜利的中国人民解放战争和人民大革命，已经复兴了并正在复兴着伟大的中国人民的文化。

这说明，引进与弘扬并非截然对立，全球化与社会主义并非截然对立，面向世界与立足本国并非截然对立。取法外来的先进的世界观（马克思主义）并与本国的实际结合，有可能激活古老的文化，焕发一个古老文化的生命。同时，内蕴丰厚的中华文化，对于马克思主义的汲取、消化与发展、丰富，也弘扬了马克思主义。

现在的形势可以说是近现代中国的第三次面对全球化的机遇与挑战，我们的应对则是更加成熟的、务实的与智慧的了。

我们完全可以并已经清醒地与深刻地揭示全球化的弊病与危险，同时也承认全球化的进步性，选择趋利避害的方略，却不可能遏止或无视全球化的进程，更不应该坐失我们自己发展的机遇。从某种意义上说，科学发展观的内涵之一，就是对于全球化的正确因应。

三、中华传统文化的历史命运

1. 这是一个有着悠久历史和巨大的涵盖面的独特的仍然生机勃勃的活的文化。这又是一个长期以来众说纷纭、时而被冷落忽视，时而被强调高扬的文化，这还是当今世界的强势文化的最重要的参照系统但也可能成为对立面。这是一个大国长期以来的主体文化，拥有极其众多的人口的认同与极其丰富的生活经验的支撑，有极其悠久的辉煌纪录与历遭困厄与严峻考验的艰难历程。它久经沧桑（正面的与反面的），遍布极大的地域，经验老到。它屡遭磨难，有着大难不死，死而复生，这边不亮那边亮的奇迹。

悠久的历史中历经曲折。与北方游牧民族的征战，少数民族的入主中原，使中原文化面临过复杂的局势与挑战，同时提供了中华民族内部各种不同民族与地域文化的相互激荡，最终整合交融的宝贵机遇。晚清则是丧权辱国与文化信心的危机。此后屡遭冲击，但这些冲击并没有能够使中华文化死亡，而是使它得到了新的变革与发展。这反映了它的应变能力，韧性、自我调整与更新能力，吸纳与妥协（如清初留辫子），兼容并蓄，但仍然万变不离其宗的能力。

2.悠久的历史中它从来不拒绝吸收外来的东西，异民族的东西。比如北京话中的蒙语：萨琪玛。满语：喔，咿，纳勒金德。阿拉伯语：罗汉儿，主麻，尼胎。近现代的外来语：沙发、坦克、棒（法语 BON）、瞜（LOOK 英语），此外还有芫荽、菠楞菜、胡琴、西瓜、胡萝卜、土豆（洋芋）、西红柿。近现代以来引进外来文化更是十分迅疾，包括大量外来词语：民主、专政、自由、人权、体制、现代化、法制、法治……

3.中国文化覆盖的面积广大，人口众多，使得这个文化比较恢宏，比较包容，包含了大量辩证的、走向不完全一致、和而不同（用黑格尔的话就是杂多的统一）的选择，它奋勇向前，披荆斩棘，同时始终为自身留下了多种选择的空间，它的适应性与自我调节能力比较强，发展变化的契机比较充分，从而生命力更加顽强。

4.从历史上看最重要的两次文化引进：佛教与马克思主义。

如禅宗。佛理的中国化，淡化了佛教的信仰主义特征，增加了中国式的智慧、机锋、含蓄与审美趣味。

我们还可以从毛泽东思想、邓小平理论、"三个代表"重要思想看中华文化。再从中华文化看社会主义在中国的命运。这是一个有待于我们共同努力做好的大文章，大题目。

例如毛主席讲：实事求是，与人为善，得道多助，失道寡助；每事问，谦虚谨慎戒骄戒躁，祸兮福所依。这些都从中华文化中寻找到了参照资源。

毛泽东的诗词与文章、书法、直到谈吐，显示了他的传统文化修养与这种修养的魅力。也显示了中华文化的固有魅力。

邓小平讲韬光养晦，讲黑猫白猫，讲不争论（言者不辩），讲什么是社会主义（正名）……也是有深刻的中华文化底蕴的。

江泽民"三个代表"讲的就是执政之道，执政之德。讲爱国主义。讲威武不能屈，富贵不能淫，贫贱不能移。讲和而不同。

给美国人讲"月盈则亏，水满则溢"（1999 年与美国大使尚慕杰的谈话。）这可以说是中华文化对"9·11"的预见。

胡锦涛讲情为民所系……以人为本、和谐社会，八荣八耻。讲马克思主义的中国化，就是马克思主义的基本原理与中国革命与建设的具体实践的结合，也是马克思主义与中华文化的结合。

5. 关于社会主义的命运与中华的传统文化。我们的政治体制，包括人民代表大会制度、政治协商制度、都是先进文化（马克思主义）、传统文化（兼容并包、和而不同与民本思想）与普世价值（和平、民主、人权、种族与民族平等等）相融合相激荡的产物。有中国特色的社会主义道路是一个社会、政治、经济的范畴，也是一个文化的范畴。我们理应加强对有中国特色的社会主义文化的理论研究。

撒切尔夫人、布热津斯基等都预言过苏联与东欧国家的改革可能失败，而中国的改革可能成功，原因是中国有独特的与深厚的文化底蕴。中国改革的成功反映了中华文化的丰富经验，灵活机变，坚持原则与调节能力。

6. 中华文化深入人心，尤其是影响着千家万户的生活方式。任何轻易予以改变的企图都是不可能成功的。特别是汉字与饮食，已经深深植入了我们的"遗传基因"。积极传承与弘扬我国的优秀文化传统，有利于国家的凝聚和稳定，有利于政通人和，构建和谐社会。

四、中华文化的自省与新生

1. 中华文化一直是非常自信，非常矜持的。近现代，由于积贫积弱，有识之士以十分痛切的方式进行了文化自省自责：悲观者王国维等预感了中华文化的危机，选择了自杀。积极介绍欧美文化的严复晚年却吸上了鸦片。激进者当时是振聋发聩。如鲁迅：不读中国书。贬低中医、旧戏。陈独秀、胡适：打倒孔家店。吴稚晖、钱玄同：把线装书丢到茅厕里——因为它们本来就是乱世、礼崩乐坏的产物。毛泽东在《贺新郎·读史》中写道："五帝三皇神圣事，骗了无涯过客。"章士钊、林琴南等则无力地坚守所谓"国粹"。张之洞等则企图调和文化上的冲突，提出"中学为体，西学为用"。

2. 近现代以来，一些有识之士对于汉语汉字也进行了反省：五四以来主张废除汉字的意见十分强大。我们曾将拉丁化定为国策。语言学家吕叔湘有言：汉字加封建专制要变成拼音文字加民主。毛主席也讲过汉字的出路是拉丁化。

3. "文革"浩劫。尤其是破四旧与批孔，把对于传统文化的自我批判发展到绝对荒谬的地步。

4.80 年代出现了全盘西化思潮。如改造人种论，被殖民救国论，引进总理论。

5. 现在愈来愈多的人认识到弘扬传统优秀文化的必要。

A、国运兴，增加了文化自信与民族尊严。

B、中国坚定地走自己的路，坚持自己的文化性格与文化选择。这里，弘扬中华文化的关键驱动是中国共产党的方针政策。

C、从以夺取政权为主要任务的革命党向以执政兴国为主要任务的执政党的转变，提供了扩大、深化、发展和整合精神资源的必要与可能。事实证明，夺取政权的斗争特别是武装斗争时期，我们也许需要防止传统文化特别是仁义道德温良恭俭让之属，阻滞和冷却对于革命的发动，阻滞和冷却对于革命的敌人的严酷斗争，但是在以执政兴国为主要任务，在中国共产党是无产阶级的先锋队的同时责无旁贷地是中华民族与中国人民的先锋队的今天，在提出了构建和谐社会任务的当代，仁义道德温良恭俭让的某些合理性与积极意义也就显现出来了。在马克思主义的指导下正确运用传统文化的精神资源，有利于长治久安。

从打倒孔家店到在全世界建立孔子学院。说明了历史有了多么大的发展。但是不能因此否定五四运动与鲁迅等大师。也不能因此放弃对于传统文化的封建性的糟粕与其他不足方面、中华文化的固有弱点的批评。

D、物质生产的迅猛发展，更凸现了国人文化素质的有待提高，精神文明建设的任务十分艰巨的事实，这个时候特别提出弘扬优秀传统文化的问题，十分适时，是对于建设精神文明的巨大促进。

E、国人已经基本上渡过了晚清以来的文化信心危机。例如时间已经证明，中文汉字完全可以适应信息时代的科学技术，汉字的电脑输入问题完全可以解决。而普世性的关于珍惜文化的多样性的共识，也帮助我们更好地保护自己的特色与历史。

同时我国也有相对偏激的读经热和反全球化、一味责备改革与市场经济的思潮。对于这一类现象与问题，同样不能无视。

五、关于中华传统文化的特色

中华文化是难以概括叙述的，说法也极多，诸如内河文明，黄河文化，楚文化，三星堆文化……民间文化、儒家文化……这里，我试图作一个不全面的概括，叫作"且立一说"：

1. 独特的语言和文字。尤其是汉字的综合表声、形、意的特点。从汉字的构词的途径，可以看出中华式的从大到小、从根本到枝蔓的演绎式的思维方式。

2. 以对本质本源的追求代替对人格神的崇拜。中华文化的此岸性。以汉语汉字为基本，以周易为典籍，以感悟本质为特色、以信息综合为手段的终极追寻体系。

中国式的本质主义，概念与大道理崇拜。

未知生，安知死——朝闻道夕死可矣，道的终极意义。

从中可以看出尚同的哲学根源。

孔子：吾道一以贯之。

《中庸》：道也者，不可须臾离也，可离非道也。

孟子：定于一，孰能一之，不嗜杀人者。

老子：昔之得一者。天得一以清。地得一以宁。神得一以灵。谷得一以盈。万物得一以生。侯王得一以为天下贞。

在真理论上的一元观。各自执其一的事实上的百家争鸣起码是一种共存状态。

3. 以感悟式思维去逼近真理，取代形式逻辑的推理，取代数学计算与实证主义。缺少计算、逻辑与科学实验。重智慧而轻科学，重文气而轻逻辑，重言语的美善而轻其可操作性。

例如天人合一；仁者乐山，智者乐水；不战而屈人之兵；吾善养吾浩然之气；天行健，君子以自强不息；地势坤，君子以厚德载物，以及修、齐、治、平……提出了这样一些天才的、至美至善的命题，却缺乏论证、驳难与发掘、繁衍。

大学之道，在明明德，在亲民，在止于至善。知止而后有定，定而后能静，静而后能安，安而后能虑，虑而后能得。物有本末，事有终始，知所先后，则近道矣。

古之欲明明德于天下者，先治其国。欲治其国者，先齐其家。欲齐其家者，先修其身。欲修其身者，先正其心。欲正其心者，先诚其意。欲诚其意者，先致其知。致知在格物。

这两大段并不符合严格的形式逻辑，但很有影响。

感悟式思维的短处是不能成为科学技术的有力基础与保证。长处是包容性，弹性，空间感。诗性与趣味感。

4. 以道德约束与文化（礼）的约束与纵向的平衡取代权力与法律制衡。以儒家与儒道互补的学说为基本，以道德教化为特色的政治社会价值体系。承认君权，但是有道德审视与文化监督，叫作君君，臣臣，父父，子子。

以德治国是中华传统政治文化的一个核心理想：

天下惟有德者居之。立德立功立言，以德为首。提倡仁义礼智信。注重义务与秩序。中国的政治社会体系注意道德性，此岸性，抑制形而上的神学思考。具有世俗性与常识性。如讲身体发肤受之父母，不敢毁伤，孝之始也。如讲三年不改父之道，都很合情合理与适可而止。可称之为中和性或和谐性。但是它缺少法制观念与对于人性恶的抑制。外国有一种说法，从性恶出发设计的体制可能出善良，从性善出发设计的规范，也可能出邪恶。这个说法可供参考。

孔子：为政以德，譬如北辰居其所而众星拱之。

老子：道生之，德畜之，物形之，势成之。是以万物莫不尊道，而贵德。

老子：生而不有，为而不恃，长而不宰。是谓玄德。

5. 传统的中国政治文化极其重视和的思想，对于今天的构建和谐社会的任务是有重大意义的。

多元制衡为西方政治学的基础。中国的平衡常常体现在时间的纵轴上：所谓三十年河东，三十年河西。所谓（戏曲里叫作：放宽些子耐三分）处世勿为已甚，所谓中庸之道。

子曰：道之不行也，我知之矣。知者过之，愚者不及也。道之不明也，我知之矣。贤者过之，不肖者不及也。人莫不饮食，鲜能知味也。

这一段话很精彩。有知识的人常常夸张过分，没有知识的人常常后知后觉，这种麻烦至今值得我们深思与警惕。莫不饮食一节则是说要知其所以然，要知其度。

孔子还讲：

喜怒哀乐之未发谓之中，发而皆中节谓之和。中也者，天下之大本也；和也者，天下之达道也。致中和，天地位焉，万物育焉。

春秋战国时期，中国的古代经典提出了和的理想。《国语》中有89处提到和字。惠和，慈和，协和辑睦。声和而有七律，和五味。《礼记》中有80处提到和字。讲乐者天地之和也。《礼记》还提出了政和、和气、和天地、和四时的概念。《礼记》并提出致中和。《论语》中提出和为贵与和而不同的重要命题。《孟子》提出天时不如地利，地利不如人和。老庄等也有对于和的论述。"天人合一"观念更是一种对于人与自然的和谐的向往。和是一种社会政治理想，叫作王道理想，即文明地执政的理想，又是哲学与审美理想，如称"和则生，同则不继。"

传统的中华政治文化还认为，中庸之道乃是德的重要组成部分，而西方的苏格拉底、柏拉图、亚里士多德等先哲也提倡中庸，强调节制，主张中点是最美的。

6. 以阴阳五行为基本，以调理养生（乐生）为特色的富有此岸性（人间性）的生活体系。中医。武术。烹调。墓葬。

强调养生。调和。观感与感觉的满足。建筑。中国陵墓与埃及陵墓之比较。埃及陵墓是指向神明与彼岸的，而中国陵墓是模仿人间的。

7. 以书法与戏曲为特殊品类，以文言文特别是古典诗词为高峰的虚拟审美与风化济世相结合为特色的审美系统。当然白话文学也很重要。强调美。强调虚拟。强调载道。强调言志的主体性和格调追求。强调感悟与人格。神韵、文气、意境、风骨。以《文心雕龙》与西方文论做比较。中国文论更多是主观感受性的。

六、关于建设文化大国的一些初步想法

1. 文化是我们的长项、我们的形象，我们的存在与主体性的依据与我们对人类的贡献，是维护我们的主权、特色、安全与稳定的软实力。是实现祖国的完全统一的极富感召力的旗帜。强调文化有助于打消邻国与本地区国或有的对于中国迅猛发展的疑虑。

2. 语言文字是文化的基础，目前全民的语言文字程度值得忧虑。如你家父。竟以为雄关漫道是漫长的道路。对联的失范：天津港对朝天门。繁体化后更加混乱：飞龙毅。中文係。礼仪之邦。

3. 一切有价值的文化都是民族的，也同时是世界的，人类的。马克思、爱因斯坦、帕瓦罗蒂属于各自的地域与民族，也属于人类包括中国。民族的，才是世界的，这是一个重要的命题，同时，世界的，即具普世性的，才更应该与可能成为民族文化的组成部分，与民族传统相结合，成为民族文化的新的发展与活力的重要因子。发展了民族文化，也对人类作出了贡献。中华文化需要继承也需要发展更新，我们的文化体系是开放的也是传统的，是民族的也是世界的。只有参与世界，与世界一起前进，才能保证我们的文化的活力，使我们的文化生机勃勃，不是变成博物馆的展品而是仍然活跃于世界五分之一人口的中国，并对人类文化作出影响和贡献。

现在有一种零和模式会影响我们的文化战略：如学英语与提高母语素质问题。不能将英语等外语视为对母语汉语的干扰，我们中国人有足够的智慧与舌头的灵活性，既学好母语，也要掌握一两门外语，以辜鸿铭、林语堂、陈寅恪、钱钟书、季羡林为榜样。也不能为了弘扬中国的文化就贬低外国的东西。前面引用的毛泽东的话也说明引进外来文化与弘扬传统文化并非相悖。

4. 中华文化的资源包括我们的历史继承也包括对于世界先进文化的一切借鉴，更来源于当今改革开放、走向全面小康的创造历史的波澜壮阔的实践。马克思主义是必须也已经中国化或正在中国化了的。电影、话剧、芭蕾舞、交响乐也是可以在一定程度上中国化的。同样的曲目，中国人有自己的理解与情感表达方式。作为一个大的文化传统与文化复兴，中华文化是中国的也是人类的瑰宝。

5. 珍视文化的历史与历史的文化。小心翼翼地对待一切文化现象、文化存在与文化遗产。例如，戏曲中的男演女、女演男，就不要随意否定。还有些原来含有大量糟粕迷信的文化模式，如送子娘娘，瘟神等，可以做到解毒与提纯，在否定与批判的同时，仍要作为遗迹保护，作为文化的代价与弯路乃至其丰富多彩性的证明。如民间祭祀，圆梦与风水。有一些迷信活动是落后的，但是活动中的歌舞、音乐、仪式与文字仍然有艺术性与遗产性。有一类文化是指导性的、规范性的，如世界观、价值观、荣辱观等，还有一类只需承认它的存在，扩充视野，增加人文兴趣与知识见闻，见证历史，从中探求人类生活与文化的发展轨迹与规律。如文物，如民俗。搞民俗博物馆的目的并非为了不变化旧的民俗。

再如方言。必须坚持已有的成绩与简化汉字、推广普通话的方针。同时，保护方言的文化特色，学习繁体字与文言文。许多文艺形式离不开方言，如一些地方戏曲与曲艺。

6. 我们的目标是源远流长、基础深厚而又朝气蓬勃、与时俱进的文化继承、弘扬、引进与创新的结合，是文化的民族性、传统性与开放性、创造性的结合，是科学精神、时代精神与民族精神的结合，是汲取历史营养与世界先进文化成果的结合。一切有利于中华民族的振兴与发达的精神资源，我们都乐于开掘受用，一切有利于中华文化的振兴的创举，我们都勇于学习实践，这样，我们的中华文化将立于不败之地。

7. 文化建设的关键在于教育。文化是教育的内容，教育是文化的保证。

8. 希望全国政协更加重视对于文化事业、文化战略、文化思想的关注与研讨，增加在文化课题上的参政议政（参文议文）、政治协商与民主监督。

从乖戾说到你家父 *

（2006 年 5 月 26 日）

在刚刚举行的几名政协委员的记者招待会上，我说道："……我们要讲爱心，讲亲和，讲谦恭，讲礼义之邦，严于律己，宽以待人，用善良美好的情操和信念，代替与人为恶的浮躁乖戾……"

一家大报在刊登我的发言摘要时，将礼义之"邦"改成了礼义之"道"，将"乖戾"改成了乖僻。

我有点糊涂。礼义之邦是一个熟语，是中华古国长期以来的自诩之说，是常用语，不过近年来用得不太多。礼义之道的说法则相当生僻乃至乖僻了，想来我不太喜欢这样生造词语。乖戾与乖僻的差别就更大了，前者是指一种极端化，病态化的恶意，从明朝就有人提出过我国大地上的"戾气"漫延，人际关系恶化的问题。后者——乖僻则只是个性上的特点，无非是说一个人不怎么合群，有些我行我素与俗鲜谐之处，它略含贬义，但也不无褒义解读的可能——例如用来描写贾宝玉直至高更或者梵·高的性情。我再糊涂也不会妄想在那种场合去干预人家的个性，将个性问题看成影响和谐的重要因素。

想来想去，这位青年记者或编辑可能压根不知道那被改掉的两个

---

　　* 本文原载《光明日报》2006 年 5 月 26 日。王蒙时任全国政协文史和学习委员会主任委员、中国作家协会副主席。

词儿。

唉，叫你说什么好呢？

语文问题，由来久矣。许多年前，我的中篇小说《球星奇遇记》里女主人公有一句唱词："我且漫唱，你且漫听漫应"，竟被一资深并有高级职称与相当职务的编辑改为"慢唱慢听慢应"，难道这位朋友连漫步、漫画……这些词都没有听说过吗？不知道"漫"可以当"随意"，"无心"来讲吗？

我还想起了当年一个笑话，有一出正儿八经的话剧竟然命名为"雄关漫道"，他老先生竟以为漫道是漫长的道路之意。其实这里的漫只是副词，犹言莫道，而这里的道是说的意思，毛泽东诗云："雄关漫道真如铁，而今迈步从头越"，含义是"莫说雄关如铁，如今只要迈步，一步步走，就能跨越过去"之意。

联想到某大电视台报道某西方国家的议员选举时，说是由于"没有理想的候选人，此次选举只能差强人意"——她竟然不知道"差强人意"是还差不多，还不错，"not bad"的正面用语。

甚至在一些获奖大作中、著名电视连续剧中、以弘扬民族传统文化为己任的极受好评的作品中，也是"你家父"、"他家父"地乱写乱说着。为什么至今没有一个地方讲讲"家大舍小令人家"的规则呢？家和舍都是说自家的，比自己大的叫"家"，如家父（亦称家严），家兄，家母（亦称家慈），家姐；"舍"是说比自己小的，如舍弟舍妹，说妻子则是"贱内"、"拙荆"，说先生（丈夫）客气一点可以说是"外子"。说儿子则是"小儿"或"犬子"，说女儿则是"小女"。对别人第二人称则要称令，令堂，犹言"您母亲"，令尊，犹言"您父亲"，令郎，犹言"您儿子"，令爱，犹言"您女儿"，其他令兄令妹触类旁通可也。

是时候了，重视一下语言文字吧！否则终会有一天中国人说不好中国话了。而这个原因不能归咎于英语学习，您真的英语学好了吗？您的英语，比辜鸿铭、林语堂、钱钟书或者季羡林先生们还好吗？而他们的母语——中文——汉语是多么好啊！让我们也长点出息吧。母语是外语的基础，外语是母语的参照，都要学好没商量。

创新的关键在于人才 *

（2006 年 3 月 10 日）

主席、副主席、各位委员：

我发言的题目是创新的关键在于人才。发展的要务在于创新，创新的关键在于人才。人才是建设创新型国家的决定性因素。为了营造适合创新型人才成长的大环境，我提出下列意见：

从教育入手，克服单纯灌输式的教育方法，提倡鼓励青少年与儿童的创造性思维。切实减轻课业负担，使我们的下一代从小就有因材发展自己的可能。改变单纯靠课业延长时间和加压的教学方式，改变将一切可以讨论的命题变成呆板的选择题的考试方法。我看到过一个试题，是对我一篇作品的主题的选择，看完以后，我是完全不会回答的。改变小学生讲话就念老师代起草的充满套话和八股气的文稿。有时候听到活泼可爱的儿童，用天真烂漫的腔调念不知所云的陈词滥调，心里也是不好受的。（会场响起掌声）鼓励讨论，鼓励切磋碰撞，鼓励殊途同归的探索与另辟蹊径的尝试。我们要求少年儿童在学习中掌握规范，尊重规范，同时也鼓励从小有主见，有个性，敢想问题，敢发言。做好学风文风的创造性改进，提倡理论联系实际，提倡理论创新、制度创新与科技

---

* 这是王蒙 2006 年 3 月 10 日在全国政协十届四次会议第四次全体会议上的发言。王蒙时任全国政协文史和学习委员会主任委员、中国作家协会副主席。

创新，提倡学习上的与时俱进与解放思想。提倡活泼生动、富有新意的文风，提倡说真话、说自己的话、说有新意的话。人才问题、创新问题，与学风文风问题是密不可分的，一个学风搞本本主义，人云亦云，文风搞八股腔、千人一面的国家，当然不会是创新型国家。（会场响起掌声）。

更好地贯彻"二为"方向与"双百"方针，允许和鼓励不同学派、不同方法、不同见地的争鸣齐放。文学艺术是最富有创造性的精神劳动，表面上看，它们与科技和生产力没有太直接的关系。但是，它们影响着社会公众，尤其是影响着儿童与青少年的想象力、创造力、分析力，影响着一代又一代的创新型人才的出现。如果连文艺作品也只会迎合时尚，亦步亦趋，陈陈相因，那不是民族的创造力弱化的表现吗？（会场响起掌声）。童话尤其是对下一代极有意义的科学幻想作品（小说、戏剧、影视、游戏软件等），一直是我们的文艺弱项，这与我们建设创新型国家的目标是不相称的。这方面我们与发达国家的差距是明显的。我们需要的人才，我们提倡的成才之路是德才业绩的全面发展，全面体现。我们拥护各级领导对于人才工程的关心和安排。同时我们也理解，正如毛主席喜欢引用的龚自珍的诗："我劝天公重抖擞，不拘一格降人才。"人才是不拘一格的。我们帮助人才也理解人才。有些人某方面确有才具，但也会有种种毛病，如骄傲自大，孤僻自闭，与同行搞不好团结，情绪不稳定等。还有些人才，在他或她的专业领域，颇有造诣，而在其专业以外的领域，却缺乏最最起码的常识，甚至表现出低能低智商和种种谬误。有些人才甚至还有某种心理生理方面的问题和令人遗憾的缺陷。达·芬奇、王尔德、柴可夫斯基，都有私生活方面的麻烦。爱因斯坦这方面也受到诟病。梵·高甚至自己割下自己的耳朵寄给女友。我们当然希望在我们的社会主义国家里，一切人才都能健康茁壮，平衡幸福，四肢五官都完美无缺。但也要有面对某种偏、窄、异人才的准备，不能求全责备。我们不能因为他们有缺陷就不承认他们是人才，也不能因为他们是人才就无视他们的缺陷。有了优越的社会主义制度，我们可以做的是尽量帮助我们的人才身心健康，积极向上，却没有把握使他们个个全面完美。

目前各部门各地方都有培养人才、培养学科带头人的计划部署，这对我国新世纪的人才工程将起到巨大的作用。但是我也有杞人忧天的一些想法：不要以计划经济的方法搞人才工程。搞人才工程不能搞拔苗助长与形式主义。有个别地方甚至还有为上人才名单而奔走的现象，值得警惕。人才的涌现是一个自然而然的过程。人才问题主要不靠领导审批、不靠列表造册，而靠正确的、恰当的经济、文化、教育、学术、技术与人事政策，靠实践与业绩的检验。人才的发展是一个动态的过程，这个过程中可能有一些变数，一些不确定性。今天小有成就入了名单的人，是不是就是人才？今天屡屡碰壁的人，是不是明天也不会有大作为？完全不一定。要边走边看，要受实践的检验，要不断地修订领导部门的人才计划与人才名单，要不断地适应新的情况。

谢谢。

认识时代　书写历史 [*]

（2005 年 11 月 2 日）

各位委员、同志们：

　　第二期全国政协委员学习研讨班今天正式开班了，我代表文史和学习委员会对各位委员的到来表示热烈的欢迎！为了进一步加强和推进人民政协的学习工作，今年 2 月召开的全国政协十届八次常委会议决定把文史资料委员会调整为文史和学习委员会，增加了委员会学习的功能和职责，我在这个时候当选文史和学习委员会主任，随后全国政协机关专门设立机构负责政协委员的学习工作。自担任文史和学习委员会主任以来，我感到全国政协领导对学习工作特别重视，贾庆林主席多次对如何搞好学习工作作出重要指示，王忠禹常务副主席和郑万通秘书长对学习工作也十分重视和关心。正是由于全国政协领导的高度重视，常委会学习讲座、专题学习报告会和正在进行的委员轮流集中学习等学习工作开展得有声有色，人民政协正走出一条建设学习型政协组织的新路。

　　全国政协十届三次会议提出了关于做好政协委员轮流集中学习的任务，举办全国政协委员学习研讨班是落实十届三次会议精神的一个重要

---

　　*　这是王蒙 2005 年 11 月 2 日在成都举行的第二期全国政协委员学习研讨班开班式上的讲话。王蒙时任全国政协文史和学习委员会主任委员、中国作家协会副主席。

举措。全国政协办公厅、文史和学习委员会于今年 8 月 22 日至 25 日在北戴河全国政协干部培训中心举办了第一期全国政协委员学习研讨班，参加第一期全国政协委员学习研讨班 99 名委员中有省部级领导干部 68 人，其中有 3 位中将，44 位省级政协主席、副主席和副省级政协主席，体现出层次高、分布广的特点。目前在蓉城我们举办的是第二期。举办这两期全国政协委员学习研讨班之后，我们将认真总结成功经验，争取明后两年完成组织全国政协委员轮流集中学习的任务。

组织委员轮流集中学习是一件很有意义的事，全国政协办公厅、文史和学习委员会从一开始承担这项任务，就在动脑筋想办法组织好，办好，办活；让委员们喜欢来，爱来，愿意来，争着来。办好了可以增强政协的凝聚力。第一期全国政协委员学习研讨班是新时期以来第一次专门为全国政协委员举办的学习研讨班，取得了圆满成功，达到了预期效果。委员们强烈反映参加本次学习研讨班"非常必要、收获很大"，深感到"学与不学大不一样"，希望这种学习研讨班"坚持办下去"。第一期学习研讨班之所以取得圆满成功，首先是领导重视，亲临指导。贾庆林主席在率中央代表团赴西藏参加庆典活动前夕，专程从北京赶到北戴河出席了学习研讨班开班式并发表重要讲话。贾庆林主席在讲话中阐述了新形势下加强学习的重要性和政协委员学习的重点，并对如何办好全国政协委员学习研讨班提出了具体要求。王忠禹常务副主席出席闭幕式并讲话，以一个普通委员的身份畅谈自己从事政协工作的经验和体会。郑万通秘书长主持了开幕式。第二是主题明确，针对性强。委员学习研讨班的主题非常明确，围绕提高委员履行职责的能力和水平学习文件、讲课、小组讨论、大会发言。第三是定位准确，形式多样。采取了自学、专题讲座、讨论、座谈等学习加研讨的方式，充分发挥委员们的学习积极性和创造性，努力创造一种民主、活泼、互动、和谐的学习氛围。第四是准备充分，各方协作。全国政协办公厅成立了全国政协委员轮流集中学习工作领导小组，下设领导小组办公室。办公室涉及的各个局室精诚团结，通力协作，主动协调，互相补台，顺利完成了举办首期全国政协委员学习研讨班的任务。

下面我结合自己的工作体会谈几点对人民政协学习工作的认识：

一、重视学习是人民政协的优良传统

学习工作是人民政协最基本的重要工作之一。早期的政协学习工作是适应形势的发展和各民主党派、各界人士的要求开展起来的。1950年4月，在各民主党派总部发起和提议下，政协全国委员会决定成立学习座谈会，并设立学习座谈会干事会负责学习工作。学习方法依据自愿原则，以自学为主，同时与小组讨论和报告会相结合；根据学习资料和提纲进行自学，小组开会时按照预定的题目进行讨论，自由发言，相互辩论。毛泽东主席1954年在《关于政协的性质和任务的谈话提纲》中把学习列为政协的五大任务之一。1954年政协第二届全国委员会第一次会议制定的《中国人民政治协商会议章程》，把学习工作列为人民政协的重要任务。1955年学习座谈会干事会改为学习委员会，主要任务是办理政协全国委员会所举办的学习座谈会、报告会的工作，检查和督促政协各省、自治区、直辖市委员会的学习工作，同各民主党派、人民团体和有关方面协商有关学习的重要事项等。学习委员会在全面推动和组织全国政协委员和各界人士学习政治理论、时事政策方面起到了重要作用，对于各民主党派中央和政协各级地方委员会的学习工作也起到了推动、指导作用。改革开放之后，1982年修订的《中国人民政治协商会议章程》规定："中国人民政治协商会议全国委员会和地方委员会组织和推动委员在自愿的基础上学习马克思列宁主义、毛泽东思想，学习时事政治，学习和交流业务和科学技术知识，增强为祖国服务的才能。"进入新时期新阶段，在全面建设小康社会的进程中，我们要继承和发扬人民政协重视学习的优良传统，大力倡导学习之风。

二、在新世纪新阶段，面对新的历史任务、历史使命、新经验、新问题、新机遇、新挑战，要求我们必须加强学习

改革开放以来，我们实践着中国特色社会主义事业的新历史。中共十六大以来，我们明确提出以邓小平理论和"三个代表"重要思想为指导，认真落实科学发展观和构建社会主义和谐社会的重大战略思想，不断推进改革开放，我国的经济实力、综合国力和国际地位显著提高。刚刚闭幕的中共十六届五中全会为全国各族人民展示了"十一五"期间我国经济社会发展的美好前景，五中全会关于"十一五"规划的建议准确把握国内外形势，提出了符合我国国情、顺应时代要求、凝聚人民意志的发展目标、指导方针和总体部署。我们从事的是全新的事业，我们创造的是与世界上许多国家发展模式不尽相同的模式，我们不能照抄照搬，而要强调自主创新，包括理论创新、制度创新与科技创新。本世纪头二十年是我国发展的重要战略机遇期，"十一五"时期尤为关键，必须紧紧抓住新机遇，迎接新挑战，解决新问题，总结新经验，开创社会主义现代化事业新局面。我们要完成所肩负的历史使命，必须把学习摆在突出位置。

三、理论是发展的，面对各种新的理论问题，
政协委员要树立终身学习的观念

随着知识经济的兴起和信息化时代的到来，知识和信息的更新速度在不断加快。理论也在不断发展，各种新的理论问题层出不穷。我们生活在一个与时俱进，走有中国特色社会主义道路的新时期，创新已经成为我们这个时代的主旋律，自主创新和理论创新对于实现全面建设小康社会的宏伟目标，实现中华民族的伟大复兴至关重要。中国的改革和发展对政协委员的理论素养、知识水平、业务本领和领导能力提出了新的更高的要求。委员应按照建设学习型社会和创新型社会的要求，树立终身学习的观念，应该紧跟时代潮流，追求创新，不断学习新知识，补充新营养，完善自身知识结构，为更好地履行职责打下坚实的知识基础。

四、面对新形势和新要求，人民政协
抓好学习工作尤其重要

当前，中央和政协领导都很重视学习。中央提出要把中国建设成为学习型社会，要把中国共产党建设成为学习型政党。中共十六大提出把"形成全民学习、终身学习的学习型社会，促进人的全面发展"作为全面建设小康社会的一个重要目标。以胡锦涛同志为总书记的党中央，大力推进政治局集体学习的制度化，截至目前已经进行了25次集体学习，为全党、全社会做出了表率。刚刚闭幕的中共十六届五中全会通过的《中共中央关于制定国民经济和社会发展第十一个五年规划的建议》又特别强调指出，要深入实施科教兴国战略和人才强国战略，建设学习型社会。贾庆林主席主持全国政协工作以来，对学习工作尤为重视。提出要把人民政协建设成为学习型组织。他倡导建立常

委会组成人员集体学习制度，目前已举办学习讲座 7 期。贾庆林主席在十届三次会议提出，要丰富学习内容，改进学习方法，完善学习制度，认真组织好全国政协委员轮流集中学习。贾主席在第一期全国政协委员学习研讨班上的重要讲话，是指导我们学习工作的纲领性文件，希望大家认真学习和深入贯彻。为了更好地适应国家建设和发展的需要，为了更好地履行人民政协政治协商、民主监督、参政议政三大职能，人民政协要关注国计民生，认真研究与中国走向有关的诸种问题，组织开展形式多样的学习活动，把学习工作常抓不懈，以适应新形势新任务的要求。

政协委员是各个界别的代表人物，是社会主义现代化建设的中坚力量。我们在座的许多同志都曾经在党和政府部门担任过领导职务，有着丰富的实践经验和领导经验。还有些同志目前还在领导岗位上肩负着重要职责。其他同志也都是各个领域、各个方面的卓有成就的专家学者或者有影响的知名人物。由于人民政协工作的政策性、理论性和实践性都很强，有其特有的内容、方法和规律。要成为一名合格的政协委员，就必须结合政协工作的特点和自身的实际情况，进一步加强学习，做到一专多能。大家到政协来，要尽快学会转换角色、认清责任。正如王忠禹常务副主席所言，来到政协之后要想政协的事，干政协的事，政协工作是"一线"，我们必须始终以"一线"的精神状态和意识来工作，无论你是否还担负党委、政府部门的工作，只要你是政协委员，都应该这样。政协委员学习的内容首先要学习中央和政协的有关文件和最新精神。要把邓小平理论和"三个代表"重要思想作为学习的首要内容，要通过学习政协章程来带动和促进对人民政协基本理论和基本知识的学习和掌握，要认真学习履行职责所需要的各方面知识。我们关于学习研讨班的课程设置都是精心安排的，力争做到关注形势，紧扣主题，突出重点，联系实际，确保学习研讨的针对性和实效性。

五、学习和研讨相结合，是人民政协根据自身特点在新形势下开展学习工作的重要形式

以学习研讨班的形式组织委员集中学习是十届全国政协工作的一个重要特色。全国政协十届三次会议提出全国政协委员轮流集中学习的任务之后，全国政协党组会议和主席会议多次就委员轮流集中学习的问题进行研究，贾庆林主席就学习研讨班的筹备工作多次作出指示，亲自审定了《关于组织全国政协委员轮流集中学习的初步方案》和《2005年全国政协委员轮流集中学习计划》，确定通过学习研讨班形式力争实现在本届之内全国政协委员轮流集中学习一遍的目标。

全国政协委员的层次都很高，大都是各个行业、领域有影响力的专家学者，不用培训班方式集中学习，而是用学习研讨班的方式集中学习，我认为是对委员的尊重。学习研讨班强调根据政协特点，加强互动，加强研讨，加强探索，把学习与发挥政协作用、更好地履行职能结合起来。从北戴河第一期学习研讨班举办的成功经验来看，采用学习加研讨的方式进行集中学习是行之有效的，调动了广大委员的学习积极性和工作创造性。这种学习形式也有利于委员们更加深入地研究政协工作中的一些理论和实践问题，有利于大家互相学习、共同提高。各位委员通过参加学习研讨班，互相切磋，可以充分运用自身的智慧和经验促进人民政协事业的发展，可以更好地为国家的建设和发展服务。反过来，通过参加学习研讨班，也有利于提高自身素质，有利于提高履行职责的能力和水平，有利于提高建言献策的科学性、合理性和有效性。各位委员相聚蓉城进行学习研讨，机会难得，希望大家利用集中学习的期间，

结合参加政协工作的实践，认真学习人民政协的基本理论和基本知识，对如何履行委员职责有一个新的认识，进一步提高履行政协三大职能的能力和水平。期望大家在学习研讨班结业时说一句："不虚此行"。

最后，预祝学习研讨班圆满成功！

保持特色　开拓创新
积极推进文史资料征集出版大协作 *

（2005 年 9 月 12 日）

同志们：

　　刚才，陈奎元副主席在讲话中讲解了人民政协工作不断创新、发展的新形势，同时，对文史资料工作提出了新的要求。陈奎元副主席前来参加会议并讲话，体现了全国政协领导对文史资料工作的重视和关心，这将鼓舞我们继续努力，勤奋工作，在文史资料工作中创造新的业绩。

　　2004 年 5 月，在浙江义乌召开了全国暨地方政协文史委员会主任会议，至今已经有一年多的时间了。我们这次会议的主要任务是，总结交流一年来落实"本届政协文史资料选题协作规划"的进展情况，讨论解决征集编辑工作中存在的问题，研究部署下一阶段文史资料大协作工作，进一步推动文史资料征集出版工作。

一、"本届政协文史资料选题协作规划"落实的基本情况

　　2004 年 5 月召开的全国暨地方政协文史委员会主任会议，研究了

---

　　* 这是王蒙 2005 年 9 月 12 日在全国暨地方政协文史资料选题协作会议上的报告。王蒙时任全国政协文史和学习委员会主任委员、中国作家协会副主席。

本届政协文史资料选题协作规划，确定了"共和国亲历、亲见、亲闻书系"、"民营企业的崛起"、"名人故居"和"中国少数民族文史资料书系"等五个方面共 42 项选题。一年来，各级政协文史工作部门树立全局意识，发扬优良传统，扎实工作，积极做好各专题的起步工作，协作规划的实施进展顺利。

（一）认真贯彻全国暨地方政协文史委员会主任会议精神

全国暨地方政协文史委员会主任会议，总结交流了近年来各地政协开展文史资料工作的经验，深入讨论了在新形势下如何做好文史资料工作，统一思想，明确任务，统筹规划，大大激发了广大政协文史工作者的工作热情，为本届政协文史工作的顺利开展奠定了良好的基础。出席会议的同志回到各地后，积极主动地向当地政协主席会议或党组会汇报了会议精神，得到了地方政协领导的充分重视。各省（区、市）政协文史委员会根据会议精神，认真研究本届政协文史资料选题协作规划，结合自身工作的实际，从大局出发，适当调整了原定工作计划。各地政协相继召开了本省（区、市）政协文史资料工作会议，传达贯彻全国文史会议精神，动员和组织各级政协文史工作部门和有关方面的力量，广泛开展文史资料征集编辑工作。

（二）牵头单位勇挑重担，认真负责落实选题协作规划

42 项协作选题中，有 25 项由地方政协牵头，涉及到 17 个省（区、市）政协。各牵头单位认真制定征集编辑方案，主动与协作单位保持联系，适时召开编审会议，确保专题史料征编工作落到实处。"近代中国要塞"是由天津、上海两市政协共同牵头的选题，他们认真起草了该专题的编辑大纲，并就大纲内容与参加协作的 20 个省（区、市）政协沟

通，取得共识，先后两次召开征编会议，各有关单位陆续提交了稿件和照片，按计划将于 10 月完成征编工作。为了做好"五七干校"专题史料的征编工作，湖北省政协蒙美路副主席带着办公室的同志专程到京，与北京市政协一起研究实施方案，并组织全省各级政协力量寻找组稿对象、查阅资料、核实史料、编审稿件，保证了征编工作按时完成。湖南省政协文史委员会定期召开"剿匪纪实"专题碰头会议，及时研究和解决工作中的具体问题和困难，现已收到 147 篇、近 65 万字的文稿。在征编"长春第一汽车制造厂"专题史料中，吉林省政协与长春市政协省市联动，一起提出征集设想，一起确定征编工作方案，目前书稿文章目录初步形成。浙江省政协以办公厅名义下发了《关于在全省政协系统开展文史资料征编协作工作的通知》，对协作选题做了全面的部署，召开了两次"温州民营企业的兴起和发展"专题征编会，现已征集到稿件 60 篇、约 35 万字。贵州省、四川省、吉林省和内蒙古自治区政协将少数民族史料专题的任务落实到有关民族自治州、旗，同时认真做好组织、协调和业务指导工作。

（三）各协作单位通力合作，深入细致开展史料征集工作

本次大协作的选题内容丰富，涉及地域广阔，有些选题涵盖了各个省（区、市）。各省（区、市）政协十分重视这次大协作，积极承担协作任务，一些地方政协专门召开会议进行了部署，许多领导同志带队深入实地调查史料线索、组织征集稿件。《名人故居博览》、《近代中国要塞》两个专题涉及全国各级政协，文物史迹分散在各市、区、县。许多省（区、市）政协发动区县政协参与协作，逐个区县进行调查摸底，理清征集线索，从而得到许多鲜为人知的宝贵史料。湖南省伟人多，名人故居多，为做好征集工作，省政协文史委员会召开了有文物部门、旅游

部门参加的专题史料征集座谈会，向各市州政协下发了两个专题的编辑方案和征集稿件通知，做到摸清底数，广泛征集。同时，他们还将专题征集工作与调研工作紧密结合，由省政协副主席带队，组织委员分赴八个市州，对全省近50处名人故居与纪念馆的保护、建设和利用情况进行实地考察，写出专题调研报告向省委、省政府及有关部门建言献策。山东省政协文史资料委员会历来重视地区间的协作，针对省内近现代历史发展特点和史料分布不均的难点，委托史料相对集中的地区重点开展搜集、整理、编辑工作。南京市政协文史委员会领导亲自登门拜访专家学者，到相关的部队、院校求教、求助，较快地落实了征集任务。新疆维吾尔自治区政协作为《支援边疆建设》的协作单位，主动与上海市政协沟通，制定《上海儿女在新疆》的征编方案，共同征集上海知青支援新疆建设的史料。

（四）本届政协文史资料征编大协作取得初步成果

一年多来，经过全国政协与地方政协的共同努力，文史资料征集出版工作取得了喜人的成绩。2004年9月，在人民政协成立55周年之际，《人民政协纪事》一书出版了，王忠禹常务副主席为书名题签。全书收录了部分历届政协领导同志、政协委员和工作人员的回忆文章120多篇、60多万字，记述了半个多世纪以来人民政协风雨历程中一些重要事件、重要活动和履行职能、发挥作用的重要事例。《人民日报》、《人民政协报》、《中国政协杂志》、《纵横》杂志等报刊选登了其中一些文章，宣传了人民政协的历史作用，扩大了文史资料工作的社会影响。《名人故居博览》作为一项浩大的文化事业基本建设工程，得到各地政协高度的重视和广泛的参与。目前，各地政协都在积极开展征集工作，江苏、天津、浙江、广东、山东、湖南、四川等省市的征编工作已基本完成。

"新中国剿匪纪实"、"五七干校"、"长春第一汽车制造厂"、"宝钢建设"、"瑶族百年实录"、"细菌战纪实"、"近代中国要塞"等专题，年内有望完成征集编辑工作。

此外，值得一提的是，各地政协在参与全国政协组织的文史资料征集出版大协作的同时，自身正常的征集出版工作也取得了丰硕的成果。特别是在纪念中国人民抗日战争暨世界反法西斯战争胜利60周年的日子里，政协文史部门发挥优势，突出特色，出版了一批抗战题材的文史资料图书，其中全国政协的《抹不掉的记忆——见证日军灭绝人性的杀戮》、河北省政协的《河北抗日战争图鉴》被列入百部重点图书。

以上可以看出，全国暨地方政协文史委员会主任会议制定的《本届政协文史资料选题协作规划》正在扎扎实实地贯彻落实，文史资料征集出版大协作取得了新的进展。

同时，也应该看到，我们的工作还存在一些不尽如人意的地方。比如，工作任务重与人手少的矛盾相当突出。此次大协作选题数量多，有的省要承担十多个选题的协作任务，而各地方政协文史部门普遍存在编制紧张、人员不足的情况，势必影响到文史资料征编工作的进度。比如，史料征集难度加大。新中国成立前历史的亲历者越来越少，一些重要史迹遭到毁坏。对新中国成立后文史资料工作在认识上不够统一，在政治方面有些敏感问题，在经济方面有些功过是非问题，很多人不愿写。比如，新形势下文史资料工作的理论研究不够。去年义乌会议制定了文史资料工作的指导思想、方针、原则及工作任务和规划。但是，对40多年的文史资料工作，特别是新形势下的文史资料工作，还缺乏系统的整理、归纳，一些新情况、新问题需要从理论上研究和探讨。比如，一些省市政协文史工作部门仍然存在经费方面的困难，无法保证征集工作的深入展开。以上这些问题，我们要在今后的工作中加以重视，想方设法予以解决。

二、主要体会

一年多来，在开展文史资料征集出版大协作中，我们获益良多，主要体会是要处理好以下五个关系。

（一）正确处理有为与有位的关系

人民政协的文史资料工作是一项富有特色的工作，它深深地植根于人民政协这片沃土之中，前景广阔，大有可为。曾几何时，文史资料工作一度风雨飘摇，甚至面临被取消的危险。究其原因，更多的还是要从自身来查找，主要是我们队伍中的认识不统一，一些同志看不清政协文史工作的价值、意义，对前途失去信心，工作上无所作为。上一届政协期间，经过清理库存资料，编辑出版了《文史资料存稿选编》这一皇皇巨著，使文史资料工作重新得到政协领导以至社会的重视。本届政协以来，文史资料工作的内部环境很好。贾庆林主席、王忠禹常务副主席等全国政协的领导同志非常关心和重视文史资料工作，多次参加文史委员会组织的活动。陈奎元副主席连续两年专程出席全国文史会议，并发表鼓舞人心的讲话。全国政协办公厅的领导和有关部门也非常支持文史资料工作，在经费、办公设备及网络建设上都给予种种优惠。文史资料工作正处于一个很好的发展时期，我们要抓住机遇，乘势而上，创造佳绩，在人民政协事业的整体格局中充分发挥文史资料工作的独特作用，扩大人民政协的社会影响。要做到有为才能有位，有了位更加有为。

（二）正确处理全局与局部的关系

文史资料工作自创立以来，各级政协文史部门之间就形成了十分紧密的团结协作关系。文史资料作为社会科学的一个门类，有着自己的专业领域和业务知识。文史资料工作作为人民政协的一项经常性工作，有着共同的目标和任务。对于政协文史工作部门及政协文史工作者来说，一定要牢固树立全局观念，发扬大协作的优良传统，这是文史资料工作自身建设的需要，更是文史资料工作生存和发展的需要。通过大协作，能够充分发挥政协文史部门的整体优势，形成合力，多出成果，多出精品，为文史资料工作赢得良好的社会影响。在大协作中，许多单位积极领受协作任务，优先安排协作选题，勇于承担牵头重任，认真实施征集编辑方案，这些都是全局意识强的表现。同时，我们也要把本单位本部门的工作放到政协文史工作的全局当中来考虑，扎扎实实做好本单位本部门的工作，争取最大的社会效益，同样也是为政协文史工作赢得荣誉。

（三）正确处理牵头单位与协作单位的关系

政协文史部门的大协作一贯遵循平等自愿、各负其责、互惠互利的原则，这也是处理牵头单位与协作单位关系的基本准则。牵头单位受全国政协文史委员会委托主持某一专题的工作，负责征集编辑方案的提出和组织实施。协作单位主要是配合牵头单位工作，负责本地区史料的征集编辑。牵头单位和协作单位各有各的责任，相对来讲，牵头单位的责任要大得多，在人力、财力方面的付出也更多些。一个专题能否圆满完成，取决于牵头单位和协作单位的团结合作，而牵头单位的工作是否到位至关重要。牵头单位要提出切实可行的征集编辑方案，适时召开征稿会、编审会，最终把好书稿的质量关。上一轮全国性大协作时，有的牵头的省级政协将专题实施的任务委托给该专题史料比较集中的省内某市政协。本轮大协作中，一些省级政协根据实际情况也采取了这种做法，这样做有助于解决省级政协人手不足的问题，也有利于调动各级政协的力量参与协作。同时，这样又出现一层新的关系，省级政协作为牵头单位不要放弃自己的责任，要加强对市级政协的业务指导，负责地协调好与省外协作单位的关系。在大协作中，各协作单位要积极主动开展工作，把该征集的史料征集到手，规范地做好编辑工作。协作单位并不是处于被动地位，征集工作做好了，既可为协作选题提供丰富的稿件，又可出版地方性的专题史料图书。一些工作开展得好的省级政协已经这样做了。

（四）正确处理两项任务之间的关系

陈奎元副主席在去年的全国暨地方政协文史委员会主任会议上明确提出，作为政协的一个专门委员会，文史委员会担负着两项主要任务：一是征集、编辑、出版近现代史回忆资料；二是组织委员履行政协职能。一年多来，各地政协认真贯彻会议精神，两项任务完成得都很出色。从政协文史工作的实质讲，它既是巩固和扩大统一战线的工作，又是一项履行政协职能的工作。两项任务中，征集出版文史资料是我们的传统工作，履行政协职能是随着人民政协事业发展的新形势而明确提出来的。各级政协文史委员会汇集了一批文史方面的专家和学者，组织一些有关文化领域的调研具有一定的优势。近两年，全国政协文史委先后组织了历史文化名城、世界文化遗产的考察。在每次的情况交流会上，委员们争相发言，提出了很多很好的建议。当地的同志反映，全国政协委员层次高，所提建议专业性强，对改进工作十分有益。实践中，征编史料和履行职能两项任务相互联系，相互促进。比如，为了搞好文史资料的征集、编审工作，我们往往要深入实际进行调查研究，以获取真实、丰富的历史资料，为当前的工作提供历史的借鉴。像我们和浙江省政协协作的"温州民营企业的兴起和发展"专题，在征集史料的过程中，经过深入调研，围绕全国政协常委会"发展是执政兴国的第一要务"的主题，提供了"温州民营企业发展历程的启示"的大会发言，并在会上作了口头发言。再如，在组织委员调研考察活动时，发现一些与现实结合较紧而重大的文史资料选题，进而开展史料征编工作，可以更好地为现实服务。像我们正在进行的"名人故居博览"专题，是在开展专题调研时发现当前"名人故居"的底数不清、资料匮乏、研究不够，于是提出征集编辑"名人故居"史料的设想，立即得到国家文物局的支持。

（五）正确处理保持特色与开拓创新的关系

人民政协文史资料工作历经 40 多年的发展，形成了统一战线和"三亲"两大特色，这是政协文史工作生存和发展的根基，也是政协文史工作的优势所在。在我们进入 21 世纪的今天，与文史资料工作创立时的 20 世纪 60 年代相比，形势有了很大变化，社会有了很大进步，特别是人民政协的各项工作取得重大进展。文史资料工作也要跟上时代前进的步伐，积极进取，开拓创新。只有开拓创新，文史资料工作才能适应人民政协事业不断发展的需要；只有开拓创新，文史资料工作才能保持旺盛的生机和活力。如何在保持特色的同时有所创新、有所前进，这是政协文史工作者悉心探索的一大课题。北京市政协和湖北省政协在研究"五七干校记事"征编方案时认为，"文革"中全国各级干校多如牛毛，文史资料要选择知识分子和代表性人物比较集中的干校，有重点地开展征集，特别注意在政协委员和民主党派成员中征稿，力求突出统一战线和"三亲"特色。坚持统战性和"三亲"性，有利于我们选准角度，发挥优势，避免与党史、国史雷同而失去文史资料独立存在的意义。在全国政协文史委提出建立文史资料音像库后，一些地方政协跃跃欲试。我们欣喜地看到，在落实本届选题协作规划中，有的专题在制定文字史料征编方案的同时提出了音像史料征集方案，更有一些市级政协带着音像技术人员和设备来到北京征集资料。天津市政协文史委率先成立了天津口述史研究会，这是中国大陆第一家正式在民政部注册的口述史研究社团，也是政协文史资料委员会所属的学术性社团。在工作实践中，各地政协文史工作部门开拓进取，大胆尝试，取得了一些有益经验。在适当的时机，我们将组织专门的交流和总结，并进行深入的研讨，争取在理论和实践上都有所创新。

三、关于下一阶段的工作部署

关于今后的工作，陈奎元副主席提出了三点希望，很符合当前政协文史工作的实际，为我们指出了努力的方向。我要讲的是今后一段时间的一些具体的工作。

（一）抓紧时间，落实规划

本届政协还有两年半的时间，如果留出图书出版的时间，也就只有两年的时间了，对于我们落实征集编辑规划确实是时间紧、任务重。各级政协文史工作者要振奋精神，知难而进，发扬特别能战斗、特别能吃苦、特别能奉献的优良传统，扎扎实实，通力合作，力争将有可能完成的专题尽量在本届政协期间完成。

本届选题协作规划提出的专题较多，一般都经过认真的论证，也有一些是前两届遗交下来的。目前来看，各地政协牵头的专题进展比较顺利，而全国政协文史委牵头的专题中有一些难度较大，进展缓慢，这些基本上是以前的选题。对于这些专题怎样处理？我们的意见是还要继续做，但在时间上不强求本届内必须完成。

各牵头单位要继续认真负责地主持好本专题征集编辑工作的实施，根据专题分组讨论的情况进一步完善征集编辑方案，协商好召开编审会的时间和地点。要重视并开好编审会议，实践证明，这是推动大协作的一种有效工作方式。各专题按照齐、清、定的要求定稿后，及时送交全国政协文史委安排出版。

（二）迎难而上，深入征集

征集工作是文史资料工作的基础，也是诸环节中难度最大的一环。文史资料征集难有着多方面的原因，要具体问题具体分析，有针对性地做好工作。功夫不负有心人，只要肯下功夫，困难总是要被克服的。文史资料不是编写历史，不求系统完整，但是作为文史资料专题图书，还是应争取做到重要事件、重要人物的史料不要漏掉。特别要抓紧做好年事已高的重要人物"三亲"史料的抢救工作。

（三）精选精编，打造精品

在本届政协期间出版一批文史资料精品图书，是我们开展大协作的重要目标。要实现这一目标，首先，要强化精品意识。文史资料图书的质量直接影响着社会效益，关系着"存史、资政、团结、育人"社会功能的发挥。我们投入这么多的人力、物力，为的就是把文史资料精品奉献给社会。其次，要精心做好各个环节的工作。下大气力广泛深入地做好征集工作，把史料价值高、可读性强、具有借鉴和意义的资料挖掘出来，为出精品打好基础；精选稿件，精编图书，把好政治关、史实关、文字关；精心设计，精心印制，力求达到内容与形式的完美统一。第三，要形成一定的规模。这次大协作的选题分为四个系列，每个系列都有十种（卷）以上图书。我们要统筹考虑，追求整体效果。如，共和国亲历、亲见、亲闻书系，可以编好一种出一种，但必须统一装帧设计，保持同一风格。如，《名人故居博览》，各省（区、市）政协完成编辑任务后，陆续送交全国政协文史委办公室，统一编排，集中印制。

（四）精心组织，搞好服务

全国政协文史和学习委员会作为这次大协作的组织者，要始终把握全局，协调各方，加强对选题协作工作的指导，及时掌握并帮助解决地方政协文史委工作中遇到的困难和问题。全国政协文史和学习委员会办公室要保持与各协作单位之间的联系，上情下达，下情上达，尽力搞好服务工作。

（五）重视学习，提高素质

今年全国政协大会之前的常委会上，全国政协文史资料委员会调整为全国政协文史和学习委员会，更名后的委员会增加了组织委员学习的职责。据我们了解，相当一部分省级政协文史工作和学习工作在同一个委员会。随着名称的更改，无论是委员会还是办公室，任务都更加繁重了。一方面，我们要继续深入学习文史方面的业务知识，加强专业理论的研究；另一方面，要适应新形势新任务的要求，丰富学习内容，拓展知识结构。全国政协文史委已连续两年举办了两期政协文史干部培训班，培训各级政协文史干部250多人。今后，这类培训班还要坚持办下去。此外，为加强对新时期文史资料工作的研究，我们拟于适当时候举办较高层次的学习研讨班或工作研讨会，以进一步提高政协文史干部的素质，加强政协文史干部队伍建设。同志们，今后两天我们要交流开展文史资料征集编辑大协作的经验，研究解决工作中遇到问题的具体措施。希望大家集中精力，开动脑筋，奉献良策，积极推进文史资料征集编辑大协作的顺利开展，努力开创人民政协文史资料工作的新局面。

建设学习型政协组织 *

（2005 年 4 月 5 日）

　　大家好，非常高兴有机会到海口来和各地做文史工作的同行见面。我是文史工作的新兵，对文史工作还是学习、接触、见习的过程中。我讲的东西和大家交流，看看我到底对文史工作外行到什么程度，从各位的反馈中增加了解。我谈两个问题。第一个是关于书写历史和怎样认识当前的政协文史工作的问题。第二个是政协文史工作有些什么样的部署，应该有什么样的思路。就这两个问题求教于大家。

　　第一个问题，我们正在创造历史。中国目前走的是有中国特色的社会主义道路，对于中华民族的历史来说，是一段重大的、了不起的、已经取得前所未有的成就，但仍然是不无风险的历史。我们的发展，和西欧、苏联等国家走的道路是不同的。我们目前正在做的事情就是正在创造历史，为中华民族创造新的未来，为人类的发展提供不同的经验。对这段历史的解读将是各方人士、中外历史学家非常有兴趣的事情，解读的角度不同。从中华人民共和国的创建到今天蓬勃发展的状况，主导力量是中国共产党。党史要解决的是在这样一个斗争和建设的过程中，中国共产党的领导核心怎样发展马克思理论、怎样经过各种曲折制定路

---

　　* 这是王蒙 2005 年 4 月 5 日在海口举行的第二期全国政协文史干部培训班结业式上的讲话。王蒙时任全国政协文史和学习委员会主任委员、中国作家协会副主席。

线、方针、政策和若干重大举措，改变了中国落后的面貌。这其中的历史经验教训结论都是党史要解决要做的工作。从政协的角度来说，我们可以解读成一个中国各族各界各方面人士怎样共同努力把一个贫穷、衰落、落后，在某个历史时期是愚昧无知的国家能够实现现代化，能够变成一个进步、民主、富强的国家，这是各族各界共同努力的一段历史。在各种冲撞、曲折中达到今天这样一个建设有中国特色的社会主义道路的共识，达到一个从马克思主义、邓小平理论到"三个代表"重要思想指导的共识，达到一个对科学发展观、对加强执政能力等一系列原则的共识，这本身就是一个历史过程。

政协文史工作并不直接提供历史，提供的是史料，是素材。政协文史工作没有著述、科研、教学这样一个任务，但我们有条件提供素材，亲历、亲见、亲闻的"三亲"性使史料更加生动，它不做结论，是非常生动的素材。这点在人民政协创建初期尤其显得很突出。政协是三教九流到各种人物都有，有很多稀有品种的人物，譬如遗老遗少、满清皇族、国民党的高级将领。这些人物的亲历亲见亲闻不写下来，是很大的损失，那是无法替代的史料。

现在我们的社会有很大的变化。1949年之前的社会分化比较厉害，用黑格尔的话说是杂多的社会。经过长期的民主改革到社会主义改造，使这个国家和社会逐渐往更统一更一致的方面走，没有那么杂多了。现在的政协委员中再找极具独特色彩的人物，和原来就不一样了。但改革开放后随着社会经济的发展，也出现了新的变化，所有制更加多样了，利益关系更加多样，背景更加多样。在这种情况下，政协文史工作还要做，还有更加重要的意义。这更加重要的意义是因为我们正在创造人类经验中所没有的和中国历史经验中所没有的正在创造过程中的历史，我们文史工作有可能成为这样一种崭新的历史，它充满尝试、摸索、创造，有时难免有这样那样的歧义，但事实上已经证明我们已经取得成功，能够为这段历史的书写提供适合政协特点的历史素材、历史资料，是非常光荣的也是非常艰巨的，也是不可或缺的任务。这意义在最近一两年内不会看出来，但它肯定是有深远意义的，要传之久远，对今后中华民族的发展是有巨大作用。

借此机会，再谈一点对中华人民共和国历史的理解，对中华民族现代化发展道路的理解。这和中国文化有密切联系。中国的文化是我们的骄傲，有时又成为我们的包袱，有时又成为我们和世界交流的一堵墙，有时也成为我们和世界的一座桥梁，它是不断变化的。举一些例子，如印度，印度文化非常特殊，它的宗教、文化、哲学、学术有很高价值，但印度有相当长时间成为英国殖民地，照搬英国一套上层建筑，但它本身社会变化不了，民族变化不了。它的条件和我们不一样。它没有统一的语言，没有统一宗教，有时候印度现在的各个民族要借助殖民时代的带有侮辱性的强行推广的英语来沟通，否则互相之间根本无法沟通。去过印度的人都知道，它现在有了很大发展，中国和它的关系有了很大改善，但它整个发展应该还是困难重重。我到印度有些城市，城市之肮脏，垃圾味道之浓厚，传染病威胁之严重，触目惊心。再以一个小国为例，如菲律宾，长期遭受西班牙统治，后来又成为美国的托管地，它没有文字，本身没有很强大的文化基础，谁来统治就接受谁。西班牙统治就相当地西班牙化，到现在菲律宾语言中既有土语又有英语，还有西班牙语，大量的名字里仍是西班牙式。美国统治时期就跟着美国走。菲律宾相当的自由，但又很不安全，原来的许多优势都在丧失。我也非常感慨俄罗斯，它是世界上第一个社会主义国家，苏联原先那么强大的力量，有那么高的威信，对中国革命有巨大的影响。但俄罗斯文化中缺乏包容和适应和自我更新的能力。社会主义搞得好，就全都好，不许一个人说坏，说坏就枪决。说搞得不好，就宣布完蛋，共产党就解散。我们从中国的发展道路稍微比较一下就能看出，我们有多么强大的、遭受了千难万险、遭受了许多痛苦的文化的支撑，使我们常常能够遇难呈祥、化险为夷。

我们还可以和日本比较，有很多学者、知识分子很痛惜，为什么日本搞明治维新想学现代化立刻现代化那么快。中国要搞现代化就那么艰难，那么困难，那么难接受。一种新的观念，新的技术，接受起来就那么困难。是的，中国的文化曾经成为一个障碍，但是经过一个过程，一段发展后，找到了自己的发展道路，中国的文化当然是我们立国的一个根基。从这些地方可以看出，我们治中华人民共和国史，为中华人民共和国史提供资料和素材有着多么伟大的意义。

第二个问题，正因为今天的情况不一样，我们并没有那么多非常明显的遗老遗少，怪人怪身份，所以我们政协文史工作可以更主动地做一些安排，就是我们做什么，心中要有数，要有目标。如果没有目标，只能来什么资料看了不错，就用，就登报、编杂志。有三方面可以参考、考虑。

1. 当前焦点，有影响的重大事件、工程、重大举措。如市场经济。我们的市场经济到底是怎样从在计划经济下的一定程度的抑制到慢慢发展起来，到成为我们国家配置资源，经济运行的一种主要形式。我们不说哪样对，哪样不对，那不是我们说得清楚的。在市场经济的恢复发展这样一个过程中有重要人物、公司、企业家、大人物究竟起了什么作用？我很感兴趣的一些问题，譬如中国房地产业的发展，有烂尾楼，也有高额利润，房价不断上升，也有相当多的人在房地产业的发展中改善了自己的生活，也有很多贫困的人望楼兴叹。譬如社会保障，中国的社会保障事业是如何从国家包起来到社会化逐渐发展，是否有委员可提供这方面的素材。如涉及香港、澳门的。如青藏铁路、三峡工程、机场建设等都是举世瞩目的工程，还有国防工程如载人航天等等。这些事件转瞬之间就变成历史上光辉的一页。政协文史工作就有可能为这光辉的一页提供见证，提供小插图、提供数字、提供小花絮、素材。

譬如国有企业改革。大型名牌企业的建立、发展。三资企业、非公有企业的发展，新型企业家的发展，这里既有成功，也有失败。乡镇企业的典型如禹作敏的大邱庄辉煌一时，因为刑事犯罪禹作敏变成阶下因死在监狱里。这属于特别富有当前性焦点性的问题，可通过政协组织及政协委员提供"三亲"史料。

2. 记录政协自身特点的资料。民主党派、非中共人士、无党派人士及政协本身的发展在当地起过何种作用，哪个提案被采纳推动当地解决了五保户低保问题、食品安全问题等等。政协中有许多名人、名家、名师，他们本身就是活历史。如果我们选准人物，提供协助便利，组织一定人力征集记录他们的历史，是有意义的。

文史委员会不是历史委员会。文史强调的是文档、强调文字化，应该是文档化历史。"三亲"的经历用文字表述出来，成为文档化、文字档案，这和实物、统计表、绘画不矛盾，这些政协名人的经历可以成为很好的素材。文化方面的如宜兴陶瓷、惠山泥人、杨柳青年画等，它们的沿革发展起伏。还有昆曲、京剧，政协还有书画室，为什么不搞书画史，有京昆室，为何不搞京昆史，不用搞全面的，全面的由艺术研究院的同志组织，我们可以把那些积极参加政协活动的京昆艺术的大师的某些事迹、国际上某些突出成就、经历的某些委屈、生过的气、打过的官司都有所记录，也会非常有趣。

3. 边缘性、补遗性的素材看起来没有那么重要，属于拾遗补缺。通常写国史党史不会有人注意到这样一些人物、角落、事迹，政协可以做到。如外籍华人，外籍华人长期同情中国革命、参加中国革命、参加中国建设，为新中国出力。加入中国国籍的政协委员，他们也得到政协的帮助。还有一些特邀人士，老一辈国家领导人的遗孀、遗属，他们的经历也很特殊，别人替代不了。边缘人物也可以成为中心，如残疾人。残疾人在很多事情上处在边缘，有好多事情他们做不了但又有突出的事迹有可能成为全世界关注的焦点，他们就有可能成为中心。比如现在中国社会上数量不多的慈善家、收藏家，怪人还是有。上海有收藏火花的，北京的王世襄收藏明清家具，收藏鸽哨，是美食家，这人很可爱，他称自己"玩物丧志"。这样的人全国没有多少，走一个少一个。这些补遗性的史料做出来会非常受欢迎。

我们如果能够主动做安排，主动部署。既照顾到当前性、焦点性，也照顾到政协自身的特点，也照顾到边缘性、补遗性、稀有性、珍稀性。政协正是有三教九流、五湖四海、各种有特殊经历、有身怀绝技的人物，所以通过政协文史工作，可使得政协更加生气勃勃、充满活力、充满生机。

今后的培训班要逐渐向研讨班过渡，请各地对文史工作有体会有见解有经验的同志介绍交流，使文史工作的理论性现实性学术性实践性得到提高。

发展文化事业　构建和谐社会 *

（2005 年 3 月 9 日）

　　构建社会主义和谐社会，是一个关系国家和人民命运的重大课题。发展文化事业，完全可能并且应该围绕构建和谐社会努力奋斗。因为，和谐社会必然是文化事业健康发展的社会，和谐社会是建筑在健康发展的先进文化基础上，建筑在科学和人文文化的昌明上，而当然不是建筑在愚昧落后、无知迷信上。

　　为此，我提出如下建议：

　　一、聚集人文学者、社会学者包括文学艺术工作者、新闻出版工作者、教育工作者等领域的人物，对于构建和谐社会的命题进行学理的研究阐发，使社会主义和谐社会的理念进入我们的价值体系、道德伦理与哲学思维体系、中华文明传统体系与思想修养体系以及成为宣传导向的重要组成部分。

　　二、推行文化成果共享工程，在大力发展文化产业的同时，运用国家与社会力量，重点扶植农村，西部地区，老、少、边、穷地区与城市民工、下岗人员、残疾人……获得更多的文化消费与学习机会，力争实现文化共享与文化平等。组织送电影、送书报杂志、送音像制品、送艺

---

* 这是王蒙 2005 年 3 月 9 日在全国政协十届三次会议全体会议上的发言。王蒙时任全国政协文史和学习委员会主任委员、中国作家协会副主席。

术演出和各种展品下乡（或其他需要的地方），送电脑、电视机、各种音像制品的放映机下乡（或其他需要的地方）。现在每年都有大量上述用品更新换代，变成垃圾污染源，其中许多还可以提供给低收入者应用。要使全国人民尽可能都能得到文化教育、娱乐休闲和体育运动的机会与条件，提高人民的生活质量与满意度。

三、造成珍惜文明成果与文化传统、尊重文明创造与文化事业的良性社会风气，掀起"五讲四美三热爱"的新高潮：表彰文明、礼貌、大度、谦让、与人为善、助人为乐的建设性精神情操，批评和克服野蛮、暴戾、狭隘、贪婪、与人为仇、滥走极端的不良风气，建立真正的文明之邦、礼义之邦、君子之邦，做到人人以创造和谐、促进和谐为乐为荣为己任，以破坏和谐为忧为耻。和谐，是一种文明，是物质文明、精神文明与政治文明获得了相当发展的标志之一。反之，和谐的追求与实现又大大有助于提高我国公众的文明素质。

四、鼓励文学艺术创作正视当今社会的矛盾与问题，同时强调以一种健康、积极、求实的态度表现这些矛盾与问题。提倡人们把立言的勇气与社会责任感结合起来，把发扬民主与遵纪守法结合起来，把正视矛盾与积极乐观稳步地去解决问题的态度结合起来。

五、注意传媒的文化含量与文化品位，重视普及与发行量、收视率、市场，同时一刻也不能放松质量、格调、品位与长远的文化效应，注意文化提高与文明积累。在满足广大受众的娱乐需要、节假日喜庆"搞笑"需要的同时，要努力以高质量的，与我们的几千年文明历史与一日千里的人类文明进展相适应的文化成果、智慧成果献给广大群众。例如目前黄金时段播放的电视小品与帝王戏，内容多半比较粗糙，随意性强，质量有待于大大提高。

六、发挥各文化单位、文艺团体的积极作用，用邓小平理论与"三个代表"重要思想统揽全局，认真贯彻"二为"与"双百"方针，团结老、中、青文化工作者与受众，讲文化、学文化、帮助文化工作者，承认多样性，欢迎切磋讨论争鸣，允许保留不同的意见，正确处理人民内部矛盾，实现文化工作者的大团结，开展正常的健康的文化与文艺批评，反对文人相轻，不搞动辄全盘否定、一棍子打死的"酷评"，克服文艺界搞小圈子、门户己见的不良风气，不让商业炒作式的假冒伪劣的文化信息在媒体上畅通无阻。

七、目前最最影响社会主义和谐社会构建的因素，除国内外敌对势力外，还包括领导干部与公务员的以权谋私与腐败现象，为富不仁的商家企业家的坑害消费者现象，弄虚作假欺骗领导与群众的造假现象，铺张浪费、挥霍民脂民膏现象，以及各种不文明不道德欺压弱势群体的现象，各种威胁人民群众的生命财产安全与利益的犯罪行为……要构建和谐社会，广大文化工作者除以身作则，加强自律自省外，还要依靠党依靠人民，与这些社会主义和谐社会的病变病灶作顽强的斗争。

构建社会主义和谐社会的历史任务提出来了，实行起来并非易事，因为内外矛盾是客观存在，疏导解决这些矛盾并非易事。但是，我们可能取得共识，那就是和则兴，则富则强则充满希望；不和则衰，则贫则弱则再遭劫难。我希望广大文化工作者与全国人民一道，为构建社会主义和谐社会作出自己的贡献。

政协的机制体现了中华文化的生命力 [*]

（2004 年 9 月 21 日）

中国人民政治协商会议成立已经 55 周年了。人民政协的成立是中国共产党、中国人民的一个伟大创造。在革命战争取得胜利的时刻，它是体现革命人民的意志，完成建立新中国的历史任务的法理主体。在新中国建立前后，它一直是统一战线的一个重要形式。

统一战线思想是中国共产党的一个重要的政治贡献，它具备着丰富的内涵及广泛的可能性：它承认阶级背景、阶层、界别的多样，思想认识、关注重点与具体利益的多样，承认人民内部矛盾，承认不同的观点意见出现的不可避免；更承认和坚持中国共产党的领导地位，承认和确信中华民族与中国人民的根本利益的一致性。它提倡民主协商，凝聚各界人士的力量，不搞封建的家长制，也不照搬西方的多党纷争与对决，而是实现中国共产党领导下的多党合作以及与无党派人士的合作，统筹兼顾，各得其所，各得其利，万众一心，殊途同归。

在我国的政治生活中，人民政协把协商提升到了特别重要的地位。协商是个宝，我们要通过协商检验、补充、校正并丰富领导的意图与决

---

　　* 这是王蒙 2004 年 9 月 21 日在庆祝中国人民政治协商会议成立 55 周年纪念会上的发言。王蒙时任全国政协常委、中国作家协会副主席。

策，使国家的大政方针与各方面的工作照顾得更加全面，实现应有的动态的平衡与稳定。通过协商，我们可以不在人民内部搞你胜我负、谁吃掉谁的零和模式，而代之以双赢和多赢的模式。我们拒绝在内部搞恶性政治争斗，避免像中国这样一个古老的大国陷入混乱无序。同时我们警惕和防止滥用权力与一言堂，警惕像"文革"那种极端主义的事态。那就得重视协商，多多协商。

协商是我们党我们国家创造的一种政治文明，是文明执政的表现。这样一个大国的政治事务与各项重要决策需要协商。民主法制的建设，科学的发展观的落实、经济建设与公共管理，需要协商。协商是一种发扬民主，解决人民内部矛盾，自我调控的方法，是我国的政治生活的一个规则一个特色。

协商体现着广泛团结，重视人才，调动一切可以调动的积极性的原则，最大限度地包容了三教九流，五湖四海。承认差别，顾全大局，代表多数并且照顾少数，以求获得最大程度的凝聚力与向心力，这正是我们的民主理念。中国共产党的领导与全国各族各界人民的政治协商，有可能做到保证这样一个时时面临新的课题与挑战的国家的建立在社会主义民主与法制基础上的稳定与团结，统一与效能，生气勃勃与政治渠道的通畅。这正是我们的力量所在。

人民政协把各行各业的代表人物、领军人物直接吸引到这个机构里，建言献策，群策群力，化解矛盾，理顺关系。它不具备立法、行政、监察、司法的权力，不承担繁忙的日常管理任务，但又有极强的代表性与极大的威望，有重要的功能和自己的人才、智力、思想与言论方面的优势，并在我国政治生活中发挥着重大的作用。三代领导核心都十分重视人民政协的工作。人民政协的历届主席是毛泽东、周恩来、邓小平、邓颖超、李先念、李瑞环和贾庆林。它宏大而不滞重，灵动超脱而与各方面的实际工作息息相关，集合了各方面的专家的智慧而又不影响他们坚守各自的专业岗位。这就与西方由职业政客为主体组织起来的代议制区别开来了。万物生于有，有生于无。无之以为其利，有之以为其用。有着这样的古老文化传统的中国的人民政协有可能发挥自己的独特的参政议政、民主监督、政治协商的作用：知无不言、言无不尽，团结包容、最大限度地调动一切积极因素，化消极因素为积极因素，并适应不同的发展阶段与政治生活的走势。政协的机制体现了中华文化的生命力和社会主义中国的政治想象力、创造力。

人民政协又是一所宏大的学校，我们在这里学习"三个代表"重要思想和科学发展观，学习参政议政，学习民主，学习依法治国。在中国这样一个历史上缺乏政治的广泛参与传统的东方国家，参与要求学习，学习为了参与。政协全体会议的工作报告，对于全国人民代表大会的列席，是一个学习也是参与。政协历次大会发言与常委全体会议上的发言，深思熟虑，言之有物，并常常是响亮铿锵，不避锋芒。在小组会上，畅所欲言，切磋互补，对于我们都是极好的课堂。政协组织的各项活动、论坛与讲座，更使广大委员得益匪浅。

中国作为坚持走自己的道路的社会主义的发展中的古国大国，如何实现现代化与民主化法制化，如何处理好民主与法制、民主与集中、民主与稳定、民主与效率、民主与发展、民主与民族尊严、国家主权、特别是民主与加强并改善党的领导的关系，这是我们面临的一个意义极其重大的历史课题，又是一个复杂的必须坚决而又谨慎地因应工作的艰巨任务。我国的政治体制改革十分重要，十分敏感，也时常会引起国内外一些人的关注与争议。

但至少我们可以说，在党的领导下发展与加强人民政协是一个好办法好答案，是政治体制改革的一个重要组成部分。在推进我国的民主建设方面，人民政协承担着巨大的责任，可以也应该大有作为。政协的存在与运作符合中国国情，有利于民主、团结、求实、鼓劲，有利于把改革的力度，群众的承受能力与国家的稳定发展的需要结合起来。

从第八届政协开始，我参加政协的活动与会议已经十几年了，和全国各级政协的50多万政协委员在一起，我们从中学习了解国家大局，大大开阔了政治视野，增加了知情度。我们为国运日隆、国家取得了举世瞩目的发展而欢欣鼓舞，同时也得知了各行各业的那本"难念的经"，各种麻烦与挑战。我们提出建议也提出批评，表示拥护也表明心愿和忧虑。谈起三农问题、西部开发问题、资源问题、教育问题、腐败问题，环境、文物保护、青少年成长、行业风气等问题，我们反映社情民意常有忧心忡忡，尖锐急切的情状。而经过我们与有关领导面对面地交流，也常常体会到了意见被采纳、心想变成了事成的喜悦，加深了对于整个国家的大运作、大思路的理解与支持。我们的态度是认真的，心是齐的，劲是愈来愈往一处使的。

政协是我们的庄严讲坛，也是我们的委员之家，各界各个委员互通信息，取长补短，互相激励，互相参照，提高了我们的参政议政的水平，也全面提高了我们的政治、思想、文化与专业素质，增进了委员的友谊。我们的本职工作和面临的一些实际问题，常常得到政协领导的关心。我们与政协建立了深厚的感情。我们深感作为政协委员的光荣与责任重大。

我们相信在55年光辉成就的基础上今后人民政协的工作会愈做愈好，我们希望今后政协的工作更加规范化和制度化，我们要更好地为经济建设这个中心，为物质文明、政治文明、精神文明的建设而贡献自己的力量。同时，我们希望政协在继续发扬敬老尊贤的传统的同时，补充新的血液，焕发新的活力，并摸索一套政协委员与本界别的群众加强联系沟通的办法，使我们的人民政协，与时俱进，拓宽思路，面向社会各界，在我国的政治生活与社会生活中，在各行各业的人民群众与各类精英、骨干、代表人物中，发挥更大的作用。

为了汉字文化的伟大复兴 *

（2004 年 9 月）

　　虽然受到全世界许多有识之士的批评以及群众的抗议斗争，全球化的趋势是无法阻挡的。因为全球化的大趋势就是现代化的大趋势，它有利于生产力的发展与社会的进步。同时它又必然面对质疑与讨伐。

　　历史是一个粗线条的大师，它勾勒了全球化的进程，却忽略了人们为这个发展和进步付出了极大的代价。首先一项令人担忧的就是：民族的、地域的、人的多样性与各自的特点、传统、身份与性格会不会逐渐泯灭？统一的市场和媒介会不会使精神生态消费化、产业化、标准化与批量化、克隆化？某个超级大国经济、政治、军事与文化的强势会不会变成霸权主义与单边主义，从而树立对于世界的全面与单一的统治？

　　幸好，历史又是一个自相矛盾的大师。当今世界的趋势并不是单向度的，与全球化并存着反题：民族的、地域的、传统的与自身的（原生的与自然的）的特点日益引起重视，个性化、多极化与拒绝霸权主义的趋向正在发展。而这里，文化的作用特别重要。文化拒绝标准化与一体化，拒绝单一的 GDP 指标，拒绝批量制造、统一规格和条形码。

---

　　* 本文原载《汉字文化》2005 年第 1 期，原为王蒙在 2004 年 9 月 3—5 日由中华民族文化促进会主办的"2004 文化高峰论坛"上的发言稿。王蒙时任全国政协常委、中国作家协会副主席。

中国的长项在于文化。中国文化近 200 年来遭受了严峻的考验。中国文化大难不死，（必有后福！）已经和正在获得着新生。近代以降，中华文化不但暴露了它的封闭愚昧落后挨打的一面，更显示了它的坚韧性、包容性、吸纳性，自省能力、应变能力与自我更新能力。

中华文化在八国联军的时代没有灭亡，中华文化在日军占领中国大部的时候没有灭亡，在"文革"中也没有灭亡，近代以来中华文化经历了被批判与自我批判、危机、大量吸收异质的现代文明与进行创造性的转化的进程。（转化云云，是美国威斯康辛大学的林毓生教授提出来的。）近四分之一个世纪以来，中国国运日隆，中华文化日益兴旺看好，我们完全可以预期 21 世纪中华文化的伟大复兴。

中国的目标应该是在以经济建设为中心的同时建设文化大国。文化是我们中华民族赖以安身立命的根基，是我们中国的形象，是解决许多麻烦问题，实现持续发展、和平崛起与国家整合的依托。中华文化是全体华人的骄傲和共同资源。中华文化是当今世界上的强势文化的最重要的比照与补充系统之一，中华文化是人类文明的宝贵财富。没有中华文化的人类文化，将是多么残缺的文化！

这里，我着重就一些个人的感受、经验谈一谈汉语汉字（海外习惯通称为华文华语）与我们的人文文化传统与现状的某些关系。

对于大多数民族来说，她们的独特的语言与文字是她们的文化的基石。尤其是使用人数最多，延续传统最久，语音语词语法文字最为独特的汉语汉字更是我们的命脉，我们的灵魂，我们的根基。

汉语属于词根语，汉藏语系。我的小说《夜的眼》译成了英、德、俄等印欧语系许多文字。所有的译者都向我提出过一个问题："眼"是单数还是复数，是"eye"还是"eyes"？

我无法回答这个问题，因为汉语是字本位的，"眼"是一个有着自己的独立性的字，它的单数和复数决定于它与其他字的搭配。汉字"眼"给了我以比"eye"或者"eyes"更高的概括性与灵活性：它可以代表主人公的双眼，它可以象征黑夜的或有的某个无法区分单数与复数的神性的形而上的而非此岸的形而下的眼睛，它可以指向文本里写到的孤独的电灯泡。

汉语培养了这样一种追本溯源，层层推演的思想方法。眼是本，第二位的问题才是一只眼或多只眼的考量——那是关于眼的数量认知。眼派生出来眼神、眼球、眼界、眼力、眼光等概念，再转用或发挥作心眼、慧眼、开眼、天眼、钉子眼、打眼（放炮）、眼皮子底下等意思。

动词与系动词也是如此，华文里的"是"字，既是"to be"也是"am"，又是"was"，还是"were"，包括了"have been"、"has been"和"used to be"等。

组词造词也是如此，有了牛的概念，再分乳牛母牛公牛，黄牛水牛牦牛野牛，牛奶牛肉牛油牛皮牛角。这与例如英语里的cattle——牛、calf——小牛、beef——牛肉、veal——小牛肉、cow——母牛、bull或者ox——公牛、buffalo——水牛、milk——牛奶、butter——牛油……大异其趣。这些与牛有关的词，在华文里，是以牛字为本位，为本质，为纲，其余则是派生出来的"目"。这样的牛字本位，则难以从英语中看出来。

所以中华传统典籍注重最根本的概念，多半也是字本位的：如哲学里的天、地、乾、坤、有、无、阴、阳、道、理、器、一、元、真、否、泰……伦理里的仁、义、德、道、礼、和、合、诚、信、廉、耻、勇……戏曲主题则讲忠、孝、节、义，读诗（经）则讲兴、观、群、怨。然后是自然、主义、理论、原则……有了仁，就要求仁政；有了道，就认定执政的合法性在于有道，并区分王道与霸道还有道法自然与朝闻道夕死可也；有了义，就提倡舍生取义的价值观念，有了主义就有"砍头不要紧，只要主义真"，有了原则，就有绝对"不拿原则做交易"……这些文字、概念、命题，不但有表述意义、价值意义、哲学意义，也有终极信仰的意义与审美意义。华文注重文字——概念的合理性与正统性，宁可冒实证不足或者郢书燕说的危险，却要做到高屋建瓴与势如破竹，做到坚贞不屈与贯彻始终。在中国，常常存在一个正名的问题。训诂占据了历代中国学人太多的时间与精力，然而又是无法回避的。许多从外语译过来的名词都被华人望文生义地做了中国化的理解，中文化常常成为中国化的第一步。这产生了许多误读、麻烦，也带来许多创造和机遇，丰富了人类语言与思想。这里起作用的是华文的字本位的整体主义、本质主义、概念崇拜与推演法（如从正心诚意推演到治国平天下），与西方的实证主义和实用主义，理性主义和神本或者人本主义大相径庭。（字本位问题在语言学内部是有争议的，但至少可以肯定，华文的字比拼音文字的字母不知重大凡几，而词与句的组合，仍然离不开字。即使不承认百分之百的字本位，也得承认七、八成的字本位现象。华文文学讲究炼字，这与拼音文字大不相同。）

　　汉字是表意兼表形的文字，汉字是注重审美形象的文字，汉字如歌如画如符咒。汉字的信息量与某些不确定性和争议性无与伦比。在中华民族的整合与凝聚方面，在维护中华民族的尊严和身份方面，在源远流长、一以贯之而又充满机变以摆脱困境方面，汉字功莫大焉。没有统一的汉字只有千差万别的方言，维系一个统一的大国，抵抗列强的殖民化是困难的。比较一下中国与亚、非、拉丁美洲其他国家的被列强殖民统治的历史，我们可以看到中华文化的力量。比较一下社会主义的苏联与社会主义的中国命运，我们也可以看到中华文化特别是汉字文化的强大生命力。

相传当年仓颉造字的时候"天雨粟、鬼夜哭",何其惊天动地。汉字的特殊的整齐性丰富性简练性与音乐性形成了我们的古典文学特别是诗词。现在中国大陆的幼儿不会说话已经会背诵"床前明月光……"武汉的黄鹤楼虽系后修,非原址,但是有崔灏与李白的诗在,黄鹤楼便永远矗立在华人心中。黄鹤楼、滕王阁、岳阳楼、赤壁、泰山……因诗文而永垂不朽。一位定居欧美的华人学人告诉我,在海外,欠缺不在物质方面,在各种东方店亚洲店里可以买到榨菜也可以买到过桥米线,然而总有一点沟通上的困难,"洋人"永远体会不了他读到杜甫的诗"露从今夜白,月是故乡明"和陶潜的"暧暧远人村,依依墟里烟"的心情。它们就是香港歌曲中唱颂的"我的中国心"。

在推广普通话(国语、mandaren)的同时,中华方言的丰富多彩正在引起人们的重视。吴侬软语,三秦高腔,川语的刚哕相济与粤语的铿锵自得尤其是各少数民族的语言文字同样是我们的语言财富。它们影响着乃至决定着我们的民族音乐,特别是多种多样的地方戏曲、曲艺和少数民族歌舞。一声何满子,双泪落君前,一声乡音,两行清泪,乡音未改鬓毛衰,万方奏乐有于阗,中华儿女的乡愁乡情永不止息,汉字文化便是中华儿女的永远的精神家园。

同时在中华传统中,书画同源,汉字影响了我们的造型艺术,催生了我们独特的灵动的气韵、风骨,写实、写意,言志、抒怀……等观念。

在华文中,"国家"既包含着"country"也包含着"nation"同时包括了"state"的意义,知道这一点,对于理解国人的国家民族观念,忠于祖国的观念与爱国主义的情愫有很大好处。在华文中,"人民"一词有自己不尽相同于"people"的含义,而且"人"与"民"各有不同的乃至划分等级的含义。这些知识与思考,对于理解中国的政治生活与政治语言大有帮助。越是有志于中国的改革开放与现代化事业，越应该理解并善于运用几千年的中华文化的传统，趋利避害，将大胆变革与稳定发展结合起来。我的河北南皮同乡张之洞提倡的"中学为体，西学为用"，他所信奉的"厉行新政，不悖旧章……"等原则，也许在学术上是浅薄的与有懈可击的，然而却是语重心长的。

我们中国应该明确地放弃汉字拉丁化的目标。我们实在难于从 bai ri yi shan jin, huang he ru hai liu 这 29 个字母上读出唐诗的效果。我们应该更好地进行汉语汉字的教学、传承、研究、数码化应用与审美化创造。我们应该创造出无愧于祖先的语言艺术的传世之作。我们应该更加重视在世界上推广普及华文与汉学教育，为此加大投入。我们应该在语言文字上对各种媒体与出版物提出更加严格的要求：少一点错别字，少一点洋泾浜，少一点文理不通。

我们所关切的汉字文化毕竟是全球化时代的民族文化，是面向世界的开放的与面向未来的文化。只有民族的才是世界的，是说我们的文化要有自己的传统，自己的立足点自己的性格。同时，只有开放的面向世界的经得起欧风美雨的与时俱进的中华文化，才是有活力的民族的，而不是博物馆里的木乃伊。聪明的做法不是把全球化与民族化地域化对立起来，而是结合起来。

在浅层次上，争论要不要花那么多时间学外语可能是有意义的。从根本上说，母语是进修外语的基础，外语是学好母语精通母语的不可或缺的参照。说起近现代中国，大概没有很多人的外语比辜鸿铭、林语堂和钱钟书更好，同时他们的华文修养也令我辈感到惭愧。设想未来的中华儿女个个熟悉汉语汉字华文经典，同时至少是他们当中受过良好教育的人，熟练掌握一、两门外语特别是英语，这完全是可以做到的，也是必须做到的。中国人的大脑的聪明足以做到这一步。而做到这一步不会降低而只会提高中华文化的地位。

即使是纯然的文化舶来品，到了中国也会在一定程度上中国化。可口可乐在中国已经与生姜煮在一起作为解表去瘟的感冒药品使用。芭蕾舞与意大利歌剧，当中国人表演的时候，很可能多了些东方的妩媚与甘甜，多了些 tender 与 sentimental。近年来意式法式港式西装在中国大陆大行其道的同时，唐装、旗袍与土布对襟小褂正在悄然兴起。而且，据 CNN 的解说，目前三枚纽扣的西装的设计受到了毛式服装的影响，而中山服、毛制服与当前改进了的立领无兜盖的青年服，又是中国受到日本、印度等国服装样式影响的结果。我们大可以增强对于中华文化汉字文化的自信，以海纳百川、开阔明朗的心态对待文化的开放与交流，而决不是鼠目寸光，抱残守缺。当然也不是民族虚无主义与全盘西化。

1998 年我在建立已有 70 余年历史的纽约华美协进会上讲演，有听众问："为什么中国人那么爱国？"

我戏答曰："第一，我们都爱汉字汉诗，第二，我们都爱中餐。"可惜我今天没有时间再谈中华料理了，那就让我们的听众们在会议休息时间尽情地去享用中餐吧，美味的中餐毕竟首先要出现在餐桌上，而不是出现在我的讲演里的。谢谢！

文化大国建设刍议 *

（2004 年 1 月 16 日）

中国是一个疆域大国，人口大国，文明古国，是一个社会主义大国，即将成为经济大国，又是世界上少数几个掌握核武器、国防力量正在增强的大国之一，这些都是不争的事实。

中国早就宣布，不做超级大国，不谋取霸权，这是说话算数的。但有些外国人还有疑虑。

爱国主义正在高涨，中国人民强烈希望中国能够对于世界、对于全人类作出更大的贡献，这种热情和积极性需要引导。

以经济建设为中心，这毫无疑问。中国的经济正在起飞，中国的综合国力正在增强。但同时，人均国民收入赶上西方发达国家的任务还是长期的。只看经济，我国的某些人士特别是青年人会时而自豪，时而又感到急躁乃至丧气，而且经济全球化又会引发新的问题：怎么样保持中华民族的独立地位、独立性格与独立形象？怎么样在人均国民收入还没有赶上或尚大大低于西方发达国家的时候维护我们的民族自尊心、自信心，发扬国人的爱国主义积极性？怎么样避免在我们这里出现西方发达国家的物质消费主义与精神空虚堕落的问题？等等。

---

　　* 本文原载《人民日报》2004 年 1 月 16 日第 13 版，原为王蒙在政协会议上的发言。王蒙时任全国政协常委、中国作家协会副主席。

因此，作为对于这些问题的回答，作为一个战略目标，提出我们的目的是建设一个社会主义的文化大国，是适时的，也是完全可以做得到的。其实，我们已经是一个文化大国了。我们的魅力，我们的自豪，我们的对外宣传重点，都应该注意放在强调中国的文化大国建设上来。

语言文字是文化的基石，汉字是中华民族文化的根基，是中华民族的凝聚与统一的一个重要因素。我们应该调整关于中文的出路在于汉字拉丁化的国策，明确保持汉语汉字（方块字）的方针。我们要花更大的力气更多的投入鼓励国人与外国人学习汉语汉字、要更加重视汉语汉字的规范化，抵制不健康的外来影响——这是一个关系到国家统一和长治久安的重大问题。

中国的文物典籍是中国之宝，是人类之宝，这些文物典籍的丢失与破坏是牵涉到我们的立国之本的大问题。我们要花十倍百倍的力量保护这些文物、整理弘扬典籍。对于传统文化的优劣长短的问题尽可以继续讨论，各种反思批判也尽可以进行，但是作为国家，我们必须奉行大力弘扬民族文化的方针。

国内各民族与民间文化是浩瀚的海洋，我们的发掘、普及、内外交流与记录研究工作还远远不够，今后要大大加强这一工作。

以更大的规模和投入抓文化教育工作。文化建设包括文化设施建设，一定要考虑到文化大国建设这一战略目标。

建设文化大国目标的确立将使我们更好地改革开放。不吸收外来的营养，不充实、更新与发展壮大自己，也就不能保护与坚持我们的文化的独立性。反过来说，不坚持和保护我们自身的特点，也就失去了汲取外来营养的依据。我们将更好地汲取人类的一切文化成果，为我所用，吸收过来，变成我们文化的一个部分，正如我们吃了牛肉羊肉最后还是变成我们自己的血肉一样。

　　文化与经济是互相促进的。坚持以经济建设为中心，这是基本的国策，这项国策的坚持已经创造了巨大的业绩。同时，文化大国问题的提出，将使我们的经济建设特别是高科技高质量的产业搞得更好。我们还要加强文化战略研究，改变对外文化交流上的被动防守局面，花大力气促进中华文化在全世界的影响。

　　我的思路还嫌笼统，现在提出这个大问题来，志在抛砖引玉。

我们的精神家园 *

（2003 年 11 月 16 日）

今天我着重谈一个问题，就是文学如何帮助我们去寻找、形成一个精神的家园。这里先说人的精神现象，人的灵魂家园。那么人的灵魂是什么？这有各种不同的说法，对一个宗教教徒来说，人的灵魂是永恒的。甚至于在人的肉体不存在的时候，也有灵魂。但如果从心理学的角度，我们可以把灵魂看成一种心理现象，就是人的自我意识，人的愿望、追求、情绪和内心世界。有一个略显夸张的说法，说除了宇宙以外，还有内宇宙，就是说，每一个人都是一个宇宙，他的内心对他来说，就是内宇宙。就像宇宙是探索不完的一样，你自己的内心你自己也弄不清楚。为什么灵魂需要家园，需要寻找家园？我想这是人对自己的精神世界，对自己的灵魂越知觉，就会越感觉到的困惑，乃至于痛苦。

首先，每一个对自我的知觉的个体，他会承担这生命本身带来的困惑。就是佛家所说的生、老、病、死。所以，寻找精神的家园，或灵魂的栖息，心中就包含着对永恒的一种渴求和追问。这是生命本身带给任何一个生命的困惑。其次，每一个人，从他出生的一刻起，他的主观、他的自我，他和这个世界、这个环境、这个社会就有诸多的不平衡、不

　　*　这是王蒙 2003 年 11 月 16 日在深圳大剧院作的演讲。王蒙时任全国政协常委、中国作家协会副主席。

协调。每一个人都希望自己过很幸福的生活，但他又往往能感觉到他的生活不那么幸福，所谓"人生不如意事常有八九"，可能是对物质生活不如意，也可能是对家庭生活不如意，也可能是对社会生活不如意，也可能是对人际关系不如意，这几乎没有人能摆脱的。在我年轻的时候，我相信政治万能，就是说一切的不如意，一切的痛苦，都是社会制度不好造成的，社会制度好了，就会幸福了。当然，我们现在没有人这么看，我们现在不管你是在什么样的社会环境，什么样的体制下面，都会存在着你自己的愿望，自己的梦想和这个社会不相平衡、不协调这样一种现象。香港人喜欢讲"心想事成"，心想而事不成是一个悲哀，反过来我们想一想，如果你想有什么就有什么，那这人生活着还有什么意思，想有钱就有钱，想个子长高点就长高了，那样不叫生活，叫发疯。

这里产生了一个问题，人的精神生活。其实，人的精神现象是充满悖论的，是互相矛盾的。第一个矛盾，是人在自己的生活中，对于陌生的东西是感到隔膜和疏离的，我们到了一个新的地方，我们会感到紧张，人一生下来，在这个陌生的世界，就有一种隔膜感，他不了解周围的一切，他不知道周围这些陌生的面孔是否都是好意的，但是你对周围的一切很熟悉了，你又会感到厌倦。契科夫写过很多小说，就是描写当人的很渺小的愿望实现以后的寂寞和沉重。比如他的封笔之作《新娘》，就是写这个新娘在她就要结婚的时候跑掉了，因为展现在她面前的是一个没有变化、没有生气、没有趣味的生活情景，尽管有房子和稳定的收入，但作为一个青春期的女孩子，她充满着对生活的憧憬，不愿意过这种平淡乏味没有色彩的生活。所以，陌生和熟悉是一对矛盾，对环境陌生让人困惑，但对环境太熟悉，也是一种灾难。

同样，理智与情感也是精神世界的悖论，一个非常清醒的人会丧失许多探询未知世界的乐趣。有报道说美国对恋爱中的男女进行调查，结果是这些人完全符合精神病的临床诊断要求。比如各种的幻想、莫名的兴奋、各种因心理作用产生的对对方的美化。所以，太清醒的人会希望自己有时候有那么一点感情的燃烧。能够奋不顾身，忘记一切，用心理学的话讲是有一次"高峰体验"。这是心理的悖逆现象，你无法解释。再比如说，此处与别处，这也是一对悖论，人对自己已经得到的东西是不以为然的，人们总认为自己理想的东西是在别处，在他处，英语里就有这样的谚语，叫"山那边的草更绿"。

有时候，精神世界的东西和物质世界又是相一致的。比如你的饮食正常，身体健康，那么就会心情愉快；反之，三天没有吃上饱饭，自然心情烦躁。但这些有时候又是相悖的。比如你生活安逸，一切都稳稳当当，你可能就会很痛苦。但如果你的生活处在极度贫困，或者还在为怎么吃饱饭发愁的时候，你可能不会，因为你要考虑的事情很简单，就是如何糊口，如何把吃饭需要的钱弄到手。所以，安逸的生活，不一定会使你对生活的惶惑减少，相反还可能导致增加。怎么办，这就是我的第二个问题，就是人对自己的精神家园的追求。

这个问题也是因人而异的，子曰"朝闻道，夕死可以"。这句话，用现在的话说，就是"如果我早上能掌握了真理，那么我晚上死，也是甘心的。"在这里，真理就是人的精神家园。对于很多学者来说，真理就是他的精神家园。而对于其他人来说，精神家园应当是对宇宙的和个人的终极的去向、对自己、对别人的终极的归结的一种向往和追求。这已经不是科学的，而是宗教、神学的一种追求了。在苦苦地思索中，给自己缔造一个家园，这个家园就是神，它超出万物，成为我们的本原，我们的归宿。这个本原、归宿和主宰，是天主教所说的"主"，你也可以把它理解成"法"、"佛法"，是"安拉"、"胡大"、"耶稣"，这里不管你具体的宗教信仰，他就是一种追求，就是追求至高无上，完美无缺，主宰一切，永恒不灭的一种归宿。宗教的问题在这不再多说了。

也有人对精神家园的追求表现为对精神的和道德的追求，这种追求不能解决任何的社会问题，比如"助人为乐""乐善好施"，这就是说某人坚定地相信他所确认的道德观念，那他的精神世界是相对平静的。但这种价值和道德的认定也是一把"双刃剑"，它具有排他性。比如助人为乐，我们如何看待没有这么做的人，对好人坏人，你的判断标准是什么？比如你向患者捐献骨髓，你很伟大，但你的邻居没有这么做，你怎么看？比如伊拉克战争，对发动战争的美国人来说，他们觉得这样可以带给人民自由和解放，但伊拉克的抵抗势力则认为美国人是侵略者，要坚决抵抗。这种不同的价值认定会形成非常残酷的纠纷。同样的，不同的宗教信仰，不同的道德追求，都会形成很尖锐的问题。

还有很多人，把他的精神家园和自己的事业是联系起来的，这种联系不能解决各种宗教间的区别和纠纷，不能解决有神无神的问题，但至少，可以把自己的那一件事情做好了。你是政治家，就推行你的政治纲领，希望你的党派实现其政治理想；你是企业家，就好好把你的企业做大做强做好。事业是永远不会终止的，是比个人的生存更长远宏大的东西。事业也是人们精神家园的一种努力。

综上所述，精神的家园，并不是像物质的家园一样，是固定的东西，它是动态的，本身是一个追求的过程。

第三个问题，文学究竟能给我们的精神家园带来什么？现在文学已经没有前 20 年那样受人重视了，因为我们的社会走向已经相对来说比较稳定、正常了。人们更多的去关注经济和物质的东西去了。因为我们从那样一个起点，要发展到小康，物质上要做的太多太多了。但人们也不仅仅满足于物质这些东西，虽然文学没有 20 年前那么热火朝天了，但中国还是有重文的传统，在"文革"的前 17 年，每年出版新的长篇小说，10 到 11 部，现在是每年 500 到 700 部。这些书面对的文学读者加起来，是一个巨大的数量。所以，我认为，文学对于我们寻找精神的家园所起到的作用，是别的东西所不能代替的。

1. 它大大地拓展了我们的生命体验。任何人在生命中体验到的东西都是非常有限的，小康生活的人不能体会赤贫的、冒险的、犯罪的各种其他的生活，生活在国内的人不能体会到海外华侨生活的感受。而文学的好处就在于它能扩展你对生命的体验。比如航海、探险、战争。再比如爱情，每个人对爱情的向往和追求都是无限的，但每个人也都受到很多的限制。我曾多次告诉听众，小说家在爱情经历上并不会比常人更神奇更丰满，因为谈恋爱也是不容易的事情，需要解决各种技术上的和设备上的问题。文学里有两种东西，最能满足人们的要求，一是爱情，二是战争，原因是发动一次爱情和发动一次战争一样，有相同的难度。许多著名的爱情小说，恰是出自在爱情上相当失败相当遗憾的人写的。比如安徒生，他是老单身汉，所以我想他之所以能写出那么多的童话，和他的单身生活是分不开的。相反，如果他红袖添香，夜夜笙歌，他能构思出那么美好的童话吗？古今中外的小说都有一个永恒的题材，那就是不完满的爱情。再比如流芳千古的《红楼梦》，让我们感动的就是贾宝玉和林黛玉不完满的爱情呀！相反，如果安排的是宝黛联姻，有情人终成眷属，那这出戏还会有人看吗？还会有这么多的人如此感动吗？再譬如罗密欧与朱丽叶，因为误会而双双丧命。所以，文学能够表现人类许多没有实现的愿望、理想或忏悔。它并没有解决多少实际的问题，但它至少能告诉我们，这个世界不是那么陌生，那么可怖的。正是"诚知此恨人人有"啊！

2. 文学虚拟地实现了你的愿望。人都有很多的愿望，比如人在深圳，但想着去南极探险，怎么去？可以看一本讲述南极探险的小说，就是说人们在小说中发现了虚拟地实现自己的愿望的可能。用一个不是太恰当的比喻，那就是文学能让我们望梅止渴、画饼充饥、纸上谈兵、做梦娶媳妇。就是说哪怕是用语言和文字描写一个虚幻的、相对美好的前景，那对人也是有益的。

3. 文学能把你各种的生活体验浓缩化、强烈化、戏剧化。我们可以假设你的生活基本平稳，缺少刺激的、强烈的、动人的事情，那么当你在文学作品中看到的一对青年男女，历经千难万险，终于走到了一起，那你会为之悲、为之喜，为之惧。这种感觉是对个人感情的一个很大的丰富。我的姨妈非常喜欢看苦戏，每次看都是为了能在剧场里好好地哭上一把，原因是她自己的生活中有很多的压抑，很多的悲哀，当她不能为自己哭泣时，她去看赵氏孤儿，狸猫换太子，王宝钏苦守寒窑，然后跟着戏里的人物好好哭上一场，让自己的精神得到共鸣和宣泄。这是好事。所以，从心理健康的角度来讲，有一出戏能让你好好哭上一场，这也是一种福气咧。另外，这也能让你对自己生活当中的细小体验有新的观点和感受，比如当你正在对身边的爱人和舒适的生活熟视无睹时，你看到了文学作品中其他人悲惨的境遇和苦难，你就会开始珍惜你现在平庸的、渺小的，但是弥足珍贵的生活。所以，文学能让你对生活少一点厌倦，多点感动，少点烦躁，多点趣味。这也是不易之事。

4. 从文学作品中能获得感情的需要。除了上述三种，文学还有一种功用，就是追求感情。贾宝玉和林黛玉，追求的就是感情，没有别的。在贾宝玉那儿，所有的封建价值观念全部被否定了，比如仕途经济。林黛玉更是如此，他们唯一的追求就是情感。而灵魂，也就是被情感所缭绕、所缔造、所激扬、所困扰着。人活着，他的情绪是不断起伏变化的，而这恰是文学作品的强项。描写工业题材的作品，也许能帮助你搞好工厂，描写战役的作品，也许能提高你的军事素养和知识。但这些都是靠不住的，文学最重要的仍然是它在情感上带给我们的满足。包括亲情、包括怀旧之情、山水之爱等。作家出版社最近出了一本书，叫《你是不会说话的人——一个猫的家族的故事》。因为我是一个爱猫养猫之人，我可以作证，这本书对猫的描写是完全真实的。他写猫是最需要爱的，猫和猫的个性非常不一样，猫在经历了一些事情以后性格会发生变化等等，他的描写非常动人。同样，国外名著中描写动物的也是如此。

5. 文学作品能或多或少地满足我们靠近、贴近永恒的愿望。世界上的一切事情，都是转瞬即逝的，这是很悲哀的。一切的东西，无论好坏，无时无刻不在变成往事。这是很无奈的。但是，还有书存下来。还有文学作品尽可能真实地记载着那些值得记忆的东西。哪怕是充满牢骚、愤恨、不满情绪的东西，它仍然包含着作者对美好事物的一种渴求。描写尔虞我诈的作品，恰恰表明作者在寻找和渴望一种真诚、善良。因此，作品无论正反，都在使我们和永恒贴近，因为现实总是充满了缺陷和局限的，但在文学作品中，无论哪种笔法，都表达的是作者希望这世界更完满、更美好的一种愿望。而这种东西恰恰是我们在真实世界里做不到的，但文学让我们朝着这个理想和完美的状态不断靠近。因此，我认为，热爱文学，多读些书，这不失为一个好的、寻找和形成自己的精神家园的方法。

实践"立党为公　执政为民"*

（2003 年 8 月 6 日）

胡锦涛同志的"七一"讲话非常重要，非常深刻，也非常实际。作协主席团就学习这一讲话作出部署，掀起学习"三个代表"重要思想的新高潮，我完全赞成。

立党为公、执政为民，这是"三个代表"重要思想的本质，学习与掌握这个本质，我们就要提高思想认识，联系实际，摆正位置，改进作风，推动工作。

对于作协的机构与工作班子来说，我希望我们都能勤勤恳恳，兢兢业业，认真负责，贯彻中央的方针意图，倾听作家会员们的呼声，切实关心他们的利益，满足他们正当要求，纾解他们的实际困难，为广大作家与文学工作者、广大读者服务，推动我国有中国特色的社会主义文学事业的新的繁荣。

从反面来说，学习与树立"为公"、"为民"的思想本质，我们就不能不警惕与防止在群众团体里做官当老爷、为己为私、弄虚作假、不负责任等不良风气的可能出现。

---

*　这是王蒙 2003 年 8 月 6 日在中国作协六届四次主席团会议上的书面发言。王蒙时任全国政协常委、中国作家协会副主席。

谈　科　研 *

（1989 年 2 月）

　　中国艺术研究院的这次评奖，是对最近两三年来艺术研究成果的一次集中检阅和展现，这是令人兴奋的事。它充分说明，党的十一届三中全会以来，由于政治上实现了安定团结，由于党的百花齐放、百家争鸣的方针得到贯彻，艺术民主气氛愈益浓厚，使我们的艺术科研工作者能够在一个比过去好得多的社会环境和学术环境中进行科研工作，能够专心致志地、独立思考地进行科学研究。这些科研工作对于我们这样一个古老大国的文化建设和民族艺术的发展都具有巨大的意义。

　　我们现在进行科学研究的条件，比过去是好多了，但也不是一切都一帆风顺。在这种好的情况下，我们还会碰到许多新问题，首先是经济的压力。现在由于物价上涨，又由于各行各业生财有道和生财无道的既活跃又混乱的形势，使一些做学术工作、著述工作、科研工作的同志受到种种干扰和引诱，以致冷板凳坐不下来。最近全国不断发生大学生辍学的现象，甚至有的研究生只剩一年或半年就要毕业了，也中断了学习。进行科学研究工作，如果单纯从物质报酬上考虑，确实不是一个最

　　* 这是王蒙 1989 年 2 月在中国艺术研究院首届优秀科研成果颁奖会上的讲话。王蒙时任中共中央委员、文化部部长、中国作家协会常务副主席、中国艺术研究院院长。

理想的获得高报酬的方法。现在不论是经商还是到合资企业、从事服务工作等，都可能比从事科研工作的经济效益好一些。因此我们一方面要呼吁国家对科研人员有更多的关心，改善科研人员的工作条件和生活条件；另一方面也要在科研人员当中提倡献身科学、献身艺术、艰苦奋斗、耐得清贫这样一种崇高的献身精神。我们不能把全民的价值观念、全民的追求单一化、市场化。我们的本职工作和中心任务还是进行科学研究，我们在科学工作中所做的贡献和所得到的报偿、乐趣，都不是金钱所能表达的。

其次，在学术自由相当充分和学术民主得到相当的保障的同时，学术研究中的某种投机心理也随之出现，这也是民主的一种代价。在民主气氛比较活跃的时候，各种轻率的、赶时髦的、投其所好的东西，比深思熟虑、十年寒窗的东西出来得更快，甚至更加走红。前一段，文学理论界已经有人叹息"十年寒窗不如大骂一场"。目前在学术领域，特别是在文艺领域，树旗帜、改观念要比做学问时髦得多。争奇斗艳，趋时求新，这是好的一面，但也有浅薄浮躁的一面。从长远来看，科研工作成果是要经得住时间考验和实践考验的。得奖不是最终目标，还要从长远性、科学性、系统性、稳定性等方面来衡量我们的科研成果，看它们能不能经得住各种各样的驳难。

我衷心希望我们的艺术科研工作者，摆脱这样那样的投其所好的心理，进行扎扎实实的研究工作，不是靠旗号，也不是靠名词的变化或者是仅仅靠观念的变化，而是靠翔实的材料、严谨的逻辑、开创的探讨、认真的论证、民主的风度，靠真学问、真货色树立自己的位置。不仅是一时的位置，而是长远的位置。

我们要有点气概、有点风度、有点耐心，不管是在经济的压力、物质的诱惑当中，在某些不正之风的冲击当中，还是在不负责任的攻击嘲笑当中，都要认准自己的方向，脚踏实地地做好研究工作。可以相信，我们的艺术研究工作在新的一年和今后的几年中会取得更大的成绩。

民主的代价与选择的必要 *

（1989 年 2 月 17 日）

从总体和长远来说，学术民主当然是极好的。使人们思想活跃，使科学研究必不可少的讨论争鸣能够正常进行，使人们比较易于避免独断论与片面性，避免由于盲目性而产生的谬误。也就是说，学术民主有利于人们去探求真理。

但是，这绝不意味着一讲民主就会自动涌现真理。正像不见得一讲创作自由就立即涌现杰作。相反，由于学问功底、全面素质在以往的年代中受到的损伤，由于市场法则的影响和学术投机心理的存在，由于大变革的年代价值观念在蜕变与再造过程中必然出现的失落与动荡，也由于长期形成的读者、群众中的一窝蜂、一阵风、一拥而上然后不断转移热点的阅读或求学风尚，更由于一批年轻人勇于否定别人、肯定自己、急于崭露头角的急切心理，在各种有价值的、给人以启迪的理论成果的问世同时，各种轻率的胡言乱语、牛皮大炮、声嘶力竭，也像泡沫浮萍、小鱼小虾一样必将和已经浮现在学术民主的潮面上。这一点，从近年来的文学评论上，看得尤其明显。

---

　　*　本文原载《光明日报》1989 年 2 月 17 日。王蒙时任中共中央委员、文化部部长、中国作家协会常务副主席。

这就是民主的代价，叫做严肃探讨与信口雌黄齐飞，扎实学问共自我兜售一道。只允许严肃探讨与扎实治学存在而不允许信口雌黄与自我兜售存在的结果，很可能是连自身的存在也被取消。百家一争鸣就出一百种真理的可能性从不存在，出现十几家深思熟虑严密审慎的做学问者就不错，大概起码还会出现不比十几家少的大言欺世大闹盗名的靠搞学术噱头立足的轻薄儿。更多的则是出现眼前有个什么东西一晃或捡到一块碎片，就立刻以为独家找到了开始学术新纪元的基石，争分夺秒地抛出去叫卖出去的幼稚病。

这样，在学风上就必然是用匆忙乇入的"新观念"去横扫一切，用林立的和不断变化的旗号去招徕顾客，多断语的更迭与无限夸张而缺严密的逻辑更乏翔实的材料，喜欢从"根本"上大吹大擂说大话而不愿做具体题目具体项目；自我吹嘘时髦而谦虚谨慎过时吃亏，自我作古自我祖师爷时髦而学习积累继承过时吃亏，统而骂之时髦具体分析过时吃亏；曾经把愚昧视为忠诚虔敬，而现在反过来把一切忠诚虔敬视为愚昧，曾经把智慧视为奸诈而如今把奸诈视为智慧等等。

或曰现在的学风太坏了，应该回到 50 年代那种干干净净、清清爽爽定于一尊的局面。恐怕第一，这难以做到，即使再增加几声有力度甚至有背景的要求唯我独尊的呐喊，也同样会汇合入、消解入学术自由市场上的叫卖声中。第二，这也不好。现在的所谓混乱，正是过往年代那种用一条绳子捆起来的局面的反动。虽然这篇小文的前面多讲了些消极面，但是这些消极面正是积极面的另一面。积极面是，思想解放了，能研究新问题提出新见解了，能变革也能前进了，积极了、活跃了，在众多的浮萍泡沫小鱼小虾之中或之后，真理的巨鲸离十亿人更近了。

或曰现在这个样好得很，打倒一切权威，除了我和我的圈子。真是得意洋洋而又憨态可掬。恐怕这也不行。学问应该是真学问，重材料之翔实，思想之深邃，逻辑之颠扑不破，立论之认真，态度之严肃而又谦逊。靠"骂派"求响，靠"虎牌"吓人，靠旗号、名词和不断翻新的断语来追求轰动效应，最多只能热闹一时乃至只能热闹一次。骂得愈彻底愈绝对愈普泛愈"震动"就愈是一次性的。经过时间的冲刷，经过竞相宣布旁人过时的喧嚣，如林的旌旗也好，如炮的大话也好，究竟能够留下来什么呢？

民主要付出代价，不能因拒绝代价而拒绝民主。拒绝民主的代价会更高——例如史无前例的"无产阶级文化大革命"。我们不能走回头路。

民主需要选择，需要保持健康的清醒的头脑。越是进行独立的、批判性的思考就愈要懂得尊重科学、尊重实践、尊重前人与别人的成果、尊重历史。不要被一时的浮泛的轻狂之物所迷惑，所吓倒，所淹没。学问要有真货。议论要有根据。炮声隆隆，硝烟散尽之后，要有真正的积累与建树。对历史，对材料，对前人和今人，对迄今的种种实践包括成功的与碰得头破血流的实践，都需要有更郑重更求实也更有尊严的分析与对待。我们不能随波逐流，更不能跟着起哄。

我国社会主义初级阶段的文化刍议 *

——一个笔记式的提纲

（1989 年 1 月）

一

社会主义初级阶段的命题，具有重要的理论与实践意义。它将推动我们对历史唯物主义、政治经济学、社会发展史、中国近代和现代史的研究与国情研究。它将推动对中国社会的各个方面的分类研究，推动对改革和建设的研究，推动对党的各项方针政策的研究。

二

这样的研究将不是简单的演绎和延伸。并不是说将"初级阶段"作为普遍适用的框框往政治、经济、文化以至工农兵学商各业一套，就可以得出新的科学的结论。郑重的科学不承认这种普遍适用的、万能的命题。但初级阶段命题的提出确使我们得到理论的启示、方法论的启示、范畴的启示。这一切只是开始。分类研究只能建筑在对各类对象的现状与历史的调

---

　　* 本文原载《求是》1989 年第 1 期。王蒙时任中共中央委员、文化部部长、中国作家协会常务副主席。

查研究上。

三

社会主义初级阶段的文化，这样一个概念、一个范畴的提出，只能是小心翼翼的，探索性的。不能简单地、想当然地认为，既然是初级阶段就必然是初级阶段的文化。为了使这样一个范畴成为科学的而不是随意的、严密的而不是粗疏的，必须探讨：

文化与社会发展阶段之间的关系，社会发展阶段对文化的规定性与非规定性，此种规定性的意义与限制。即，文化有被社会发展阶段必然地规定着的一面；又有相对独立于社会发展阶段，比起政治、经济等更有普遍性、长期性乃至永恒性以及继承性与延续性的一面。如语言、风俗习惯等文化现象，就不甚受社会发展阶段的决定。海峡两岸社会制度不同，社会发展阶段不同，但两岸演唱的京戏、民族音乐（台湾称为国剧、国乐）却基本相同，即是一例。

这一范畴与其他范畴的关系。即，我们承认"社会主义初级阶段的文化"这一范畴，并同时承认"中华民族文化""东方文化""现代文化""人类文化""通俗文化""宫廷文化"等范畴。社会主义初级阶段的文化，对于制定文化政策来说，可能是首要的范畴，但不是唯一的范畴，不是排他的范畴。文化的社会属性是重要的属性，但不是唯一属性。它还具有民族的、地域的、时代的以及超乎民族地域与时代的普遍属性。当然，这些范畴又是互相影响的。

这一范畴的内涵与外延。特别是这一范畴的确认与探讨对总的命题——我国现在处于社会主义初级阶段的意义，对更好地贯彻实事求是的思想路线的意义。

四

社会主义初级阶段文化的主要矛盾是什么？我们需要克服的主要对象（或主要障碍、主要敌人）是什么？其回答将决定我们的文化工作的方向。

有人回答是封建主义。有人回答是资本主义。有人回答二者都需克服，并进一步明确提出：是封建主义的残余与资本主义的腐朽思想。

随之而来的还有一个"左"的与右的错误思想的问题。似乎是约定俗成（并无科学依据），我国现时"左"常常与封建主义并联，而右常常与资本主义共生。因此人们并无大的分歧地谈反封建、反资本主义腐朽思想时，往往另有所指，乃至各执一词。

这些提法都有道理，都可能在某些时候某些问题上表现为需要解决的主要问题。但从总体、从长久来说，都不一定是主要矛盾。如果承认这些是主要矛盾，我们的文化工作的主题就必然是开展一场（或两场同时、两场交替开展）无尽无休的斗争。

五

我们面临的主要矛盾是文明与愚昧的矛盾。我们需要克服的主要对象是愚昧与野蛮。封建主义与资本主义都在利用我们的愚昧。各种愚昧现象正在毁损建设与改革的成果，毁损革命与社会主义的成果。20%以上的文盲与半文盲，普遍存在的愚昧，是实现社会主义现代化的重要障碍。不提高我国人民的文化素质，离开了消除愚昧，封建主义的残余与资本主义的腐朽思想就不可能克服。用愚昧的态度去反封建、反资本主义，往往只能是用一种愚昧代替另一种愚昧。

从这一点出发，决定了我国社会主义初级阶段文化的启蒙性与建设性，决定了我国文化建设的长期性。

启蒙性，还要做大量的启蒙工作。如扫除文盲，普及科学文化知识，民主与法制的启蒙教育，社会公德教育，公民权利义务教育，"四有"教育，文明礼貌教育。

建设性，需要长期从事大量的基础建设，需要循序渐进，需要点滴积累，需要珍惜已有的成果，需要更多的责任感与建设意识、肯定意识，需要培养建设性而不是破坏性的文化性格。

这种建设性是稳定性的基础。

文化的积累性、渐进性更决定了在文化建设上要先立后破，重立轻破或立而不破，即在某些领域立新而不急于破旧。作为一种文化遗产，旧的东西并不全部需要毁掉，就像建设新建筑并不需要拆除许多旧建筑。

这就要超越长期以来形成的一种习惯心理：在文化上搞爆破、搞彻底砸烂、搞大批判，用骂倒一切的方法推出新文化新观念，以为靠骂倒一切的清谈可以救国，以为不同的文化形态就一定不共戴天。

当然不是收敛一切锋芒与回避一切斗争。

六

社会主义初级阶段的文化，带有相当的理想主义色彩。任何时候都不能抛弃、冷落理想主义。

社会主义者的最高理想是共产主义。

发达的社会主义，能够优越地解决发展社会生产力这一历史任务的社会主义，也还是有待实现的理想。

社会主义——共产主义的理想，来自对资本主义、对剥削制度与阶级社会的科学批判。这种理想的特点是它的革命性。

革命理想在夺取政权的斗争特别是武装斗争中，与当时的革命根据地、革命队伍中实行的战时共产主义分配制度与生活方式结合得很好。为理想而献身的精神、自我牺牲精神、忠诚崇高说一不二的精神、宁折不屈的硬骨头斗争精神，为正在腐败衰亡的旧中国带来强大的兴奋力和希望，带来了新中国。

革命的胜利使社会主义的理想开始成为现实。它充实了社会主义理想，又必然使一部分过分理想化因而近于空想的东西遭到挫折。社会主义的实现使社会主义的理想具有新的内容、新的特色，并接受着新的挑战。

最大的挑战是：新的东西并非一帆风顺，旧的东西并非摧枯拉朽。

工作重点的转移，有计划的商品经济的发展，在建设事业特别是经济活动中人们对效率、效益、物质利益的关心，价值规律的杠杆作用，所有这一切都为社会主义的理想充实着新的、更加务实的内容。

商品经济对文化事业、文化品质既有积极推动的作用，又有——如果掌握得不好的话——消极腐蚀的作用。我们必须回答一系列新挑战、新课题。

不能把和平建设时期、有计划的商品经济发展的时期必然出现的人民的务实心态视为党风、社会风气的堕落。不能脱离开社会生产力的发展侈谈社会风气。否则，有可能重走宁要社会主义的（有道德的）草，不要资本主义的（无道德的）苗的老模式。

不能听任所谓市场法则到处起作用，达到冲决理想、道德、法纪的地步。不能将文化单纯视为经济的、特别是市场的附庸。不能认为生产力发展了社会的一切方面就自然会万事大吉。

从革命战争时期到和平建设——发展有计划的商品经济时期的文化

心态的变化，研究它们的理想性与务实性的历史的具体的内容，并对有关问题，特别是人们激动地议论的党风、社会风气问题做出科学的分析说明，是社会科学工作者的一个重要课题。

七

在我国的社会主义初级阶段，不平衡是社会生活的重要特征。

文化上的不平衡更加突出。那是因为，和某种体制即组织形式、运转程序相比较，文化更有顽强的生命力，更能变化形式而延续下去，更难于通过短期的努力而发生大的变化，更深入人心甚至深入"集体无意识"，更富有民族、地域特点。

多方面的不平衡。特别是：城与乡之间，受过教育直到高等教育的人与没受过教育的人直至文盲之间，汉族与各少数民族之间，民族传统与外来文化之间的不平衡。

必须承认这种不平衡，并充分调动这种不平衡的积极因素：丰富性，多样性，选择的可能性，对照、对比、对话、交流、变异、融合并产生新的文化的可能性。

可以研究一下文化的多元性命题。

摒弃动辄在文化上搞整齐划一、搞行政命令、搞一刀切的想法和做法。

必须看到这种不平衡的危险性，公开的与潜在的冲突。在文化的名下、意识形态的名下进行的斗争会越来越多。例如有的以坚持马克思主义的名义，有的以发展马克思主义的名义，有的干脆以比马克思主义更高明、更新潮的名义，有的以保卫民族传统的名义，有的以面向世界以求现代化的名义，有的以继承革命传统的名义，有的以更新观念的名义。搞得不好，文化冲突会导致社会冲突直至分裂。

这种文化的对立、组合、同一往往采取微妙的方式。同一个旗号可以不同质。各式各样的旗号可以是同样的质、基本相同的思维模式。

坚持一个中心、两个基本点，有利于安定团结，有利于发展文化事业、提高人民文化素质，有利于承认文化不平衡的现实并因势利导使之向好的方面、进步的方面、有利于建设两个文明的方面发展。

在社会主义初级阶段，反对和克服极端观念和偏激情绪是长期必要的任务。急于用自己一厢情愿的救国良方否定与自己不同的一切意见，不论"良方"何等的各不相同，其简单化、排他性、专横性与对客观事物认识上的两极化却如出一辙。例如，认为把传统文化砸烂然后才能分辨其中的精华与糟粕，而真正的精华是砸不烂的。这种主张其实完全是"文化大革命"中破字当头的论点。历史的悲剧恰恰是，在这种吹吹打打的大爆破中，被伤害的恰恰是精华，留下来的恰恰是糟粕。恶语伤人、大言盗誉本身就是糟粕。

一篇有趣的论文的题目：文化不平衡的魅力与危机。

八

更大的不平衡有可能是物质文明建设与精神文明建设的不平衡。

当然，两个文明的建设是统一的，互相促进、互相依存的。

很普通的道理：社会生产力发展了才有力量进行更多更好的文化建设。而全民的文化素质提高了，才有可能长期稳定地发展社会生产力。

实际生活并不这样简单。如为了增加收入而令学龄儿童辍学去做童工，使新文盲出现。如文化工作者由于待遇偏低而一意捞钱，从而产生一个时期的文化工作与文化生活质量的降低等。对此既不能置若罔闻又不能大惊小怪。

需要防止物质文明建设中的某些短期行为，又需要防止把精神文明建设理想化、绝对化、清谈化并从而使二者对立起来。

长期以来，我们熟悉的是清贫条件下的精神价值。对此，不能简单地要求一成不变，更不能轻率否定。

还需要研究在争取国家的与个人的更富裕的物质条件下的精神文明的价值取向。

九

我国有独特的、引为骄傲的、至今没有中断过的古老文化传统。又在近代以来，处于东西方文化的冲撞之中。人们时而感到我国文化传统的伟大的与至今未绝的生命力，时而在世界先进文化面前感到我们固有传统之不足及其痼疾之深重。

不吸收世界先进文化就没有中国的振兴，就没有民主与科学，就没有马克思主义与社会主义，就没有现代化。

不珍视民族文化传统就没有在世界上的地位，没有起步的起点，没有信心也没有依据。

而且，更重要的是，不管民族文化虚无论者的动机如何，不管他们自以为先进和热烈，这种论者无法在中国站住脚跟，无法做出任何有益的贡献。

西方文化的皮毛接受与偏激鼓吹，在强大的固有文化传统面前碰得头破血流，是近现代以来我国常演的历史悲剧、文化悲剧。每一次悲剧都会使两种极端立场变得更加极端。即，使得坚持封闭者更加一意封闭，使鼓吹民族文化虚无主义者更加悲观虚无，直至否定中华民族存在的权利。

十

只有一条路，把世界先进文化与中国的具体实际结合起来，把世界先进文化与中国固有文化传统中富有生命力的部分结合起来。于是有了马克思主义与中国革命具体实践相结合的毛泽东思想，于是有了"有中国特色的社会主义"。

结合当然包含着相互吸收互相丰富，也包含着互相改造与扬弃，甚至包含着某种危险——两方面的糟粕也不是没有互相结合、互相诱发的可能。例如，接受西方的先进的科学、技术、管理经验、效率效益可能比接受他们的享乐主义困难得多。反过来，一些人又时时会以开放使我们的道德文化传统解体为由，要求走上闭关锁国的老路。

十一

不论怎样懂得、珍视、爱惜甚至善于利用固有的民族传统文化，不开放、不发展、不再造，传统文化就无法生存下去，更无法获得新的发扬光大。

我国社会主义初级阶段的文化是愈益开放的文化。

开放有一个过程。开放需要选择。引进外来文化同样需要择优择易——即先引进易于被接受者，逐步扩大成果。开放需要耐心和一定的容忍，开放又需要清醒和警惕。

开放是生命力和信心的表现。具有强大的传统和独特的瑰宝的中华民族文化一定能在开放中获得新生，获得个性的保持，获得新的尊严与新的魅力，并对世界文化做出应有的贡献。

开放本身就是一种民主精神，民主胸怀。百花齐放、百家争鸣，允许乃至尊重不同的声音。

十二

社会主义初级阶段的文化是不那么完善和定型的文化，是正在变化、正在日益完善的文化。

探索性、歧义性是它的必然特点。会有许多争论，会有各种互相矛盾的说法和做法。会有许多曲折。

需要避免的是大起大落，刮大风。力争长期稳定的发展。允许不同角度、不同取向的探索。

十三

体制的改革与观念的改革，是"初级阶段"文化改革的两论。

体制改革的中心是解放文化生产力，调动文化工作者的积极性、主动性、首创精神，调动社会各方面包括国家、集体、个人办文化关心文化的积极性。

观念的变革要深刻得多，复杂得多。种种简单化的说法，廉价的大吹大擂，于事无补。

观念变革的核心是树立与发展社会生产力、发展有计划的商品经济相一致的民主、开放、科学的新观念。这是一个建设过程、提高全民族的文化素质过程，而不仅仅是一个转变过程。不是解决了"一念之差"就什么都迎刃而解了。

观念变革的核心是民族精神的新解放，是用实事求是的科学态度对待、发展马克思主义的科学。是敢于与善于面对新情况、研究新问题、提出新观点。

十四

中国是一个古老而又年轻的大国。中国对于世界是重要的。中国对于 21 世纪尤其是重要的。

重要性不仅在于政治、外交、军事方面，也不仅在于经济方面。中国更多地关注自己的经济，这是很自然的。但不妨说世界更关注中国的文化，更关注中国所面临的种种问题与所做出的种种贡献的文化方面。中国的魅力很大程度上在于她的文化。

这是因为，与中国的目前的经济实力并不同步，中国是一个文化大国，是一个社会主义的东方文化大国。这是当今世界以欧洲为源头的文化潮流的最重要的参照系。至少是最重要的参照系之一。

在相互参照中，我们已经发现了自己的落后，我们正在努力改造自己的传统文化，我们正在保护自己的文化传统并从开放和引进中为我们的文化注入新的活力。世界文化、欧洲为源头的文化同样面临着自己的难题，同样亟须有所参照借鉴。无论如何，爱之深而又责之切，中国文化对于世界不是可有可无的，更不是一个累赘。可以预期，世界也将得益于中国文化。

要从世界的观点、21 世纪的观点、全球的观点考虑中国文化的地位和前途。并安排好中国文化的发展、建设、改革、开放，从而塑造中国的应有的形象，发出中国的应有的声音，使我们对于我国文化事业的认识和思考达到一个新的阶段。

答印度国家电视台记者问 *

（1988 年 11 月 28 日）

1988 年 11 月 28 日上午，王蒙部长在文化部接受了印度国家电视台记者组的采访。双方的谈话如下。

记者问（以下简称"记"）：部长，中国有悠久的文化传统。它正在向西方开放。您认为中国传统文化的哪些方面与现代中国仍有关系？

王蒙部长（以下简称"王"）：中国文化是一个从来没有中断过的传统文化。我们的语言，独特的生活方式，某些道德观念和审美方式，现在仍保持着。

记：由于西方经济制度的影响，人们的生活方式，艺术观念，人们的好恶，社会关系都在变化，这些变化肯定会对中国产生某些影响。

王：当然。这就是我们所说的新文化运动。从 1919 年 5 月 4 日由北京大学开始爆发了五四运动。顺便说一下，我们现在这个地方，这个院子和房子，就是爆发五四运动时候北京大学校长蔡元培的住宅。那时主要是因为接受了西方的"科学"和"民主"观念，中国的文化便发生了新的变化。

---

* 这是王蒙 1988 年 11 月 28 日答印度国家电视台记者问的整理稿。王蒙时任中共中央委员、文化部部长、中国作家协会常务副主席。

记：你们已经具有丰富古老的优秀文化，而"文化大革命"又想戏剧性地改变中国人民思想的许多方面。"毛泽东之后"又一次做出巨大努力来改变中国的文化，即人们对待工作的态度，对利益的追求。我们现在不是谈抽象艺术，而是谈与人们的动机、向往，与人们在现代社会里得到力量和支持有关的具体的文化。就此而言，部长如何看待中国文化的演变？

王：总的来说，近百年来中国在政治结构和科学技术的应用方面变化非常之大，而这个变化也不是直线地发生的。我讲到了五四运动时候提出的"民主"与"科学"的口号。但这样一个"民主"和"科学"的发展并不一直是非常顺利的。我还要特别指出，马克思主义的集体主义和阶级斗争学说对中国的现代历史有巨大的影响。在最近十年期间，中国在对外开放和进行改革时也更加注意引进世界各国、特别是西方先进国家的一些先进的技术，管理经验，以及某些社会生活观念，所有这些都不是一个简单的取代关系，常常是一种并存的关系，就是说目前在中国既有一些西方的观念在发生影响，也有两千多年前孔子、老子等人的思想在发生影响。我很难用一两句话来概括这种变化。

记：您认为，在西方影响面前，中国传统文化中的哪些基本的最重要的成分需要保留？

王：最突出的是中国的语言文字。这种语言文字已经证明完全可以适应现代生活的需要。其次我要讲中国的艺术，中国独有的文学、戏曲、建筑、音乐和舞蹈，作为中国人精神生活的特征，将会长久的保持下去。中国人在人际关系上特别的细心，对家庭和血缘关系的重视，这些在可以预见的将来也不会有什么改变。

记：世界许多其他地方的经验，是西方式的经济发展——看来也正在中国发生——带来了许多西方文化因素，这就是我们在中国看到的中国人的衣服、时装，青年人对西方音乐和舞蹈的爱好。对此我有些迷惑，因为部长提出这些对中国的生活没有影响。

王：当然，这方面的影响还是很大的，特别是在服装方面，因为中国目前流行的一些服装可以说都不是中国古代的服装。西服也好，牛仔裤也好，是从西方来的；现在许多人穿的"毛制服"，实际上也并不是中国原有的服装，基本上还是孙逸仙根据日本的一种服装（我不知道是不是也参考了一种印度衣服的样式，因为印度也有这种式样的服装）而制作出来的。但是整个说起来，这种生活方式的变化仅是浅层次的。中国是个农业大国，八亿人口在农村。所以，认为中国会西方化的看法是过于简单了点。

记：可以看到中国在经济发展中发生了迅速的变化。在世界其他地方发生的变化，一般地是与不同的政治结构和政治民主一致的。部长是否认为，因为有这种不同，而将产生潜在的社会紧张和矛盾？

王：是的，这些年中国发生的变化当然不仅仅只是经济上的，也是政治和社会的。首先，在最近的十年，中国结束了由于无休止的政治运动——在"文化大革命"中达到十分严重程度——带来的社会动乱，就是说中国的社会变得更安定了。其次有一大批过去受到了无辜的政治迫害的人被恢复了名誉，而且积极地参加了社会生活，包括我本人都是这样的。中国整个的社会气氛要比过去民主得多，自由得多，人们发表各种不同意见的勇气和场合也比过去增加多了。当然，在这种民主化的进程当中也会出现社会矛盾的尖锐化。不同的阶层、不同的利益集团之间的冲突有可能表现出来。而人民对于政府某些措施的批评也会有时候以比较缓和的形式，有时候以比较激烈的形式表达出来，产生新的矛盾，乃至于发生动乱的可能性也是存在的。摆在中国共产党和中国政府面前的课题，是如何坚持发展社会主义的民主化进程，同时又能够控制这样的进程，不至于发生影响整个国家的建设、安定局面的骚乱。

记：希望部长进一步解释，中国在未来，比如说2000年，它的政治结构、经济结构模式是怎样的，以及它们之间的相互关系如何？

王：由于我熟悉的只是文化方面的东西，也许我不能够说得很完全，但是我可以讲一讲我个人的看法。从政治方面来说，主要是能够扩大人民的民主。目前正在做的有这样几件事。一个是实现党和政府的分离，避免党组织对政府工作不适当的干预。第二，是发展社会协商对话，增加执政党和政府工作的透明度，既能够取得人民对政府工作的监督，也能够取得人民对政府工作的理解和支持。第三，更好地发挥中国的各个民主党派，就是非中国共产党的党派和人民团体的作用；更好地发挥中国人民代表大会（即议会）和政治协商会议的作用，使民意代表有更多的发言权和监督权。所有这些将有利于中国政治的更加民主。

记：我们在中国看到了西方国家，西方自由民主，还有日本对中国的巨大影响。印度和中国最近签订了文化协定。部长认为我们两国在哪些文化领域有可能合作，您觉得印度文化的哪些因素中国人会感兴趣。

王：中国人民对印度文化的兴趣是多方面的。从历史上说，佛教是从印度传入中国的。至今人们对研究印度佛教的兴趣仍然是越来越大。印度的文学，不管是古典的长诗、神话，还是现代的小说、诗歌，也在中国有很广泛的影响。印度的音乐、舞蹈、绘画在中国都有自己的知音，有了解它们，对它们感兴趣的人。许多印度政治活动家，譬如说圣雄甘地，被中国人民和中国的知识界所熟知。在两国签订文化协定以后，我希望能够增加两国文化界精英之间的相互来往，相互了解，交换展览，交换艺术团体的演出，增进我们的相互了解和友谊。

记：非常感谢。

演出团体改革势在必行 *

（1988 年 5 月 13 日）

同志们，我今天主要是向大家介绍一下《关于加快和深化艺术表演团体体制改革的意见》（讨论稿）。这个"讨论稿"，在国务院办公会议原则同意的基础上，作了一些修改，并经有关领导同志过目，准备在这次会议上征求各方面的意见，修改之后，再交中央政治局常委和国务院审定。形成正式文件。现在我就"讨论稿"作些必要的说明，如有不恰当的地方，欢迎同志们多提意见。

第一个问题，我想谈一下现行的艺术表演团体体制的形成及对它的历史评价。

"讨论稿"的第一段，"改革的目的和指导方针"（一）里边的第一句话："长期以来，我国大多数的艺术表演团体实行的是由国家统包统管的体制"。这种体制的形成，是在如下的基础上：第一，是在革命战争中所形成的战斗性很强的各种文工团、队的基础上；第二，是在对城市工商业进行社会主义改造当中，对旧有的一些戏曲团体进行改造的结果。现在许多著名的戏曲界人士还能回忆起来，当初进行改造时，他们放弃了高薪，积极参加国营剧团，成为国家的工作人员时的欣欣鼓舞的

---

　　* 这是王蒙 1988 年 5 月 13 日在文化部会议上的讲话。王蒙时任中共中央委员、文化部部长、中国作家协会常务副主席。

情景；第三，我们还受到"苏联模式"的影响，组办了所谓的"国家大剧院"一类的艺术表演团体；第四，随着历次政治运动的开展，大大强化了"统包统管"的体制，使原有的一些集体所有制的艺术表演团体，也都变成了单一的全民所有制，由国家经营。实际上，早在50年代，周总理就主张，艺术表演团体的大多数应该是集体所有制，少数是国营的。但是，后来一次又一次的运动，直到"文化大革命"，使得周总理的这一正确方针未能坚持下去。

这种体制的形成，还是有过积极的作用的。目前我们要进行艺术表演团体体制改革，不应把现行体制说得一无是处，那样做未必妥当，也不一定能够说服人。第一，这样一个体制的形成，对于加强党对文艺工作的领导，对于加强政府对于文化工作的管理，对于贯彻社会主义的文艺方向，是起过积极的作用的。因为我们很多分散的团、队，特别是从旧社会过来的团、队，其成员的思想认识并不是都很一致的，对党的文艺思想并不是全都接受了的，通过这样一个改造的过程，也是一个思想提高的过程。特别是解放以来，在戏曲改革上所取得的成绩，与旧有体制的变化是分不开的。第二，这种体制的形成，对于提高艺术从业人员的社会地位和政治地位，起了积极的作用。这一点，从旧社会过来的艺人的感触是非常深的。在旧社会被轻视、被欺辱，甚至是被迫害、被玩弄的一些所谓"戏子"，在新社会里成为人民的艺术家，成为革命队伍中的一员，成为国家干部，有些还成为人民代表、政协委员或院团长，入了党，成为社会主义文艺事业各个方面的骨干。第三，这种体制的形成，使我们广大的文艺工作者，摆脱了为糊口而操劳、而奔波的境遇，能够相对地较安全地生活，衣、食、住、行，生、老、病、死，都得到了一定的社会保障，可以集中精力从事自己的艺术活动，对繁荣和发展艺术事业作出了贡献。我们谈现有体制的形成及其所起的作用，可以对这个问题的看法更全面些，避免否定一切，也比较容易理解目前在改革中出现的各种不同的看法及其产生的根源。

但是，随着时代的发展，目前的管理体制的弊端也越来越暴露出来了。哪些弊端呢？一、管理权高度集中在国家手中，形成了单一的所有制形式和经营管理方式。艺术表演团体在业务活动和经营活动中，缺乏必要的自主权。二、在分配关系上，存在着严重的平均主义，"大锅饭"、"铁饭碗"阻碍了艺术表演团体和艺术表演人员优胜劣汰的竞争。在"讨论稿"上是这样写的，就是艺术表演团体吃国家的"大锅饭"，艺术表演人员吃艺术表演团体的"大锅饭"。这在中央关于经济体制改革的决定中，有类似的提法，提到企业吃国家的"大锅饭"，个人吃企业的"大锅饭"，主要意思是平均主义。后来，有几位老艺术家对这个提法提出了不同意见。这个问题，我们可以讨论一下。我想，他们的不同意见，主要是对"谁吃谁的"这个提法反感。因为他们觉得自己在解放初期把高薪放弃了，参加国营剧团之后，唱戏、开会，又搞运动，最后变成了一辈子吃剧团的"大锅饭"。我看可以只提存在着"大锅饭"问题。三、在人事制度上没有建立艺术表演人员的流动制和淘汰制，艺术表演人员的进出渠道不畅，基本上是"只进不出"，人员越来越多，包袱越背越重，随着富余人员的不断增多，老弱病残者的不断增多，国家拨给艺术表演团体有限的事业经费，只能用于养人，而不能用于发展事业。这确实是现在最大的苦恼，也可以说是个很严重的问题。我们的文化经费本来就少，本来就不宽裕，却要用很大一部分作"人头费"，文化经费不能用在事业上。许多艺术表演团体，事情做得越多，赔钱就越多。由于这种状况，尽管文化经费在十年中有了相当的增长，拨到院团里的经费也有所增加，但是各团的经费实际上是越来越紧张、越来越困难，除了其他方面的原因外，就是因为我们的这些钱都用作了

"人头费"，使我们的艺术表演团体到了"难以为继"的地步。从另一方面说，也造成艺术人才的极大浪费。这在我们文化部直属的院团中尤其严重。有的演员原在艺术院校以优异成绩毕业，分配到我们的艺术表演团体后，一年、两年没有事情做。一开始他自己还着急，还到团里跑几次，后来干脆也不跑了。艺术家的艺术青春本来就很短暂，我们一年、两年、三年地把人家搁置一旁，这问题确实很严重。在这当中，胆子大一点的就到处"走穴"，于是又出现许多问题，有上当的时候，也有自己表现不好的时候，也有社会各界批评很严厉的时候。四、艺术表演团体的布局不够合理。有些大中城市的艺术表演团体过多，但由于国家对绝大多数艺术表演团体都采取"包"的办法，因此对那些重复设置的、艺术力量薄弱的、逐渐不受观众欢迎的艺术表演团体，也很难进行调整。五、政府文化主管部门往往苦于处理艺术表演团体的具体事情，不能更好地履行政府职责、不能从宏观上对艺术表演团体的业务活动和经营活动，进行指导、规划、协调、服务和监督。实际上，目前体制所表现的弊端，还不止这五点。比如说，在工资制度上，我们也苦恼了许多年了，包括中央领导同志也讲过多少次，把尖子演员与一般演员的档次拉开，把一个演员的黄金时期与过了这段时期的工资距离拉开。虽然在这方面也做了工作，但这些问题仍未得到解决。这种所有制与经营方式的单一，也造成了艺术服务的单一，就是大家都往舞台艺术方面发展。不管是歌剧还是曲艺，不管是交响乐还是戏曲，都是如此。对于其他方面的艺术服务，越来越忽略，越来越衰微了。特别是目前，舞台艺术面临着许多新的情况，新的挑战，在这个时候，我们体制的弊端就越发表现得尖锐了。

第二个问题，我谈一下当前进行改革的必要性与可能性。

改革的必要性，实际上在讲现有体制的弊端时已经涉及到这个问题了。如果我们不进行改革，就不能够解放艺术生产力；不进行改革，就不能够充分地调动社会各个方面办文化的积极性，也不能充分调动文艺工作者、艺术从业人员进行创作、演出的积极性。这种必要性，从弊端一面来看，不改革，这些弊端越来越严重，使我们难以为继，混不下去了。另外一面，我们还要看到我们国家进入了新的历史时期，这个历史时期在政治上安定团结，社会生产力不断提高，人民的生活水平不断提高，人民群众的思想空前活跃，同时，各种传播手段，包括艺术产品的传播手段，也有了很大发展。这样一个新的历史时期，人民群众直至社会的各个方面，对于艺术表演，对于艺术表演团体，对于艺术事业本身多样化的要求，也更高了。不同的个性口味都表现出来了。这新的要求，与原来体制的矛盾，就暴露出来了。在安定团结、安居乐业、生活也提高了的情况下，人们对艺德的要求，对于演出艺术水平的要求，就与过去大大地不同了。在开放的形势下，也不可避免地会受到外国的一些艺术形式的冲击，特别是外国的一些"通俗形式"，如摇滚乐、迪斯科、爵士乐、流行歌曲等等；也包括港台、海外地区的娱乐形式、艺术活动的形式。当然，也不只是这些"通俗形式"，还有其他的方面，所有这些都要求有多种多样的形式。比如说，现在演戏不但要有大剧场，而且还要有小剧场、许多旅游部门都已经搞起了演出活动。京剧界有些人，也已经在考虑恢复"戏园子"式的欣赏京剧的环境。过去侯宝林的相声讽刺过，在旧社会戏园子中，有许多不文明的现象，还有地痞、流氓，正演戏中，"啪"地一个"手巾把儿"就飞过去了。但是，听京戏是不是非要在西式的剧场不可，有灯光、转台，观众席是斜坡儿式的？能不能在欣赏节奏缓慢的戏曲时，前面摆着茶，嗑着瓜子儿？当然，嗑不嗑瓜子我们这里先不讨论，主要意思是说人们对于演出、服务的方式要求更加多样化了，人们正在思考这样的问题。还有游乐场所，青年活动的场所，以及为旅游的客人，甚至是为外宾服务的演出活动，也都需要我们加以考虑。改革的必要性，一方面是看到这些弊端，另一方面是看到我们进入新的历史时期后，社会的各个方面、人民群众，都向我们提出了新的要求，这些要求更加多样化、更加灵活。我们必须根据这些要求，使我们的体制更有活力。

谈到改革的可能性，可以说是条件越来越成熟，越来越充分。主要有以下几个条件。首先是有十一届三中全会以来的拨乱反正、解放思想的精神，使我们在进行体制改革时有一个依据。解放思想，这是首要的条件。其次，我们的经济体制改革，已经有了近十年的实践，积累了丰富的经验，初步创造了许多新的可能性、新的模式。这对于艺术表演团体，有很大冲击，也有很大启发。我们的政治体制改革，在发扬社会主义民主、加强社会主义法制方面，也已经起步，并引起了各方面的重视。中央对科技体制、教育体制的改革，也都作了决议，积累了经验，取得了一定的成绩。目前，卫生体制，包括医疗体制的改革也已经开始。这样，就为我们的文艺体制，其中特别是艺术表演团体的体制改革创造了很好的条件，有了大的气候，可以说是大家都要求改革。第三，我们已经有了长期改革的实践。艺术表演团体体制改革并不是今天才开始，也不是从这届文化部的班子上任后才开始，也不是最近国务院或是中央的几次会后才开始，早已经这样做了。这在"讨论稿"中已经提到："针对这些弊端，近几年来，在经济体制改革的强力推动下，特别是在1985年，中央办公厅、国务院办公厅转发的《文化部关于艺术表演团体的改革意见》（中办发〔1985〕20号）后，各地普遍进行了承包责任制形式的艺术表演团体体制改革试验，这些试验冲击了统包统管的旧体制，对建立和发展充满活力的新体制，提供了有益的经验。"这些年，在这方面做了很多工作。这也涉及到比较令人敏感的问题。1983年，曾经在全国号召过用承包的形式来搞改革，从号召以来，一直存在激烈的争论，议论纷纷。这毕竟是前一届领导班子所做的事，我们不想过多地讨论。但现在谈改革时，我们一个初步的想法，也和一些同志商量过，觉得文化部门在党的十二大以后，提出来搞承包这样一个改革的尝试和路子，是可取的，不失为一个有益的尝试，而且积累了经验，使统包统管的体制受到了冲击。有些曲艺团体，从那时搞承包起，至今没终止过，成绩是主要的。当然，也有很多团体在搞类似的承包中，做得不是非常成功，产生了不少问题。这说明在艺术表演团体的改革中，光有一个好的想法，一个好的方向，还是不够的。还是要有更细致的一些部署，还需要有配套的政策，需要有更好的步骤，很好的方法。如果没有更细的一些步骤、方法、部署和相应的措施，而把它看得很简单，以为一号召、一动员就能改过来，这显然是不符合事实的。可以说，党的十二大以后，文化部在改革上所作的试验，不管是成功的或者不完全成功的，乃至是失败的，都为我们现在的改革创造了很好的经验，开了一个好的头儿。特别是1985年的20号文件，与我们今天改革的精神是一致的，有连续性的。我们文化部这届领导班子在总结1986年、1987年工作时，我们认为，在对20号文件的继续贯彻、宣传上，抓得不够有力，是我们工作的不足之处。但是，从1986年以来，实际上改革从来也没有停止过，各地都创造了很好的经验。这两、三年来，可以很明确地说：一、剧团的自主权有了普遍的加强；二、演出已经开始放开；三、不同所有制和经营方式的艺术表演团体已经涌现，现在所提出的双轨制设想，并不是主观臆想的，而是客观现实也已存在的；四、"消肿"工作，已经取得了很大成绩，许多省市在党委和政府的领导和关怀下，都以各自不同的形式，做了安置富余人员、精简机构等方面大量的工作；五、承包与各种不同的经营方式，也都有各自的创造，如辽宁省有的艺术表演团体与企业建立联合的关系，广东的旅游部门所组织的合同制的艺术表演团体和小组在充分地发挥艺术表演团体的人力、物力、设施的潜力等等方面，各省、市、自治区、单列市，都已经创造了很多经验。当然，也出现许多问题，有很多毛病。但是，改革一直在进行着。为什么我要谈这个问题呢？因为在十三大后，组织学习时，已经出现了这样的想法。即总想等文化部拿出一个彻底的、痛快的改革方案来，然后说：改革开始了。实际上我们不是一直在改革么？有的同志可能对我的话感到不满足，不过瘾。可能有的同志认为一下子就变，才叫改革。但改革并非一蹴而就，而恰恰是这样一个漫长的转变过程，探索过程。改革的可能性还有一条，就是在艺术表演团体需要改革这一点上，大家意见越来越一致。尽管大家在争论，争论怎样改，或者是对某一个提法、某一个步骤，或者是某一个具体报道的提法，特别是牵扯到组团问题的时候，争论就会更多了。比如哪个团要成为国家的团，哪个团要成为集体的团，哪个团要解散，争论起来可不得了。但是在要改革这一点上，可以说，上下左右，包括党中央领导，各省、市、自治区的领导到宣传、思想文化部门，到文艺工作者，到我们的老百姓，在这个方面的认识都是一致的。当然，怎样改革，这还要摸索。今年三月份，在中央宣传工作会议上，也明确地指出，要把艺术表演团体体制的改革作为文化部门的一项突出的任务。我们现在提出这个问题，是非常必要的，也是完全可能的。同时，也是在已有工作的基础上进行的。

第三个问题，我谈一下艺术表演团体体制改革的基本思路与总体设想。

在"讨论稿"的第二部分（即（二））中提出："当前，全面贯彻党的十三大精神，加快和深化艺术表演团体体制改革，使它同经济、政

治、文化体制改革的发展相适应，是历史赋予文化艺术部门的重要任
务。加快和深化艺术表演团体体制改革，目的是为了建立和发展充满活
力的艺术表演团体体制，增强艺术表演团体的生机和活力，提高艺术表
演人员的积极性和创造性，促进艺术表演团体和艺术表演人员优胜劣汰
的竞争，促使优秀的艺术作品和艺术人才的大量涌现，满足广大群众多
方面、多层次的文化生活需要，为加强社会主义精神文明建设服务。"
第三部分（即（三））"根据上述目的，加快和深化艺术表演团体体制改革，
在指导方针上需要明确以下几点：1. 坚持把社会效益作为艺术表演团体
体制改革的最高标准，处理好社会效益与经济效益的关系，力求做到社
会效益与经济效益的统一。努力提高创作和演出的数量与质量，不断丰
富和提高广大群众的文化生活，为加强社会主义的精神文明建设作出贡
献。2. 确立艺术表演团体作为独立的社会主义艺术生产经营实体的地位，
发展多种所有制形式和经营方式，使艺术表演团体能够依法自主地进行
业务活动和经营活动，自觉地完善内部的经营机制和竞争机制，增强自
我更新和自我发展的能力。3. 确立艺术表演人员作为以演出活动收入为
主的、可以自由流动的社会主义艺术从业人员的地位，建立和健全反映
艺术劳动特殊规律的劳动人事制度和劳动报酬制度，充分调动艺术表演
人员的艺术创造精神和竞争心，使他们的艺术个性和艺术才能获得全面
发展。4. 确定政府文化主管部门和有关部门对艺术表演团体实行间接管
理的职能，尽量下放和放宽在业务上、人事上、财物上的管理权限，使
艺术表演团体在业务活动和经营活动中，有更多的自主权。"下面在"改
革的总体设想"中又提到（即（四））："在艺术表演团体的所有制形式上，
应当根据不同的艺术形式发展和需要，采取由政府文化部门主办和由社
会主办的模式"。"讨论稿"中所写的，请同志们看一看，推敲推敲，研
究研究，评议评议。"总体设想"的中心出发点，就是解放艺术生产力，

就是调动社会各方面办文化、办艺术的积极性，发挥艺术从业人员的积极性、主动性，发挥他们创作、排练、演出的积极性、主动性，发挥各种类型的艺术表演团体进行艺术生产和经营的积极性和主动性。最大限度地发挥我们文化艺术设施，其中特别是剧场、剧院这些设施的潜力，使我们国家、我们社会的艺术事业更加繁荣，使人们的精神生活更加丰富，使人们的文化素质得到提高，使我们的社会更加安定、团结、民主、和谐。我们如果不改革现行体制，就会划不清楚"合法的"与"非法的"界限，束缚群众的手脚，上述的这些积极性都不能够得到充分发挥，上述的人力和物力直至潜力，都不能充分发挥出来。一方面是广大群众对文化生活的要求、欣赏或者是参与艺术活动的要求得不到满足；而另一方面，我们有很多艺术从业人员，闲在一旁无事干，浪费着艺术的青春。同时又有许多岗位，包括群众文化的、艺术教育等部门，艺术人才缺乏，等着人去。演出也是非常困难，一个大的团搞一次演出，需要许多经费和人员，卖票却很困难，最后也没有几个人看。而另一方面，我们的人民群众，特别是青年人，他们的文化生活相当单调、贫乏，只好没完没了地看电视。看电视固然好，但更多的青年人希望有更丰富的艺术生活方式。我们在文化艺术方面的改革，与国家总体的政治经济改革的思路是一致的。邓小平同志、赵紫阳同志曾多次讲过，进行改革的目的，就是调动积极性。又明确地讲过，进行改革的目的，就是解放生产力。我想，调动积极性，解放生产力，就必须逐步地改变"大锅饭"、"铁饭碗"的状况，改变我们把文化经费都变成了"人头费"的状况，改变群众需要丰富的文化生活、而我们的许多岗位及人员却闲置的状况。我们一定要想出办法来，能够较好地解放生产力。第二点，我们改革的总体设想与思路，就是要引进竞争的机制，来激发艺术表演团体与艺术从业人员的活力，创造条件，使艺术的从业者，包括艺术生产的组织者、艺术演出的组织者，能够更大程度地发挥自己的积极性和主动性，"八仙过海，各显其能"。使艺术从业人员能勤学苦练，攀登高峰，求得自己在艺术上的成就。前几年社会上曾讨论过，为什么我们的体育发展得比较有成绩，除去国家采取了很多措施，建立了许多机构，从儿童抓起外，很多同志认为体育的竞争机制比较完善，竞争得很厉害，而且无可争议。如棋圣聂卫平，就是无可争议。再有，是更新，这是无可抗拒的规律。当然，艺术与体育不同，比如，艺术没有公认的标准。但在艺术领域充满着竞争，充满着机会，充满着风险，同时也需要拼搏的精神，需要勤学苦练的精神，需要发挥最佳的状态。所以在改革中将竞争机制引入到艺术表演团体之中很有必要。当然，竞争有一个社会效益的问题。实际上，不仅仅是精神生产，就是物质生产及其流通，也不能单纯地追逐利润，为了利润不择手段，如造假药、假农药、假自行车、假酒等。因此，物质生产也有个社会效益问题。精神生产尤其不能把竞争单纯看成纯粹是利润、是钱的竞争。这竞争是在不同层次艺术成就上的竞争。第三点，我们改革的方案之所以制定出多种所有制、多种经营方式，其目的是加强和改善党的领导，加强和改善政府对文化事业的管理和支持。现在有一种误解，认为将来把艺术表演团体交给社会上办，就是党和政府不管这些团体了，或者是将其推到社会上去了，或者是恢复旧社会戏班子"跑码头"的状况了。有的同志为此而产生"失落感"与"恐慌感"，甚至非常反感。这确实是误解，也是我们在宣传上讲得不充分造成的。我们是在建设具有中国特色的社会主义，我们的各项工作，包括文艺工作，是由党领导的，我们的政府文化部门及其他有关部门，都要依法管理和支持文化艺术事业，这一点从来不会有什么疑问。问题是我们怎么管，是由我们直接组团、直接处理所有的问题，包括哪个演员多少工资，谁当团长，演什么戏等等，包揽一切呢？还是说把我们的管理与支持，放到更有效的渠道上。特别是艺术活动的方向与质量，我们任何时候绝不会置之不理，绝对不能简单地只是服从和被市场机制所左右。我们还要通过财政的手段，对我们所提倡的、好的、有利于社会主义精神文明建设的，或者有利于发扬祖国民族艺术传统的，或者是引进和介绍外国的优秀艺术的艺术活动，就要给予补助。而对于那些比较差的、不太好的、但又不是违法的东西，不但不给补助，而且还要研究相应的税收政策，对用不太健康的演出发大财等做法，进行必要的调节。我们还要通过舆论的手段，说明什么是好的、坏的，什么是平庸的，什么是我们坚决反对的，对艺术团体的活动施加影响。我们还要通过评奖和集中性的演出，如"中国艺术节"这样的活动，和组织对外文化交流等多种多样的方式，来提倡好的，支持好的，当然也允许探索；批评坏的，禁止、取缔非法的，必要时采取法律手段。我们不但要有竞争的机制，激发的机制，还要有约束、制约的机制。绝不是把艺术表演团体推出去不管了。

关于双轨制问题，提交会议的这个"讨论稿"中也提到："1. 少数代表我们国家和民族最高艺术水平的艺术表演团体，或带有实验性、示范性需要国家扶持的艺术表演团体，或带有特殊的历史保留价值需要国家扶持的艺术表演团体，或少数民族地区和其他需要国家扶持的艺术表演团体，实行全民所有制形式，由政府文化主管部门主办。2. 其余的大多数艺术表演团体，实行各种所有制形式由社会主办（包括由非政府文化主管部门主办的全民所有制艺术表演团体）"。双轨制是紫阳同志在三月份中央的一次会议上提出来的。文化部的有关文件以及报纸上也提出来了。双轨制的基本思想，是调动社会上各个方面办艺术表演团体的积极性，满足不同层次、不同地区、不同民族、不同爱好的人们对艺术的要求。双轨制目前实际上已经存在，不但事实上已经出现越来越多的个体的、集体的，或是临时的、或是长期的艺术表演团体，而且事实上我们的艺术从业人员也在进行着"双轨活动"。两三年里他来参加排一个戏，另外还去录音棚录音，去"走穴"，去"义演"，或者晚上到餐厅、饭店去唱，早就"双轨"了，并不是强加的。只不过我们的改革要把模模糊糊的、没有制度的、没有章法的、非常混乱的、无法管理的"双轨"，摆到桌面上来。从事实上混乱的、无章法的、无政策的"双轨"，变成合法的、合理的、有一定章法也有一定约束的、有一定是非标准的"双轨"。还有演出经纪人的问题，现在事实上已经出现了，有名有姓的，他们既作了大量工作，也赚了不少钱，很活跃，而且"招儿"特别多。他组织的演出就不赔钱，而是赚钱。不能说他们组织的演出都是坏的。有坏的，也有好的，也有骗人的。最近我去南方，发现他们有一个坏"招儿"，就是在演出的节目单上印一大堆名演员的名字，都是叫座的。但下面注有"以上人员与节目轮流演出"，这你就闹不清了。有的写有成方圆，但你去听根本没有，"轮流演出"嘛！双轨制实际已存在，一点也不可怕。其次，按我们说的双轨制模式，还需要一个过程。特别在开始时，怎样判断哪些是代表我们国家最高艺术水平的？这需要一个过程，不是一下子就封它为"最高艺术水平"的。这是个设想不是一蹴而就，立即就成立几个国家的大剧院，把现在的剧院解散。第三，不管是由政府文化部门主办的，还是由社会主办的，其中包括企业、饭馆儿、茶馆儿，包括个人主办的艺术表演团体，都需要改革，都需要引进竞争机制，都需要优胜劣汰。并不是由国家主办的院团就可以不竞争，就可以不经营了，就可以继续吃"大锅饭"。全民所有制的院团，同样也要通过各种各样的形式，比如实行聘任制，承包责任制，或者招标、投标、租赁等形式，来调动积极性，改善经营管理，发展艺术生产。同时，还要接受社会的监督，要接受政府的管理，要接受党的政治、思想的领导。社会办的院团也同样如此。其实，一个剧团是什么所有制，这对广大观众并不重要，重要的是看你拿出来的艺术产品是怎样的质量，高到什么程度就高到什么程度，低到什么程度就低到什么程度。在这个意义上说，国家办的与社会办的，是平等的。在国家办的艺术表演团体从事艺术劳动，和在社会办的艺术表演团体从事艺术劳动，也是平等的。至于生产出的艺术产品档次的不同，那是客观存在，是哪一个档次就是哪一个档次。

第四个问题，谈一下改革的难点与改革的方法步骤。

改革是大事，尽管我们全国有三千左右艺术表演团体，人数有十几万，从人数上看并不多，但是，它毕竟牵扯面大，是被社会各个方面所关注的部门。而这个部门，由于历史上形成的种种原因及其本身的敏感性，并且艺术从业人员大多数是比较敏感的同志，因而，改革引起各个方面的重视。刚才讲过中央领导同志，如紫阳同志、李鹏同志、启立同志、铁映同志、杏文同志等，国务院、中宣部以及文联各个协会，都提出过很好的指示与指导意见。改革的困难有如下几方面：第一，富有安全感的"大锅饭"是很不容易打破的。各地进行改革的情况证明，大家都是赞成改革的，但是改到自己头上，并不那么容易；第二，许多政策、规定、法律、组织形式，还不配套。比如说，不搞"大锅饭"了，自己出去搞一个民营剧团，民营剧团的许多困难将由保险机构去解决，如医疗保险怎么解决，人寿保险怎么解决，财产保险怎么解决，专业保险怎么解决？它牵扯到各个方面，这些并不配套；第三，我们对于双轨制，以及所有制、组团形式、经营方式的多样化等，还缺乏足够的成熟的经验，使得我们的改革相当困难。正因为改革既是非常重要的，又是相当困难的，这决定了我们要采取坚决的和审慎的方针，要讲求改革的领导艺术，不能用简单的行政命令的办法，也不能用高调门儿的类似搞运动的办法，一哄而起地把改革铺开来。我们必须考虑社会上各个方面的承受力，依靠广大文艺工作者的自觉、自愿。我们文化部及各省、市、自治区的文化部门，要尽可能地采取规划轮廓、分散决策、实验推广、总结经验、组织研讨、逐步转轨、随时调整、力求健康、避免失误这样的做法。这与"一刀切"、一下子铺开是不一样的。这是改革的办法，而不是不改革的办法。实践证明，这种做法更有效，真正能推动改革。具体的方案，"讨论稿"已提到了，另外，艺术局的方杰同志将在大会上发言，还要讲一些更具体的问题。在"讨论稿"中还提出："在艺术表演团体的经营方式上，应当根据不同的艺术表演团体的特点，采取灵活多样的经营方式。1. 全民所有制艺术表演团体，可以采取全民所有、集体经营的方式，实行由政府文化主管部门聘任的院（团）长全面负责制……这些艺术表演团体要努力完成政府文化主管部门下达的计划任务，保证创作和演出的高水平，对这些艺术表演团体和艺术表演人员，要采取要求从严、待遇从优的方针，鼓励他们进行优胜劣汰的竞争。2. 集体、个体及其他所有制艺术表演团体，可以采取由艺术表演人员自愿结合、集体组团、自主经营，或由艺术表演人员个人组团、自主经营，或由演出经纪人临时性组团、自主经营等经营方式。这些艺术表演团体，在党的文艺方针、政策等指导下，在国家现行的法律、法令和规章制度允许的范围内，在业务活动和经营活动中有充分的自主权，可以依法进行任何营业性的创作和演出活动。这些艺术表演团体是发展艺术表演事业的重要组成部分，应当在政策、法规和宣传方面得到有力的支持。对取得优异成绩的艺术表演团体，政府文化主管部门将给予物质上的和精神上的奖励和支持，包括给予财政资助，安排参加全国或地方的艺术节活动，参加全国和地方的会演和比赛活动，参加出国演出活动等。3. 对一部分被调整精简的艺术表演团体，可以由原主办部门有偿转让，租赁给集体、个人或其他部门经营；也可以就地宣告解体。4. 发展多种所有制形式和经营方式，国家不会减少拨给艺术表演团体的事业经费，而且将会随着国家经济的发展有所增加。但对事业经费的支付结构要做改变，即把"养人的'人头费'改变为促进事业发展的贷款、基金、奖励等。"文件还讲到聘任合同制、人才交流、社会保险等等。从这些设想看，我们现在改革的方案，既是积极的，又是可行的。对现行的"双轨"，既有一视同仁，又有严的、宽的区别。对于少数国家办的艺术表演团体，就是要严格要求。当然，这也有个过程。对放开的艺术表演团体呢，我们主要是依法进行管理。在步骤上，还是从现有的基础上逐步进行。我特别要讲的，是依靠广大文艺工作者的自觉、自愿，尽可能避免造成由政府来改革、而文艺工作者被改革的那样一种局面。那样会制造不必要的矛盾，产生抵触情绪。要让广大文艺工作者自己来讨论怎样改革。当然，我们政府部门也要做大量的工作，如抓重点、出主意、组织研讨、总结经验等等。

最后一个问题，谈谈对改革认识上的一些问题。

目前，大家对改革很关心，报刊上对改革有各种各样的报道，也有各种各样的传闻。说好的、说坏的、赞扬的、反对的、严厉抨击的，都已经出现了，很活跃，很好。我们通过这个会，把供讨论的文件发下来，把我们的想法告诉大家，这样可以使我们的讨论、研究和交流有一个依据。例如，现在有一个很突出的问题，就是我们很多艺术家，还有社会各方面人士，担心这样的改革会不会使我们的文艺变得更加商业化，使钱、利润、经济效益变成艺术的主要刺激力量，使我们的文艺偏离社会主义方向，甚至走上不健康的歧路。这是大家普遍关心的问题。对这个问题，我们的看法是：市场机制对艺术有积极的作用，也有消极的作用。市场的机制、物质的利益、经济的收入，肯定对我们的艺术表演团体起作用，这是事实。这并不是由于我们要改革才开始的。现在，经济效益、利润对各行各业都在起作用。对商业部门，当然起作用；对工业部门，当然起作用；对电影，当然起作用。问题不在于承认不承认起作用，而在于如何发挥它的积极作用，尽量地避免、限制它的消极作用。我希望我们在进行改革的时候，特别是文化部门的领导同志，还是要保持清醒的头脑，时刻不要忘记把社会效益放在衡量我们文艺工作的首要位置，不要忘记我们在建设社会主义精神文明上的责任。同时，我们又承认市场的作用，就在于市场能反映群众不同层次的需要。你说你的作用好，但就是没人来看，谁也不看；或少数几个人来观摩，或是在报刊上登文章介绍一下，那你的社会效益在哪儿呢？对于社会效益、经济效益的问题，从理论上继续深入地研究，或提出什么样的看法，都是可以讨论的。我们在做工作时，要发挥文化市场对文化事业的积极作用，避免它的消极作用。我们通过文化市场了解群众的需要，群众的口味，努力创造群众喜闻乐见的艺术产品，提高我们演出的数量和质量。睡大觉、不干事不可能有社会效益。同时又要避免由于市场的影响，就忽视要艺术高质量的追求。这关键在于国家有正确的政策，对于有些不能赚钱，但确是代表国家和民族最高水平的艺术，或是我们时代最需要的艺术，或者是具有探索性、示范性的艺术，或者是有特殊的历史保留价值的古典民族的艺术，它虽然没有什么市场，但非常重要，是我们民族优秀的文化传统，都要保护和支持。只要我们有正确的政策，只要我们的宣传和我们的工作能避免片面性，不要把文化市场的需要、市场的影响，看成一种可怕的或者很丑恶、堕落的东西，也不要把它看成是万能的东西，以为按市场规律，市场需要什么，我们提供什么就行了。我想，这个问题可以得到较好的解决。在这里我要提出的是，改革并不是万能的。我们通过改革，有利于解放生产力，有利于更好地调动艺术事业中的人力、物力、设施力量，来丰富人民群众的精神生活，提高人民群众的文化素质。改革不能解决所有问题，比如，改革不一定能解决作品的创作问题，并不是体制一改革，好的作品就出现了，也不是改革以前好的作品就不能出现。通过改革，有利于大家勤学苦练，去竞争，但这也不是全部。人才的出现，还牵涉到艺术教育，而且艺术的质量又牵涉到我们全民族的文化素质的高低，脱离这些也不行。所以说，改革不是万能的，我们在改革的同时，还要做大量的工作：做支持创作的工作，做奖励优秀作品的工作，做党的政治思想工作，做共青团的工作，做协商、对话的工作，还要制定文化艺术方面的一些法规、制度、管理办法，还要和财政、劳动、人事、计划、商业、公安、民政等各个部门配合起来。改革虽然不是万能的，但改革必能推动这些工作的进行。

第二个认识，是有的同志担心在改革中，我们会对一些艺术家，特别是年龄偏高的艺术家，采取简单推出去的做法。我们可以告诉大家，我们绝对不会对这些已经长期为我国艺术事业献出了自己青春和才华的艺术家，采取推出去的做法。我们一定要认真考虑那些对艺术事业作出了许多贡献，但黄金时代已经结束，或者是快要结束的艺术从业人员，把他们的工作、学习、生活、福利、待遇等等安排好。有位老艺术家。非常关心这些，他说："改革以后，我是否就不是国家干部了？"这有个认识过程，真正有成就的艺术家的社会地位、政治地位是不产生任何疑问的。相反的，现在我们什么都算是"国家干部"，这是个简单化的概念。要是改革真正进行得成功，我们社会各方面都放开、搞活的话，这个问题本来就不存在。你是名教授，不管是不是国家干部，也是教授，实质是教授。我们也不会采取简单的做法，从哪一天起把你不算国家干部了，这怎么可能呢？不会出现"推出去"的做法，我们有一套政策。这些问题，艺术局的同志还会详细谈，我就不多说了。

　　还有第三种看法，认为艺术表演团体的改革是因为国家财政有困难，先拿文化"开刀"，以后就不给钱了。有的还说，什么都从文艺开刀，反右运动是从文艺开刀，改革还是从文艺开刀。这实在是一个误会。因为我们的"讨论稿"中也说到，在国务院会议上，李鹏同志、王丙乾同志，都明确地指出，绝对不会出现通过改革来减少对文化艺术拨款的情况，没有这个意图，根本不存在这样一个问题。以为国家财政困难了，就砍团，这是臆想出来的。从我们的目标上说，只有一个考虑，就是逐渐改变支付的结构，就是把现在的"人头费"，改变成为创作津贴、演出津贴、创作奖励、演出奖励。同时，通过更加灵活的经营活动，能够改善广大艺术从业人员的生活水平。因此，不存在因为财政困难而减钱的问题。也有另一种看法，认为既然要改革，就得加钱，不加钱怎么改革？因为我们要组织国家最高级别的团体，中央领导同志说了，工资每月一千元或者更多些，那就给我们加钱吧，不加钱没法改革。今天国务院的同志也在，从文化部来说，我们希望国务院适当地增加一些经费，支持我们的改革。但从另一方面，我们比较现实地说，认为要改革就大量地加钱，是不可能的，也是不现实的。这里改革要加钱，那里改革要加钱，越改革，财政就越困难；越改革，经济越困难，那怎么得了呢！认为改革就是加钱，或者改革就要减钱，这都是不符合实际的。还有现在正红的年轻艺术家，他们认为一改革，就准能多挣钱，就能提高收入二倍、三倍、五倍、十倍，这恐怕也不现实。改革，在某些方面比过去更放得开，更有利。但也有某些方面、可能比过去管理更严了。所以，认为要减钱，或者是加钱，或者是一定能多挣钱，这些想法恐怕都是不切合实际的。还有其他的担心。例如怕由于改革，造成艺术从业人员的人格以及艺术表演团体的"团格"的不平衡。其实，现在我们的"格"，并不科学，现在的"格"才是最需要改革的。因为一切都是套用行政的格式。比如，文化部所属的院团，有的是局一级的；省、市所属的院团呢，大部分是处级；地区所属的团就是科级；县里的团不知是什么级，股级？乡一级的是不是自然村级？这样的"格"很不合理。局级的团演一级的戏，唱的是局级的歌，这怎么可能呢？本来一切要看艺术产品本身的质量，这正是我们要改革的。只有通过改革，我们才会逐步淡化其行政级别的意识，从而真正能够按照艺术本身的规律去办事。

最后，我想强调一下，改革是漫长的过程，是一个探索的过程，改革是我们全社会的事业，不仅仅是文化部门的事情。所以，这次国务院批准，我们请各省、市、自治区主管文化工作的副省长、市长，或者其他部门的领导同志来参加这个会，以便各个部门配合起来搞。同时，我们还请了中央国务院的有关部门的同志来参加这个会。特别是，改革是我们广大文艺工作者的事情，不是哪一个人定个方案，强迫大家跟上。我一再讲，现在提的方案，也都是客观的实践当中已经有的，并不是凭空产生的。已经有的东西，我们再把它总结一下。我们应该在大的方针、大的政策、大的轮廓上取得一致的看法，同时又采取多种不同的方式进行探索和实验。我相信，通过我们的这次会议，一定能使我们艺术表演团体体制的改革，大大向前推进一步；同时，带动我们整个文化体制的改革，如图书馆事业、文物事业，也包括电影事业、出版事业、博物馆事业、对外文化交流，还有艺术教育等等事业的改革，使我们的体制与经济体制、政治体制相适应，在建设具有中国特色的社会主义，具有中国特色的社会主义文化方面，取得新的进展。

关于少数民族文学与文字的思考 *

（1987 年 9 月）

　　在新疆，汉族与少数民族文艺工作者之间存在着某种相互了解与信任上的不够，原因是复杂的，有以往的"积存"，也有当前的因素。比如，今年三、四月间，对《人民文学》发表西藏题材小说《亮出你的舌苔或空空荡荡》进行公开批评后，在新疆引起了连锁反应。当地出版的《中国西部文学》上刊登的小说有骂毛驴的话，便被部分维族同志视为"污蔑维吾尔民族"的作品，那是因为旧中国时，曾有个别愚昧无知的人将维吾尔族同胞辱骂为"毛驴"的事情。这件"公案"一时难以平息，以致发展到有 23 位维吾尔族同志签名作为政协提案提出，并有人串联新疆大学维语系的学生准备上街游行。幸亏自治区有关领导处理得当，做了双方的工作，最后由《中国西部文学》编辑部写一份检讨了结。但是，双方至今仍有龃龉。

　　类似的所谓抗议汉族作家侮辱少数民族事件，内蒙古和其他一些民族地区也有。

---

　　* 王蒙于 1987 年 8 月末到 9 月前往新疆参加"天山之秋"艺术节活动，期间他与新疆各族、各界人士频繁接触、交流，也对当地文化工作中出现的某些迹象及由此涉及的民族团结问题提出自己的看法和建议。本文发表在 1987 年新华社内参上。王蒙时任中共中央委员、文化部部长、中国作家协会常务副主席。

　　某些反映少数民族生活的作品之所以引起反感，原因之一是它们的作者不真正熟悉少数民族生活、语言、习惯以及宗教信仰，往往出于猎奇胡说八道，而本身格调、趣味又不高，产生了作品中不准确、不优美的描写。另外，少数民族同志中，或由于不了解文艺特点，或由于某些猜疑、过敏心理，也有小题大作或借题发挥闹一闹争一争的情况。这类问题不宜"拔高"到敏感的民族事务的大是大非上。

　　民族团结事关重大，发生一些问题应积极慎重妥善地解决，力求大事化小，小事化无，切不可危言耸听。即使个别作品确有侮辱少数民族的错误，也不宜扩大宣传。内部或小范围内严肃批判、处分都可以，而大张旗鼓地渲染，触动这一极为敏感区域内的敏感问题，在政治上的损失远比一篇作品的影响要严重得多。这潜在的危险需要十分注意。

　　创作中，汉族写少数民族题材、少数民族写边疆少数民族或内地生活题材，有利于互相理解，有利于统一、团结，都应予以鼓励。为此，希望有一明确的精神，凡属于文艺中涉及民族形象观感并引起异议的作品，可进行批评讨论，但一般不必往"歧视少数民族"或反对主体（汉）民族上上纲，如发现严重问题，可作为个案内部处理，为避免产生消极因素，也不予夸张扩散。当前，国外有人借西藏问题攻击我国的民族政策，这样的时候，更宜慎重。新中国成立以来，我们的宣传工具还从未公开报道过汉族侮辱少数民族或少数民族反对汉族的事件。

　　再者，新疆自50年代末成立文字改革机构，确定以拉丁字取代阿拉伯字母拼音后，到了70年代，已宣布此项工作的顺利完成。然而，近年，那里的中小学在学习及课本上又一律改用旧文字，文字改革的成果毁于一旦，面临着全面废除新文字的后果。这些做法，无疑是一种迁就与倒退。

　　新文字有无可比拟的优越性，它易于和汉族与世界绝大多数的国

家、地区、民族进行交流，在日益扩大的开放和对外交往中更具重要的
作用。

一些年长的同志，对老文字感到亲切、顺手，是可以理解与尊重
的，也不急于改变。但将已经作出成绩的文字改革一风吹去是不恰当
的。在现阶段，应当两种文字并用，而在青少年教育中，则以新文字
为重。

认识和发展百家争鸣的新局面 *

（1986 年 12 月）

我们讲百家争鸣已经讲了很久了。但是，实际情况是我们只有古代史中的、理想中的、政策或者口号中的百家争鸣，很少有现实的、活生生的百家争鸣。现实的、活生生的百家争鸣，我们没见过，不了解，不熟悉，更谈不上掌握它的客观规律了。

从历史上说，除了春秋战国那一段，中国基本上没有过学术民主、艺术民主，没有过百家争鸣。而春秋战国的百家争鸣，恰恰不是有意识地倡导的结果，而是特殊的社会历史条件，特别是中央封建政权失去对全国的控制能力、政治上分离动乱、群雄争霸的结果，就是说，那是一种"失控"的局面。而我们今天出现的百家争鸣，却是党的领导充满自信的结果，是有所倡导、有所作为的结果。这样，探讨百家争鸣的规律与对策的任务，已经摆在我们的面前了。

1956 年，是真诚地有过活跃一下思想、活跃一下文学艺术和学术思想的愿望的。但是，刚刚要鸣，就以其"嚣嚣嚷嚷"、"不合意"、"不好控制"的面貌吓退了决策的领导人。于是百家争鸣变成了"阳谋"，于是百家争鸣也就实际上"收"去了。

---

* 本文原载《红旗》1986 年第 24 期。王蒙时任中共中央委员、文化部部长、中国作家协会常务副主席。

这本身就提出了一个问题，百家争鸣的百家，可能不可能家家都是真理，家家都是马列主义，家家都那么谦虚慎重、善态可掬，鸣得那么悦耳顺耳？

否，这是不可能的。

制定百家争鸣的学术方针的前提是承认人们认识上的差异，承认任何人都不可能一次完成对真理的认识、掌握与垄断，承认不止一种派别与个人能为认识与发展真理做出大大小小的贡献。百家争鸣带来的是活跃与争议。活跃与争议本身并不等于真理也不等于发现了真理。活跃与争议水平可能很高，也可能不太高乃至很低。百家争鸣的水平不可能完全超越争鸣者即广大学术工作者、文艺工作者的素质。人们的素质将在争鸣中得到展现也得到提高。人们的聪明智慧、诚恳严肃、开拓精神和创造性，会表现在争鸣之中。同样，人们的褊狭鄙陋、虚骄轻浮，直至种种道德上、学风上、知识上的缺点弱点，也会淋漓尽致地表现在争鸣之中。

争鸣不见得能立即争出真理。相反，一说争，廉价的谬论常常比宝贵的真理还来得快、争得欢。但如果只允许纯洁伟大的谦谦君子鸣，只允许具有"14K"以上成色的真理争鸣，其结果往往只能是取消争鸣。取消了争鸣就更加远离了真理，堵塞了通往真理的道路。

我们欣慰地看到，如今，百家争鸣正在成为活生生的现实。人们思想活跃，畅所欲言，开放交流，各抒己见，大胆探索，勇于创造，呈现了生气勃勃的大好局面，知识分子心情之舒畅是前所未有的。我们认识与改造世界、探求与掌握真理的这种活力和这种切实性，是前所未有的。民主、和谐、融洽的社会气氛与学术气氛正在形成。这一切，都是神州大地上的新事物。

同时，当百家争鸣作为现实而不是作为理想或者口号出现在我们面前的时候，我们立即发现，百家争鸣的现实并不是通体无瑕的美玉，而是瑕瑜互见的巨石；并不是甘甜无菌的特制饮料，而很可能是浊浪迭起的一片汪洋。就是说，对百家争鸣，正像对整个社会主义事业一样，我们不能用一种理想化的标尺来要求、来衡量。

首先，百家争鸣中，在许多勇于探索、严谨治学、郑重负责的声音"鸣"出来的同时，必然会有各式各样粗疏草率、尖利刺耳、大吹大擂的声音响起来。甚至在一个时期，这种哗众取宠的尖叫有可能比一些郑重的艺术、文艺观点更"叫座"。

其次，七嘴八舌，各说各的，就像在一个大厅里大家同时讲话，谁也听不见谁，争论变得大大地多元化了。如果说，今年上半年人们还可以从"主体性"问题的讨论中归纳出大致两种不同的论点及代表人物，到了今年下半年，就远不止两种论点，甚至两种论点之争已经黯然失色，现在是"一片混战"了。

第三，在这种局面中进行引导，十分困难。有人说，现在是"东风吹，战鼓擂，现在世界上谁也不怕谁"。有人说，现在什么事都是红灯绿灯一起亮，叫人莫衷一是。还有人说，过去是"各领风骚三十年"，后来是"各领风骚三五年"，现在已经发展到"各领风骚三五天"了。这后一句话当然是当笑话说的，但也多少反映了学术界文艺界趋时求新、速生速熟速朽的状况。文艺界有些雄心勃勃的年轻人，喜欢宣布比他年龄大的人的思想观点、审美趣味"过时"，以显示自己之新。有趣的是，喜欢宣布别人过时的人也正在被别人宣布为过时，叫做过时于人者人恒过之。

这种情况看起来似乎不大妙，一种苦口婆心的正确意见发表了，却淹没在七嘴八舌里，很难叫人听见。但也有好的一面，大家见识多了，分析选择的能力与习惯正在加强，一种大言不惭的谬论，也不那么容易在群众中造成轰动了，就是说，人们不像过去那样容易上当了。

我们可以很方便地把这种局面骂上一通，什么混乱啦，口子开得太大啦，背离了正确的方向啦，这样讲都不无根据。但是，如果仅从这一方面看问题，就只能是以叶公好龙的态度对待百家争鸣，还是觉得不争不鸣好，到头来站到"双百"方针的对立面。

我们不能设想百家争鸣是一曲和谐的大合唱，全部是鸾凤夜莺之鸣。事实上，百家争鸣，鸾凤夜莺要鸣，雀鸟鸡犬也要鸣，癞蛤蟆夜猫子也要鸣。只有在这种争鸣中，鸾凤夜莺的声音才会充实发展、焕发新的活力；雀鸟鸡犬才会提高长进，攀登上新的水平；癞蛤蟆夜猫子之属，也才会被识别、被克服、被扬弃。

这就是说，我们首先要承认当前这种争鸣局面的正常性与积极性，坚定不移地继续执行"双百"方针，执行落实宪法规定的创作自由、学术自由、批评与反批评的自由、讨论自由。不要因为争鸣中出现了某种不和谐的噪音便改变我们的政策，或改变对政策的解释，更不必惊慌失措起来。

其次，我们必须具有清醒的头脑，对争鸣中必然会出现而且往往更容易出现的种种大言欺世、哗众取宠以及各种充满主观随意性的见解，切不可随波逐流，随声附和，跟着起哄。须知真理不是那么廉价的，市场上的有些时鲜货上得快下得也快，热得快冷得也快。数年来文坛、论坛上不是已经不止一次地出现这种起落了么？对一些狂妄的不负责任的见解不必看得过重，不要低估群众的分辨能力，不要一发现问题就想运用行政干预的手段、改变政策的手段来战胜被认为是荒谬的东西。这样做的效果往往适得其反，会扩大谬论的影响，使已经渐渐冷下去的某种浅薄之论突然又引人注目地热起来。我希望我们不再做这种事实上帮助哗众取宠者达到哗众取宠的目的的事。

第三，我们要学会、习惯于并善于在七嘴八舌的争鸣和争论中，发出创造性的、有说服力的马克思主义的声音。马克思主义是在众说纷纭、七争八争、与不止一个对手论战并从不止一个学派中汲取营养的情况下建立起来的。马克思主义也只能在这种交流论争、面对不止一家论友或论敌的情况下发展。经验已经证明，一家独鸣、一呼百应、在意识形态领域中实行"专政"云云，不是发展马克思主义的好办法，倒是解除马克思主义的生命力与战斗力的行之有效的途径。如果一个马克思主义者碰到各种谬论，只是善于愤怒，善于吁请禁止，这样的马克思主义者未免太娇嫩也太无能了。真正的马克思主义者更应该善于分析，善于面对和回答各种尖锐的挑战，善于在百家争鸣中经受考验与汲取营养。马克思主义只能在百家争鸣的汪洋大海乃至惊涛骇浪中保持与发展自己的生命力，而不可能在万无一失的保护下或在高高在上的宝座上起作用。有出息的马克思主义者恰恰要在当前这种局面下投入争鸣，充分利用这种局面的一切积极因素来充实自己，发出响亮的、富有创造性的、时代的声音，发出积极进取的、有利于"四化"事业与两个文明建设的声音，发出具有中国特色的、面向现代化、面向世界、面向未来的声音。

第四，我们提倡严肃认真、谦虚谨慎的学风，提倡调查研究，提倡实事求是，提倡深思熟虑的创造性建设性学风，提倡尊重持不同观点的同志，提倡坚持真理、修正错误。相反，我们不赞成和反对在学术问题、文艺问题上信口开河、道听途说，反对大言惑众、大造声势，反对用搞"爆破"——骂倒一切的方法"推出"自己，反对赶时髦，反对故弄玄虚，反对还没弄清对方的论点甚至还没有看到对方的原文就先往对方脸上抹黑，同样也反对用僵化的理论模式裁判生活、用大帽子吓唬人以及诸如此类的不正派不实在的做法。

第五，我们要逐渐研究确立一套章法、一套争鸣应有的程序与规则，乃至确立应有的法律法规。须知，无程序的自由只能是彻头彻尾的混乱，而这种混乱恰恰是对自由本身的否定。例如，争鸣中我们一定要贯彻反诽谤的规定，不容许任何人借争鸣之名行诽谤之实。又如，引文要准确，要注明出处。再如，批评性的文章应该光明正大，作者应该署上真实姓名，也应该把被批评的文章的出处说清，尽量不搞那种化名的神秘袭击或动辄就打"有人竟认为……"之类的无头官司。我们应把危言耸听的形容词及人身攻击摈弃于学术争鸣之外。此外，出版法、版权法之类的法规亦与百家争鸣的水平有着极密切的关系，望能尽速妥善制定。现在，有些搞文摘的报刊和有些内部材料，善于把一篇文章掐头去尾，或摘其一点，不及其余，甚至完全歪曲了原意。对此，亦应有相应的规定。

总之，我们一定要克服学术界、文艺界长期存在的看风头的积习。不迎合、不讨好、不韬晦、不回避，敢于发表各自的意见，敢于发表与某种风不一致的意见。共同努力，迎接现实的而不是意念中的百家争鸣，对其进一步的发展做好思想准备。在争鸣中学会争鸣，提高争鸣的水平，提高争鸣的文明程度，积极发出创造性的马克思主义的声音，建立一个开拓型的、活跃的而又是颇有章法的论坛、文坛，与我们建设四个现代化的事业相适应，与我们建设物质文明与精神文明的总体布局相适应，与我们的改革开放的长期方针相适应，使我们的理论研究、学术学科研究与文学艺术创作出现一个更光辉灿烂、更扎实、更能出成果的好局面。

理论、生活、学科研究问题札记 *

（1986 年 11 月）

一

数年前我写过一篇"微型小说"，说的是某地召开夏令饮料生产会议，人们纷纷研讨关于改进啤酒、汽水、酸梅汤、果汁的生产供应问题；这时一位爷儿们义正词严地指出，一切饮料的本质、一切饮料的本源、一切饮料中最重要最主要最具有普遍性的饮料不是别个，而是水，离开了水而讨论啤酒果汁，便是背离了大方向，舍本逐末，走上了邪路……云云。

满纸荒唐言，一把辛酸泪。此"小说"看似不经，却是过往的一个时期学术界理论界多少回批判论争的一个并非十分变形的缩影。

二

水是构成一切饮料的主要物质，这是一个不容置疑的具有普遍意义的一般规律。而我们通常习惯于认为，此种最主要的，亦即最本质、最

---

　　*　本文原载《读书》1986 年第 11 期。王蒙时任中共中央委员、文化部部长、中国作家协会常务副主席。

重要乃至决定性的规定，也就是此种大道理，正是需要反复阐述、年年讲月月讲天天讲的。而一切小道理都应该来自大道理、服从大道理、证明（阐发）大道理，否则，该小道理便是背离大道理的旁门左道。按照这样一种习惯的思维定势，上述关于夏令饮料的讨论的可悲与可笑的局面，其出现有几分必然性。

不仅可能产生不准研究啤酒只准研究水的虚拟的笑话，而且已经发生了更加荒诞的"《修养》的要害是背叛无产阶级专政"的"批评"。既然无产阶级专政是最大的道理，谈修养岂能不谈专政？不谈专政所为何来？别有用心，其背叛如司马昭之心，路人皆知矣。

批判"四人帮"的篡党夺权还是比较容易的。从认识论上、思想方法上、逻辑上对那种"左"的义正词严进行科学的解剖，弄清"左"逻辑的来龙去脉，穷究其里，以便真正摆脱"左"逻辑"左"模式，则并不那么简单。时过境迁，我们尽可以拿"四人帮"的批判模式当笑话说，或者把"四人帮"的模式当作政治道德沦丧的果实，但我们切不可忘记，那种模式一不是从天上掉下来的，二曾经主宰了那么多年"舆论"与"理论"阵地。再者，政治道德绝无瑕疵的人，习焉不察，照样有可能受这种模式的影响。

三

这种模式的要点或可称作大道理崇拜，一般规律崇拜，普遍性与本质性崇拜。即认为世间有这么一些主宰一切、决定一切、推导一切故而能包容一切、取代一切的大道理，曰道，曰纲，曰纲举目张。认为抓到了这个大道理就有了一切，百战百胜、一本万利，而离开了这样的大道理就是雕虫小技，就是本末倒置，就是玩物丧志。中国古代的哲学家尝试过建立一种以一个简单明快的纲统率全体的理论体系的努力。《大学》把治国平天下的大问题归结为正心诚意的个人修养，把研讨学问的根本归结为"知止"，实是一个精彩的伪逻辑推导表演。即使在民间故事武侠小说里，也可以看到这种崇拜简明概括的窍门，认为抓住窍门一切便可迎刃而解的思维模式的影响——例如关于"点穴"的故事，找准了穴位便可置对手于死地，找准了穴位又可以起死回生。也许我们还可以不无根据地指出，这种大道理崇拜是长期以来中国科学研究、特别是分门别类的学科研究不发达的重要原因。人们拥挤在"治国平天下"的"道"上、"纲"上、"经"上，谁还去研究声光化电之类的"术"、"目"、"纬"呢！

在党的历史上，这种对一般规律、对矛盾的普遍性的崇拜与对特殊规律、对矛盾的特殊性的抹杀曾经一再造成灾难性的后果。这样，毛主席才在他的名著《矛盾论》里把"矛盾的特殊性"作为重点章节而大加论述。把非常复杂的形势、非常复杂的任务概括成"若干字真言"的方法也源远流长，于林彪而尤烈。这实际反映了我们的文化、教育、哲学特别是逻辑学的不发达状态，也反映了一种思想懒惰状态与取巧心理。

四

我在另一篇小说里曾经写到有些人爱讲"句句是真理的套话与句句是套话的真理"。人们不爱听千篇一律的套话，但套话总是能讲得头头是道、气宇轩昂，就是因为套话与真理可以相通。如说"形势大好，越来越好"，这是套话，却也可能是真理。除了少数情况下这样讲乃系自欺欺人（仍可以自保保人）之外，许多情况下这样讲是对的，而且这样讲具备一种政治优势，即讲的人是充满乐观主义、决心信心的，不这样讲的人却有可能被指责为忠诚性可疑。

真理转化为套话，这实是人类认识运动中的一个悲剧性现象。古往今来，有多少学说乃至宗教教义，在它们最初被提出的时候，充满了创造精神与挑战精神，富有活力，令人耳目一新，具有强大的吸引力。而后，越是在这种学说取得胜利、取得统治地位之后，它越容易变成一套僵硬的模式，对这种学说的崇敬和研究，越容易变成一套真真假假的程序，到这时，真理就成了令人生厌的套话了。

真理和套话可以承认同一个命题，例如形势大好，水是饮料之本之类。二者的区别在于前者是发展的，后者只会重复。前者不但不排斥、不取代一切具体内容，而且时时根据具体内容的发展变化而发展变化自己，后者则只承认普遍性的框架，视一切具体内容为对总体框架的侵犯或威胁。

套话渐渐变成了废话，丧失了现实性与针对性。离开了特殊性的一般性，离开了具体性的概括性，离开了现象的本质，这样的"大道理"讲起来万无一失却也毫无意义。然后把这种"大道理"变成排斥一切具体认识的"唯一"，这样，便抽尽了原本是很有创见的大道理的全部生机。我确实还不知道有什么办法比这种办法更能糟踏真理。

林彪说马列主义无非就是"那么几条"，说有了这几条就"够用"了，本世纪够用、下一个世纪也够用了，说学"语录"是学马列主义的"捷径"，说学毛主席著作是"一本万利"。凡此种种，都不是无根之木，无源之水，都与特定的社会条件、文化心态、思维方式有关。捷径啊，够用啊，就那么几条啊，一本万利啊，都是源远流长的思想方法。林彪的"可爱"，林彪的聪明与林彪的愚蠢在于他说透了说穿了这套建立在半愚昧基础上、封建主义与自然经济基础上的思维模式。对林彪等的政治判决并不能代替对林彪认识模式的科学研究，研究一下，大有益处，大有营养。

五

思考一下马克思主义在中国的命运确实是发人深省。在旧中国，反动派和愚昧者视马克思主义为洪水猛兽、妖魔蛇蝎，对马克思主义又恨又怕。而进步人士视马克思主义为驱散历史的与文化的迷雾的光照，人们为了追求洋溢着异端、禁果的特殊魅力的马克思主义而不惜抛头颅、洒热血。马克思主义在中国传播、扎根、被认识、被接受的过程，不仅是革命史上的光辉的一页，而且是人类认识史上的极为壮丽的一页！

至今仍有一些友善的海外华人、港澳同胞，表示对我国挂"外国人"（指马、恩等）的像不舒服。可见我国的共产党人、进步人士在接受国外先进思想文化方面，曾经是多么英勇无畏，突破性的迈步有多大！中国人而奉德国（其中一个是犹太裔）的马、恩为导师，何其大胆也！

中国革命的胜利理所当然的是马克思主义的胜利。解放初期广大人民和知识分子如饥似渴地学习革命理论，个个觉得豁然贯通、心明眼亮，朝闻道而夕成新人，种种情景，至今记忆犹新。

从此马克思主义从异端变为正统，从名声可疑变为无尚光荣，从少数人窃得的"普罗米修斯之火"变成家家必备、户户得有的灯烛炉灶。马克思主义者的称号更变成了殊荣，生前为得到这样一个称号而奋斗，死后如得此"册封"，也是万分光辉。学校的政治课讲马克思主义，机关团体厂矿以至农村的政治学习学马克思主义，所有的报刊、出版物都宣传马克思主义，广播、电视、电影也都宣讲马克思主义。无产阶级的政权发挥了巨大的威力，马克思主义在中国获得了空前的大普及。与此同时，反马克思主义成了严重的罪行，对某人"违背了马克思主义"的指责成了政治上置人于不名誉地位直至死地的同义语。

普及是大好事，马克思主义与中国亿万群众的结合产生了巨大的物质力量，改变了中国的面貌也改变了世界历史的进程。但正像一切思想文化成果一样，其普及化并非一点也不付出代价。理论改造群众的同时也必然会接受群众的改造，理论掌握了一个民族的时候也必然会接受这个民族的改造，包括正面的与非正面的改造。群众接受某种新兴的理论的同时必然有意无意地要把自己的长期积淀的文化心理、价值标准乃至种种局限性、种种"集体无意识"塞进去。正统化、"一统化"、普及化、通俗化、流行化的代价常常是时髦化、浅薄化（皮毛化和庸俗化）、程式化和僵硬化。一首歌曲的普及有这种情形，一种新的科学技术的普及有这种情形，一种理论思想的普及——不幸——也有这种情形。

几十年来，特别是当"左"的错误占统治地位的时期，在正直的人们认真学习和实行马克思主义的同时，有人把马克思主义变成装潢门面的大旗，有人把马克思主义变成打人的石头，有人把马克思主义变成怎么都有理的诡辩术，有人把马克思主义变成防备政治风云中失足的救生圈。作为此类现象的反动，如今在一些年轻人中又出现了羞于学习马克思主义的冷淡、厌倦态度。只是由于十一届三中全会以来党中央及全党、全体爱国人民的集体智慧及实践，才挽回了马克思主义在中国被糟踏被庸俗化的颓势，才焕发了马克思主义在中国的新的活力。

历史是最好的教师。正像中国革命的胜利是马克思主义的一曲凯歌一样，社会主义中国所走过的曲折的道路也向马克思主义提供了全新的经验、问题和挑战。抚今思昔，回顾一下无产阶级政党取得政权后运用政权力量组织力量与舆论力量推行马克思主义的成败得失，考虑一下如何运用新的历史经验与新的科学成果丰富与更新马克思主义，使马克思主义与我们的社会主义事业一道取得更大的发展，实是一个紧迫的、重大的而又实实在在的任务。

六

关于马克思主义的三个来源与三个组成部分的提法，虽然不能说是绝对完备的（最近我国便有论者著文，称马克思主义的来源远远不只三个），仍是迄今为止对马克思主义的一个最好的、相当完全又十分简要明白的说明。

毛主席曾经强调马克思主义是一种立场、观点、方法，即无产阶级的立场、唯物主义的观点和辩证的方法。这种说法虽然失之简略，仍然是意义重大的"有的放矢"。它打到了"言必称希腊"的教条主义的要害上。"立场、观点、方法说"的精髓在于它不把马克思主义看做现成的结论、先验的药方（像教条主义所主张、所实行的那样），立场、观点、方法的正确开辟了认识真理的道路，然而它只是认识真理的开端，而不是认识真理的完成，更不是真理的全过程。

毛主席还有一个很有名的说法，叫作"马克思主义的道理千条万绪，归根结底就是一句话：造反有理"。尽管像任何通俗化的简明语言一样，"造反有理"的说法更加失之粗疏（而且这个说法受到过"文化大革命"、"红卫兵"运动的利用，因而变得名声不佳），但这仍然是一个极通俗极鲜明的概括。马克思主义不是书斋的理论而是革命的理论、革命的学说，革命（主要指资本主义条件下的无产阶级革命）是这个学说所要研究的主要对象与核心问题。就是说，它运用辩证唯物主义与历史唯物主义的观点方法，分析了人类社会特别是阶级社会又特别是资本主义社会的基本结构、主要矛盾、发展规律与趋势，得出了无产阶级革命不可避免、社会主义——共产主义一定要实现的科学的、对于人们在当今世界的社会实践具有根本性指导意义的结论。

所有的这些说法，都有一个共同点，即指出马克思主义是有自己的特定的对象、特定的内容、特定的重点、特定的针对性的。马克思主义不是一个无所不包的、无边无际的学问。

七

马克思主义是一个郑重的、科学的体系，是一个完整的、开放的与发展中的系统。对这个理论的把握应该从整体、从系统、从根本上来入手。不能设想，马、恩的每一句话、每一个个别命题都是马克思主义的不可或缺的组成部分。任何个别命题，都必须从它在整个理论体系中的地位和作用，从它与马克思主义的根本原理，从它与其他多种命题的关系来考察，判断哪些是马克思主义的有机组成部分，哪些是马、恩的个人意见、个人爱好、个人性格的流露。

这里，区分一下马克思、恩格斯生前正式发表的著作与由后人代为发表的手稿、笔记、书信、家书、日记并不是没有意义的。任何具有起码的版权观念、著作观念与科学研究观念的人都不难理解，马、恩只能对他们正式发表的著作负责。和任何郑重的学者一样，马、恩对发表自己的著作抱着极严肃认真的态度，《资本论》的写作、出版与重印过程清楚地说明了这一点。任何郑重的学者，他的一种理论、一种学说、一个科学命题，从提出到完成，从不完善到完善，从不准确不全面到比较准确全面，从初步构想（假说）到相对比较成熟的论断，都有一个发展的过程，探索的过程，搜集材料、反复论辩论证的过程，有时还是一个曲折的、坎坷的过程，马、恩也并不例外。如果设想马、恩是生就的马克思主义者，如果设想"既然马、恩创建了马克思主义所以他们的一切言语行止都等于马克思主义本身"，那实在只能是关于超人的神话。

当然，所有马、恩的手稿笔记信函日记，都是研究马、恩学说和马、恩生平活动的珍贵资料。而且，完全有可能，经过时间的冲刷，马、恩的某个生前未正式发表过的论断愈来愈显现出耀眼的光辉，而被马克思主义的门徒公认为是马克思主义的一个重要内容。所有这些可能性都需要分析，需要论证，需要辩驳，因而它们并不具备某种先验的真理属性，或曰经典属性。

八

马克思主义是革命的学说，革命是激动人心的事业，特别对于呻吟在剥削压迫下的无产阶级人民大众来说，马克思主义不仅是一种严密的科学，而且是一面令人热血沸腾的光辉夺目而令剥削阶级胆寒的旗帜。人们是怀着巨大的、常常是神圣的革命激情来接受马克思主义的。可以说，这正是马克思主义与一切书斋学说的一个不同之点。

但激情毕竟不就是科学。在任何重大的实践活动中，类似信仰主义的激情都是不可避免的，有时还是必要的，但信仰主义很容易导致教条主义、先验论和个人崇拜。例如时至今日，仍然有人热衷于用查书的方法，用找引文的办法来解决日新月异的生活中的新问题。关于我国农村经济搞活后的雇工问题，有的人企图用查找马克思的书、用马克思说过"雇工 × 名以下不算剥削"做制定政策和解释政策的依据。这实在是一种本本主义的喜剧。说老实话，马克思这样说过也好，没有这样说过也好，究竟有什么大不了的呢？难道建设具有中国特色的社会主义的主体不是 20 世纪 80 年代的中国人民，而是 100 多年前写成的某一本书吗？

与教条化同时，还存在着把马克思主义普泛化与实用化的现象。普泛化，就是把马克思主义当作一切真理、一切科学（至少是一切社会科学）、一切常识、一切政治的与个人的美德、一切聪明智慧、一切成功胜算的同义语。例如有的著名学者提出了"马克思主义科学"的概念，并要把中医（蒙医、藏医）之属包括进去。再例如，马克思主义、辩证唯物主义绝对地要求我们实事求是地、摒弃一切主观妄想地思考问题与处理问题，这样说是不错的。那么，能不能说一切比较务实的说法做法都是马克思主义呢？这样说就太宽泛无边了。古往今来，凡是神经正常的人总要根据实际情况办点事情的。饿了要吃饭，病了要吃药，败了要改弦更张或重整旗鼓或举手认输，一种假说要通过科学实验来检验，许多人都会这样做的，但他们未必接受过或肯于接受起码的马克思主义。马克思主义并非包罗万象。

反过来，能否说一切不慎重，一切冒失行为，一切急躁行为都是违背了马克思主义呢？这样的上纲上线的分析貌似头头是道，却也嫌简单化、空泛化因而实际上没有什么意义。事实上，决定一个思想的得失、一件事情的成败的因素很多，有各种客观条件与主观条件的制约。主观条件不仅包括理论修养，也包括文化知识水平、心理性格素质、乃至种种生理的特性。认为理论上解决了问题就能解决一切问题实际只是一种幻想。马克思主义的根本道理与根本要求大有助于建立一种比较好的思想方法、工作方法、思想作风、工作作风，或者说是有助于树立一种好的学风，但绝对不能保证你立即得到预期的成果，也不能做到代替你克服一切方面（包括生理与心理方面）的局限性。

实用化就更糟，原意或可称善良纯朴，自以为是在忠诚地实践马克思主义。于是冻结物价说是根据马克思主义，调整物价也是根据马克思主义。取消自留地或限制自留地说是根据马克思主义，扩大自留地或包产到户也是马克思主义。把一个人定成什么什么分子说是根据马克思主义（阶级斗争嘛），给一个人平反恢复名誉还是马克思主义（实事求是嘛）……如此这般，直至用马克思主义（的哲学）治疟疾，用马克思主义指导打乒乓球和卖菜卖瓜，这一类的"活学活用"、"讲用"，究竟是理论的胜利、科学的胜利还是诡辩的胜利、乃至耍贫嘴的胜利呢？

九

我们常常碰到一个复杂的状况，当马克思主义作为定语而不是作为主语或者宾语与某种学科体系联结起来的时候，它就产生了一种不容置疑的先验的权威意味。例如，马克思主义哲学、马克思主义经济学、马克思主义文艺学、马克思主义美学、马克思主义法学、马克思主义史学……等，我们应该怎么样研究和接受这些马克思主义或自称马克思主义的学科研究呢？

第一，既然马克思主义揭示了人类社会发展的根本规律，革命的根本规律，这样的大道理、这样的立场、观点、方法必然会影响一系列学科研究、推进一系列学科研究，乃至促成一系列学科研究的革命性进展。这个意思，就叫作"指导我们思想的理论基础是马克思列宁主义"。

第二，马克思主义学科研究的最大优势在于，它善于把学科对象放在社会发展的全局、历史发展的全局当中做宏观的考察，较易于抓住根本，抓住要害，抓住"牛鼻子"。例如以马克思主义的观点评价《红楼梦》，较易理解《红楼梦》的背景、内涵和价值，在这一点上，确实优于一般所谓"红学"的琐碎考证，这是一个事实。

但同时也存在另一种可能性，另一种事实不容我们忽视。即某个自封的而且妄自尊大的人，满足于用马克思主义一般规律的推演和重复，用一般规律的自我循环，代替对一门具体学科对象的把握、考察和研究，因而使自己的研究流于空泛的老生常谈，反而不如一些具体实在的研究更扎实和有新意。

第三，大道理与小道理，普遍性与特殊性，纲与目。马克思主义与学科研究的关系其实是双向的。大道理指导小道理，小道理丰富大道理。大道理的革命引起小道理的革命，小道理的突破也会影响大道理的更新（例如考古上的一个或一些新发现会影响历史的写法乃至关于这段历史的理论）。马克思主义有助于从宏观方面把握研究的方向，具体的学科研究成果有助于以具体切实的认识成果丰富和发展马克思主义。人们认识真理的过程，既包含着认识大道理、认识森林的过程，也包含着认识小道理、认识树木的过程。只见树木，不见森林，固然是一种可悲的短视，只知森林，不知树木也是一种可悲的大而无当。

有至少两种情况。主要矛盾解决了次要矛盾便迎刃而解，大道理搞通了一通百通，叫作纲举目张。但也有另一种情况，主要矛盾解决了次要矛盾却没有解决好，以至次要矛盾上升为主要矛盾；大道理通了小道理仍然疑难重重；纲举了半天目就是不张。这后一种情况，往往比前一种情况还普遍。这样，我们就无权笼统地轻视一切小道理。

第四，马克思主义的学科研究，至少要区分一下两种或两种以上的情况。马克思主义哲学、政治经济学，这是构成马克思主义的主干的组成部分，是马克思、恩格斯所创建的学科体系。文艺学、美学等，则不能说是马克思主义的主干的组成部分，马、恩生前无意对文艺学、美学进行专门的学科研究，创建全新的学科体系，他们的一些对文艺问题、美的问题的重要的、很有价值的见解，许多都不是作为专著发表的，而是散见于论述不同题目的著作或非正式著作（如信函）中。马克思主义文艺学，主要是由后人们，由马克思主义的门徒们搜集、整理、阐述、发挥、发展而成，苏联人在这方面做的事情最多。

　　第五，即使前一种马克思主义学科，也不能代替囊括某种学科的知识的全部。例如哲学，不但要概括社会科学的重要成果也要概括自然科学的重要成果，但我们不能轻易断言马克思主义已经或必将囊括自然科学乃至社会科学的一切成果。例如思维科学是哲学的重要组成部分，思维科学与数学关系十分密切，但即使最最热衷于马克思主义理论研究的人也没有提出过"马克思主义数学"的妄想范畴。那么，马克思主义的思维科学并不能取代思维科学的全部，马克思主义哲学研究虽解决了哲学的最根本的问题，但也不能取代科学的哲学的全部。

　　文艺学美学之类更是如此。在文艺学、美学的总的范畴下面，还有许多分支学科，诸如创作心理学、接受美学、文体学、（文学）语言学、风格学、（文学）版本学、（文学）书目学、诗韵学、和声学、构图学、建筑美学、园林美学、工艺美学、音乐美学、舞蹈美学、摄影美学以及对于各种文艺对象文艺创作家的史的研究，这些大多都难以包括在马克思主义文艺学、马克思主义美学的范畴之内。难道所有这些分支学科都可以概括区分为马克思主义的、非马克思主义的、反马克思主义的吗？

　　过去有过一个被奉为经典的说法：马克思主义只能包括而不能代替现实主义。不能代替，很对，因为至今代替论、用马克思主义关于社会的一般规律代替文学艺术的特殊规律的想法仍然具有一种既简便又优越伟大的"一本万利"的魅力。那么是不是能包括呢？也很难。不要说世界上有各种各样的现实主义，现实主义有各种各样的日新月异的分化和发展，就是一个革命作家、共产主义者的作家的现实主义，也是他的差不多全部人格、经历、特有的个人的感知世界、把握世界与表述世界的方式，以及他特有的文化教养训练的产物，而绝不仅仅是某种理论、某种世界观的延伸。一个接受了马克思主义的基本观点与理论体系的作家，不等于自行接受了现实主义的创作方法。作家对于创作方法的选择、对于现实主义或别的什么主义的选择，是一个独特的、生气勃勃而又常常是左冲右突、千回百转的过程。马克思主义与文艺学、与现实主义的关系，绝不是一个简单的、形式逻辑的三段论法就能论证清楚的演绎关系。

第六，这就是说，我们不能用马克思主义的一般原理取代各种学科研究，我们不能因为一些学科研究的课题不属于马克思的学说的范围或未曾经过马克思、恩格斯的论证便认为这种研究方向有问题、"背离了"马克思主义，不能用大道理、牛鼻子扼杀一切"小"道理、一切牛耳朵牛尾巴。回想一下我们把社会学、心理学斥之为"资产阶级的"而连根拔除的做法，回想一下我们只重视史论而轻视史料考证或者使史料服从于先验的结论的做法，以及文艺学领域中轻视艺术的专门研究，至今仍存在的轻视对于艺术形式、艺术技巧的研究的做法，难道我们不能够学得更聪明一些吗？

这里有种种不同的情况。有的学科研究（如哲学、政治经济学的某些研究），直接涉及马克思主义的根本原理。有的学科研究（如文艺学的某些课题），马克思主义的观点对其有巨大的指导作用，有大的影响，如像鲁迅所说的，马克思主义的文艺批评，比较"明快"。还有大量的学科研究，与马克思主义原理不发生太直接的关系。从道理上，马克思主义的世界观对一切学者都有指导意义，我们完全有理由提倡人们去这样做。从学科研究本身来说，"指导"的成败得失，还有待总结回顾。特别是自然科学，至今比较缺乏自觉地用马克思主义指导研究的成功经验。承认这个事实，丝毫不会使马克思主义者感到尴尬。马克思主义的"有效半径"、它所取得的成功和深远影响，已经是超出一切别的学说主义之上了。在指导学科研究方面，我们采取一种慎重的、郑重的、尊重事实的（非想当然的、非大吹大擂的）态度，比较符合马克思主义的学风，比较有利于各项学科研究，也有利于马克思主义。

这就是说，我们承认马克思主义之外的学科研究，这种研究有成果也谈不上坚持马克思主义，同样有谬误也谈不上背离马克思主义。这种研究可以是郑重的也可能是粗疏的，可以是有价值的也可以是无聊的，可以是貌似烦琐无聊实际上仍有一定价值的，也可以是貌似洋洋大观意义重大而实际上空空洞洞的。我们判断一种学科研究的成败得失可以用许多标准，而不是只用是否符合马克思主义一种标准。人的日常生活吃喝拉撒睡也有成败得失，难道也要动用马克思主义的大道理去判明是非吗？

这里举一个有点尖锐的例子。长期以来的"红学"，研究《红楼梦》的版本、曹雪芹的家世以及对《红楼梦》一书中文字、结构、描写上的隐晦部分（谜语性部分）的破译，形成了一套独特的知识体系直至趣味风雅，这种研究方法研究趣味不能说与中国封建社会文人的精神状态、缺乏现代科学方法训练的状态无关。有人指出在旧社会，这种研究曾被少数人当做规劝青年不要走向马克思主义、不要去革命的工具。但这些传统红学研究所取得的知识性趣味性成果本身是无罪的。这种研究方法本身，也不包括注定为反动阶级服务的内在必然性。马克思主义的《红楼梦》研究能够宏观地揭示这部书和书中思想、人物的社会意义，这当然是一个重要的收获。从长远来说，却不需要用后一种研究完全彻底地批判否定前一种研究。尽管我们对前一种研究的价值可以抱程度不同的看法，但我们无法用对于《红楼梦》出现的社会背景、阶级背景与文化背景的研究取代对于《红楼梦》的版本的研究，我们无法用对于宝玉黛玉多少反映了新兴的市民阶级的个性解放意识的论断代替对于作品中的一些暗语隐语的分析，更不要说代替对曹雪芹的研究了。如果只有传统红学而没有新的《红楼梦》研究，也许我们会觉得琐细太过、言不及义。如果否定掉一切传统红学而只去做这些阶级性、思想性、社会性的大断语，同样也会有一种"隔"的感觉，即离开了《红楼梦》这部小说的许多特殊性，抛弃了许多具体有用或虽无大用仍颇有兴味的知识。比较明智的做法，还是不要把二者弄成有你无我的阶级斗争关系为好。既雕龙，又雕虫，大材大用，小材小用，有何不可？

第七，简言之，马克思主义与各学科研究，可以是指导与被指导乃至决定与被决定的关系，也可以是一种相互补充、相互丰富的关系，也可以是一种并行不悖、至少在一段时间内并行不悖或无大悖的关系。一个生活在今天的社会主义中国的学者当然应该认真学习领会研究马克思主义。一个自命马克思主义者的人，也应该学习和尊重各种具体的学科研究，不要老把自己摆在一个先验地纠正别人的地位。

只有解决了这个问题，百家争鸣的局面才会真正成为现实。争鸣当中有一方指责对手违背了马克思主义的时候，被指责者无法不感到受到了政治压力，无法不紧张地联想到种种怵目惊心的史实，这样，争鸣就有变成陷阱的危险，这样，争鸣也就完结了。尽管这种紧张有太过的情况乃至有真真假假的情况，不摆脱这种紧张就无法解放学科研究，就无法解放我们的求知能力，就无法实现学科研究的正常化，也就无法实现马克思主义研究的正常化。

第八，与此同时，我们也不赞成任何学科研究的夸大狂，即用学科研究的某些范畴、命题取代马克思主义的根本原理。长期闭关后的开放，难免会在积极汲取新知识新科学成果的大潮中出现赶时髦的浪头，出现一些缺乏根底的匆忙宣告与哗众取宠的不惭大言，这是不足为奇的。问题在于我们不要人云亦云，随声附和。例如把自然科学的"三论"、"新三论"方法引入文艺学的学科研究，我们完全可以进行这样的尝试，不必急于用马克思主义的一般原理去排除之。但我们也不能同意用"几论"取代、排斥辩证唯物主义与历史唯物主义的企图。这种企图只能是一种新式的教条主义，老式的找捷径、一本万利的观念的新表现。

第九，那么马克思主义的研究本身，是不是一种学科研究呢？回答首先是肯定的。马克思主义也是一门科学，研究这门科学和研究任何其他学科一样，需要一定的知识准备，需要掌握大量的材料，需要进行基本观点、基本知识、基本技能技巧的训练，需要下苦功夫，需要人们作出创造性的发挥和贡献，而且需要在论证、评价、阐释、发挥、发展马克思主义科学方面，同样实行百花齐放、百家争鸣的方针，同样实行创作自由、学术自由、讨论自由与批评自由的方针，没有这个方针，马克思主义的研究就活不起来。

研究马克思主义是不是一定比研究别的学科更高明呢？不一定。这里研究与研究的对象并不总是一回事。作为研究的对象，马克思主义确实比一般其他学科更富有概括性和普遍的指导意义，更比其他的主义、其他的学派要正确得多，但是对象的高明并不能决定研究的高明，对象的正确也并不能决定研究的正确。例如数学比有机化学更具有普遍的规范性，我们能因此断言研究数学比研究有机化学一定更有意义吗？例如唐诗比宋诗整个说来要高明一些，我们能因此断言研究唐诗就比研究宋、元、明、清的诗乃至研究五四以后的新诗更高明吗？对于伟大的马克思主义的研究，也未必都注定是伟大的。纯书斋的研究，寻章摘句的研究，唯书的研究，背诵式的研究，只夸好箭、就是无的可射的研究，就都是不怎么伟大的研究，不但是不伟大的研究，而且是不怎么马克思主义的研究。研究得平庸呆木，光靠借马克思的"仙气"，是成就不了这种研究的名声的。

第十，我们同时又要说，马克思主义研究又与许多一般的学科研究不同，就是说，马克思主义不是一门一般的学科。它的政治性，它的党性，它的实践性，它的指导思想的理论基础地位都使它与一般学科有所不同。特别是，我们都知道马克思主义是我们党的指导思想，而中国共产党是领导着十亿人口的大国的执政党。对马克思主义的任何解释评价，都牵连着党的神经，十亿人的神经，全世界许多关注中国的情况的人的神经。因此，这里，对于马克思主义的在实践中的发展，主要是通过党的集体努力来实现的。我们不可能不对研究马克思主义抱着更为严肃郑重的态度。

当然，党的智慧又是来自人民、包括来自各方面的专门家的。我们需要更多更好的马克思主义学者，我们的马克思主义（本身的）学科研究亟须提高到新的水平，与党的建设具有中国特色的社会主义的事业的发展相适应的水平，这方面的专门家大有可为。这里，任何忽视或者鄙薄马克思主义研究的想法和做法，任何仅仅把马克思主义视为各种学派之一种的说法，如果不是糊涂的想入非非，也是极端的幼稚。

+

作为马克思主义者，当然只能用马克思主义的态度对待马克思主义，而不能用例如信仰主义、永无谬误、不可逾越的认识论上的唯心论与绝对主义对待马克思主义。用非马克思主义的态度对待马克思主义，只能是非马克思主义。

马克思的学说有自己的重点，有自己的具体的对象，因而也有自己的规定性、自己的范围。

马克思主义在我国居于"指导思想的理论基础"的崇高地位，这种地位不是靠命令、也不是靠行政力量建立的，而是由于它经受了实践的检验。同样，这种地位本身并不能证明这种学说的真理性，马克思主义的各个理论命题，还必须继续与随时接受实践的检验包括一些学科研究的检验，从中汲取营养，得到坚持、丰富、修正、发展和更新。

我们根据对马克思主义的了解，根据中国人民与世界人民的历史实践经验，也根据我们对于各种学科知识的了解，我们认为马克思主义的根本原理是正确的，是经得住实践检验的，过去经得住，今后长期也经得住的。但是这一切都需要我们不断地做出新的发挥、论证与总结，需要我们不断地表现出马克思主义的创造能力与开拓能力。不能用对马克思主义的崇高地位的确认代替对马克思主义的真理性的科学的永无止境的论证。同样，不能仅仅用背离马克思主义的某个命题作为指责别人为谬误的先验论据。如果你不能以事实为根据、以学科研究的最新成果为依据、以颠扑不破的逻辑论辩为依据驳倒某种论点，而只停留在通过查对指出对方的论点不符合现成的马克思主义的某个命题上，那么，客观上你未必能从认识论上贬损对方的论点，却极可能贬损了马克思主义。

每一代人都有自己认识真理的过程，上一代人可以传授，却无法取代这个过程。正像上一代人作为爱情和婚姻的过来人的清醒未必十分有助于淡化正在热恋中的年轻人的狂热一样。我们不能要求现在的年轻人省略过程心服口服地只接受马克思主义的结论。上一代人是在严峻的阶级斗争、民族斗争、包括与各种反动学说理论所做的思想斗争中认识和选择接受马克思主义的。今天，我们不应该也无法人为地继续一种严峻斗争的局面，相反，我们进行革命的目的，正是为了创造一种如今天的安定团结、开放改革、民主和谐、集中精力搞现代化的新局面。今天的青年则只能在这种新的局面下边，经过比较选择，来逐步认识和接受马克思主义。他们选择接受马克思主义的过程不可能与他们的父兄完全相同。而且，最终总会有相当的人不接受马克思主义。这里，任何急躁的做法，强加于人的做法，只能引起更糟的逆反心理。不加论证地以"违背马克思主义"作为指责的武器，往往只能引起人们特别是年轻人对发出指责者的反感，甚至引起对这种不怎么高明的所谓"马克思主义"的反感，道理就在这里。

那么，看到了确实是违背马克思主义的东西怎么办呢？最有力的武器还是具体分析。既然实践是检验真理的唯一标准，那么实践也就是鉴别谬误的唯一的起码是最重要的标准。批评一种观点，与其只指出其违背了哪一书哪一条，不如指出它如何经不住实践的检验，经不住学科研究的检验。

十一

还有一个被一些人习惯地接受了的说法，叫作"马克思主义的语言"。记得 1957 年批判一位喜欢讲"友谊"讲"良心"的文人的时候，人们指出他讲的"不是马克思主义的语言"。近年来对于一些没有讲思想倾向没有讲典型环境中的典型人物的文论，也有这种"不用马克思主义语言"的指责性的议论。

马克思主义的术语，作为一批郑重的科学概念、科学范畴诸如基础、上层建筑、剩余价值、阶级斗争、无产阶级、资产阶级、革命……当然是有必要加以认真学习和钻研的。掌握这些科学的概念，有助于我们正确地概括许多事物的本质。想甩掉这些语言以炫耀自己的"知识更新"，常常只是一种"赶时髦"的缺乏根底的幼稚病。但我们并不能由此认为马克思主义是一套特殊术语的产物，不能用词汇来判断理论属性更不要说用词汇来判断真伪正误了，我们不能认为这些术语已经"够用"，已经可以用来表述各种对象各种学科，而凡是超出这一定范围的语词便意味着思想理论上的可疑的背离。很长一段时期，我们的理论文章包括文艺理论文章，与其说是用词过于庞杂，不如说是用词用语过于单调。我早就有过一个念头，用电子计算机把某些人的文艺评论"研究"一下，常用词不会超过一百五十个的，而且不论评谁的作品都是那几个词。近年来，情况变化了一点，有从"单调"变成"双调"的趋势，即又加上了一套颇带几分生吞活剥色彩的、多半是经过港台转手引进的洋名词。

当然，语言只是工具，是符号，"单调名词"与"双调名词"本身无罪，我无意贬低这些词的使用，更无意借此以偏概全地贬损一切文艺评论。对文艺评论的成果，我早有多次的肯定。我只是说，一个写作者、一个理论家、一个学科研究者需要掌握的语言是很多的。事实上，各民族有各民族的语言，各学科有各学科的术语，各学派也有各学派的术语，各行业、各时代时期、各种人物运用语言都会有自己的特点风格，这一切都可以为我所用。大家努力模仿一种语调语气直至只使用某种词语系列，既是语言贫乏的表现，也是思想贫乏的表现。请看毛主席，他的讲话、文章里是多么少用那种马、恩、列原著中的术语，多么善于广泛应用富有中国气派、中国文化传统和极富他的个人的自由不羁的风格的语言啊。西方有的研究家声称他的著作引用马克思的话还没有引用中国老书（包括孔、孟）上的话多，我不知道这是否经过准确的统计，我也不能对这种说法的背后用心毫无保留地赞成，但他确实指出了一个事实，作为了不起的中国的马克思主义者的毛泽东，从来没有让自己的思想、让自己的表述手段受什么什么语言的限制，从来没有照搬或者模仿过哪一种洋教条、党八股，毛泽东的文风的最大的特点是自由解放，说自己想说的话。

一个真正的马克思主义者应该是活的马克思主义者，善于用活的语言——从生活中、从实践中、从人民大众及民族的文化传统中汲取语言，同样也从各种日新月异的学科研究成果中汲取语言。

其实目前我国一些人士习以为常的文艺评论的所谓"马克思主义语言"，直接来自马、恩的并不多，大都来自苏联。苏联的文艺评论，又有一大部分是师承以"车、别、杜"为代表的革命民主主义者的。我们大可以不必亦步亦趋、不敢越雷池一步。当然，也不必努力使自己的语言向英语或向港台文章靠拢。

如果说理论属性并不直接是检验真理与鉴别谬误的标准，语言或术语归属，就更不是检验与鉴别的标准了。解放思想当然包括解放语言。赶时髦的语言与其说是开放的结果不如说是封闭的反动。有开放才有选择，有选择才有真实的、活生生的马克思主义，也才有各种有价值的学科研究。

十二

追求真理的道路是多种多样的，不存在追求真理的唯一的与笔直的长安大街。很少有人是因为从出生便系统地接受马克思主义的理论传授而成为马克思主义者的。相反，倒是有多得多的人既接触马克思主义也接触别的思想、文化、风俗、价值标准、行为规范，尤其是，接触实际，随时接受现实生活实践的挑战、压迫、启示、鼓舞，随时回答现实生活提出的各种问题。这种回答多数情况下并不是经过周密的论证推演，按照一个完整统一的大道理来制定的，相反，倒多半是来自实践的需要，来自尚未组合升华为理论体系的各种实践经验，来自功利的有时是本能的考虑。同时，人们随着自己的职业和专业，必定会接受各种各样有用的学科知识，这些学科知识的积累，提高着、开阔着人们的思想境界与知识视野。在这种情况下，人们逐渐觉悟到，马克思主义最能回答生活实践提出的严峻的问题，马克思主义最能代表民族的利益、人民的利益，马克思主义最符合科学的潮流，这样，人们才选择了马克思主义。

一个人下了决心接受某种哲学某种世界观某种大道理也不等于从今以后他的诸种言行便都是这种大道理推导的结果。不止一个有名的人物有自己的行为与自己终生追求信奉的大道理不一致的情况。与其说这是"理论与实践"相分离的后果，不如考虑一下是否一切实践都是理论推导或规范的结果？例如饮食男女，与其说是"人性论"或"个人主义"的后果，不如说是"人性"或"个人"的本能。"人欲"不是什么理论，"存天理、灭人欲"才是一种理论。

总之，不论多么伟大多么重要的理论，我们无法靠它自身的推导来解决一切问题，无法只靠它自身的推导与宣传使人们接受它。人民是理论的主人，理论为人民所用。生活是理论的母亲，理论为生活所塑造。实践是理论的根基，理论随实践而发展。如果反过来，让理论主宰人民命运、裁判生活，那就太没有出息了。还理论以理论的面目，还多种多样的学科研究以学科研究的地位，还生活以生活的生命力，我们的理论才会真正地光辉起来，生动活泼起来，可亲可爱起来。走在这样一条或几条路上当然有失误的可能，但只有这样才能通向真实的与真正的理论，而不是通向一个人为的光环。

关于举办中国艺术节的请示报告 *

（1986 年 11 月 10 日）

中宣部朱厚泽同志：

这几年，文化部每年都举办多起全国性的文艺调演、汇演和比赛，比如今年举办的有第二届全国舞蹈比赛、全国民间音乐舞蹈比赛、全国曲艺新曲（节）目比赛、全国杂技比赛分期预选赛、第二届北京合唱节等。举办这些活动，对于促进艺术创作的繁荣和发展是有利的，但也存在着过多运用行政手段，不能很好地反映艺术规律和艺术活动的群众性的缺点。从改革的要求出发，我们准备每两年举办一届中国艺术节，每届艺术节对某些艺术形式或题材、体裁有所侧重，并逐步形成制度，以此来代替举办各种全国性的调演、汇演和比赛。这不仅可以节省大量的人力、物力和财力，而且有利于集中优势力量，把艺术节办成确能代表我国最高水平的艺术竞赛活动。从我们了解的情况看，许多国家和国内的许多地方都举办过艺术节，这种形式对于振奋民族精神，振兴艺术事业，活跃群众文化生活，都起了相当积极的作用。

为了力求节俭和讲求实效，我们对举办第一届中国艺术节的方案进行了必要的调整：

---

　　*　本文摘自文化部档案。本报告写于 1986 年 11 月 10 日。王蒙时任中共中央委员、文化部部长、中国作家协会常务副主席。

第一，把举办第一届中国艺术节改为试办性质，时间从明年 6 月推迟到 9 月，为在 1989 年国庆 40 周年期间举办第二届中国艺术节提供可资借鉴的经验。

第二，为了缩小举办第一届中国艺术节的规模和范围，艺术节主要在北京举办，也不邀请外国的文艺团体参加；艺术节推出的剧（节）目，主要由在北京的文艺团体演出，不搞剧（节）目的层层上调。

第三，第一届中国艺术节推出的剧（节）目，要多安排到基层和农村去演出，更好地为广大群众服务，在这方面艺术节要起表率作用。

第四，举办第一届中国艺术节可少申请或不申请专项拨款，主要经费由文化部承担。

举办第一届中国艺术节的消息在报纸上发布后，国内外对此反映强烈，都认为是一件好事。因此，我们总的希望能在明年 9 月举办第一届中国艺术节，并希望能得到您的关心和支持，我们将扎扎实实地把艺术节办好。

附上国外举办艺术节的部分情况和文化部举办全国性的文艺调演、汇演和比赛的部分情况，供参考（如有必要，我们愿当面向您详细汇报有关情况）。

顺致

敬礼！

王　蒙

1986 年 11 月 10 日

现代文化与民族传统文化 *

(1986 年 11 月)

一　文化的若干属性，即观察文化现象的一些重要范畴

在我们观察和讨论文化现象时，必然会牵扯到文化的一些属性。文化的属性是多方面的，现提出如下一些范畴：

第一，文化的民族属性。有时还包括种族属性。种族属性比民族属性范围更宽一点。比如我们常说的黑人文化，黑人里有好多民族；有色人种的文化，就有黄种人、黑人的文化。正因为有这样一个不可忽视的、非常突出的民族属性，才使人类文化呈现出多彩多姿、缤纷绚丽、互相补充、互相竞争，有时也互相斗争、有所消长的状况。与文化史和民族属性有密切关系的，有种族属性，还有语言属性。从全世界范围来说，不同的民族有时也使用一种语言或者使用一个语言系统的语言。因此，不但有民族文化的提法，还有语言文化的提法。比如说突厥文化，我们知道突厥语族属于阿尔泰语系，它包含了土耳其、土库曼、乌兹别克、吉尔吉斯，还有维吾尔、哈萨克等等许多民族，它们的语言也属于

---

　　* 本文原载《群言》1986 年第 11 期，原文为王蒙在拉萨西藏自治区藏学会、宣传文化系统集会上的讲话。王蒙时任中共中央委员、文化部部长、中国作家协会常务副主席。

突厥语系，所以就有突厥文化。由于语言上的某些共同性，就形成了它们文化上的某些共同性。这是讲文化的民族性。

第二，文化的国家性。国家和民族既是相关的又是不完全相同的概念。有时一个民族分散在几个不同的国家；有时一个国家，特别是比较大的国家，往往包括着十个、二十个、几十个民族。由于一个国家在政治、军事、经济、外交、法律上的统一性，必然要影响这个国家的共同特点。比如说美国，它自己号称是民族的大熔炉，美国民族已经庞杂到了差不多包含了世界上所有民族的程度。因为美国是一个移民国家，除原始的印第安人已经被消灭得差不多了以外，都是后去的，都是外来户。英国人占数量较多，其次西班牙人，因为在发现美洲新大陆的时候，西班牙是一个海洋大国。美国许多城市的名字都是西班牙语。黑人在历史上曾受过非常残酷的奴役。从非洲去了大量的黑人，他们在那里定居，占的数量非常大。黑人的文化在美国占有突出的地位。我们所说的爵士乐、迪斯科，实际上都起源于黑人。在美国所有的大城市都有唐人街，唐人街就是中国城。这些不同的民族形成了一个共同的美国文化。所以，在讨论美国文化时，既要讨论它的民族性也要讨论它的国家性。比如说，所谓美国的生活方式，就是美国人创造出来的一种语言，它表明了文化的国家性，不局限于任何一个民族。另外，还有文化的地域性。我们最常用的两个概念，就是东方文明和西方文明。因为我们明显地看出它们有各自不同的走向，不同的特点。例如，在东方文明里的日本文明是最多接受西方文明的，尽管如此，日本人的很多风俗习惯还是东方的，而不是西方式的。从几个大洲来讲，可以讲亚洲的文明、欧洲的文明、拉美的文明、非洲的文明。在同一个国家、同一个民族，也都有它的地域性。

第三，文化的宗教性，包括某种文化的非宗教性。这是一个不可回避的问题。宗教现象和人类文化的现象有着紧密的关系，比如宇宙观。马克思主义者可以很简单地表明马克思主义的宇宙观与宗教的宇宙观是完全不相同的，甚至是截然对立的。但必须面对事实，宗教现象并不是作为一个简单的宇宙观存在于人类生活中，宗教现象实际是一个文化现象。它包含着道德、艺术、心理、哲学，甚至于科学、风俗习惯以及某一个民族的情感的凝聚。世界三大宗教都有自己的特点，伊斯兰教文明、佛教文明和基督教文明，他们在对待人生的态度上，对待非教徒的态度上，对待社会的进取、进步的态度上是不一样的。所以，在讨论或考察一种文明、一种文化现象时，要考虑到它与宗教的联系；在讨论到一种宗教时要考虑这个民族的民族心理、情感、风俗习惯和艺术。很多宗教是通过艺术手段来推广自己的宗教学说和表现自己的力量的。所以，从宇宙观上来说马克思主义学说没有什么办法同情和同意宗教，但作为一种文化现象，必须要科学地对待它。特别是在西藏，客观的现实是，马克思主义者必须和这些虔诚的佛教徒携起手来，团结起来，共同建设美好的家乡。

上述所说属性，大致上可以说是横的属性，与此同时还有文化的纵的属性，这里特别讲讲文化的时代性和社会性。文化，当它积累了自己的成果，凝结了自己的结构和形式以后，还要不断地变化。比如，中世纪文化在世界的各个地区、各个国家、各个民族中，有它某些共同的特点。而它最大的特点是推崇神权和君权，轻视人权和民权。文化的社会属性，在原始共产社会、奴隶社会、封建社会、社会主义社会，都会表现出某些不同来。社会属性并不是文化的唯一的属性，然而常常是极重要的属性。我们在具体讨论和观察一种文化现象时，既应考虑到它的横的属性，也要考虑到它的纵的属性。

除上述之外，文化还有一个重要的属性，那就是它的超越性和普遍性。就是说有这样一些文化现象和文化成果，它超出了地域、民族、语言、国家甚至时代的界限，而成为一种具有人类的某种普遍性的文化成果，在民间文学、建筑艺术、绘画及人们的行为规范上，都有不少这样的例子。在今天，甚至一些通俗文化现象，也具有世界性和普遍性。

二 现代化与文化

第一点，现代化的历史进程，是对传统文化的一大挑战、一大冲击、一大考验。传统文化对现代化同样正在做着有力的选择。简单地说，一方面，现代化要选择传统文化。有一部分传统文化和现代化历史进程互相违背得太厉害，但最终要在现代化的过程中淡化、消失或者改造，这是一个选择。另一方面，传统文化在选择着现代化道路。现代化的道路在各地区、各民族、各国家并不一样。如果现代化道路完全违背传统文化，现代化也可以在传统文化面前被粉碎、被吃掉。这两方面的可能性都应看到。所以，对传统文化的选择性，不能不实事求是地予以严肃的考虑，必须考虑现代化与传统文化的互相选择，要善于运用传统文化的积极因素、积极力量来推动现代化，也要善于通过现代化来发扬、改革、改造传统文化，这是一个很了不起的艺术，也是一个很了不起的科学。

第二点，现代化给文化带来了一些新的特点。从总体来说，人类走向现代化，这是历史发展的一个总趋势，是任何人不能长期违背的，可以在一个时期改变它，但从长期来说是无法改变的。五四时期，中国的新文化运动提出了两个口号，一个是民主，一个是科学，这两个口号在今天仍然是适用的。这个历史任务，今天我们仍在继续完成。首先说科学精神。现代化文化的科学精神，第一尊重理性，第二尊重实践。尊重理性，就是说它不崇拜任何先验的真理，它不认为真理具有任何先验的模式；尊重实践，就是说它不承认任何脱离现实的、不接受任何实践检验的真理。这是科学的精神，是尊重理性和尊重实践的精神，它所反对的是蒙昧主义、信仰主义和对先验真理的崇拜。其次说民主精神。民主精神，在学术和文化上，和中国传统的文化结合起来说，就是百花齐放、百家争鸣的精神。它反对的是在学术、文化问题上的专制主义态度。学术、文化问题上的专制主义的基本命题有两个，一个是"异即敌"，就是凡是和自己意见不一样的全是敌人。在这方面"左"的东西表现得特别厉害。相异的不见得就是敌人，也可以成为朋友，当然也不能说没有敌人。科学上的是非与争论，不能说是敌人。另一个就是"我即真理"，和自己意见不一样的就是敌人，"我"代表真理。这本身就违背了人类认识真理的道路，因为人类认识真理，是从各个不同的途径来认识的。马克思主义是一门科学，我们要用科学的态度对待马克思主义，如果把马克思主义看成是万能和不变的教条，代替一切学科研究的真理的全部，到此为止了，够用了，这是愚昧无知。我们认为马克思主义开辟了人类认识真理的道路，我们必须充分认识和发挥马克思主义的主导作用。但是马克思主义并不能囊括真理的全部，也不能代替人类认识真理的历史过程。人类认识真理的过程，是一个无限的过程，只要有人类，这个过程就不会完结，因为每一次认识上的进展都带来很多不认识的新问题。所以，现代文化必须有一种民主的精神，绝不能把一切和我们不同的观点看成是敌人，我们要具体分析，哪点和我们敌对；哪点虽然不一样，但是，它是一个启发、一个补充、一个参考；还有哪点恰恰补足了我们的短处。例如医学，中医、西医、藏医、蒙医，各种医学理论之间，应该是一种互相学习、互相交流、互相补充的关系，而不是敌对的、互相蔑视的、互相贬低的关系。用贬低其他观点的方法来论证自己观点的正确，本身就是一种非现代化的态度。实事求是地评价各种各样的学科研究，才能够充实和发展马克思主义。

第三点，文化的现代性，还包括一种开放的精神，敢交流、敢吸收。实际上，人类文化的发展过程，是一个互相促进、互相影响、互相推动，也有时互相争斗、竞争的过程。文明程度越高，争斗的方式会更文明，它不是一种取缔异己甚至杀头的办法。实际上，整个人类的文明史就是一个互相影响的过程。中国古代的三大发明：印刷术、指南针、火药，早已被世界各国所吸收，而我们中国目前所吸收世界上的各种东西，也是数不胜数。勇敢地吸收，本身就是一种民族精神，就规定了它的民族特性。在吸收文化成果方面，任何民族都不必尴尬，不必感到抱歉。同样，也不能因为吸收了一种文化成果，就用它取代自己的传统东西，因为吸收精神本身，就包含着一种传统的进取精神、一种一切为我所用的精神。

讲到开放精神，我想就文学语言问题谈一点个人的意见。文学语言的问题，在这次藏学会上讨论得非常热烈。文学是离不开语言的，一个民族的文学，应该用自己本民族的语言写作。这作为一个普遍真理，我完全赞成。同时，我也反对把少数民族的语言汉化，用汉族语法、结构、汉文式的翻译来代替这个民族本来有的语言，搞得不伦不类，笑话百出。但我们也不应排斥少数民族作家用汉语写作。用汉语写作，便于普及全国，这是一个事实，不能不承认。所以，希望我们的知识分子、年轻干部，都能多掌握几种语言：藏语、汉语以及英语之类。多一种语言，就多打开一个智慧和心灵的窗户，少一点愚昧，少一点隔阂。

第四点，现代化的文化，还应具有一种更新的精神、改革的精神、自省的精神。自己能反省自己的文化，使它能够有一种应变的能力，能够在改革、现代化、开放和交流的潮流中，保护和发展自己。在这方面鲁迅是最突出的代表人物。他是一个爱国主义者，但他对汉族的文化，痛切地进行了反省。不管往昔有多少光荣，不能不看到近百年来汉族文化的尴尬，这并不是因为吸收了外来的东西，恰恰是因为没有吸收，或者吸收了没有消化。所谓自省的精神，所谓危机，就是不要睡大觉，不要觉得自己搞得不错了，不要忘记随时都有危险。总之，我的中心意思是：传统要在现代化中放光，世界因民族而多彩；现代在传统中扎根，民族在世界中焕发。没有世界文化的观念，也就没有民族文化了。也就是说，我们是在全世界的文化现代化过程中来考虑、探讨我们民族文化的挖掘、保护、继承和发展。也就是说，我们在讨论文化或其他一切问题时，要做到面向世界、面向未来、面向现代化。

在谈到现代化和文化时，还要谈谈现代化给文化带来的危机感和苦恼。现代化不是一个单向过程，而是一个多走向的过程，它会带来一个民族的危机感，道德的危机、信仰的危机，生活上、文化上的不适应和尴尬。例如我们的某些道德观念和自然经济是分不开的。不管是佛教还是伊斯兰教，都非常提倡施舍，并把施舍看成是一种美德，而且用宗教观念把它固定化了。商品经济发达了，提出了一些新的问题，仅仅用那种比较纯朴的美好的关系，已经不能够解决商品经济发达以后出现的一些新问题。只有两种办法，一种是不搞商品经济，搞有道德的贫困，这实际上行不通，制造贫困本身就没有道德；另一种办法就是使原来的道德观念在商品经济发展的过程中经受考验。另外，现在的一些西方发达国家，他们最大的两个苦恼，一是自然环境被破坏，生态平衡被破坏，人和自然离异，感到自己不是自然的一部分了，人们的体力下降了，因为什么都自动化了；二是现代文明带来人的高度紧张，科学、技术工作都带来了人的高度紧张及极大的压力，没压力不好，但压力大了，人受不了，弦总是绷得紧紧的。所以，搞现代化也要看到它带来的一系列问题，进入现代化并不是进入极乐世界。我们现在要抓两个文明的建设，也是预见到了这些问题。

三 对西藏地区文化发展战略的一点粗浅想法

第一，西藏地区既面临着严峻的挑战，又有自己独特的优势。所面临的严峻考验，就是说我们的经济、科学、技术还不发达，我们的文化包括汉族的文化，离现代化的要求还有一段相当长的距离。但是，我们丝毫不必气馁，我们有些独特的优势，这些恰恰是那些发达国家所没有的。比如，我们的自然环境没有污染或很少污染，这是我们极大的优势，必须加以爱护。我们西藏的传统文化有可能成为世界性现代文化一个有益的补充部分。我们对自己的特殊的机会、特殊的优势，要有充分的认识。当然，对我们的不足和短处，比如眼界尚不够开阔等等，也要有一个清醒的认识。我们首先要充分珍惜、保护、发掘西藏的优势，保护我们独特的自然景观与人文景观。保护自然，保护文物，保护传统文化，这是我们面临的非常重要的任务。

第二，努力吸收现代文化，与愚昧做斗争，与封建意识做斗争，与任何狭隘偏见做斗争。在这方面，我们要多做积极的建设性工作，不要老指责人家，否则会适得其反，只能是用一种愚昧代替别一种愚昧、用一种专制代替另一种迷信。所以要多做教育、普及文化的工作，多做各种艺术表演、绘画、电影、文学创作的发行推广工作以及多建设各种普及自然科学的设施等等。

这里，谈一谈宗教问题。

我个人的看法，宗教问题会在很长时期内存在。因此，任何把消灭宗教当作一个现实任务提出来的做法，都是狂妄，都是愚昧无知，都是野蛮，都是想入非非。第二，宗教本身也在不断地变化，它要从苦行的宗教、神本的宗教向为人服务的宗教变化，它要从寺院教堂的宗教向人的内心的宗教变化。在一切仪式上的繁文缛节以及对世俗生活干预等方面，全世界宗教的发展趋势是淡化，但它在内心世界是非常顽强的，说它强化也行，你不要想用人为的方法把它消除。我对宗教有这样两方面的估计：宗教并不是千古不变的，世界各国的宗教都在变化，用宗教代替科学，结果必然失败，因为宗教上有很多东西不符合现代科学。《圣经》规定地球是世界的中心，太阳围着地球转，这是不符合现代科学的。所以，如果用宗教干涉学术，是宗教本身的失策。那么能不能用学术去代替宗教呢？我只能说很难，因为宗教它有心理特点。它不完全是一门学问，它是一种心理的要求。世界上很难找到自然科学学问比爱因斯坦更伟大的人物，爱因斯坦就信宗教，但他不进教堂，他认为进教堂是愚蠢的，是骗人的东西，对上帝的崇敬是心理上的要求。因而，对宗教现象一定要有一个清醒的认识，便于马克思主义者和宗教教徒携起手来建设我们的家乡。宗教信徒也不要以为宗教仪式、宗教特点一切都不变。我大胆说一句话，磕长头早晚要变，因为它建筑在对人性的绝对的否定上面，把人完全看成是神的附属物、奴才。

第三点，建立多层次的社会主义的新的西藏文化。这种文化不是单一的，它包括原封不动的传统文化。任何一个国家都要有原封不动的传统文化，因为传统文化发展到今天，已经经过几千年、几百年的积淀和考验，成为一个民族的象征，任意地动它没有好处。同时还要有一种有所改革的、符合新时代潮流的或者新的青年人需要的所谓改良型的文化。改良型的文化有时很浅薄，有时改得非驴非马，但它仍然会存在，因为它带来一些新意，哪怕是浅薄的。这种改良型的文化，很难要求它和原封不动的传统文化相比，它处于劣势，这种文化可能在文化学上价值不高，但是在娱乐上价值很高，在文化消费学上价值很高。因为人不能光靠文物生活。文化的价值有文化学的价值，又有文化消费学的价值。所以，改良型文化不管成功与否，都要允许它存在，人的兴趣想让它不变是不可能的，人就是要在各种新花样中不断前进。再一种文化，就是杂交的文化。它是一种桥梁，文化没有不杂交的。第四种干脆是引进的文化。洋的就是洋的，非藏族的就是非藏族的，它也是一种形式，有好处。起码有这么四种层次。我们就是要建设这样一种多层次的文化。

最后谈谈把西藏建设成世界性的旅游中心与学术中心。现代化的发展既向西藏提出了严峻的考验，给我们一种危机感，又给我们提供了前所未有的机会。西藏会成为一个提供畜牧产品的中心，会成为旅游中心，而且也完全可能成为一个国际性的研究中心。因为，它在人类学、文化学、比较文化学、民俗学、社会学、宗教学等等方面，提供了无与伦比的研究环境和研究对象。

在《邓小平》画册发行仪式上的讲话 *

（1986 年 7 月 1 日）

　　《邓小平》画册的出版发行，是我国政治生活中的一件大事。这本画册以其重要的历史文献价值，生动地展现了邓小平同志近 70 年的革命、学习、生活的经历，全面地反映了长期以来他为我国新民主主义革命的胜利和社会主义建设的发展作出的重要贡献，有重点地突出了几年来他为纠正"文化大革命"的历史错误，致力于领导和推动我国的改革和社会主义现代化建设所建立的卓著功勋。邓小平同志之所以能够赢得全国人民的信任和爱戴，正在于他以马克思主义的理论勇气、惊人的革命胆略和大无畏的实事求是的精神，医治了长期以来"左"的错误所造成的严重创伤，开始了我国的改革和社会主义现代化建设的过程，大大改变了我国的经济、政治、文化生活的面貌。他集中了我们党的集体智慧，代表了我国人民的普遍利益，成为几年来中国领导集体的杰出代表，成为一个名不虚传的世界风云人物。

　　这本画册中精选了三幅邓小平同志同文艺工作者在一起的照片，形象地体现了邓小平同志对文艺工作的关心和支持，真实地表达了广大文艺工作者对他的信任和爱戴的感情。在这里，我还想特别说明一点：几

---

　　* 王蒙时任中共中央委员、文化部部长、中国作家协会常务副主席。

年来，邓小平同志在新的历史条件下，继承和发展了马克思主义的文艺理论和毛泽东同志的文艺思想，为新时期的社会主义文艺工作提出了一系列正确的理论、方针和政策，使我国的文艺工作从"左"的深重灾难中摆脱出来，取得了较快的恢复和发展。这几年，优秀的文艺作品和文艺人才大量地涌现，广大文艺工作者的探索精神和创作热情得到了极大的提高，社会主义文艺工作的正确方向得到了维护和开拓，创造性的文艺劳动在社会上得到了更多的理解、尊重和支持。应当说，这几年是党和国家对文艺工作领导最稳定的时期，也是文艺工作最活跃、最繁荣的时期。

《邓小平》画册的出版和发行，有助于我国人民和世界人民更多地了解邓小平同志近70年的革命、学习、生活的情况，了解他的品格、气魄、才能，了解他对历史发展的推动作用。今天，我们在这里欢聚一堂，共同庆祝《邓小平》画册的出版和发行，也说明以邓小平同志为核心的中国领导集体所制定的党的十一届三中全会以来的路线、方针和政策将会坚定不移地贯彻下去，我国的改革开放和建设有中国特色的社会主义的伟大事业将会长期、稳定地发展下去。

最后，请允许我向编辑这本画册的中共中央文献研究室和新华通讯社、向出版这本画册的中央文献出版社表示祝贺！

谢谢大家！

在加快和深化改革中繁荣文艺 *

（1987 年 6 月）

党的十三大的中心任务是加快和深化改革。赵紫阳同志的报告指出，改革是振兴中华的唯一出路，是人心所向，大势所趋，不可逆转。同样，改革是发展文艺、实现中国的文艺复兴的唯一出路，是人心所向，大势所趋，不可逆转。改革是我国社会主义事业的希望所在，是广大文艺工作者的希望所在。历史的经验使广大文艺工作者从一开始便确信，我们必须也只能与国家共忧乐、与改革共命运。

改革的过程是一个实践的过程，又是一个认识的过程。没有改革的实践就不可能概括出关于社会主义初级阶段的理论，而这个理论与初级阶段的党的基本路线的提出，意味着我们对国情、对社会主义事业的认识进入了更加自觉、更加成熟的新阶段。投身改革，参与改革，对于广大文艺工作者来说，已不仅是搜集材料、体验生活、创作改革题材的作品的必由之路，而且是认识国情、认识社会、认识历史、认识生活、认识我们的理想与现实、认识我们的先辈与同时代人的命运，从而认识整个世界与我们自身的使命的必由之路。正是在改革当中，我们接触到各式各样的生活形态、生产形态、流通形态，我们面对各式各样的政治、

---

* 本文原载《红旗》1987 年 6 月第 12 期。王蒙时任中共中央委员、文化部部长、中国作家协会常务副主席。

经济、文化现象，我们发现着各式各样的关系组合、矛盾、变化、发展。各色人等在改革中表演，演出了一场又一场有声有色的正剧、悲剧、喜剧、英雄史诗与闹剧。各种思潮、观念在改革中经受验证选择，变得充实或者被淘汰。各种精神活动、思辨、追求、情感和欲望在改革中活跃、激荡、冲撞、融合。历史上的先贤和亡灵，外国的真正的与自吹的大师，也一一被请到我国的改革舞台上活跃一番。包括最个人和最隐秘的一些精神领域，例如爱情、家庭关系，也受到改革进程的影响，刻上改革的印迹。改革是大海，也是深井，改革是实验场，也是课堂。几千年的文明古国，正在改革中放出奇景异彩。我们怎能不热情而又清醒地投身到改革的事业——建设有中国特色的社会主义的事业中去呢？

投身改革，与清谈改革或者想象改革是不同的。我们的文艺作品在反映改革的磅礴进程方面已经取得了很大的成绩。一些反映改革的作品，哪怕还远远不够完美，也受到了群众的广泛关注和热烈欢迎。一些作品不尽如人意，不是因为改革写多了，而是因为个中的改革带有作家的肤浅认识的标记，是因为我们对改革的伟大、深刻、丰富与艰难曲折都还体会不够。有的作品把改革观念化，似乎一念之差使改革碰壁，而又由于一念之变使改革万事大吉。观念化的结果是清谈化，观众对在电影、电视上进行的关于改革的假想辩论往往且信且疑，不感兴趣。有的作品则把改革两极化，一面是救世主式的改革者，风度翩翩而又忧国忧民，一面是抱残守缺的人扯着大旗干一些很不高尚的事，维护既得利益，后者甚至使人联想起"四人帮"时期"塑造"的"走资派"。观念化、清谈化、两极化的模式，与我们的实际改革进程、生活进程相去何等远啊。人们对某些反映改革的作品感到不满足、感到大同小异，不是正说明我们必须进一步投入改革事业吗？

反映改革，探讨与解释、宣扬与鼓动改革，对于文艺来说是重要的。但是，如果认为投入的目的就只是为了写改革，认为只有改革题材才能有利于改革，那就会重蹈"唱中心、写中心"的狭窄旧辙。由于社会生产力的发展，由于改革和开放的进展，由于安定团结政治局面的形成与人民生活水平、文化水平的提高，人们的精神需求大大地丰富多样了。文艺生活的一个规律性的特点是，愈稳定就愈要求多样，而愈是健康的多样，就愈有利于稳定与繁荣。单一化是难以维持长久的，即使运用极大的权威手段也难以做到，因为它不符合艺术的规律与人民的心愿。这里，百花齐放、百家争鸣，文艺事业的生动活泼与繁荣兴旺，本身就是改革取得进展的结果、改革取得胜利的征兆。反过来说，万马齐喑又必然与僵化的管理机制有关。文艺的状态在一定程度上反映着民族的精神状态，文艺的活跃也促进着民族精神的活跃。赵紫阳同志在十三大的报告中指出："改革和开放，也使民族精神获得了新的解放。长期窒息人们思想的许多旧观念，受到了很大冲击。积极变革，勇于开拓，讲求实效，开始形成潮流。"讲得何等好啊！对广大文艺工作者，这是何等备受鼓舞的提法啊！

积极变革，勇于开拓，讲求实效，可以说，这就是我们的时代精神，这也应该是各种文艺作品和每个文艺工作者的精神状态，这就是文艺工作者应有的主体意识。不论写什么样的题材，不论用什么样的表现手法，不论追求什么样的风格，都可以或多或少、或显或隐地体现这种精神。一些文艺形式、技法的追求，只要是严肃的与言之有物的（即有真情实感、真实货色的，而非故弄玄虚、障眼法的），不也在一定程度上体现着这种精神吗？如果搞成另一种精神状态和另一种文艺空气，谨小慎微左顾右盼也罢，速成爆破大言欺世也罢，又怎么可能有真正的民族精神的解放呢？

社会生产力的解放促进着民族精神的解放。民族精神的解放又是社会生产力的解放的精神保证。而社会生产力的解放，民族精神的解放正是艺术生产力的解放的基本前提。我们可以相信，党的十三大的召开为出现更好的文艺前景创造着前提条件。

指导改革进程的是党的基本路线。这个基本路线适用于各条战线的工作，当然同样适用于文艺工作。只有认真学习社会主义初级阶段的理论和党的基本路线，只有全面准确地领会一个中心、两个基本点，才能使我们的文艺工作获得正确的方向，立于不败之地，才能实现文艺工作者的大团结。

党的十一届三中全会以来，文艺事业在空前发展的同时也出现了许多争议。艺术争论本来就众说纷纭，有的同志主张更慎重，有的同志主张多创新。争论多不是坏事。欢迎并容纳不同意见的讨论本身，已体现出一种改革和开放的精神。可惜文艺界还有种种不利于团结的消极因素，历史上的宿怨、门户之见、名利乃至权力之争，使关系问题复杂化，加上某些时刻的举措失当，更使裂痕扩大。现在好了，有了一个中心、两个基本点，谁也不要再各取所需各执一词了，团结进取的新局面有指望了。

改革的文艺要求文艺的改革。我们在经济管理体制上和政治体制的具体领导制度、组织形式、工作方式上的重大缺陷，都表现在文艺团体与文艺领导体制上。我们文艺工作者不能只议论工农商政的改革而不改革自身的某些体制与运行机制。大锅饭、铁饭碗、人浮于事、衙门化与权力过分集中的现象同样在一些文艺团体（包括各创作协会与艺术表演团体）、文艺机构中存在。这种体制如不进行改革，就不能与社会主义的商品经济相适应，就会丧失活力，就会使群众组织与艺术团体失去自身的特点，就会降低党的领导水平与领导威望，乃至束缚文艺生产力的发展。这个问题现在已经很紧迫地提到日程上来了。我们完全可以遵循党的十三大关于经济体制与政治体制改革的总的方针，研究讨论，制定出文艺体制改革的新蓝图。

众所周知，党的十三大的政治报告并未也不必要以专门篇章论述文艺问题。但十三大加快和深化改革的主题对文艺工作具有巨大的指导意义，不仅有直接的指导作用，而且有认识论与方法论的指导作用。只要结合实际认真学习十三大文件，运用十三大文件的基本理论、政策方针、思路来研究解决文艺工作的问题，许多长期争执不下的问题将不难解决，我们的文艺将更加繁荣、文艺队伍将更加团结，我们的精神文明建设将取得新的更大得多的成果。让我们共同努力。

使命·创造·人才 *

（1984 年冬）

我讲以下三个问题。

第一个问题，谈一下中国文学的济世传统和社会主义文学艺术的重大使命。

先说中国文学济世的传统。济世，就是对这个社会、对世道人心要有益。中国文学是有这样一个传统的。从古代我们就不仅仅把文学当成一种游戏，或者是仅仅当做一种个人心理的发泄，像西方作家那样把文学艺术解释成一种被压抑的心理的发泄。相反，我们非常重视文学的教化作用，重视文学在影响世道人心、陶冶性情、增加知识，以至于巩固社会生活的秩序方面的作用。所以孔夫子早就讲，"诗可以兴，可以观，可以群，可以怨；迩之事父，远之事君。"人们还把文学艺术看成人民的心声，看成人民的道德、情操、愿望、观念及各个方面的表现。所以中国很重视谣，就是歌谣、民谣（谣言的谣也是这个谣呀），甚至古代小说演义也用一种迷信的色彩来解释这种谣。无根之言谓之谣。无根，就是查不出出处来。但是，它不胫而走，变成一种口头上所传诵的顺口溜。这样一个歌谣，或者这样一个故事，它能表达民意。文学在影

---

* 本文是王蒙 1984 年冬在沧州地区文艺工作者第一次代表大会上的讲话。王蒙时任中共中央委员、中国作家协会常务副主席、《人民文学》主编。

响民心、表达民心、表达民意上，有很突出的作用。所以古代皇帝要设立乐府，通过搜集民谣、民歌来考察他的政治上的得失，老百姓的心情如何，有什么愿望没有，是不是对贪官污吏有怨言，是不是有旷夫怨女，是不是还有举措不当之处。所以，过去评论戏的好坏，有这么一种说法，就是"不关风化体，纵好也枉然"。这就是说，如果你写的这个戏不能够对人们的世道人心、伦理道德、风俗教化起作用，那么你的这个故事写得再好也枉然。从中国古代起，就有一大批文人，他们是抱着先天下之忧而忧，后天下之乐而乐，抱着要对世道人心有益这样一个观点来从事他们的诗歌、小说、散文的创作活动。当然，在封建社会，文人以自己的学问为这个社会作出贡献的愿望往往不能实现，所以他就会走向自己的反面，避世乃至厌世观念都可能出现。在中国古代的文人里头，有学仙的，求道的，对这个社会、这个世道完全否定。其实，这些现象实际上往往是一种济世思想受挫的结果，他们或者是遁入山林，啸傲山林，或者是"采菊东篱下，悠然见南山"，或者是遁入空门当和尚、当道士。

　　五四以后，明确地提出了"为人生而艺术"的主张，这与为艺术而艺术的主张是不同的。就是说我们搞文学也好，搞艺术也好，搞绘画也好，搞音乐也好，我们是为了人生。我们的这些作品要能够改善我们的人生，要能够改善我们的社会结构，要能够改善人民的生活，要能够提高人民的觉悟和文化。而另一种主张，为艺术而艺术，认为艺术只是少数人的事，是一般的老百姓所不能理解的；艺术创造的目的，只在于创造快乐本身。所以，这在当时被称为象牙之塔里的艺术。躲在象牙之塔里头，搞自己的创作，和社会无关，和老百姓无关，和世道无关。五四以来的大部分优秀作家走的是为人生而艺术的道路，是反对为艺术而艺术的。为人生而艺术的结果呢，就必然产生革命的文学艺术的新概念、新命题。我们的文学艺术，整个来说是我们整个革命的一部分，它号召革命，反映革命，要求革命，赞助革命，鼓动革命。因为在半殖民地半封建的中国，你要想为人生而艺术，要想改善人生，是离不开革命的。那时，整个中国社会已经腐朽了，已经完全腐烂了，不进行一个大的革命运动，这个社会就完全没有出路了，人民就完全没有出路了，青年就完全没有出路了，文学艺术也完全没有出路了。有一些作家，比如老舍、巴金、曹禺，在写出他们的名著（巴金的三部曲《家》、《春》、《秋》，曹禺的《雷雨》、《日出》、《原野》，老舍的《骆驼祥子》）的时期，还不能够算是革命者，尤其不能算是马克思主义者，他们对革命也不是非常了解。但是他们的作品反映了旧社会这种腐烂，反映了这种半封建半殖民地社会的没有出路，反映了人民处在水深火热之中，而且他们要求革命，客观上反映了这个社会必然要走向革命的趋势。所以，从五四以来，为人生而艺术，革命的文学这样的口号，越来越深入人心。

为艺术而艺术的主张在中国难以实现，为什么呢？因为中国近百年来，一直处在急剧的社会变动之中，我们知道中国是一个古老的封建社会，它有非常灿烂的封建文化，它有非常成熟的封建体制，政治的、经济的、道德的、伦理的，都非常成熟，非常完备，非常细腻。同时，这种封建社会又是腐烂的，就像鲁迅在他的小说里批判的那样，古久先生的流水账，陈年老账。几千年积累下来的旧的意识、封建的观念，根深蒂固，很难改造。这样一个国家，在鸦片战争之后，暴露了自己的虚弱，军事上经不住帝国主义列强的洋枪洋炮，尽管中国人民斗争精神非常英勇顽强，但是封建王朝已经不堪一击，经不住帝国主义的侵略。经济上没有办法和当时资本主义国家那些物美价廉的商品竞争。从那时候起，可以说是国无宁日，一直在不断地动乱，同时人民一直在进行革命斗争。辛亥革命、北伐战争、国内革命战争，中国共产党领导的就是三次，还有抗日战争，一直到 1949 年新中国成立。这种社会的急剧更动使我们每个人的命运包括我们文学艺术的命运都和社会的命运不可分割。什么是个人的命运？什么是国家的命运？什么是人民的命运？我看是一个命运，对绝大多数人来说是一个命运。"文化大革命"全国乱成一团，谁也甭想舒服。党的十一届三中全会以来，拨乱反正，各方面政策走上轨道，那几乎是人人的生活都出现了新的希望和转机。中学生功课好的可以考大学；农民有本事的可以经营，可以搞活副业，可以发家致富，成为万元户、专业户；知识分子的状况得到空前的改善。所以说，在社会急剧更动中，每个人的喜怒哀乐、悲欢离合，很大程度上决定于我们国家的状况，决定于我们人民的状况。所以，我们的文学作品里面有非常强的社会意识和革命意识。不管描写什么，哪怕仅仅是一个爱情故事，往往是和那个社会背景有关，譬如两个人是在什么样的年代、什么样的社会条件下相爱的，又是在什么样的年代、在什么样的社会条件下他们的爱情发生了悲剧性的变故。当然，这也不是绝对的，刚才我已经讲了，这只是大致的，不是说每一个爱情的成功和失败都和国家的政局有关，政治局面再好，如果你自己各方面条件太次，找对象也是很费劲的。但是，很多的个人命运、悲欢离合，都有一定的社会背景，我们说这是文学里面的社会意识。和西方资本主义国家的文学作品相比，这一点就非常明显了。有时候，我们觉得他们的作品太琐碎，不知道他们整天在那里琢磨些什么。而我们的作品里头比较注意大的社会背景，比较注意历史背景。

再说一个革命的意识。刚才讲社会的变迁，在这个社会变迁里边扮演主要角色的是什么呢？就是革命。中国近百年的社会变迁当中，起着导演作用的，起着主演作用的，甚至起着编剧作用的是什么呢？就是革命。一个旧民主主义革命，一个新民主主义革命，一个社会主义革命。

这几个革命，成功的时候，凯歌行进的时候，取得胜利的时候，走上轨道的时候，我们中国社会的发展就比较好，人民的生活就比较有希望。而当这个革命运动受到挫折的时候，或者革命运动本身犯了错误，或者我们的革命运动很幼稚还没有经验，还找不到自己的一套切合实际的路子，还没有完全掌握客观规律的时候，可以说是整个国家的、民族的痛苦，那是一个痛苦的摸索阶段。因此，现代的、特别是当代的作家，不管他注意不注意，在他的作品里头常常有一个或者是在前台的或者是在后台的主人公，这个主人公便是革命。我们经常是通过作品来展现革命的必要，革命的崇高、伟大、神圣，革命的艰难，革命的曲折，革命的失误乃至痛苦。我们大量的作品实际上不是从这个侧面就是从那个侧面来反映革命的进程的。

那么今天，经历了这些经验教训以后，我们的文学就可以更加明确地提出我们的重大使命，也就是我们现在所提的为社会主义服务，为人民服务。我们文学的济世传统，五四以来的为人生而艺术的精神，就表现为我们的文学作品是为社会服务、为人民服务的。你说是审美也好，你说是消遣也好，最终来说，我们今天的人生，是进行社会主义现代化建设的人生，是社会主义的人生。只有社会主义才能救中国，只有社会主义的胜利才有中国人民的美好人生。所以，我们今天为人生的文学，应该是为社会主义服务、为人民服务的文学。

第二个问题，谈谈"双百"方针的贯彻和我们文学作品的艺术追求。

我们大家都看到，这些年来，特别是党的十一届三中全会以来，1979 年到 1984 年，我们的文学艺术事业有了空前的活跃和发展。我觉得这是和我们党贯彻"百花齐放，百家争鸣"的方针分不开的。"双百"方针是 50 年代后期，毛主席、党中央提出来的。这个方针提出来以后，就受到来自"左"和右的方面的干扰，所以一直没有能够真正地执行。

一强调贯彻"双百"方针，会出现一些好作品，同时也会出现一些有缺点的或者是不好的作品。出现不好的作品以后，又往往把"敌情"夸大，似乎是"黑云压城城欲摧"，不得了啦。所以，很快就批上了，一批就是几年，或者是更长的时间。所以，"双百"方针一直未能得到实现，没有得到真正的落实和贯彻。最近这几年，确实是出现了文学作品的"百花齐放"和各种文艺问题讨论的"百家争鸣"的空前活跃的局面。这说明，要领导文艺工作，一定要掌握文学艺术发展的客观规律，当然，要掌握好这个客观规律也并不容易。

为什么文学艺术事业特别要强调"双百"方针，为什么文学艺术事业在"双百"方针下才能得到繁荣、得到发展，这就牵涉到对文学作品的艺术追求问题。因为文学艺术作品是生活的反映，同时，它又是文学艺术工作者和作家的艺术个性、人格、风格的表现。也就是说，一个文学艺术作品实际上是作家艺术家的主观精神世界和客观的物质世界、客观的生活的一种融和、一种统一。文学艺术和科学不同，它不仅仅要强调如实地、客观地、不折不扣地反映客观世界的本身，往往还在客观事物上寄托了作者自己的理想、追求、情感、感受、幻想乃至梦幻。作为文学作品，主体和客体中间应该是相通的。中国古代的画论，就有一种物我相通的说法。物指的是客观实体，我就是指作家、艺术家本人。比如画石头，目的就不仅仅是把石头的客观面貌表达出来，如果只是为了表达其客观面貌，干脆给石头照相。你的相照得再好，也没有国画的那个效果；或者你干脆搬一块石头来算了，甭画了。中国许多画石头的人，他通过画石头寄托他的所谓不平之气，那个石头是有气的，有他的不平之气。画竹子就更明显了，中国的文人画竹子，实际上是寄托了对竹子的美学理想，甚至是政治理想，他强调竹子是岁寒三友之一，不怕寒冷，而且非常挺拔。这里还有一个语言上的谐音，就是竹子有节。在汉语里"节"不光代表一骨节一骨节的，它还代表气节，节操，烈女节妇，忠贞，不畏恶势力，威武不能屈，富贵不能淫，贫贱不能移。它代表这么一种状况。所以，许多人画竹子的目的，实际上是在画他自己，他觉得画他自己那个模样不如画竹子更能表达他的思想感情。他画石头，画竹子，画兰草，画山水，是通过画客观的物质的东西表达人的主观世界、人的性格和情趣。所以，同样的一个客观的东西到了作家和艺术家手里，他写出来或者画出来就不大一样。同样画这山水，有的画得雄浑，有的画得奇伟，有的画得秀丽，有的画得淡雅，有的画得空灵，有的画得恬静，有的画得朦胧，有的画得剑拔弩张。由于各人的思想情况不一样，所以境界不一样，风格不一样，情趣不一样，可以有各种不同的选择。

那么文学艺术作品既然要求文学艺术工作者的主观精神境界和客观的审美对象的融合、和谐、沟通，它就不可能有一个统一的尺子，规定大家画这石头都应该画成这样，而不能有其他的样子。绘画并非机械制图，画完了这张图可以翻印、晒图，晒它几十张，几百张，几千张，一律标准化。在工业上，在自然科学的许多领域中都要求标准化。但是，在文学艺术上就不能标准化，必须允许千差万别，必须允许艺术个性高度发挥。所以，必须实行"双百"方针。

"百花齐放"里还有一条就是各种风格和流派的作品来竞赛。实际上最根本的风格和流派主要决定于它的主观精神世界和客观对象之间的关系。有的作品主观色彩比较浓，有的作品客观色彩比较浓，有的作品喜欢选择这方面的对象，有的作品虽然选择同样的对象，却可以给予不同的处理。我想，近几年来，"百花齐放，百家争鸣"所带来文学艺术的大好局面，其中一条就是出现了越来越多的风格不同、手法不同、感情色彩不同、各具异彩的艺术作品，谁也代替不了谁。你写得抒情一点，他写得粗犷一点，你写得细腻一点，他写得气魄大一点；有的故事性强，比较引人入胜，有的故事性不强，但是行云流水，写得很自然，很真实。各有各的特点。所以，"双百"方针是一个促进文学艺术发展的方针，它是一个解放文艺生产力的方针，是一个提倡和鼓励人们大胆进行艺术创造的方针，是一个人尽其才的方针。天生我才必有用嘛，叫做"大狗叫小狗也叫"。

但是，这几年实行"双百"方针的过程，也是不平静的，随时碰到一些新的问题。在充分发挥个人的创造力，八仙过海，各显其能，进行自己的艺术独创的同时，我们又碰到了一些问题。"百花齐放，百家争鸣"了，那些不太好的作品该不该批评呢？事实证明，"双百"方针本身就是一个有利于批评的方针。否则，谁跟谁都不敢接火，好的坏的都一样，那还有什么意思呢？有的作品写得不错，有的写得很低劣，甚至于有的写得不好，宣扬错误的、有害的思想。所以，在"双百"方针的贯彻当中，我们还要提倡文艺批评，还要提倡同志式的讨论，还要提倡作家注意自己作品的社会效果，还要提倡对错误的东西、错误的倾向进行必要的思想斗争。但是这种批评、这种思想斗争和"文化大革命"的大批判不同，绝对不同；和50年代后期"整风反右"的那种批评也不同。其实，批评本身并不可怕。作家有怕批评的吗？作家的作品有的也挺刺的嘛，也经常说一些带刺的话嘛。作品里头有批评领导的，有批评书记的，有批评厂长的，有批评青年的，有批评中国人的，有批评外国人的。那么，人家也批评你一下，你不让批评行吗？作家不应该怕批评，作家怕的是批评以后接踵而来的成龙配套的东西，处分、降职降薪、开除公职、戴帽、搬房子下放，然后是老婆离婚等等。

批评是一定要有的。事实证明，近几年来我们党领导的文艺既贯彻了"双百"方针，也很好地开展了批评，又防止了批评所带来的消极影响。天下的事就是这么麻烦，让大家放啊、胆子大一点呀、解放呀、不要害怕呀，不知什么乱七八糟的玩意儿就出来了，于是又说那不行呀，该批还是得批呀。刚一批，又立刻谣言四起，风云变色。经过这几年，我们党同我们这支文艺队伍已经开始有了比较健康的，既是大胆的、又是认真的批评，有了同志式的、和风细雨的、与人为善的好风气。也就是说，在这段时间我们积累了两个方面的重要经验，一个是拨乱反正，反对"左"的思想的束缚，解放思想，解放文艺的生产力的经验；一个是开展批评，反对腐朽的、不健康的影响，反对文艺作品中的错误的东西。这两方面的经验都应该有。如果只有一方面的经验，"百花齐放，百家争鸣"是坚持不了的。因为你先放、放、放、没完没了地放，错误的东西有了，各方面呼声很高，但不许批评，这个方针本身就会被怀疑，被否定；如果你碰到一点事立刻如临大敌，批评一通，批评得大家嘴都闭上了，那你同样也把"百花齐放，百家争鸣"的方针给否定了。所以，真正执行起"双百"方针来，并不容易，掌握这个火候儿，也要有多一分则肥，减一分则瘦的劲儿。放也要放得恰到好处，批评也要批评得恰到好处。批评太软弱，起不到批评的作用；刚过那么一点，又受不了啦，又造成了人心惶惶，这些都不行。这是从领导来说。从我们作家艺术家来说呢，我觉得我们也有两方面的经验，一个就是要解放思想，大胆地探索，勇敢地探索，进行新的创造，不要害怕，不要听信谣言，不要整天传小道消息。我们大家都是在正常地、健康地进行自己的文学艺术的创造、创作，有错就改嘛。我们文学艺术工作者应该有这样一种勇气，这样一种活泼的创造性，这是一方面；另一方面，我们也要加强自己的责任感，注意社会效果，倾听各个方面的意见和反映，坚持真理，修正错误。越是自由创造，你个人所负的责任越大。所以我觉得，在正确贯彻"双百"方针的情况下，我们的艺术的追求才能一浪高过一浪地进行；同时，在这种情况下，我们要对已经发生的事情或可能发生的事情有一个稳定、正确的态度或处理方法。

第三个问题，文学人才的涌现和攀登文学艺术的高峰。

文学的成果对于国家民族有着重要的意义，那个最成功的、攀上了高峰的文学作品，常常可以说是一个民族的智慧、知识、热情和活力的结晶，它能够非常形象具体地使我们了解一个国家、一个民族、一个社会。甚至一个批判性的作品，也仍然能够成为他这个民族的骄傲，成为这个民族的财富，成为他这个民族的光荣。譬如说，我们知道西班牙的塞万提斯，他的著名作品是《堂·吉诃德》，这是一个讽刺的作品，他揭露和讽刺西班牙对骑士崇拜的那种荒唐，那种可笑，应该说作品从头到尾都讽刺得非常厉害。但是西班牙出现了这么一个塞万提斯，有这么一部在全世界包括中国历久不衰的伟大作品，叫《堂·吉诃德》，他们很骄傲。我记得70年代末卡洛斯王子到中国来访问的时候，邓小平同志宴请他时就讲，西班牙是有着古老历史和光辉文化的国家，西班牙的塞万提斯和他的名著《堂·吉诃德》已经为中国人民所熟知。再譬如说1941年希特勒德国侵略苏联的时候，斯大林有一个著名的演说，号召全国人民起来抗击德国法西斯侵略者。他在演说里边讲到，俄罗斯民族是不可征服的，因为这个民族出过罗蒙诺索夫，出过库图佐夫，出过苏沃罗夫，也出过普希金、托尔斯泰，他还提到了好几个文学家的名字。人的民族感情是很有意思的，你把这些文学家的名字一提马上这气就提上来了。我们中国人也有屈原、杜甫、李白、施耐庵、曹雪芹，谁说中国人没有智慧、不聪明啊，你一提这些人，这气就提上来了。最近几年，我接触过很多外籍华人，有时在一起说闲话，我问他们在外国生活得怎么样，他们说，故国的感情、民族的感情是非常有意思的，比如有时接到朋友的来信，看到信中的一句唐诗，马上就要掉眼泪，就要哭。我认为文学翻译起来太困难了，特别是诗，不用说翻译成外文了，你把古诗翻译成白话文，基本上味全走了。所以说文学可以成为民族的骄傲，成为民族心理的一个象征。你对一种语言的感受，对幽默的感受，对情感的感受，对人情世故的感受，能征服你的心啊！武装力量当然是厉害的，要保卫国家，必须得有强大的武装力量。但是文学艺术虽然既不能当吃，也不能当喝，也不能打仗，但它可以把一个民族团结起来、凝聚起来，最深、最细、最难忘，萦绕在你脑海里三日不绝、三年不绝、三十年不绝，直到你临死的时候仍然摆脱不开它，那种民族的意识，那种心理，那种情感，文学艺术把它凝聚起来了。所以说攀登文学艺术的高峰，是摆在我们这些文艺工作者面前的任务。今天社会主义中国经过挫折，经过曲折，有胜利，也有失败，现在总算搞得比较好了，叫做"政通人和，百废俱兴"。在这种比较好的局面下，应该出现传世之作；应该有能成为我们民族的智慧、知识、热情和活力的结晶，成为我们民族心理的象征的作品出现。一方面我们当然要有大量的各式各样的作品，同时应该有最压秤的作品，能让人因此为中华民族而骄傲。而要出现这样的文学作品，关键在于文学人才。

要出作品，要出人才。这两者之中最关键的是出人才，因为作品是人写的。文学的人才的培养没有一个固定的规律，什么样的人可以搞文学？中文系毕业，中文系的讲师、教授搞创作也不一定行。他也是文学家，但不是作家。有的文化不太高，但他还真能写，错别字连篇他也能写，我说这句话不是提倡写错别字。我们应该研究一下文学人才的规律。我想，我们所谓的文学人才特别是搞创作的人才，一是应该有丰富的生活阅历，这是中国古人早就总结出来的，"文章憎命达"、"诗穷而后工"。你不在生活里翻几个个儿，跌几个跤，酸甜苦辣都尝一遍，就别想舒舒服服地搞文学，因为你没有对人生的体味。什么是文学，文学首先是人生学，因为文学写的是人，要反映人生。莫泊桑有一部小说叫《人生》，陕西路遥也有部中篇小说叫《人生》，那是得奖之作。实际上，我们所有的文学作品都是写人的，都是写人生的。要写人生，你对人生就要有点体会。对人生的酸甜苦辣、人生的浮沉有所经历，你才能对人生有所体察、有所觉悟、有所见地。要有丰富的生活阅历，还要有很丰富的知识和学问。这一点，我们在很长一段时间里宣传得不够，提倡得不够。作家的文学作品，它的意义往往在文学作品本身之外，因为它是历史的脉搏、生活的镜子，甚至是生活的教科书，有时候又是历史前进的预言，有时候又是某一方面的百科全书。因而恩格斯讲：巴尔扎克的作品提供给他的经济学方面的知识，比当时他所阅读的全部资产阶级经济学家的著作还要多。你说厉害不厉害？巴尔扎克不是经济学家，巴尔扎克本人也不是为了经济学而写《人间喜剧》的，他是要写人生、写小说。但是为了写好人生，写好社会，就必须精通社会经济生活的各个方面。所以巴尔扎克能够最详实、最生动、最具体地提供当时的法国社会的经济生活的各种场景、各种动态。

尽管托尔斯泰是个宗教狂，但列宁仍评价他为俄国革命的一面镜子。托尔斯泰的作品实际上反映了当时俄国整个社会的矛盾，但托尔斯泰得出的结论是不对的，他认为解决矛盾的办法是互相原谅，要宽恕、要爱、要实现道德的自我完善。一部文学作品的价值，应该是一个民族整体的文化程度和它在认识世界、掌握真理上达到的水平的一个象征、一个表现。文学的对象几乎无所不包，它首先是写人的，但也要写大自然，春夏秋冬、风霜雨露、晨昏寒暑，你都要写到。在社会现象方面，它又和政治有关、和历史有关、和地理有关。写北方就得像北方，写南方就得像南方，写中国得像中国，写外国得像外国，这就同政治、经济、历史、地理联系起来了。因此，一个作家确实应该是上知天文，下知地理，前五百年后五百年都知道一点。这样，才能够有一种气魄，他的作品才能有思想深度，有历史感，有宏观感。我虽然写的是一件很小的事情，但是它表达的是我对整个的人类历史，至少是对我们中华民族的历史的思考，是从大处着眼的。一个作家，如果他有丰富的知识、深刻的思想，那么，甚至在他无意为之的一篇小文章里，都会具有某种概括性、某种哲理性、某种宏观感。

业余作者最大的长处就是他业余，他和生活有紧密的联系，他来自生活，言之有物，不是无病呻吟，不是为作文章而做文章。专业作家有较好的条件去进修，去写稿子，去修改。但专业作家容易玩弄文学技巧，因为他老要写，"为赋新词强说愁"，没有那么多情感，但是要作诗了，只好勉强说自己的"愁"，实际上没那么多愁。可业余作家呢，有时候境界不够高，知识面不够广阔，写作的东西缺少宏观的概括性。所以有时候有些业余作家的作品给人一种小打小闹的感觉，往往流于就事论事，思想的深度、思想的境界这些方面要差一些。这和一个人的知识，一个人的思想成就是分不开的。我们说，文学人才，尽管要有丰富的阅历、丰富的知识、崇高的思想境界，还应该有一种巨大的热情，对人民的热情、对国家的热情，有"先天下之忧而忧，后天下之乐而乐"的意识，为时代、为历史来树碑立传的巨大的热情。而且这种热情是真诚的、发自内心的、不可遏止的，不是为了写文章而产生的。看文章也是很有意思的，文章就是白纸黑字，但是它是真是假，就那么一看一琢磨，就感觉得出来。你说得天花乱坠，它不像真的，你口号喊得震天响，它也不像真的。有的人写散文，堆砌大量感情色彩非常浓重的字眼，越堆砌你就越觉得它感情不足。所以说，对人、对生活、对事业的热情是发自内心的，不需要做作，作激动状，作热情状，作伟大状，这些都不需要，有真情就能写出好文章。

这里还有一个文学人才、作家的文学修养，他对世界、对生活的艺术感知的问题。同样是一条河，同样是故乡的土地，同样是周围的人，有的人就能够从中感觉到那些细致入微的、牵动人心的东西，那些让他高兴、让他回忆、让他向往的东西，那种迷人的东西。同是普普通通的生活，到了有些作家的笔下，就变得那样鲜活迷人。我们现在翻看托尔斯泰的作品，在他的笔下，一次舞会也好，一次谈话也好，一次钓鱼也好，一次散步坐车也好，都描写得那样细致入微，有一种迷人的鲜活感，就像一条活着的鱼，怎么动怎么合适，充满生活本身的魅力和活力。这样非常艺术、非常文学地感知生活，并不是每一个人都能做得到的。所以说，对一个文学人才，是有多方面要求、多方面条件的。写好一篇作品并不是非常困难，但是能够坚持下来，不断地在生活里有所发现、有所表述，而且使作品成为艺术的精品，那是要下功夫的，而且很多功夫是在文学之外。

不要喜欢文学就整天研究文学，整天研究文学你反倒搞不成文学，因为你思想狭窄。所以下面就谈谈我对文学人才所要走的道路的看法，第一个看法，我不赞成很多年轻人过分地将自己的志趣拴在文学上。我常常接到一些年轻人、一些读者、一些文学爱好者的来信，他们在信中常常说自己"从小酷爱文学"。如果有时间给他们回信的话，我就说，你爱文学是好的，爱一点就可以了，不要酷爱。对文学之外的事都不感兴趣，把自己的视野搞得很窄，接触事情、接触人都很有限，这大概就是鲁迅讲的那种"空头文学家"。酷爱文学，其他事一概看不上眼，老觉着人家不爱文学的人俗气，只愿跟几个喜欢文学的人一块儿聊，似乎只有这样才风雅。这样就毁了。因为文学本身并不能够产生文学，只有生活能够产生文学，只有对一切事物发生兴趣，对生产、劳动、政治、科学、土地、庄稼、机器、老人、孩子都有兴趣，你才能进入文学。

另外，我还要说一句实话。我在《中国青年报》上写过一篇文章，有些人对它很不满意，但我还要坚持这个观点。文章的题目是《不要拥挤在文学的小道上》。就是说，能专门搞文学创作的人毕竟是很少的，国家需要的首先还是实际生活的建设者、劳动者、保卫者，如果大量有才华的青年为追求文学而抛弃自己的专业，那是不太好的。热爱文学的人应该有广博的知识，不要急于专门搞文学，应该把热情首先集中到对生活、对工作、对人民、对事业的热爱上。

我们对文学人才要特别注意避免像鲁迅所说的捧杀或者棒杀。现在我们国家文学刊物非常多，有时一两篇作品写得好，再一得奖，一评介，"唰"的一家伙就全国知名了，但是真正用长远的眼光严格要求，还是有一定差距的。所以我非常赞成咱们沧州的《无名文学》，我就觉得这个名字太好了。现在全国文学界到处出现名人热、名人狂，一个人几篇作品写得比较成功一点，就被广泛地介绍、广泛地称颂，不得了，一下子北起黑龙江南到海南岛不知多少个杂志、刊物的编辑来电报、发邀请信，这个邀请上山，那个邀请下海，就追逐这些名人。但是真正的作品不是靠招牌，而是靠切切实实的努力。在这种情况之下，沧州的《无名文学》除了辅导之外，不发所谓名人的作品，把眼光放到广大的爱好文学的青年来稿者上，我觉得这是非常好的一个事情。我相信在沧州地区一定会有越来越多既高瞻远瞩又脚踏实地、有生活积累和广博的文化知识的作者不断涌现。我作为沧州人觉得非常高兴，我等待着看你们的新作。

策　　划：书　元　广　伟　于　青
责任编辑：安新文
特约编辑：彭世团
装祯设计：曹　春

图书在版编目（CIP）数据

王蒙执论／王蒙　著．－北京：人民出版社，2014.12（2022.4 重印）
ISBN 978 - 7 - 01 - 014381 - 1

I.①王…　II.①王…　III.①王蒙－文集　IV.① C53

中国版本图书馆 CIP 数据核字（2014）第 310696 号

王　蒙　执　论
WANGMENG ZHILUN

王　蒙　著

人民出版社 出版发行

（100706　北京市东城区隆福寺街 99 号）

北京新华印刷有限公司印刷　新华书店经销

2014 年 12 月第 1 版　2022 年 4 月北京第 2 次印刷
开本：710 毫米 ×1000 毫米 1/16　印张：27.75
字数：340 千字

ISBN 978 - 7 - 01 - 014381 - 1　定价：68.00 元

邮购地址 100706　北京市东城区隆福寺街 99 号
人民东方图书销售中心　电话（010）65250042　65289539